Peter Schöber

Kommunale Selbstverwaltung

Die Idee der modernen Gemeinde

Verlag W. Kohlhammer
Stuttgart Berlin Köln

Die Deutsche Bibliothek - CIP-Einheitsaufnahme

Schöber, Peter:
Kommunale Selbstverwaltung :
die Idee der modernen Gemeinde /
Peter Schöber. -
Stuttgart ; Berlin ; Köln : Kohlhammer, 1991
    ISBN 3-17-011701-7

Inhalt

Einführung

An welchen Leserkreis wendet sich dieses Buch? Zum einen an Wissenschaftler, die sich unter dem Gesichtspunkt ihrer jeweiligen Disziplin, z.B. Rechts- und Staatslehre, Soziologie, Ökonomie und Finanzwissenschaft, mit der Gemeinde beschäftigen, dabei aber zusätzlich das Interesse hegen, über die Schranken ihrer Disziplin hinauszugehen, um durch Teilnahme an fachübergreifenden Überlegungen zu einer umfassenderen und tieferen Einsicht in ihren Gegenstand zu gelangen.

Zum anderen wendet sich das Buch an Funktionsträger in einer Gemeinde, an etablierte Kommunalpolitiker und Verwaltungsbeamte, insbesondere an jene, die das Interesse haben, die Grenzen von Alltagsroutine, berufsspezifischen Kenntnissen und Erfahrungen zu überschreiten, um zu einem erweiterten Blickwinkel hinsichtlich *der* Institution zu kommen, die sie kraft ihrer spezifischen Leistungen Tag für Tag von neuem hervorbringen.

Ferner wendet es sich an jene, die im Begriff sind, eine Funktion im Rahmen der kommunalen Selbstverwaltung zu übernehmen. Gerade ihnen könnte das Buch, indem es maßgebende Denktraditionen enthält, die das Gemeindewesen zugleich reflektiert und mitgestaltet haben, als Orientierungsmittel für ihr Handeln – auch zum Vorteil ihrer Gemeinde – dienen.

Außerdem wendet es sich an die Studierenden der Kommunalwissenschaft, die für Interdisziplinarität, Integration unterschiedlicher Wissensbestände zu einem Ganzen sowie kontrollierte theoretische Spekulation allemal aufgeschlossen sind.

Schließlich wendet es sich aber auch – last not least – an jene Leser, die über die Formen, in denen sich ihr Alltagsleben vollzieht: Gemeinde, Staat, Familie usw., ein begrifflich geordnetes Wissen anstreben, und zwar einfach deshalb, weil sie (selbst-)bewußter leben wollen.

Was ist eigentlich eine Gemeinde, wie ist sie zu definieren? Die Antwort darauf ist nicht einfach, obwohl, oder gerade weil die Gemeinde zu den Selbstverständlichkeiten unseres Alltagslebens zählt. Der »gesunde Menschenverstand« hilft einem, jedenfalls angesichts der Vielfalt der Eigenschaften, in der sich, zumal die komplexe Stadtgemeinde dem Betrachter zeigt, nicht aus der Verlegenheit. Freilich weiß sich der wissenschaftlich geschulte Beobachter zu helfen, indem er sich analytisch dem Gegenstand nähert und auf diesem Weg eine entsprechende Definition zu finden sucht. So bietet es sich zum Beispiel an, die Gemeinde »ökonomisch«, d.h. als einen Markt- oder Standort von Industrie und Gewerbe zu definieren. Oder man definiert die Gemeinde »juristisch«, indem man darunter einen Wohnort versteht, der vom Staat als Gemeinde anerkannt worden ist; oder aus der Sicht der Verfassungslehre, indem man darunter eine Verfassung; oder der Staatsrechtslehre, indem man darunter eine Rechtsordnung versteht. Und wie definieren die Soziologen? Sie bieten eine Vielfalt von Vorschlägen an: So definieren die einen die Gemeinde als »eine globale Gesellschaft auf lokaler Basis« (René König), die anderen als »jenen Aspekt der Struktur sozialer Systeme, der sich auf den territorialen Standort von Personen (d.h. menschlichen Individuen als Organismen) und ihre Tätigkeiten bezieht« (Talcott Parsons). Der radikale Positivist unter ihnen würde sich vermutlich für die allerformalste Definition, z.B. die juristisch-verwaltungsmäßige Definition, entscheiden und damit auf das Merkmal der formalen Anerkennung durch den Staat abheben. Oder er würde die Gemeinde vielleicht als einen Ort definieren, in dem eine Menge von Menschen langfristig, z.T. über mehrere Generationen hinweg, in mehr oder weniger enger räumlicher Nachbarschaft zusammenleben. Systematischer ginge ein Anhänger Max Webers vor, indem er den Begriff der Gemeinde, ausgehend vom Begriff des sozialen Handelns und des Verbandes, definiert. Anscheinend können sich am wenigsten die Soziologen über die Definition der Gemeinde einigen. Ausgeschlossen ist allerdings, daß sich die Vertreter der verschiedenen analytischen Disziplinen, die sich mit der Gemeinde beschäftigen, in der Frage der Definition einigen könnten. Jeder hat aus guten Gründen seine besondere Definition und baut, ausgehend von ihr, eine spezielle Gemeindelehre auf. Dies hat jedenfalls den Vorzug, daß man sich zunächst auf einem sicheren Boden weiß und zu einer übersichtlichen Einteilung des Stoffes und damit zu einem relativ präzisen System, das auch dem spezialisierten, in der Arbeitsteilung eingeordneten Praktiker dienen kann, kommt.

Doch die analytischen Disziplinen der Gemeinde, die jeweils Abschnitte übergreifender Disziplinen, so der Rechts- und Wirtschaftswissenschaften, der Soziologie oder der Politikwissenschaft, sind, können nicht denjenigen zufriedenstellen, der nach einer umfassenderen und tiefergreifenderen Erkenntnis des Phänomens strebt; sagen ihm doch Anschauung und Vorstellung, daß die einzelne Gemeinde eine lebendige Totalität darstellt, die isolierenden Wissenschaften nur abstrakte Gedankensysteme davon herstellen und daß schließlich die Frage nach dem Wesen der Gemeinde, nach dem, was eine Gemeinde zur Gemeinde macht, von keiner dieser Wissenschaften beantwortet werden kann.

Bliebe man bei den »abstrakten Wissenschaften« stehen, so bestünde die Kommunalwissenschaft also nicht mehr als in einer Aneinanderreihung von Teilerkenntnissen, und man spürte, daß die »wahre Gestalt, in welcher die Wahrheit existiert« (Georg Wilhelm Friedrich Hegel) noch längst nicht erreicht ist. Es fehlt noch die Anstrengung, die Schranken der analytischen Disziplinen zu übersteigen, um über grundlagentheoretische Reflexion zu einer einheitlichen Theorie der Gemeinde zu gelangen. Doch damit ist das wissenschaftliche System, das nach Hegel die wahre Gestalt ist, in der die Wahrheit existiert, noch nicht vollendet. Es fehlt noch der Schritt hin zu einer spekulativen Gemeindetheorie, d.h. zur Gemeindephilosophie.

Ausgangspunkt der Konstruktion eines wissenschaftlichen Systems von der Gemeinde ist der von Hegel inspirierte Standpunkt, daß die Grundlage aller einzelnen Gemeindewissenschaften die »empirische Pflichtenlehre« der Gemeinde ist. Man kann hierbei auch von der »Institutionenlehre« der Gemeinde oder schlicht von der »Soziologie der Gemeinde", insofern man mit Emile Durkheim unter »Soziologie« eine Institutionenlehre versteht, sprechen. Worin besteht nun der Gegenstand dieser Disziplin? Hegel zufolge wäre es die Gemeinde als »objektiver Geist", genauer noch, der »sittliche Kern« desselben, den er "sittliche Idee" nennt. Darunter ist die Gemeindeverfassung als Einheit von Handeln und normativer Ordnung (Struktur) zu verstehen; der einzelne Bürger einer Gemeinde steht einer ihm vorgegebenen Ordnung gegenüber, von der er ein Wissen hat, die er will und die er mit seinem Handeln stets von neuem hervorbringt. Der Kommunalrechtslehre wäre bei diesem Ansatz als Gegenstand ihrer Tätigkeit eine Erscheinungs- oder Äußerungsform dieses »sittlichen Kerns«, das Gemeinderecht, eine der »Schalen« des »objektiven Geistes«, zuzuweisen; der Lehre von der Politik der Gemeinde dagegen als Gegenstand die Prozesse und Strukturen, die sich im Rahmen der einzelnen Gemeinde als Institution und Rechtsgebilde vollziehen bzw. herausbilden. Und die Wirtschaftslehre der Gemeinde hätte zum Gegenstand die ökonomischen Prozesse, die sich im Rahmen der vorgegebenen normativen Ordnungen der einzelnen Gemeinde vollziehen, sowie die ökonomische Struktur, die sie hervorbringen, reproduzieren und verändern.

Die Art und Weise, wie durch grundlagentheoretische Überlegungen der Gegenstand »Gemeinde« begrifflich gefaßt wird, bestimmt den Aufbau des wissenschaftlichen Systems von der Gemeinde, der einheitlichen Gemeindelehre als erfahrungswissenschaftliche Theorie.

Die sich spontan herausbildende wissenschaftliche Arbeitsteilung ist eine notwendige Stufe in der Tätigkeit des Erkennens. Allerdings bringt sie nur »parzelliertes Wissen« hervor. Soll das Erkennen fortschreiten, so bedarf es also grundlagentheoretischer Reflexion. Im Fall der Gemeinde gilt es, ausgehend vom Hegelschen Begriff des »objektiven Geistes«, eine einheitliche, auf das Gemeindewesen als einem Ganzen ausgerichtete Gemeindelehre zu konzipieren, ein Schritt, der auf die Schaffung einer »positiven« Gemeindelehre hinausläuft.

Aber die Wirklichkeit der Gemeinde setzt sich nicht nur aus dem »objektiven Geist« zusammen, sondern auch aus »Dingen« und Vorgängen, die nicht geistiger Natur sind, obwohl sie durch die normativen Ordnungen ermöglicht bzw. oder hervorgebracht werden. Dazu gehören z.B. Prozesse der Machtbildung und informelle Machtstrukturen. Auch solche Phänomene sind Gegenstand der »positiven« Gemeindelehre, so daß sich sagen läßt, daß diese die Gemeindewirklichkeit als ein historisch gewordenes, in sich gefügtes und sich entwickelndes Ganzes zu begreifen sucht.

Folgt man Hegel bis zu diesem Punkt, so bewegt man sich auf einer Linie, auf der man gewiß auf breite Zustimmung, auch bei Nicht-Hegelianern, stoßen kann, und zwar bei den Wissenschaftlern, die ihr Geschäft vor allem als eine theoretische Tätigkeit, nicht dagegen als eine uferlose Sammlung von empirischen Daten ansehen und darauf bestehen, daß einmal aufgrund von Arbeitsteilung entstandene Disziplinen immer von neuem ihre Grundlagen reflektieren und ihren Platzes in einem übergeordneten wissenschaftlichen System bestimmen müssen.

Doch eine Gemeindelehre, die in den Grenzen der Erfahrungswissenschaft verharrt, ist, wie gesagt, für Hegel noch kein vollendetes wissenschaftliches System. Über die »positive« Gemeindelehre müßte folglich hinausgegangen und der Prozeß des Erkennens durch eine philosophisch-spekulative Gemeindelehre gekrönt werden. Erst mit diesem Schritt wäre der Prozeß der »Selbstvermittlung der Idee«, d.h. des Selbsterkennens der Gemeinde und damit des Menschen als ein durch die Geschichte vermitteltes, untrennbar mit dem politischen Gemeinwesen verbundenes Wesen vollendet. Resultat dieses Prozesses wäre eine normative Theorie, die die Gemeinde als Wirklichkeit der Idee begreift und damit, zumal den Gemeindeeliten eine Anleitung zu bewußt-vernünftigem Handeln bereitstellt.

Das vorliegende Buch wird also in seiner Grundorientierung vom Hegelschen Wissenschaftskonzept bestimmt. Ebenso wie die Gemeindewirklichkeit und ihr Werdeprozeß als ein Ganzes, so wird auch ihre Lehre als ein Ganzes, ein wissenschaftliches System, begriffen. Mehr noch, Theorie der Gemeinde und ihre Wirklichkeit werden als eine Einheit begriffen; gibt es doch keine Theorie ohne die von Menschen gemachte Wirklichkeit der Gemeinde und gibt es doch andererseits keine moderne Gemeindewirklichkeit ohne Theorie. Praktisches

Handeln geht über in die Tätigkeit des Erkennens und umgekehrt. Und mit der Vollendung der Wirklichkeit vollendet sich ihre Theorie und mit der Vollendung der Theorie vollendet sich ihre Wirklichkeit.

Neben dem Hegelschen Wissenschaftsverständnis werden hier auch viele Gedanken aus seiner Rechts- und Staatsphilosophie, insbesondere jene, die sich auf die Gemeinde beziehen, aufgegriffen. Doch die Hegelsche Staatslehre enthält noch keine ausgearbeitete Gemeindelehre. Deshalb galt es, an die Lehren zur Gemeinde von Lorenz v. Stein, Rudolf v. Gneist, Otto v. Gierke und Hugo Preuß sowie die Gedanken Max Webers dazu anzuknüpfen. Dies geschah unter Einbeziehung eines Ausschnitts aus der aktuellen Literatur zum Kommunal- und Staats(verfassungs-)recht. Freilich lag es nicht in der Intention des Verfassers, ein neues »Handbuch der kommunalen Wissenschaft« zu schreiben. Vielmehr sollte, entsprechend dem Untertitel, der Weg zu einer ganzheitlichen Gemeindelehre gewiesen werden. Dabei sollte auch erneut daran erinnert werden, welch große Kulturleistung die moderne Gemeinde darstellt. Angesichts der Beseitigung der kommunalen Selbstverwaltung in der DDR und des mühsamen Wiederaufbaus derselben in den fünf neuen Bundesländern — nur so können diese Anschluß an die demokratische und rechts-(sozial-)staatliche sowie die wirtschaftliche Entwicklung der »alten« Bundesrepublik finden — erscheint diese Erinnerung erst recht geboten.

Die vorliegende Studie ist also daraufhin angelegt, mehrere Fachrichtungen zu integrieren. Dabei geht der Verfasser bewußt das Risiko ein, die »Spezialisten« auf den jeweiligen Gebieten der Gemeinde nicht ganz zufriedenzustellen. Die »Positivisten« unter ihnen werden dem Hegelschen Ansatz mit Skepsis begegnen, »Hegel- Experten« dagegen seine Anwendung — ist er doch der »letzte Versuch, die Erkenntnisse der Erfahrungswissenschaften in ein gestaltetes philosophisches System zu integrieren« (Hans-Georg Gadamer)[1] — begrüßen, aber Unzulänglichkeiten in der Durchführung feststellen. Und manch ein Leser wird sich fragen, ob das Hegelsche Werk überhaupt noch zeitgemäß ist. Hierzu hat der Verfasser allerdings, indem er diesen Beitrag vorlegt, eine eindeutige Antwort gegeben. Mit den Veränderungen in Mittel- und Osteuropa sieht er sich in seiner Auffassung bestätigt.[2]

---

1) Aus seinem Vortrag anläßlich der Bamberger Hegelwochen, Bericht der Süddeutschen Zeitung v. 14./15. 7. 1990, S. 16.

2) Zur Aktualität Hegels in der zeitgenössischen Sozialtheorie vgl. B. Kießling, Kritik der Giddensschen Sozialtheorie — Ein Beitrag zur theoretisch- methodischen Grundlegung der Sozialwissenschaften, Frankfurt a. M., 1988, insb. S. 261 f..

I. Von der Gemeinde als »Leben« zur Gemeindewissenschaft

»Gemeinde« wird zunächst gelebt; gehört sie doch zu den Selbstverständlichkeiten unseres Alltagslebens, ebenso wie der Staat, das Geld, Banken, Industrieunternehmen usw. Im Vollzug unseres Alltagshandelns denken wir normalerweise nicht über unsere besondere oder die Gemeinde im allgemeinen nach; sie ist uns eben so fraglos gegeben wie die Luft, die wir einatmen. Auch wenn wir Neueinwohner einer Gemeinde werden, so legen wir uns über diese oder »die« Gemeinde keine Rechenschaft ab. Wie selbstverständlich füllen wir die erforderlichen Formalitäten beim Einwohnermeldeamt aus und leben dann ganz einfach und spontan in dieser Gemeinde. Der freie Zugang zu dieser, wie zu jeder anderen Gemeinde in diesem Staat, ist für uns ein selbstverständliches »Grundrecht«. Normalerweise gibt es auch keinen Anlaß, sich über den Status Gedanken zu machen, den man mit der Anmeldung beim zuständigen Gemeindeamt erwirbt. Man wird eben Einwohner und Bürger und übt, ohne weiter darüber nachzudenken, seine Rechte und Pflichten aus, auf die man nach und nach deutlich hingewiesen wird. Und indem man seine Rechte und Pflichten als Einwohner und Bürger ausübt, reproduziert man die Gemeinde. Es handelt sich dabei um eine »bewußtlose« Reproduktion, gleichsam wie Atmen und Verdauung eines lebendigen Organismus.

Die Reproduktion der einzelnen Gemeinde geschieht im Vollzug des Alltagshandelns, etwa durch die Familien, die ihre Kinder in kommunale Kindergärten und Schulen schicken, Erholungs- und außerschulische Bildungseinrichtungen in Anspruch nehmen, Nachbarschaftsbeziehungen aufbauen und aus diesen heraus in der Gemeindepolitik über politische Parteien, freie Wählergruppen oder Bürgerinitiativen in der Gemeindepolitik tätig werden. Oder sie geschieht durch das Handeln des Grundeigentümers, der sein Grundstück beim Grundbuchamt anmeldet, Infrastrukturleistungen von der Gemeinde in Anspruch nimmt, dafür Gebühren bezahlt und im übrigen die für Grundbesitz geltenden Gesetze und Vorschriften in seinem Handeln beachtet. Sie geschieht schließlich auf die eine oder andere Weise, sei es durch unbewußtes Tun, sei es durch bewußtes Handeln, durch alle Akteure auf dem Gebiet der Gemeinde, durch die Haushalte ebenso wie durch die Wirtschaftsunternehmen, die politischen Parteien ebenso wie die Interessenverbände, die Freizeitvereine ebenso wie die Religionsgemeinschaften.

Die Erhaltung der einzelnen Gemeinde erfolgt durch das Handeln wissender und wollender Subjekte sowie ihr unbewußtes Tun. Zumal als Privatpersonen haben sie selten ihre Gemeinde als Mittel, noch seltener als Zweck deutlich vor Augen. Ihnen wird kaum bewußt, daß nur durch eine Vielfalt von Leistungen, von der Vermessung bis zur Bereitstellung einer materiellen Infrastruktur, ein Grundstück wirtschaftlich genutzt werden kann, auch nicht, daß sie, indem sie ein Grundstück wirtschaftlich nutzen und dafür der Gemeinde die anfallenden Gebühren bezahlen, den Zwecken der Gemeinde dienen.

Anders verhält es sich dagegen im »politisch–administrativen System« der Gemeinde. Hier sind alle Akteure, zumal die politischen und administrativen Eliten gehalten, die Gemeinde als das Allgemeine, das allen Gemeinsame, als Zweck ihres Handelns im Auge zu haben. Gleichwohl ist auch hier die Gemeinde nicht durchweg unmittelbarer Zweck des Handelns. Erst recht stehen bei den politischen Parteien besondere Interessen im Vordergrund, so daß die Gemeinde als das Allgemeine oftmals nur durch den von der Verfassungs– und Rechtsordnung (Staatsverfassung, Gemeindeordnung usw.) ausgehenden Zwang sowie die »List der Vernunft« reproduziert wird.

Im Vollzug des Alltagslebens befinden sich die meisten Einwohner einer Gemeinde zu dieser in einer »verhältnislosen Identität« (Hegel)[1]. Die Gemeinde ist in ihnen in Form vielfältigen Alltagswissens und der Gesinnung gegeben, sie handeln aufgrund ihres unmittelbaren Wissens und Wollens und reproduzieren damit eine Alltagswirklichkeit, die sie nicht als eine außerhalb ihrer bestehende objektive Welt, als eine Welt der »Dinge« und »Tatsachen«, erkennen. Ihre Gemeinde hat eben für sie kein Sein, wie z.B. die »Natur«, so daß sie zu ihr eben auch kein »Verhältnis« haben, ihr nicht gegenüberstehen. Doch bei vielen, wenn nicht den meisten Einwohnern einer modernen Gemeinde, bleibt es nicht bei der »verhältnislosen Identität« mit der Gemeinde; vielmehr kommt es zwischen ihnen und ihrer Gemeinde zu einer Distanzierung, mit anderen Worten, sie treten zu ihr in ein »Verhältnis«. Dies kann zunächst bloß ein Verhältnis des »Glaubens und Zutrauens« sein, was Hegel zufolge, beginnende Reflexion ist[2]. Die Einwohner geben sich nun nicht mehr, verbindet man hier Gedanken Hegels mit jenen M. Webers, gefühlsmäßig einer Ordnung hin, sondern glauben »an ihre absolute Geltung als Ausdruck letzter verpflichtender Werte«[3]. oder glauben, daß von der Innehaltung der Ordnung ein »Heilsgüterbesitz« (M. Weber) abhängig ist. Die handelnden Subjekte,

1) G.W.F. Hegel, Grundlinien der Philosophie des Rechts, Frankfurt/M 1970, S. 295.

2) Ebenda.

3) M. Weber, Wirtschaft und Gesellschaft, 1. Halbbd., in: Grundriss der Sozialökonomik, III. Abt., 2. Aufl., Tübingen 1925, S. 17.

Einwohner, Bürger, sind hier also nicht mehr unmittelbar eins mit der Welt der Gemeinde als Produkt ihres alltäglichen Handelns, sondern befinden sich im Stadium beginnender Reflexion.

Das Verhältnis des Glaubens, Zutrauens oder der Überzeugung zwischen den Bürgern als Handelnde und ihrer Gemeinde kann, durch weitere Reflexion vermittelt, in ein, wie Hegel in dem zitierten Paragraphen seiner Rechtsphilosophie schreibt, »Verhältnis der Einsicht durch Gründe, die auch von irgend besonderen Zwecken, Interessen und Rücksichten, von Furcht oder Hoffnung oder von geschichtlichen Voraussetzungen anfangen können«. Auch hier scheint es wieder eine Parallele zwischen den Gedanken Hegels und Webers zu geben. Bei Hegel geht es hier, wie bei Weber, und wie auch schon im oben beschriebenen Fall, um die Garantie der Legitimität einer Ordnung. Die Legitimität kann, wie oben ausgeführt, rein innerlich (affektuell, wertrational oder religiös) garantiert sein und »auch (oder: nur) durch Erwartungen spezifischer äußerer Folgen, also: durch Interessenlage; aber: durch Erwartungen von besonderer Art«[1]. Unter dem »Verhältnis der Einsicht durch Gründe« kann man ein »zweckrationales Verhältnis« des Einwohners zu seiner Gemeinde oder zur Gemeinde im allgemeinen verstehen: Als Privatperson legt sich der einzelne Gemeindebürger darüber Rechenschaft ab, daß er seine besonderen Zwecke und Interessen erfolgreich nur in der Gemeinde, d.h. im Rahmen einer bestimmten normativen Ordnung, verfolgen kann. So ist er als Familienoberhaupt verpflichtet, seine Kinder (mit-) zu erziehen und für eine angemessene Schul- und Berufsausbildung zu sorgen. Es wird ihm alsbald bewußt, daß er seine Verpflichtungen nur im Rahmen der Gemeinde erfüllen kann, ferner, wie auch allen anderen Privatpersonen, daß nur die öffentliche Sicherheit, wie sie eine Gemeinde bietet, eine kontinuierliche Erledigung der Alltagsgeschäfte und -aufgaben ermöglicht.

Der einzelne Einwohner mit seinen diversen und einander ablösenden sozialen Eigenschaften oder Rollen, seinen entsprechenden Interessen, seinen Ängsten und Erlebnissen in Verbindung mit den Wechselfällen der Geschichte, sei es seiner Gemeinde, sei es des Staates, kommt also (»vernünftigerweise«) ganz von selbst zur Einsicht, daß es die Gemeinde, darüber hinaus den Staat, kurz, daß es das politische Gemeinwesen als eine umfassende Ordnung geben muß. Diese Einsicht ist jedoch, wie Hegel schreibt, noch keine »adäquate Erkenntnis«, die erst dem »denkenden Begriff« (Hegel), dem wissenschaftlichen Erkennen im strengen Sinn des Wortes, angehört. Die wissenschaftliche Einsicht löst also »Gefühl«, »Glaube« und den »gesunden Menschenverstand«

---

1) Ebenda.

(»öffentliche Meinung«) ab. Dieser Vorgang läuft auf ein Sich–selbst–begreifen einer Idee oder normativen Ordnung, die durch menschliches Handeln hervorgebracht wurde und stets von neuem hervorgebracht wird, hinaus und damit auch auf ein Selbsterkennen der Schöpfer dieser Ordnung.

Die »adäquate Erkenntnis« der Gemeinde als einer zuvorderst sittlichen Ordnung vollzieht sich, lehnt man sich weiterhin an Hegel an, in drei Schritten oder in dreierlei Formen: Da gibt es zunächst die »ethische Pflichtenlehre«[1]. Diese befaßt sich nicht mit dem, was der einzelne für »gut« halten soll oder dem »leeren Prinzip der moralischen Subjektivität« (Hegel) – Hegel denkt hier offensichtlich an Kant – sondern mit dem, was, das tatsächliche Handeln leitend, als objektiv und subjektiv »gut« angesehen wird. Es handelt sich dabei um die »sittliche Notwendigkeit« oder die normative Ordnung, wie sie in den gegenseitig für legitim gehaltenen Erwartungen miteinander interagierender Subjekte, wie z.B. im Fall der Einwohner einer Gemeinde, gegeben ist. Die ethische Pflichtenlehre in diesem Verständnis ist also eine zugleich normative und empirische Disziplin. Von der Erfahrung ausgehend, arbeitet sie die grundlegenden sozialen Institutionen heraus und tut damit das, was Hegel im dritten Teil seiner Rechtsphilosophie unter dem Titel »Sittlichkeit«: Familie, bürgerliche Gesellschaft und Staat, leistet. Allerdings begnügt sie sich nicht mit der Herausarbeitung der sittlichen Ordnungen, sondern gibt ihre Einhaltung den Menschen als eine Pflicht auf.

Neben dieser Pflichtenlehre gibt es, Hegel zufolge, die nicht–philosophische Pflichtenlehre, die wertfrei, ja »positivistisch« ist. Diese nimmt, wie es in dem besagten Paragraphen 148 heißt, aus den gegebenen Verhältnissen »ihren Stoff und zeigt den Zusammenhang desselben mit den eigenen Vorstellungen, allgemein sich vorfindenden Grundsätzen und Gedanken, Zwecken, Trieben, Empfindungen usf. und kann als Gründe die weiteren Folgen einer jeden Pflicht in Beziehung auf die anderen sittlichen Verhältnisse sowie auf das Wohl und die Meinung hinzufügen«. Diese Form von Pflichtenlehre, die man auch »Soziologie« nennen könnte, insofern man darunter eine »positive« Institutionenlehre, wie Emile Durkheim, versteht, schließt, wie man den Worten Hegels entnehmen kann, vielerlei Vorgehensweisen ein. So kann das erkennende Subjekt bestimmte moralische Vorstellungen hegen, z.B. die »Demokratie« in der Gemeinde für »gut« halten, und sich deshalb fragen, wie es mit der tatsächlichen Ordnung in der Gemeinde bestellt ist, inwieweit die sich aus der Gemeindeordnung ergebenden Rechte und Pflichten vom Gemeindevorsteher, den Gemeinderäten oder der Gemeindebürokratie, beachtet

---

1) Vgl. dazu § 148 der Rechtsphil., G. W. F. Hegel, Grundlinien....a.a.O., S. 297.

werden. Darüber hinaus kann es darauf hinweisen, welche Folgen es hat, wenn sich das faktische Handeln in den Organen der Gemeinde von seinen eigenen oder allgemein hochgehaltenen normativen Vorstellungen entfernt oder zu einer Transformation der geltenden Ordnung führt. Oder: es kann eine normative Ordnung aus den empirischen Verhältnissen herauspräparieren und sich dabei fragen, welchen Zwecken (Funktionen) sie dient, welche Ursachen sie hat, und wie sie z.B. mit der »menschlichen Natur« im Zusammenhang steht. Oder es zeigt, daß sich in einer gegebenen Gemeinde, ermöglicht durch den »Geist der Gemeinde«, bestimmte informelle Machtstrukturen (»Filzokratie«, »Parteienfilz«, »Parteibuchwirtschaft« usw.) herausgebildet haben, oder daß partikulare Interessen aus der lokalen bürgerlichen Gesellschaft heraus in unmittelbarer Weise in der Gemeinde durchgesetzt werden. In beiden Fällen kann es dann noch auf die Folgen für das »Allgemeinwohl« oder das Wohl bestimmter Gruppen hinweisen.

Es erscheint allerdings nicht zweckmäßig, die nicht-philosophische Pflichtenlehre umstandslos mit der Gemeindesoziologie gleichzusetzen; enthält sie doch Tätigkeitsbereiche, die üblicherweise nicht der Soziologie, sondern z.B. der Rechtswissenschaft zugeordnet werden. Zweckmäßiger ist es deshalb, diese Form der Pflichtenlehre, soweit sie sich auf die Gemeinde bezieht, als »positive« Gemeindelehre zu begreifen. Diese wäre dann Inbegriff einer Vielfalt von Einzeldisziplinen, die sich, integriert, der Gemeinde als einer »lebendigen Totalität« nähern.[1]

Neben den beiden genannten Formen der Pflichtenlehre gibt es schließlich, wie Hegel sich ausdrückt, die »immanente und konsequente Pflichtenlehre«, worunter er seine Rechts- und Staatsphilosophie einordnet. Diese Lehre ist für ihn im Grunde genommen eine Philosophie der Freiheit; ist sie doch, wie er in dem bekannten Paragraphen 148 schreibt, »die Entwicklung *der Verhältnisse,* die durch die Idee der Freiheit notwendig, und daher *wirklich* in ihrem ganzen Umfang im Staat sind«.

Bezogen auf die Gemeinde handelt es sich bei dieser Pflichtenlehre um eine Philosophie der Gemeinde, d.h. nach Hegel um das begreifende Erkennen der Idee der Gemeinde. Die moderne Gemeinde, faßt man sie als Idee, wäre demnach, wie der moderne Staat, Verwirklichung des Freiheitsgedankens, Moment der konkreten Freiheit oder der Wirklichkeit der sittlichen Idee. Mit dem begreifenden Erkennen der Idee der Gemeinde würde die wissenschaftliche Beschäftigung mit der Gemeinde ihre Vollendung erreichen.

---

1) Nennt man eine Handlungs- u. Strukturtheorie, wie im Hegelschen Konzept der Idee erkennbar, »Soziologie«, so wäre diese Basis der Integration.

Aufgabe dieser zugleich empirischen und spekulativen Pflichtenlehre ist, die Idee der Freiheit in den normativen Ordnungen, den Systemen von Pflichten und Rechten, nachzuweisen, diese als notwendige Realisationsformen des Freiheitsprinzips zu begreifen und damit die »ideengesättigte« Wirklichkeit als etwas Vernünftiges zu erkennen. Eine Philosophie der Gemeinde wäre, wie gesagt, ein Sich-selbst-erkennen der Idee der Gemeinde, damit auch Moment der Selbsterkenntnis des modernen Menschen, schließlich wissenschaftlich begründete Orientierung des Handelns.

II Die Idee der modernen Gemeinde — Entwicklung eines theoretischen Bezugsrahmens zur Gemeindewissenschaft

Bevor man sich der Gemeinde als erkennendes Subjekt nähert, ist man sich, wie schon gesagt, bewußt, es mit einem zutiefst vertrauten Gegenstand zu tun zu haben. Gleichwohl gibt es keinen bequemen Übergang von den Alltagsvorstellungen, dem »gesunden Menschenverstand«, zum wissenschaftlichen Begriff der Gemeinde. »Gemeinde«, »Gemeindewesen« stellen sich in der Anschauung als äußerst komplexe Phänomene dar, die noch dazu offensichtlich mit anderen, z.T. noch komplexer erscheinenden Phänomenen, so dem modernen Staat, verbunden sind. Welche Merkmale sollen nun für eine Gegenstandsbestimmung der Gemeindelehre konstitutiv sein? Man könnte es sich einfach machen, indem man z.B. unter einer »Gemeinde« eine Siedlung versteht, die vom »Staat« als Gemeinde anerkannt worden ist (»gekürte Gemeinde«). Doch damit gewinnt man lediglich einen formalen Begriff der Gemeinde, der der Verwaltungspraxis dienen mag, nicht jedoch Ausgangspunkt für das wissenschaftliche Erkennen sein kann; allenfalls wäre er ein Wegweiser dorthin.

Glücklicherweise steht das wissenschaftliche (Selbst-)Erkennen der Gemeinde nicht an seinem Anfang, sondern kann bereits auf eine längere Geschichte zurückblicken; ist doch auch die Herausbildung und Entwicklung einer sozialen Institution nicht denkbar, ohne daß ihre Schöpfer, die handelnden Menschen, sie zu irgendeinem Zeitpunkt zum Gegenstand der Reflexion machen.

Vollends beginnt das Erkennen der Gemeinde mit der Geschichte des modernen Staates, und zwar mit den Autonomiebestrebungen der Städte und Gemeinden in der Phase der Überwindung des absolutistischen und zentralistischen (Wohlfahrts-) Staates. So schreibt Georg-Christoph von Unruh, daß die kommunale Selbstverwaltung eine Erscheinung der politischen Entwicklung Deutschlands seit dem Beginn des 19. Jahrhunderts gewesen sei, und zwar sei sie sowohl Ausdruck des durch Besitz und Bildung selbstbewußter gewordenen Bürgertums gegenüber dem alle Lebensverhältnisse erfassenden Wohlfahrts-(»Polizei«-) Staates als auch eines durch die Obrigkeit geförderten aufgeklärten Beamtentums gewesen. Diese Emanzipations- und Reformbestrebungen — vor allem mit dem Namen des Freiherrn vom Stein und den preußischen Reformen verbunden — unterschieden sich wesentlich, wie aus seinen weiteren Ausführungen hervorgeht, von *den* konstitutionellen Bestrebungen, die, ausgehend vom Denken Montesquieus sowie der von ihm anhand der Beobachtung britischer Verhältnisse dargestellten Gewaltengliederungslehre und entsprechend dem britischen Vorbild, die Beteiligung des Bürgertums am Staat auf eine durch die Mitwirkung an der Gesetzgebung wirkende Kontrolle der staatlichen Tätigkeit beschränken wollten.[1] Weit umfassender war, wie es in diesem Beitrag weiter heißt, das Konzept, das in Frankreich, von den Physiokraten angeregt, am Vorabend der Französischen Revolution debattiert und auch unter der ersten Verfassung des Königreiches verwirklicht wurde, demzufolge neben die drei Funktionen der hoheitlichen Gewalt: Gesetzgebung, Regierung und Rechtsprechung, noch eine vierte als »munizipale« Gewalt trat. Diese verschwand zwar, so Unruh, bald wieder aus den späteren Verfassungen, gleichwohl habe das in ihr wirkende Prinzip die deutsche kommunale Entwicklung in dem Sinne beeinflußt, als man die Rechte der Bürger im und am Staat in eine Verbindung mit der Erfüllung öffentlicher Pflichten zu bringen suchte. Hierzu diente, wie er fortfährt, die den Bürgern anvertraute Verwaltung ihrer Gemeinden und Gemeindeverbände, verstanden als Glieder des Staates.

Unter Berücksichtigung der Geschichte des modernen Staates und seiner Gemeinden kommt man nicht umhin, wie noch später im einzelnen ausgeführt werden wird, den Gedanken der Selbstverwaltung als konstitutiv für den wissenschaftlichen Begriff der (modernen) Gemeinde anzusehen. Jedenfalls schufen offensichtlich Reformideen und -bewegungen, zumal im 19. Jahrhundert, den Nährboden für das wissenschaftliche Erkennen der Gemeinde, das wiederum als Orientierungsmittel auf die Praxis zurückwirkte; die sich modernisierende Gemeinde im sich modernisierenden Staat schuf sich ihre wissenschaftliche Lehre, diese förderte die Herausbildung der modernen, sich selbstverwaltenden Gemeinde.

Schreitet man also heutzutage zu einer Definition des Gemeindebegriffs, so muß man, will man den Gegenstand nicht verfehlen, sich an die staats- und gemeindetheoretische Tradition, die von der realen Geschichte geprägt wurde, und die ihrerseits die reale Geschichte prägte, anlehnen.

Im folgenden gilt es, schrittweise den Gegenstand oder Bezugsrahmen der positiven sowie der philosophischen Pflichtenlehre der Gemeinde zu bestimmen, der für beide Lehren gleich ist. Die schon methodologisch reflektierte positive Gemeindewissenschaft schafft für die philosophische, mit der sie den Ausgangspunkt teilt, das erforderliche Material; ist doch die philosophische

---

1) G.-Ch. v. Unruh, Ursprung und Entwicklung der kommunalen Selbstverwaltung im frühkonstitutionellen Zeitalter, in: Handbuch der kommunalen Wissenschaft und Praxis, hrsg. v. G. Püttner, Bd. 1, 2. Aufl., Berlin 1981, S. 57.

Gemeindelehre zwar spekulativ, nichtsdestoweniger, folgt man Hegels Verständnis von »echter« Spekulation, an der Erfahrung, wenngleich nicht an der unmittelbaren Erfahrung, orientiert.

Die philosophische Gemeindelehre übernimmt die Gegenstandsbestimmung der positiven Gemeindelehre und erweitert sie um das spekulative Moment der »Idee der Freiheit als Vernunftidee« und beansprucht damit, den Weg zu einem vertieften Begreifen, einem vollendeten Erkennen der Gemeinde zu weisen.

Die Gemeinde als Idee

Folgt man Hegels Wissenschaftskonzept und wendet es auf die Gemeinde an, so wird diese als »Idee« begriffen und als solche hat sie »unmittelbare Wirklichkeit«. Die Idee der Gemeinde wäre also nicht in den Köpfen der Menschen, etwa als geistiger Entwurf, zu suchen, sondern in der sozialen Wirklichkeit selbst. Sie ist zunächst, diesem Konzept zufolge, die individuelle Gemeinde als sich auf sich selbst beziehender Organismus, Verfassung oder inneres Gemeinderecht.[1] Dieses ist als das Ergebnis des Kampfes zwischen den Hauptfunktionen der Gemeinde: Gemeindevertretung, -vorstand und -verwaltung, und nicht als Inbegriff von Verfassungsurkunden, Gesetzen und Verordnungen zu begreifen. Die Idee der Gemeinde, folgt man weiterhin dem auf den modernen Staat angewandten Hegelschen Konzept, geht in das Verhältnis der einzelnen Gemeinde zu anderen Gemeinden, des weiteren in das Verhältnis der Gemeinden zum (Glied-)Staat (Land) und Nationalstaat (Bund) — äußeres Gemeinde(verfassungs-)recht — über.[2] Die Idee der Gemeinde ist schließlich die allgemeine Idee als Gattung, wie sie sich im Zusammenhang der neueren Verfassungsgeschichte herausgebildet hat und sich im Fortschreiten derselben weiterentfalten wird.

Die Idee der Gemeinde bezieht sich also auf die ganze Gemeindewirklichkeit in einem einzelnen modernen Staat, z.B. in der Bundesrepublik, die wir freilich in diesen Ausführungen stets im Blick haben. Gemeindewirklichkeit heißt also konkret: individuelle Gemeinden, Gemeindeverbände, Verhältnis Gemeinde — Staat, wobei freilich zu berücksichtigen ist, daß diese Wirklichkeit nicht bloß von Ideen konstituiert wird.

Die Idee der Gemeinde ist zunächst, wie ausgeführt, die individuelle Gemeinde als eine lebendige Einheit oder »organische Totalität«. Sie ist zugleich eine besondere Gemeinde, d.h. sie hat gemäß besonderer Umstände und Bedingun-

---

1) Vgl. dazu: G.W.F. Hegel, Grundlinien...a.a.O., S. 404 ff.
2) Vgl. E. Schmidt-Jortzig, Kommunalrecht, Stuttgart 1982, S. 24.

23

gen ihre eigene, eigentümliche und einmalige Geschichte. Zwar schließen alle Gemeinden eines Staates als Exemplare der Gattung »Gemeinde« etwas allen Gemeinsames ein, z.B. das durch den (Glied-)Staat erlassene Gemeindeverfassungsrecht (Gemeindeordnung), doch verhindert dies nicht die besondere Entwicklung jeder Gemeinde. Die besondere Entwicklung der einzelnen Gemeinde ist nicht nur, wie bei jeder lebendigen Totalität unvermeidlich, sondern sie wird vom modernen Staat, worauf noch unten eingegangen werden wird, grundsätzlich gewünscht und garantiert. Jede Gemeinde hat also »ihr gutes Recht«, sich eigenständig zu entwickeln, soweit dadurch nicht übergeordnetes Recht, z.B. das Staatsverfassungsrecht, verletzt wird.

Die einzelne Gemeinde ist, wie gesagt, sich auf sich selbst beziehender, sich selbstverwaltender Organismus, kurz, Selbstverwaltungsorganismus (Otto v. Gierke, Hugo Preuß). Dies besagt, daß das Handeln dieses Organismus sich auf eigene »Bedürfnisse«, »Interessen« usw., bezieht, autonom und nicht bloß Ausdruck eines fremden Willens, z.B. des Staates, ist. Hierbei könnte man, genauer noch, von der Einheit von »Person und Organismus« sprechen, geht man davon aus, daß die einzelne Gemeinde Träger eines Willens, handelndes Subjekt, schließlich Rechtssubjekt ist. In Analogie zum organischen Staatsbegriff, wie ihn Lorenz von Stein, gewiß in Anlehnung an Hegel, entfaltet, wird hier also der Begriff der Gemeinde gefaßt: »Seine Grundlage [gemeint ist der organische Staatsbegriff, P.S.] ist demnach das Wesen der Einzelpersönlichkeit. Dieses Wesen derselben besteht darin, *sein eigener Grund* zu sein. Das Bewußtsein von diesem Wesen, mit dem es sich somit von allem Daseienden zu scheiden und rein sich auf sich zu beziehen vermag, nennen wir das Ich. Allein das Ich ist nicht nur für sich und durch sich da; es ist eben im äußern Dasein, in der Mitte desselben, von ihm in tausend Weisen bestimmt. Will es daher sein selbstbestimmendes Wesen in dieser Gemeinschaft seines Daseins bewahren, so muß es jenes Bestimmtwerden von der äußern Welt, das es nicht einfach beseitigen kann, so gestalten, daß es zu einem Bestimmtsein des Ich *durch sich selbst* werde. Diesen Prozeß nennen wird die Selbstbestimmung. Derselbe erscheint zunächst im Ich, und hier heißt er *Wille*.«[1]

Wenn hier die konkrete Gemeinde im Sinne eines Organismusmodells begriffen wird, so sei doch zugleich betont, daß dabei nicht an einen biologischen, sondern einen »geistigen« oder »sittlichen« Organismus gedacht wird; wird doch die einzelne Gemeinde durch das Handeln wissender und wollender, sich an ihren Vorstellungen von einer vorgegebenen normativen Ordnung orientierender Subjekte reproduziert.

---

1) L. v. Stein, Die Verwaltungslehre, Teil 1 Abt. 1, Aalen 1975, S. 8–9.

Die Gemeinde ist, wie gesagt, Gemeindeverfassung, d.h. nicht die geschriebene Gemeindeordnung, sondern ein bestimmter Zustand oder eine Verfassungswirklichkeit. Sie schließt eine »subjektive Seite«, das Wissen und die Gesinnung (»Verfassungstreue«, »Patriotismus«), und eine »objektive Seite«, eine vorgegebene normative Ordnung, ein. Mit Theodor Geiger könnte man in diesem Zusammenhang auch von einer »Zustandsordnung« sprechen: »Die ›Verfassung‹ des Staates z.B. ist in der Hauptsache Zustandsordnung, die sonstige Gesetzgebung dagegen überwiegend Handelsordnung. Die Verfassung bestimmt u.a. den Anteil der einzelnen Bevölkerungsschichten an der Herrschaft, die Staatsform, den Aufbau der politischen Institutionen, das Verhältnis der Staatsorgane zueinander u. dgl.«[1] Die Gemeinde in diesem Sinne hat keine Verfassung, sondern ist Verfassung, d.h., wie Carl Schmitt schreibt, »ein seinsmäßig vorhandener Zustand, ein *Status* von Einheit und Ordnung«[2]. Die Gemeinde, so könnte man mit Schmitt fortfahren, der allerdings vom Staat spricht, würde aufhören zu existieren, wenn diese Verfassung, d.h. diese Einheit und Ordnung aufhörte. Kürzer ausgedrückt, könnte man die einzelne Gemeinde als eine Einheit von politischer Gesinnung und Institution[3]. (Verfassungsordnung) bezeichnen. Ausführlicher wird hierauf weiter unten in Verbindung mit dem Hegelschen Konzept der Sittlichkeit eingegangen.

Es bedarf hier noch einiger vorläufiger Hinweise auf das Verhältnis Gemeinden – Staat; können doch auf »der Basis von moderner Staatstheorie und demokratischer Staatskonzeption«, wie E. Schmidt-Jortzig in seinem oben zitierten Buch schreibt, »... Kommunen und kommunale Rechtsverhältnisse nurmehr vom Staate und seiner Verfassung her rechtlich legitimiert sein«.[4]

Die Eigenschaft der Gemeinden, Selbstverwaltungsorganismen zu sein, macht sie, wie angedeutet, nicht zu Staaten im Staate. Auf dem Staats- und Verfassungsgebiet »eines Staatswesens [kann, P.S.] keine andere nicht von ihm *abgeleitete Hoheitsmacht* bestehen ...; der Staat hat das *ausschließliche Gewaltmonopol*«[5]. Systematisch wäre es nach Schmidt-Jortzig konsequent, die gemeindliche Selbstverwaltung als »mittelbare Staatsverwaltung« einzuordnen, wobei nach seiner Auffassung sich »mittelbare Staatsverwaltung« und »Selbstverwaltung« nicht gegenseitig ausschließen.

---

1) Th. Geiger, Arbeiten zur Soziologie, Neuwied 1962, S. 368.

2) C. Schmitt, Verfassungslehre, 6. Aufl., Berlin 1983, S. 4.

3) »... den Verfassungsbegriff errichtete er [Hegel, P.S.] auf dem Wechselverhältnis von Institution und Gesinnung ...« F. Rosenzweig, Hegel und der Staat, Aalen 1982, S. 133.

4) E. Schmidt-Jortzig, Kommunalrecht, a.a.O., S. 22.

5) Ebenda.

Die einzelne Gemeinde ist somit nicht nur ein sich auf sich selbst beziehender, sondern auch ein auf einen anderen Organismus bezogener Organismus, Objekt eines fremden Willens, oder Organismus eines höheren Organismus. Wie noch an anderer Stelle ausführlicher erörtert werden wird, ist sie, folgt man O. v. Gierke und H. Preuß, Selbstverwaltungsorganismus *und* Anstalt[1]; sie unterliegt also sowohl eigenem als auch fremdem Willen, hat mithin einen »Doppelcharakter«. Durchaus in diesem Sinne äußert sich auch der zeitgenössische englische (Kommunal-) Wissenschaftler Keith Davies, wenn er schreibt, daß »the concept of local government is a paradox. It presupposes a central authority to which it is to some extent subordinate but from which it is to some extent free and independent«[2].

Geht man davon aus, daß Gemeinden und gemeindliche Rechtsverhältnisse nur vom Staat und seiner Verfassung her rechtlich legitimiert sind, so sind der je besonderen Entwicklung der einzelnen Gemeinden als Verfassungen oder Verfassungsorganismen enge Grenzen gesetzt. In der Tat ist das »innere Gemeinderecht« (Gemeindeverfassungsrecht) zunächst staatlich vorgeschriebenes Recht. Der Staat, d.h. in der Bundesrepublik: das Land, schreibt den Gemeinden ihre »Ordnung« vor. Diese können sie, dazu haben sie im Rahmen der ihnen vom Grundgesetz garantierten Autonomie die Befugnis, durch eigene Satzungen, d.h. eigenes Recht, konkretisieren, ausfüllen und ergänzen. Jedenfalls können sie sich im Rahmen der durch den (Glied-)Staat vorgeschriebenen Gemeindeordnung, die ja für alle Gemeinden des Staates/Landes gilt, ihre eigene Ordnung, sich dabei an eigenen Interessen orientierend, schaffen. Doch diese im Rahmen der gemeindlichen Autonomie selbsttätig geschaffenen Ordnungen dürfen nicht von höherrangigen Gesetzesvorschriften abweichen; sie bedürfen denn auch der Genehmigung staatlicher Aufsichtsbehörden.

Somit ist das Ausmaß, in dem sich Gemeinden als jeweils besondere entwickeln können, im Vergleich zu Nationalstaaten begrenzt. Diese sind, zumindest dem Prinzip nach, frei in der Gestaltung ihrer Verfassungsordnung. Lediglich der durch die Geschichte vermittelte übergreifende »Geist« ihrer Völker und Nationen sowie international geltende Ordnungen (»Weltgeist«) stellen eine Grenze dar.

Das Wertprinzip der Selbstverwaltung verkörpert sich über die einzelnen Gemeinden hinaus in Kreisen und höheren Gemeindeverbänden. Was die Kreise

---

1) Vgl. dazu: H. Preuß, Gemeinde, Staat, Reich als Gebietskörperschaften, Aalen 1964, dem wir bereits manch einen nicht ausdrücklich zitierten Gedanken verdanken.

2) K. Davies, Local Government Law, London 1983, S. 1.

betrifft, so handelt es sich, wie Schmidt- Jortzig ausführt[1], einerseits um sich selbstverwaltende Gebietskörperschaften, andererseits um Gemeindeverbände und schließlich um Mittler zwischen Staat und Kommunalverwaltung. »Gemeindeverbände höherer Ordnung« (höhere Gemeindeverbände) sind, vom Kreis aus gesehen, wie er an anderer Stelle schreibt, »solche körperschaftlichen Zusammenfügungen von Kreisen und kreisfreien Städten, bzw. deren Bürgern, die für einen überkreislichen Raum — sei es regionaler oder landschaftlicher, sei es rein zweckhaft geformter Art — bestimmte Ergänzungsangelegenheiten des lokalen Zusammenlebens selbstverwalten oder staatszugewiesen in Fremdverwaltung wahrnehmen«.[2] Das Gemeindewesen oder die Idee der Gemeinde, wie es in unserem theoretischen Ansatz heißt, erweitert sich also über die einzelnen Gemeinden hinaus zu vermittelnden Instanzen zwischen diesen und dem Staat, die sich ebenfalls selbst verwalten. Die Idee der Gemeinde hat somit Wirklichkeit in Gestalt der individuellen Gemeinden, der Kreise und der höheren Gemeindeverbände.

Noch zum Übergang der Verfassung des Gemeindewesens in Gestalt von einzelnen Gemeinden, Kreisen und höheren Gemeindeverbänden zu den Länderverfassungen, insbesondere zur Bundesverfassung, zum Nationalstaat: Nationalstaaten definieren sich in ihrem Verhältnis zueinander als souverän. Zwar sind sie gehalten, sich in ihrem Handeln an dem Völkerrecht zu orientieren, dies hat jedoch bekanntlich nicht die gleiche Verbindlichkeit wie innerstaatliches Recht. Sie sollen sich an die Bestimmungen des Völkerrechts halten, es gibt jedoch keine über ihnen stehende legitimierte Instanz, die sie zur Einhaltung zwischenstaatlicher Normen zwingen könnte. Das oberste Gericht für die Völker, so Hegel, ist das »Weltgericht« oder die Weltgeschichte. Diese Aussage mag zwar aufgrund historischer Veränderungen in den Beziehungen zwischen den modernen Staaten Westeuropas der Differenzierung und Relativierung bedürfen, ist aber noch nicht ganz veraltet. Grundsätzlich anders als bei den Staaten verhält es sich dagegen bei den Gemeinden; sind diese doch nicht, wie schon angedeutet, füreinander souveräne Körperschaften. Sie unterliegen eben dem für sie verbindlichen staatlichen Recht, sind einer ihnen übergeordneten legitimierten Gewalt unterworfen, mehr noch, sind »mittelbare Staatsverwaltung«. Gleichwohl werden die Gemeinden nicht einfach mit dem Staat identifiziert, und zwar, wie schon gesagt, aus guten Gründen. Das Gemeindewesen hat eben seine eigene Geschichte, die eben nur teilweise mit der Geschichte des modernen Staates zusammenfällt. Und es gibt gute Gründe, daß die Gemeinden dem Staat nicht unmittelbar einverleibt werden, um sie

1) Vgl. dazu: E. Schmidt-Jortzig, Kommunalrecht, a.a.O. S. 192 ff.
2) Ebenda, S. 148.

damit zu bloßen Instanzen »unmittelbarer Staatsverwaltung« zu machen. Zwar ist Gemeinderecht heutzutage überwiegend staatliches Recht, jedoch in vieler Hinsicht »vom Staat einverleibtes Gemeinderecht«.[1] Die Gemeinden, genauer noch die Städte, waren einst rechtserzeugende Organismen, und an dieses autonom hervorgebrachte Gemeinderecht mußte sich der Staat in seiner Rechtsetzung orientieren, wollte er den Forderungen nach Dezentralisierung der Verwaltung und nach Hemmung hoheitlicher Machtentfaltung (Freiheitserweiterung der Bürger) entsprechen. Mit anderen Worten, er mußte, indem er ein wohlorganisiertes, lebendiges modernes Ganzes werden wollte, ein Gemeinwesen, mit dem sich der aufgeklärte Bürger identifizieren konnte, die Idee der Gemeinde wiederbeleben und damit gemeindeeigenes Recht übernehmen.

Das Verhältnis zwischen Gemeinden und Staat wird nunmehr, wie schon erwähnt, als Resultat von Entwicklungen, die in Deutschland vor allem im 19. Jahrhundert einsetzten, durch das äußere Gemeinderecht bestimmt. Danach stehen sich eben Gemeinden und Staat, sei es Land, sei es Bund, nicht als gleichberechtigte Partner gegenüber. Vielmehr sind Gliedstaaten und Nationalstaat den Gemeinden übergeordnet. Gleichwohl wird ihnen durch das Staatsverfassungsrecht (Grundgesetz) und die ihm entsprechenden Länderverfassungsordnungen die Selbstverwaltung, die Autonomie, garantiert. So sehr gehört die Selbstverwaltungsgarantie für die Gemeinden zu den elementaren Momenten des Verfassungsrechts, daß jeder Versuch, sie aus dieser zu entfernen, zu einer substantiellen Veränderung des infragestehenden Staates führen würde.[2] Er liefe sowohl auf einen Bruch der geschriebenen Verfassung als auch auf einen in der Verfassungsgeschichte hinaus.

Versucht man die Ausführungen zur Idee der Gemeinde vorläufig zusammenzufassen, so gehört zu ihr ein großer und zentraler Ausschnitt der Verfassungswirklichkeit. Sie ist eine lebendige Totalität, die individuelle Gemeinden, Kreise, höhere Gemeindeverbände und das Verhältnis zwischen den Gemeinden und ihren Verbänden einerseits und dem Staat andererseits einschließt. Von der Idee der Gemeinde als Einheit des Subjektiven und Objektiven ist das (geschriebene) innere und äußere Gemeinde(verfassungs–)recht zu unterscheiden. Die Idee der Gemeinde als sittliche Idee *hat* nach Hegel Wirklichkeit. Das Rechtliche und das Moralische können dagegen, ihm zufolge, nicht für sich

---

1) Vgl. dazu: G. Gurvitch, L'idée du droit social, Aalen 1972, insbesondere 4. Teil, Kap. III.

2) »Wie die bundesstaatliche Verfassung stellt sie [die kommunale Selbstverwaltung, P.S.] eine Ergänzung des Gewaltenteilungsprinzips dar.« Stellungnahme des Sachverständigenrates zur Neubestimmung der kommunalen Selbstverwaltung, in: Politik und kommunale Selbstverwaltung, Köln 1984, S. 1.

existieren und müssen daher das Sittliche zum Träger und zur Grundlage haben. Was das Recht betrifft, so »existiert [es, P.S.] nur als Zweig eines Ganzen, als sich anrankende Pflanze eines an und für sich festen Baumes«.[1]

Die Idee der Gemeinde, schließlich, ist, wie oben gesagt wurde, die allgemeine Idee als Gattung. Ist sie damit, wie Hegel es im Fall der Idee des Staates darstellt, als die »absolute Macht« gegenüber den individuellen Gemeinden, als »der Geist, der sich im Prozesse der *Weltgeschichte* seine Wirklichkeit gibt«[2] zu begreifen? Wohl kaum, sind doch, wie betont, moderne Gemeinden keine Staaten. Über ihnen thront denn auch nicht der »alleinige absolute Richter, der sich immer und gegen das Besondere geltend macht«, der Weltgeist, der sich als »das Allgemeine und als wirkende Gattung in der Weltgeschichte darstellt«[3], sondern der Staat. Ihm als der »sich selbst deutliche, substantielle Wille, der sich denkt und weiß und das, was er weiß und insofern er es weiß, vollführt«[4]. ist die individuelle Gemeinde unterworfen, von ihm leitet sie ihre teilweise Autonomie ab, bekommt sie den rechtlichen Rahmen für ihr Verwaltungshandeln auferlegt, erhält sie die Befugnis, selbst Recht in Form von Satzungen zu setzen, und von ihm empfängt sie schließlich einen erheblichen, wenn nicht den Hauptteil, der zu ihrer Existenzerhaltung und Entwicklung erforderlichen Finanzmittel. Die einzelne Gemeinde ist somit unübersehbar Teil eines organisierten Ganzen, der Verfassungswirklichkeit mit dem Nationalstaat an der Spitze, so daß ihre weitere Geschichte von der Entwicklung dieses Ganzen in einem hohen Maße abhängt. Und hier ist es der den Notwendigkeiten und Zufällen der Weltgeschichte unterworfene individuelle Nationalstaat, der in letzter Instanz das Kommando über die Entwicklung der Gemeinde als Gattung führt und sich gegenüber der einzelnen Gemeinde als »relative Macht« — er ist eben nicht das »Weltgericht« — durchsetzt. Es ist in letzter Instanz das vom Staat gesetzte Kommunalrecht, das den Rahmen und die Richtschnur für die Entwicklung der einzelnen Gemeinde setzt. Die Geschichte der Gemeinde als Gattung ist somit eingebunden in die Geschichte der Staatsverfassung.

Dies soll jedoch nicht besagen, daß der moderne Staat, gleichsam wie der absolutistische, die Entwicklung des Gemeindewesens »von oben« bestimmt. Dies würde dem Prinzip der »gestuften bzw. gegliederten Demokratie« widersprechen oder dem den Stufenbau des Gesamtstaates durchgreifenden Genos-

---

1) G.W.F. Hegel, Grundlinien...a.a.O. S. 291.

2) G.W.F. Hegel, Grundlinien...a.a.O., S. 405.

3) Ebenda, S. 406.

4) Ebenda, S. 398.

senschaftsprinzip, wie es v. Gierke und Preuß dem modernen Staat zuschreiben.[1]

Die moderne Gemeinde und ihr widersprüchliches Verhältnis zum modernen
Staat, nämlich zugleich Glied des Staates und ihm gegenüber autonom zu sein,
sind offensichtlich eine Synthese zweier in der »Gattungsgeschichte« von
Gemeinde und Staat aufgetretener Extreme. Zunächst, und zwar in der Periode
des Mittelalters, war die Gemeinde, d.h. die Stadt, »alles und der Staat war
nichts«. Die Stadt war sogar, wie H. Preuß schreibt, von dem wir diese Gedanken übernehmen[2], die Keimzelle des modernen Staates. Allerdings verlief
die Verfassungsgeschichte anderer westeuropäischer Staaten, ihm zufolge,
etwas anders als die deutsche. Jedenfalls folgte dem einen Extrem in der
Geschichte »Gemeinde-Staat« das andere, wonach der »Staat alles und die
Gemeinde nichts war«. Hierbei handelt es sich um das Zeitalter des absolutistischen und zentralistischen Staates. Mit dem Beginn der Entwicklung des modernen Staates und der Wiedergeburt der gemeindlichen Selbstverwaltung wird
dann eine Synthese möglich, in der zwar der Staat »das Erste« bleibt, den
Gemeinden aber das Recht zur (teilweisen) Selbstverwaltung durch die Verfassung garantiert wird.

Das Konzept der »Idee der Gemeinde«, wie es bisher erläutert wurde und auch
noch im folgenden erläutert werden wird, ist im engeren Sinn des Wortes nicht
spekulativer Natur. Man kann hierbei auch mit Hegel vom »objektiven Geist«
sprechen, ein Begriff, der ein jederzeit, unabhängig vom Standpunkt, aufzeig-
bares Grundphänomen beschreibt.[3] Demgemäß wäre die Idee der (modernen)
Gemeinde Ausschnitt oder Moment eines bestimmten, historisch gewordenen
objektiven Geistes, zu dem noch der Staat, die Familie, das Recht, die Wirt-
schaftsverfassung und anderes gehört. Es handelt sich dabei um eine lebendige
Totalität, deren Stamm nach Hegel sittliche Ideen sind. Eine (kontrolliert)
spekulative Fassung der Idee der Gemeinde als Teil des allgemeinen objektiven
Geistes erfolgt erst mit der philosophischen Gemeindelehre im Hegelschen
Verständnis, in der die Idee der Gemeinde als Moment der Entfaltung der Idee
der Freiheit und damit der Vernunft in der menschlichen Geschichte begriffen
wird.

Im folgenden die Erweiterung und Vertiefung der Diskussion zum theoretischen Bezugsrahmen, in dem das Hegelsche Konzept der Sittlichkeit, das für

---

1) Vgl. E. Schmidt-Jortzig, Kommunalrecht, a.a.O., S. 41.
2) Vgl. H. Preuß, Entwicklung des deutschen Städtewesens, Aalen 1965.
3) N. Hartmann, Hegel, Berlin 1929, S. 298 ff.

uns eine zentrale Denkfigur beim Versuch die moderne Gemeinde zu begreifen darstellt:

Sittlichkeit

Für Hegel ist »Sittlichkeit« die Idee der Freiheit »als das lebendige Gute, das in dem Selbstbewußtsein sein Wissen, Wollen und durch dessen Handeln seine Wirklichkeit, sowie dieses an dem sittlichen Sein seine an und für sich seiende Grundlage und bewegenden Zweck hat, — der *zur vorhandenen Welt und zur Natur des Selbstbewußtseins gewordene Begriff der Freiheit*[1]. Versteht man das moderne Gemeindewesen im Sinne dieses philosophisch-spekulativen Konzeptes, so wäre es nicht bloß da, wie jeder andere Ausschnitt der Tatsachenwelt, sondern es wäre notwendigerweise da, weil es, wie der moderne Rechtsstaat, der »objektiven Vernunft« entspricht.

Das moderne Gemeindewesen als Wirklichkeit einer sittlichen Ordnung wäre somit, wie schon gesagt, die Einheit von Freiheit und Vernunft in einem bestimmten historischen Stadium. Es gilt dann somit die häufig mißverstandene Formel Hegels: »Was vernünftig ist, das ist wirklich; und was wirklich ist, das ist vernünftig«.[2]

Für den Zweck der Gegenstandsbestimmung einer positiven Gemeindelehre wäre das Konzept der Sittlichkeit von seinen spekulativen Momenten zu trennen und darunter schlicht die Einheit von Gesinnung und Institution oder von Handeln und normativer Struktur zu verstehen. Analysiert man dann den verbleibenden Inhalt, so schließt es zunächst wissende und wollende Subjekte, Handelnde, Akteure oder Personen ein. Im Wissen und Wollen der Subjekte ist ein vorgegebenes »sittliches Sein«, eine normative Ordnung mit einem System von Rechten und Pflichten, gegenwärtig. Das »sittliche Sein«, die Institution, ist also zum einen in den Subjekten selbst, in Gestalt von Wissen und Wollen (Gesinnung) enthalten, zum anderen steht es den Subjekten als etwas Objektives, Machtvolles, gegenüber. »Sittlichkeit« wäre somit die Einheit des Subjektiven und des Objektiven.

Das »sittliche Sein« wird durch das Handeln der Subjekte, und zwar aufgrund ihres Wissens von der Ordnung und ihres Wollens derselben, reproduziert. Die Menschen werden nach diesem Konzept nicht als atomisierte Individuen begriffen, die miteinander in Beziehung treten, um eine gesellschaftliche Ordnung zu errichten, »Gesellschaft« zu konstituieren, sondern als von vorneherein vergesellschaftete, d.h. nach Hegel vor allem versittlichte Individuen.

---

1) G.W.F. Hegel, Grundlinien...a.a.O. S. 292.

2) Ebenda, S. 24.

Die normative Ordnung ist also von den Individuen verinnerlicht worden; sie werden erst durch solche Prozesse zu handelnden Subjekten. Zugleich ist ihnen diese Ordnung aber auch äußerlich, eben ein »Sein«, das ihre Subjektivität transzendiert. Dieses »Sein« besteht in Wertprinzipien und Normen, Wege, die angeben, wie diese Prinzipien angestrebt werden sollen, somit aus ihnen konkrete Handlungsanleitungen machen. Diese »normativen Muster« sind die »an und für sich seiende Grundlage des Handelns«, sein »bewegender Zweck«. Von dieser unabhängig vom Denken und Wollen des Individuums bestehenden normativen Ordnung hat dieses keine wissenschaftliche Erkenntnis, stattdessen, wie schon an anderer Stelle ausgeführt, nur ein Alltagswissen oder »Vorstellungen«.

Die sittliche Ordnung ist nach Hegel das objektiv Gute, folglich nicht das Gute, das das moralisch autonome Subjekt für sich selbst definiert und verbindlich erklärt. Doch das »objektiv Gute« wäre ein »Totes« würde es nicht durch wissende und wollende (motivierte) Subjekte stets von neuem in die Tat umgesetzt (reproduziert) werden; es ist das »lebendige Gute«.

Aus diesen Erläuterungen, im Grunde genommen ein guter Teil soziologischer Theorietradition, geht hervor, daß es sich bei der sittlichen Ordnung nicht um ein System »utopischer« Forderungen und Gebote handelt, die allenfalls eine verschwindende Minderheit erfüllen kann, sondern um eine historisch gewordene, durch menschliche Interaktionen hervorgebrachte Ordnung des Alltagshandelns. Menschen bringen eine sittliche Ordnung hervor, ohne sich über ihr Tun oder Werk deutlich Rechenschaft abzulegen. Das Werk, als Resultat ihres Tuns, bringt wiederum die menschlichen Subjekte hervor, die es dann durch ihr alltägliches Handeln reproduzieren. Für die im Alltagshandeln Befangenen ist die gegebene sittliche Ordnung einfach da; sie wissen nicht, woher sie kommt.

Das Sittliche als die »Substanz« (Hegel) weiß sich in ihrem »wirklichen Selbstbewußtsein«, etwa als verfassungstreuer Gemeindebürger, und ist Objekt des Wissens.[1] Wissendes Subjekt und Objekt des Wissens stehen einander gegenüber. Für das Subjekt »haben die sittliche Substanz, ihre Gesetze und Gewalten einerseits als Gegenstand das Verhältnis, daß *sie sind*, im höchsten Sinne der Selbständigkeit, − eine absolute, unendlich festere Autorität und Macht als das Sein der Natur«[2]. Andererseits, so läßt sich mit Hegel fortfahren, ist die »sittliche Substanz, ihre Gesetze und Gewalten« für die wissenden und han-

---

1) Ebenda, S. 294.
2) Ebenda, S. 295.

Die Gemeinde als sittliche Idee und ihre Wirklichkeit

Wertbegriff	objektive Form sittliche und rechtliche Normen	subjektive Form Wissen/ Wollen	Verwirklichung der Idee durch Handeln von Subjekten Wirklichkeit	Mittel
S t a a t				
Freiheit (»Prinzip der Subjektivität«)	Staats-(Finanz-) verfassungsrecht, Selbstverwaltungsgarantie	Verfassungsbewußtsein, Staatsgesinnung	Handeln der staatlichen Organe/ vollziehende Gewalt der Verfassungsordnung, Staat als Wirklichkeit der sittlichen Idee	Steuern, Anleihen, Sachvermittlung, systematisches Wissen (Staatslehre)
G e m e i n d e				
Selbstverwaltung/ Autonomie	Kommunalverfassungsrecht/ Hauptsatzung	kommunales Verfassungsbewußtsein, Verfassungstreue	Handeln der Gemeindevertretung und des Gemeindevorstandes	Steuern, Gebühren, Kredite, Finanzzuweisungen, Sachvermittlung, sytematisches Wissen (Gemeinde- (rechts-, verfassungs-)lehre)
Repräsentations- /Demokratieprinzip	kommunales Wahlrecht	demokratisches Bewußtsein	Durchführung von Gemeindewahlen, Bildung von Gemeindevertretung und -vorstand	
Prinzip der Gesetzmäßigkeit, Rechtsstaatlichkeit	Verwaltungsrecht/ Gemeindesatzungen	Rechtsbewußtsein/ Gesetzestreue/ Korrektheit	Aufbau einer funktionsfähigen Verwaltung/ Aktualisierung der Rechtsordnung in Vewrwaltungshandlungen	s.o., systematisches Wissen (Verwaltungslehre u.a.)

delnden Subjekte nicht ein Fremdes. Vielmehr gibt es, so Hegel, »das *Zeugnis des Geistes* von ihnen als von *seinem eigenen Wesen*, in welchem es sein *Selbstgefühl* hat und darin als seinem von sich ununterschiedenen Elemente lebt, – ein Verhältnis, das unmittelbar noch identischer als selbst *Glaube* und *Zutrauen* ist«[1]. Wenn also das Subjekt die betreffende sittliche Ordnung auch als »festere« oder »höhere« Autorität als die Natur ansieht, so erscheint sie doch in seinem Gefühl nicht als ein grundsätzlich Fremdes, sondern als ein irgendwie von Menschen Gemachtes, jedenfalls als ein dem menschlichen Wesen Entsprechendes.

Ausgehend vom Hegelschen Konzept der Sittlichkeit, kann nunmehr die weitere Konkretisierung des Begriffs der Gemeinde erfolgen. Doch zuvor soll dieses Konzept und seine Anwendung auf die Gemeinde noch anhand des folgenden Schemas verdeutlicht werden.[2] Es zeigt zum einen Staat und Gemeinde, die nicht getrennt voneinander behandelt werden können, als ein hierarchisch gegliedertes »sittliches Sein« in Gestalt von (Wert–) Begriffen und sittlichen/ rechtlichen Normen — Staat und Gemeinde in ihren objektiven Formen. Es zeigt zum anderen Staat und Gemeinde in ihren subjektiven Formen, d.h. in Gestalt von Wissen/ Vorstellungen und Gesinnung, und ferner beide in Form der Wirklichkeit, konstituiert durch das Handeln wissender und wollender Subjekte; schließlich, der Vollständigkeit halber und in Anlehnung an Smelser, die Komponente der Mittel, die für das Handeln der motivierten Subjekte erforderlich sind.

1) Ebenda.
2) Bei seiner Aufstellung bedienten wir uns naheliegender Gedanken von N. J. Smelser aus dem Kap. II seines Buches »Theorie des kollektiven Verhaltens«, hrsg. v. W.R. Heinz, W. Kaupen, P. Schöber, Köln 1972.

III   Die positive Gemeindelehre

1.   Definition der Gemeinde

Die positive Gemeindelehre ist zwar, mehr als die philosophische, auf »Tatsachen« ausgerichtet, sie ist aber keine Tatsachenwissenschaft im Sinne einer »Gemeindekunde«. Ihr Ausgangspunkt sind nämlich keine »rohen« Tatsachen, sondern, wie schon ausgeführt, die Theorie. Zu Beginn der Entwicklung einer positiven Gemeindelehre, wenn sie noch unter dem Druck praktischer Bedürfnisse steht, stehen noch keine systematischen Überlegungen zu einem theoretischen Bezugsrahmen oder einer (sozial-) theoretischen Fundierung im Vordergrund. Erst später setzt das Bedürfnis ein, der neuen Disziplin eine theoretisch fundierte Grundlage zu geben. Auch hieran wirkt schon philosophisches Denken mit und trägt dazu bei, die Fundamente der Disziplin so explizit und durchschaubar wie möglich zu machen, vor allem den Gegenstand, hier die Gemeinde, in einen allgemeinen (sozial-)theoretischen Zusammenhang, ein begründetes begriffliches System zu stellen. Freilich enthält dieses Bemühen in einem weiteren Sinn des Wortes spekulative Momente; das Arbeiten an einer allgemeinen Theorie, die es ermöglicht, die Vielfalt der historischen Phänomene von der Gemeinde über den Staat bis hin zu einem Wirtschaftsverband in einen einheitlichen, konsistenten Sinnzusammenhang zu stellen, ist eben nicht ohne spekulative Setzungen möglich. In diesem Sinne ist Wissenschaft im engeren Sinne des Wortes eine spekulative Tätigkeit. Dies ist die entschiedene Ansicht des »empirischsten aller Philosophen«, Hegels, dessen Wissenschaftsverständnis uns hier, wie ausführlich verdeutlicht wurde, als Orientierung dient.

Dementsprechend ist Ausgangspunkt der Gemeindelehre nicht irgendein äußeres Merkmal der empirisch unmittelbar gegebenen Gemeinden, sondern ein bestimmtes, methodologisch durchdachtes Konzept, so der Begriff der »Idee der Gemeinde« als einer bestimmten sittlichen Sphäre der Gesellschaft. Damit wird freilich eine bestimmte Grundentscheidung getroffen, die andere Möglichkeiten ausschließt. Sie setzt sich der wissenschaftlichen Kritik aus, kann aber u.E. für sich ins Feld führen, daß sie in einem großen Zweig staats- und gemeindetheoretischer Diskussion implizit enthalten ist.

Allein die »Arbeit am Begriff«, die über ein methodologisches Grundkonzept (z.B. die »Idee«) zum Wesen des Gegenstandes vordringt und danach durch analytisches Verfahren die einzelnen Gebiete desselben systematisch erfaßt, ermöglicht schließlich philosophisches Erkennen, etwa in Gestalt einer philosophischen Gemeindelehre. Mit dieser Stufe vollendet sich dann ein ganzheitliches, in sich gegliedertes Wissenschaftsgebäude, z.B. eine Kommunalwissenschaft. Hegel würde diese ganze Tätigkeit, wie gesagt, als »Selbstvermittlung der Idee« begreifen.

Nun muß nach Hegel nicht der spontan arbeitende Gemeindewissenschaftler ein derart umfassendes Wissenschaftsverständnis teilen – das »idealistische Wissenschaftskonzept« muß nicht »sein Thema« sein. Gleichwohl ist er unbewußt und ungewollt im Rahmen seines »endlichen Erkennens«, Hegel zufolge, auf dem richtigen Wege; fördert er doch damit den Prozeß der Selbstvermittlung der Idee, beginnend mit der »Verstandes«– und endend mit der »Vernunftwissenschaft«.

Der erste Schritt einer positiven Gemeindelehre wäre die Definition der Gemeinde. Nimmt man das als Ausgangspunkt, was oben ausgeführt wurde, so ist die einzelne Gemeinde zunächst eine normative (sittliche) Ordnung, die durch das Handeln wissender und wollender, d.h. von vornherein vergesellschafteter (versittlichter) Subjekte produziert wurde und reproduziert wird. Noch abstrakter formuliert, ist die einzelne Gemeinde eine Einheit von Struktur und Prozeß (Handeln, einschl. des unbewußten Tuns). Doch dies läßt sich von den anderen Gebilden, wie z.B. Staat, Familie usw., auch sagen, mit anderen Worten, wir haben erst das ausgesagt, was eine Gemeinde mit vielen Arten sozialer/ sittlicher (geistiger) Organismen oder sozialer Handlungssysteme gemeinsam hat. Es kommt nun darauf an, was allerdings oben schon teilweise geschehen ist, die unterscheidenden Merkmale herauszuarbeiten. Damit stehen wir freilich, wie schon gesagt, nicht am Beginn des wissenschaftlichen Erkennens der Gemeinde; liegen doch naturgemäß längst eine Reihe von Definitionsversuchen, und zwar systematischer Art vor.

Da wir uns in der Auseinandersetzung mit der modernen Gemeinde stark von Hegelschen Gedanken leiten lassen, liegt es nahe, zunächst einmal in seine »Rechtsphilosophie« einen Blick zu werfen und zu prüfen, inwieweit er dort die Gemeinde systematisch in seine Theorie des modernen Staates eingefügt hat. Schon jetzt kann man wohl sagen, daß sich eine Reihe aufschlußreicher Hinweise finden lassen, oder, noch deutlicher ausgedrückt, er hat sich mit der modernen Gemeinde durchaus auseinandergesetzt. Dies kann allerdings nicht weiter verwundern; schrieb er doch seine »Rechtsphilosophie« in der Zeit der preußischen Reformen, in denen die Reform der Gemeinden (Städte) – eng verbunden mit dem Namen des Freiherrn vom Stein, dessen Ideen sowie die seiner Mitarbeiter, die Preußische Städteordnung von 1808 in einem erheblichen Maße prägten − zu den Kernstücken gehörte.[1]

Sympathisch müßte Hegel der Geist der mit Stein und seinen Gleichgesinnten verbundenen Reformplänen gewesen sein. So wendet sich, wie Erich Becker schreibt, die Idee der Freiheit der Persönlichkeit in der Steinschen Reform gegen die Entartung bevormundender Staatsaufsicht sowie gegen die Fesselung wirtschaftlicher Kräfte durch das Monopol der Zünfte; sie richtete sich ferner auch gegen den Mißbrauch ständischer Unterschiede und gegen die politische Lethargie der Bürgerschaft. Und indem Stein seiner Reform, wie Becker fortfährt, die ethische Zielsetzung einer Einordnung des einzelnen in die bürgerschaftliche Gemeinschaft der Stadt und der Städte in die nationale Gemeinschaft gibt, unterscheidet er sich prinzipiell von anderen Freiheitsbestrebungen, deren charakteristisches Merkmal die Bindungslosigkeit ist.[2]

Weshalb Hegel den Reformideen zur Gemeinde und jenen, die sie vorantrieben, nicht einen zentralen Platz in seiner »Rechts- (Staats) philosophie« einräumte, mag daran liegen, daß er sich auf das für ihn »Erste«, den Staat, konzentrieren wollte. Gleichwohl widmet er den Gemeinden substantielle Gedanken, die in die Richtung der Reformbestrebungen weisen.

Zunächst werden die Gemeinden unter dem Titel »Regierungsgewalt« behandelt, was an die moderne Einordnung der Gemeinden als dezentrale oder mittelbare Staatsverwaltung denken läßt. Doch möglicherweise aufgrund der sich erst anbahnenden Entwicklung der modernen Gemeinde im modernen Staat grenzt der »empirische Philosoph« Hegel die Gemeinden noch deutlich vom Staat ab und stellt sie in eine Reihe mit Gebilden der bürgerlichen Gesellschaft: Zünften, Ständen und Korporationen. Er weist ihnen die Erledigung der »besonderen Angelegenheiten« zu. Diese »werden sowohl rechtlich durch sie selbst verwaltet, als auch in dieser Selbstverwaltung die sittliche Seite ist, daß den Individuen ihr nächstes besonderes Interesse zu einer allgemeinen Angelegenheit wird, an der sie den Reflex des ganzen Staats ...«[3] haben. Er meint hier offensichtlich, was die Gemeinde betrifft, die Selbstverwaltung der Angelegenheiten, die sich aus den besonderen Lebensumständen der örtlichen Ge-

1) Vgl. dazu: E. Becker, Entwicklung der deutschen Gemeinden und Gemeindeverbände im Hinblick auf die Gegenwart, in: Handbuch der kommunalen Wissenschaft und Praxis, Bd. 1, hrsg. v. H. Peters, Berlin 1956, S. 77 ff.

2) Ebenda, S. 82–83.

3) G.W.F. Hegel, Die Philosophie des Rechts, Die Mitschriften von Wannenmann und Homeyer, hrsg. v. K.-H. Ilting, Stuttgart, 1983, S. 167.

meinschaft ergeben. In der Schule L. v. Steins, der in vieler Hinsicht der Hegelschen Denktradition nahesteht, bedeutet »örtliche Gemeinschaft«, wie Schmidt-Jortzig zitiert, »eine Gemeinschaft von Bedürfnissen und Angelegenheiten eines gesellschaftlichen Verhältnisses, (das) die einzelnen als notwendige Glieder einer localen Gesamtheit (betrifft), deren Culturbedürfnisse und Interessen (nun korporativ) befriedigt werden sollen«[1]. Bemerkenswert ist, daß Hegel hier den Begriff der Selbstverwaltung verwendet, der, wie v. Unruh schreibt, sich zum ersten Mal in Deutschland als eine staatswirtschaftliche Bezeichnung in einer 1779 erschienenen Schrift von Johann August Schlettwein, Anhänger der physiokratischen Doktrin, findet. Für die kommunale Organisation sei er erst später in Gebrauch gekommen, aber in der historisch so bedeutenden Preußischen Städteordnung von 1808 unerwähnt geblieben. Erste gesetzliche Erwähnung habe das Wort im Art. 5 der Konstitutions-Ergänzungsakte der freien Stadt Frankfurt am Main von 1816 gefunden.[2] Die Sache selbst hat aber offensichtlich eine längere Geschichte und ist mit der genossenschaftlichen Tradition in Verbindung zu bringen.

Einigkeit scheint jedenfalls darüber zu herrschen, daß die Definition des Gemeindebegriffs nicht ohne Rückgriff auf den Begriff der Selbstverwaltung erfolgen kann.

Doch folgen wir noch den Gedanken Hegels zur Gemeinde: Die einzelne Gemeinde hat nach Hegel als Daseinsgrund, wie die Stände und Korporationen, gemeinsame Interessen. Eine Gemeinde, so Hegel im Zusatz zum soeben zitierten Paragraphen 141, ist als Ganzes konstituiert; »sie hat in vielen Rücksichten ein Gemeinsames, in mehr Rücksichten, je größer die Gemeinschaft ist. Die besonderen Angelegenheit müssen erhalten werden, so bleiben, wie sie sind. Dies muß den Ständen selbst überlassen bleiben; denn es ist rechtlicherweise ihr Eigentum, ihre Angelegenheit, die sie für sich selbst besorgen«[3].

Hegel sieht offensichtlich in den Gemeinden noch Träger eines genossenschaftlichen Eigentums, so daß die Bürger der Gemeinde, die Stände, ihr eigenes Eigentum verwalten. Und er ist vehement dafür, daß die Bürger ihre Gemeinde, die gemeinsames Eigentum einschließt, selbst verwalten und daß der Staat (oder seine Beamten) nicht einfach dort hineinregiert. Die Individuen haben also nach Hegel das Recht, ihr Vermögen selbst zu verwalten. Er sieht jedoch noch neben der rechtlichen eine »sittliche« Seite: Der einzelne findet nämlich,

---

1) E. Schmidt-Jortzig, Kommunalrecht, a.a.O., S. 162.

2) G.-Ch. v. Unruh, Ursprung und Entwicklung...a.a.O., S. 59.

3) G.W.F. Hegel, Die Philosophie des Rechts...a.a.O., S. 168.

38

und so soll es auch nach seiner Einsicht sein, in seiner Gemeinde als selbständiger Korporation einen Staat, »in welchem er mitregiert und seine Besonderheit ins Allgemeine überträgt«[1]. Die Regierungen, so beklagt Hegel, haben zu seiner Zeit den Bürger aller dieser Sorgen für ein Allgemeines enthoben, sie haben, so läßt sich fortfahren, in einen allgegenwärtigen »Wohlfahrts-(»Polizei«–)staat eingezwängt gelebt. Aber nach Hegel besteht das demokratische Prinzip darin, »daß der einzelne mitregiere in den Gemeinden, Korporationen, Zünften, welche die Form des Allgemeinen in sich haben«[2]. In der ganzen, vollkommenen Demokratie, so fährt Hegel fort, habe jeder einzelne teil an allen Regierungs– und Verwaltungsrechten, jedoch könne sich in einem größeren Staat die demokratische Verfassung nicht halten. In den Korporationen nun, so z.B. in den Gemeinden, habe jeder einen Staat, wo er nach seinem konkreten Wesen, wie er sich ausdrückt, tätig sein kann. Und die Individuen haben nur Pflichten gegenüber den Korporationen, etwa den Gemeinden, und haben sich für sie zu interessieren, insofern sie Rechte haben. Dies sei nach Hegel in England der Fall, und der Patriotismus, er meint hier nicht mehr als das Verfassungsbewußtsein, nimmt diese Wendung. Alle haben das Interesse, Hegel sagt dies offenbar mit Blick auf England, »daß der Staat sich erhalte, denn ihr besonderes Interesse haben alle in ihren besonderen Sphären, und diese besondere Sphäre besteht nur durch den Staat«[3]. Indem sie die besondere Sphäre, z.B. ihre Gemeinde, in ihrem Stand erhalten, arbeiten sie, so Hegel, für das Allgemeine, das nur durch diese Gliederung besteht. Mit anderen Worten, ein Staat, der sich nicht auf selbstverwaltende Korporationen gründet, hat keinen Bestand, jedenfalls entspricht er nicht dem modernen liberalen Rechtsstaat, wie er ihn in seiner Theorie entfaltet.

In den zitierten Mitschriften zu Hegels Rechts- und Staatsphilosophie findet sich auch ein Paragraph, der sich unmittelbar auf die Selbstverwaltung bezieht. Danach müssen die Gemeinden, Distrikte, Provinzen, Gewerbe und Stände nicht nur zu einem Ganzen verbunden sein und als ein solches Rechte für die Besorgung des gemeinschaftlichen Interesses und ihrer besonderen Zwecke haben, sondern auch in sich verfaßt sein und in eigenen Obrigkeiten, Vorstehern, Verwaltern und dergleichen beratende und entscheidende Behörden haben. Man sieht, daß hier Hegel schon in Umrissen die moderne Gemeinde zeichnet, was sich vollends im folgenden Satz dieses Paragraphen zeigt: »Da diese Behörden einerseits beschließende und exequierende Autoritäten, jedoch zugleich höherer Autorität untergeordnet sind und (da) andererseits es das

---

1) Ebenda.
2) Ebenda.
3) Ebenda.

unmittelbare Eigentum und Interesse ihrer Kreise ist, welches sie besorgen, so muß im allgemeinen die Besetzung der Bürgerbehörden eine Mischung von gemeiner Wahl der Bürgerschaften oder der Standesgenossen oder der Stände und einer von denselben unabhängigen, oberen Bestimmung sein.«[1]

Deutlich wird, daß die Gemeinden vom Staat abzugrenzen sind; sie verwalten sich selbst, zugleich stehen sie unter staatlicher Aufsicht, wobei auch der Staat den rechtlichen Rahmen für ihr Handeln schafft. Er ist also ihnen gegenüber das »Erste«, zugleich haben sie aber ein Recht auf Selbstverwaltung. Diese vollzieht sich im Rahmen des vorgegebenen bzw. vom Staat genehmigten Kommunalrechts, in dem das Demokratie- oder Repräsentationsprinzip verankert ist. Wird ein Teil der sich aufgrund der Gemeindeverfassung ergebenden Gemeindeorgane durch Wahlen, so wird ein anderer Teil durch staatliche Instanzen bzw. unter ihrer Aufsicht, jedenfalls nach Prinzipien, wie sie in der staatlichen Verwaltung üblich sind, besetzt. Die Korporationen müssen, wie Hegel schreibt, »zwar die Wahl haben, aber die Vorsteher, Verwalter, wer sie auch seien, müssen eine Autorität gegen die sein, von denen sie gewählt sind«[2]. Sichtbar wird hier die Position des »Hauptverwaltungsbeamten« der Gemeinde, deren Inhaber gegenüber denjenigen, die ihn gewählt haben, sei es das »Volk«, sei es die politische Partei oder der Gemeinderat, Recht und Gesetz sowie staatliche Interessen zu vertreten hat.

Berücksichtigt man noch, daß Hegel in den Korporationen Genossenschaften, jedenfalls in ihnen die genossenschaftliche Idee wirksam sieht, so wird deutlich, daß es von seinen theoretischen Auffassungen zur Gemeinde, die noch der Geschlossenheit entbehren, zur schon ausgearbeiteten Gemeindetheorie v. Gierkes, Preuß' u.a. eine Verbindungslinie gibt. Dies kann auch nicht weiter überraschen, weil Hegel die Entwicklung des modernen Staates, einschließlich der Entwicklungstendenzen seines Gemeindewesens, im großen und ganzen zutreffend erfaßt hat.

Wie bereits aus dem, was gesagt wurde, hervorgeht, sind für ihn die unter der Aufsicht des Staates stehenden autonomen Gemeinden keine Nebensächlichkeit für den modernen Staat, vielmehr sieht er gerade in den Gemeinden dessen eigentliche Stärke, d.h. der Staat würde sich selbst schwächen, würde er die berechtigten Interessen der Gemeinden mißachten. Somit haben die Gemeinden nicht nur das Recht, sich gegen eine ihre Existenz bedrohende »Verstaatlichung« zu wehren, sondern auch die Pflicht, und zwar im Interesse des Staates

---

1) Ebenda, S. 169.
2) Ebenda.

selbst. Indem das Individuum erkennt, daß seine partikularen Interessen in den verschiedenen Sphären der Gesellschaft, an denen es teilnimmt, so auch in jener der örtlichen Gemeinschaft, durch den Staat respektiert und abgesichert werden, entsteht bei ihm ein Interesse an der Erhaltung des »Ganzen«.

Hegel sieht aber in der Gemeinde noch einen weiteren Emanzipationsgedanken verwirklicht, der in die Bestimmung des Begriffs der modernen Gemeinde eingehen muß, nämlich der Schutz der Regierten vor der Willkür staatlicher Bürokratie. Somit erfüllt die einzelne Gemeinde nicht nur Aufgaben in freier Selbstverwaltung für den Staat, funktioniert nicht nur als »Consensusproduzent«, sondern auch als Kontrollinstanz gegenüber den Vertretern der Staatsgewalt, den (staatlichen) Beamten.[1]

Es zeigt sich also, daß in seinem Kern der Begriff der modernen Gemeinde bei Hegel gedacht ist, es fehlt jedoch die systematische Ausarbeitung und Gliederung. »Gemeinde« war eben, anders als der moderne Staat, nicht eines seiner Hauptthemen, wobei er sich allerdings bewußt war, daß der moderne Staat nicht ohne sein Gemeindewesen gedacht werden kann.

Nicht weit erscheint der Weg von Hegel zu v. Gierke und zu Preuß, wie bereits oben angedeutet wurde. Auch sie sehen in der einzelnen Gemeinde einen Organismus für sich und zugleich ein Glied des höheren Organismus »Staat«; oder sie sehen in ihr einen »Selbstverwaltungsorganismus« und eine Anstalt des Staates; eine (Kollektiv-)Person und eine Anstalt oder, noch spezifischer, eine Genossenschaft (Preuß), die alles dieses ist, und eine Anstalt des Staates. Doch sehen sie nicht so grundsätzlich, wie anscheinend Hegel, den Unterschied zwischen den Gemeinden und den sonstigen Korporationen auf der einen und dem Staat auf der anderen Seite. Und die Selbstverwaltung halten sie (zumindest Preuß) nicht für ein unterscheidendes Kriterium der Gemeinde gegenüber anderen Körperschaften, etwa dem Staat. »Jedenfalls aber sind die hier in Betracht kommenden Gemeinwesen nicht deshalb als Selbstverwaltungskörper zu bezeichnen, *weil*, sondern *trotzdem* sie einem höheren Organismus eingegliedert sind. Da das Reich ein Rechtsstaat ist, so ist es selbst sowohl, als auch sind die ihm eingegliederten Gemeinwesen Selbstverwaltungskörper. Diese Eigenschaft ist gerade das *gemeinsame* Kriterium aller rechtsstaatlichen Gesammtpersonen von der niedersten bis zur höchsten. Daß sie aber nicht nur Personen, sondern auch Organe einer höheren Gesammtperson sind, das haben alle Kommunalkörper etc. mit den Gliedstaaten gemeinsam. Daraus folgt, dass weder die Bezeichnung als Selbstverwaltungskörper schlechthin, noch die als

---

1) G.W.F. Hegel, Grundlinien...a.a.O., S. 463.

einer höheren Gesammtheit eingegliederte Selbstverwaltungskörper zur begrifflichen Unterscheidung der Kommunalkörper vom Staate irgend dienlich sein kann.«[1]

Daraus entsteht für sie die Aufgabe, den Begriff der Gemeinde gründlich neu zu durchdenken, und zwar im Lichte der Genossenschaftstheorie. Dabei geht Preuß davon aus, daß das Moment der Souveränität, das Hegel offensichtlich, wie viele vor ihm und nach ihm (auch v. Gierke) als unterscheidendes Kriterium des Staates ansah, aus dem Begriff des Staates zu eliminieren ist. Jedenfalls wendet er sich gegen eine Verabsolutierung des Staates gegenüber den Gemeinden und anderen Körperschaften oder Kollektivgebilden.

Die Hauptwirksamkeit der Genossenschaftstheorie hat sich bisher, wie Preuß ausführt, auf dem Gebiet des Privatrechts entfaltet, aber ihr Grundgedanke führe über das Privatrecht hinaus. Sie sei nämlich, ihrer ganzen Anlage nach, eine allgemeine Rechts-, nicht eine bloße Privatrechtstheorie; sei doch auch der Zentralbegriff letzterer, der Begriff der Person, ein zentraler Begriff des Rechts schlechthin. Von Gierke habe, wie Preuß fortfährt, unermüdlich darauf hingewiesen, wie insbesondere das Staatsrecht Klärung und Bereicherung aus der Genossenschaftstheorie gewinnen kann, und es sei eines der wichtigsten Resultate dieser Lehre, daß Privatrecht und öffentliches Recht nicht durch eine unüberbrückbare Kluft voneinander getrennt sind. Der weitere Kreis des Sozialrechts umschließe vielmehr mit dem Staatsrecht auch große Teile des Privatrechts. Preuß folgt hier weitgehend den Gedanken v. Gierkes, dem er ja auch sein hier zitiertes Buch gewidmet hat.[2]

Ausgangspunkt seines Ansatzes ist nun die »Beseitigung aprioristischer Annahmen und Fiktionen sowie die Ersetzung der absoluten, einander in starrer Abgeschlossenheit gegenüberstehenden Begriffe durch eine entwicklungsgeschichtlich zu begreifenden Reihe von Evolutionen einer Uridee, welche ineinander greifen wie die Glieder einer Kette, − das ist das leitende Prinzip, das sich in allen Aufstellungen der Genossenschaftstheorie äußert«[3].

Die Genossenschaftstheorie, in der Preuß in Verbeugung vor dem Zeitgeist, den »Darwinismus der Jurisprudenz« sieht, weil er in ihr eine geistige Entwicklung in Analogie zur Evolutionstheorie erkennt, gelangt, in Überwindung der romanistischen Rechtstheorie, zu einem Personenbegriff, der, weil er nicht,

1) H. Preuß, Gemeinde,...a.a.O., S. 227.

2) Ebenda, S. 233-234.

3) Ebenda, S. 234.

wie der des fingierten Individuums in die Grenzen des Privatrechts eingeschlossen ist, zum zentralen Begriff des Rechts überhaupt wird.

Die Erfassung des Staats als Person wurde, so Preuß, zwar nicht zuerst und
nicht allein von der Genossenschaftstheorie proklamiert, aber erst durch sie
konnte die Lehre von der Staatsperson mit ihrem Begriff der Gesamtperson
»Abschluß und Vollendung« (Preuß) finden.[1]

Die Genossenschaftstheorie, mit der ihr eigenen Personenlehre (organische
Gestaltung der Vielheit zur Einheit), eröffnet, wie Preuß fortfährt, die Möglichkeit, den Staat und alle politischen Gemeinwesen, d.h. auch die Gemeinden, voll und ganz unter den Personenbegriff zu subsumieren. Für sie gibt es
nicht zwei konstante, absolut geschiedene Arten: auf der einen Seite das Individuum, auf der anderen die Souveränität, der Staat. Vielmehr geht, wie er
weiter ausführt, eine ununterbrochene Kette von Erscheinungformen der mit
der Menschheit geborenen Genossenschaftsidee von der Grenze des Privatrechts aus und hat auch in der Form des heutigen Staates nicht ihr Ende gefunden. Dazu zitiert er aus v. Gierkes Genossenschaftsrecht, der schreibt: »Aus
der höchsten der das Einzelleben nicht überdauernden Verbindungen, der Ehe,
wachsen Familien, Geschlechter, Stämme, und Völkerschaften, Gemeinden,
Staaten und Staatenverbände in reichhaltiger Abstufung hervor und für diese
Entwicklung läßt sich keine andere Grenze denken, als wenn sich in ferner
Zukunft einmal die ganze Menschheit zu einem einzigen organisirten Gemeinwesen zusammenschließen und der Thatsache, dass sie nur die Glieder eines
grossen Ganzen umfasst, einen sichtbaren Ausdruck verleihen sollte.«[2]

Der Unterschied dieser neuen Personentheorie gegenüber der älteren, läßt sich
nach Preuß dahingehend formulieren, daß die neuere Theorie die Verschiedenheit der Persönlichkeiten, die die ältere rein äußerlich fast, in die innere Struktur verlegt. Dort, wo die ältere Theorie Verschiedenheit, sieht die neuere
Gleichheit und umgekehrt; jene lehrt, es gibt natürliche und fingierte, künst-
liche, Personen, diese dagegen, alle Personen sind als solche gleich natürlich
und wirklich; jene lehrt, nach ihrer inneren Struktur sind alle Personen als
solche gleich unteilbare Einheiten, Individuen, diese lehrt dagegen, es gibt
bezüglich der inneren Struktur Individual- und Sozial- oder Gesamtpersonen.[3]

---

1) Ebenda, S. 235.
2) Ebenda, S. 236-237.
3) Ebenda, S. 239.

Der neue Begriff der Gesamtperson umfaßt nun, wie es bei Preuß weiter heißt, drei Begriffe: den der Genossenschaft, der Körperschaft und der Anstalt. Insbesondere die Begriffe Genossenschaft und Körperschaft bedürfen, ihm zufolge, eine etwas veränderte Fassung, um sie zu befähigen, ihre Aufgabe als Elemente des Personenbegriffs für das ganze Rechtsgebiet, also auch für das Staatsrecht, zu erfüllen.

Preuß sieht sich nun genötigt, sich mit v. Gierkes und Heinrich Rosins Begriffen der Genossenschaft und Körperschaft kritisch auseinanderzusetzen. V. Gierke und Rosin definieren nämlich die Genossenschaften als die (deutschrechtlichen) Körperschaften, die nicht politische Gemeinden sind. Diese seien Körperschaften, aber nicht Genossenschaften des öffentlichen Rechts. Der Genossenschaftsbegriff sei der Gattungsbegriff für diejenigen deutschrechtlichen Körperschaften, die weder Staat noch Gemeinde sind; er sei mithin im Verhältnis zum Körperschaftsbegriff ein Artbegriff.

Gegen diese Definitionen erhebt Preuß gewichtige Einwände: Abgesehen davon, daß die Genossenschaftstheorie eigentlich »Körperschaftstheorie« heißen müßte, findet man, wie er schreibt, für die Feststellung: die Körperschaften zerfallen in Genossenschaften, Gemeinden und Staaten, kaum ein innerliches Einteilungsprinzip. Den eigentlichen Grund, weshalb v. Gierke und Rosin die politischen Gemeinwesen aus der Kategorie der Genossenschaft aussondern, sieht er in ihrem Festhalten am Souveränitätsbegriff, der der genossenschaftlichen Anschauung diametral entgegengesetzt sei. Er kritisiert, daß der Staat als das höchste Gemeinwesen angesehen, sein Begriff absolut gesetzt wird. Dabei darf man vom Standpunkt der Genossenschaftstheorie den Staat bloß als die zur Zeit höchste vollkommen organisierte Entwicklungsform der Gemeinheitsidee – nicht als deren gedanklichen Abschluß ansehen.[1]

Wenn nicht der Nationalstaat oder das »Reich« eine Sonderstellung gegenüber den Genossenschaften einnimmt, so gilt dies erst recht für seine Gliedstaaten und die Gemeinden; wird ihnen doch niemand das Prädikat »souverän« verleihen.

Die wesentliche Bedeutung des Genossenschaftsprinzips liegt in der Tatsache, daß der Mensch, wie Preuß v. Gierke zitiert, »indem er von Hause aus sein Dasein zugleich als Einzelleben und als Gemeinleben führt und empfindet, seinen Willen zu spalten und dem Bereich des Fürsichseins der Einzelwillen ein Gebiet ihrer Verbundenheit zum Gemeinwillen gegenüberzustellen ver-

---

1) Ebenda, S. 243.

mag«[1]. Anders ausgedrückt, das genossenschaftliche Prinzip äußert sich, wie Preuß fortfährt, in der Anerkennung sozialrechtlicher neben den individualrechtlichen Beziehungen. »Wo immer zwischen einer Mehrheit von Personen ein rechtliches Band besteht, welches sich nicht als ein rein individualrechtliches Obligationsverhältnis charakterisiert, da ist eine *Genosssenschaft* vorhanden.«[2] Der einem Personenverband innewohnende Drang, aus Partikeln der Teilwillen einen Gesamtwillen zu organisieren, das ist nach Preuß das Kriterium der Genossenschaft. Dadurch unterscheidet sie sich von der Gesellschaft, die definitionsgemäß in obligatorischen Verhältnissen von Individuum zu Individuum stehen bleibt. Die Gesellschaft, so läßt sich abschließend definieren, ist ein individualrechtliches Verhältnis, die Genossenschaft dagegen ein sozialrechtlicher Verband.[3]

Nachdem nunmehr mit Preuß der Begriff der Genossenschaft geklärt ist, gilt es die Begriffe »Körperschaft« und »Anstalt« zu definieren, die mit ihm offensichtlich in einem untrennbaren Zusammenhang stehen. Nach Preuß kann man jedoch trotz der bisherigen Entwicklung des Genossenschaftsbegriffs die frühere Klassifikation nicht einfach umdrehen und die Körperschaft als eine Art der Gattung Genossenschaft einordnen; vermag doch die Körperschaft in sich Elemente aufzunehmen, die aus einem dem genossenschaftlichen Prinzip entgegengesetzten Prinzip stammen. Mit anderen Worten, Preuß bezieht sich hier erneut auf v. Gierke, die Genossenschaftstheorie bedarf der Ergänzung durch eine Anstaltstheorie.

Das Wesen der Körperschaft besteht darin, daß sie, so Preuß, »die organische Einheit einer Personenvielfalt darstellt; dass sie die Willenseinheit dieser Vielheit ist«[4]. Bildet sich diese Einheit von innen heraus, ist, wie er fortfährt, der sie beherrschende Wille ausschließlich ein ihr immanenter, so erscheint die Körperschaft als die Vollendung der reinen Genossenschaftsidee. Möglich ist es aber auch, daß die Körperschaft, wie es bei ihm weiter heißt, sowohl in ihrer Gestaltung aus der Vielheit als auch in der Ausübung ihrer Herrschaft über die Vielheit von einem außer ihr stehenden »*transzendenten* Willen« (Preuß) beeinflußt wird. In diesem Fall ist sie kein reines genossenschaftliches Gebilde, sondern sie hat in ihr Wesen neben den genossenschaftlichen *anstaltliche* Momente aufgenommen. Hierzu wieder v. Gierke, den Preuß an dieser Stelle zitiert: »Die *Anstalt* ist eine von außen für irgend einen rechtlichen Verband

1) Ebenda, S. 245.
2) Ebenda.
3) Ebenda.
4) Ebenda, S. 249.

konstituierte Einheit; ... ihr belebendes Princip ist ein von einem ausser ihr stehenden Willen abgezweigter und individualisirter Theilwille; ihre Persönlichkeit ist den durch sie verbundenen Personen nicht immanent, sondern transzendent«[1].

Das klarste Beispiel für eine Anstalt, so Preuß, ist die katholische Kirche. Was die modernen Gemeinden betrifft, so schließen sie, worauf noch eingegangen werden wird, sowohl genossenschaftliche wie auch anstaltliche Elemente ein, so daß sie Genossenschaften *und* Anstalten sind. Nicht also Körperschaft und Anstalt sind begriffliche Gegensätze, sondern Genossenschaft und Anstalt. Das Wesen der Körperschaft besteht darin, Einheit in der Vielheit oder Gesamtperson über den Einzelpersonen zu sein. Bildet sich nun diese Einheit, wie er weiter ausführt, von innen heraus, ist der herrschende Wille ausschließlich ein immanenter und sind dementsprechend die Organe der Körperschaft ausschließlich eigene Organe, so ist die Körperschaft rein genossenschaftlicher Natur. Wird dagegen jene Einheit nur von außen gesetzt, ist der herrschende Wille ausschließlich ein transzendenter und sind dementsprechend die Organe der Körperschaft (Korporation) ausschließlich Organe und Diener jenes höheren Willens, so ist der Verein rein anstaltlicher Natur. Das genossenschaftliche und das anstaltliche Prinzip sind, wie er schreibt, diametral entgegengesetzte Prinzipien, die sich nach Rosin, den Preuß hier zitiert, als solche auch nicht in »ihrer äusseren Erscheinung einander nähern«[2]. Denn das eine Prinzip nimmt seinen Weg von unten nach oben, das andere von oben nach unten. Gleichwohl können sich beide innerhalb einer Erscheinungsform kreuzen, und diese Erscheinungsform ist die *Körperschaft*. Die Fähigkeit der Körperschaft, sowohl genossenschaftliche als auch anstaltliche Elemente in sich zu vereinen, ist die oben erörterte Fähigkeit einer Gesamtperson, z.B. einer Gemeinde, zugleich Organismus und Glied eines höheren Organismus sein zu können. Die Körperschaft kann also genossenschaftliche Elemente in mannigfacher Mischung in sich aufnehmen.

Im Lichte dieser Diskussion erscheinen, wie schon mehrmals angedeutet, Gemeinde, Gliedstaat und Nationalstaat bzw. Reich als Körperschaften, deren rechtliche Natur eine Mischung genossenschaftlicher und anstaltlicher Elemente aufweist, wobei die Mischung der beiden Elemente in diesen Körperschaften sehr unterschiedlich sein kann und auch typischerweise ist. Gemeinde, Staat und Reich, so resümiert Preuß, sind also Körperschaften und nichts weiter als

---

1) Ebenda.
2) Ebenda, S. 251.

dieses.[1] Daß diese drei öffentlich-rechtliche (und nicht privat-rechtliche) Körperschaften sind, bedarf keines Beweises, sie sind aber nicht, wie er schreibt, die einzigen dieser Art. Es gibt aber noch zwei andere Einteilungen. So kann man zwischen gewordenen und gewillkürten Körperschaften unterscheiden. Nach der organischen Anschauung, die von Preuß geteilt wird, sind alle politischen Gemeinwesen ihrer inneren Entstehung nach *gewordene* Gebilde, wie äußerlich sich auch ihr Entstehungsprozeß darstellen mag. Im Gegensatz zu den gewillkürten Körperschaften ist den gewordenen nicht das Zweckmoment eigen — »sie sind geworden ohne Hinblick auf irgendeinen Zweck«[2].

Zu den gewordenen Körperschaften gehören außer Gemeinde, Staat und sonstigen politischen Gemeinwesen auch Familie, Stamm und Volk. Auch sie können zu körperschaftlicher Einheit organisiert sein. Was sie jedoch von den eigentlichen politischen Gemeinwesen unterscheidet, das ist, wie Preuß schreibt, der »Mangel eines zweiten, eines sachlichen Substrats neben dem persönlichen«[3]. Damit kommen wir zur zweiten Einteilung der Körperschaften, nämlich in rein persönliche und sachlich bedingte Körperschaften, die Preuß von Gierkes Werk »Genossenschaftsrecht« übernommen hat. Zur *sachlich* bedingten Körperschaft, zu der außer der Personenmehrheit noch ein objektives Substrat gehört, zählen Gemeinde, Staat und Reich. Wie sie sich in dieser Hinsicht von Familie, Stamm und Volk unterscheiden, so unterscheiden sie sich von den übrigen sachlich bedingten Körperschaften zum einen dadurch, daß diese sämtlich gewillkürte, sie aber gewordene Körperschaften sind, ferner aber auch aufgrund der Eigenartigkeit ihres objektiven Substrats. Und dieses eigenartige objektive Substrat der politischen Gemeinwesen ist, wie Preuß schreibt, das *Gebiet*. Von allen anderen Körperschaften unterscheiden sich Gemeinde, Staat und Reich, wie er bekräftigt, durch ihre Eigenschaft als *Gebietskörperschaften*.[4]

Nachdem nunmehr das Wesen der Körperschaft festgestellt und Gemeinde, Staat und Reich als Gebietskörperschaften erkannt worden sind, gilt es noch das Wesen des Gebiets und die rechtliche Natur des Verhältnisses der politischen Gemeinwesen zum Gebiet zu untersuchen. Doch wir wollen hier den detaillierten historischen und systematischen Ausführungen von Preuß nicht weiter nachgehen und stattdessen mit ihm die Frage zu beantworten suchen,

---

1) Ebenda, S. 257.
2) Ebenda, S. 260.
3) Ebenda, S. 261.
4) Ebenda.

worin denn der Unterschied zwischen den Gemeinden und dem Staat, die ja beide gleichermaßen als Gebietskörperschaften erkannt wurden, liegt. Diese Frage führt zum Begriff der Gebietshoheit; diese ist, ihm zufolge, die rechtliche Fähigkeit einer Gebietskörperschaft, sich selbst (bzw. auch die in ihr enthaltenen engeren Gebietskörperschaften) wesentlich zu verändern (bzw. aufzulösen). Und in dieser rechtlichen Fähigkeit der Gebietshoheit sieht er das unterscheidende Merkmal zwischen Gemeinde und Staat. Die Gemeinden jeder Ordnung sind Gebietskörperschaften *ohne* Gebietshoheit, die Gliedstaaten (und das Reich, bzw. der Nationalstaat) sind Gebietskörperschaften *mit* Gebietshoheit.[1] Unter Benutzung des Begriffs der Gebietshoheit haben wir nunmehr die Möglichkeit, zwischen staatlichen und kommunalen Gebietskörperschaften zu unterscheiden.

Faßt man die Gedanken von Preuß zusammen, so ergibt sich folgende Definition des Begriffs der modernen Gemeinde: Die moderne Gemeinde ist eine Genossenschaft *und* Anstalt und Gebietskörperschaft *ohne* Gebietshoheit.

Exkurs:

In Verbindung mit der Genossenschaftstheorie bietet es sich an, noch einen Blick in das 1864 veröffentlichte Buch »Der Rechtsstaat« von Otto Bähr (Neudr. Aalen 1969), auf das sich Preuß u.a. bezieht, zu werfen; betrachtet doch jener den Staat als Genossenschaft und folglich das Staatsrecht als eine Art des Genossenschaftsrechts. Auch die Familie begreift er als eine, und zwar juristisch unterentwickelt gebliebene Genossenschaft. Und dort, wo der Staat ein größeres Gebiet umfaßt, sieht er zwischen Staat und Familie noch eine weitere Genossenschaft, nämlich die Gemeinde. Familie, Gemeinde und Staat zeichnen sich, wie er ausführt, vor allen anderen genossenschaftlichen Verbindungen dadurch aus, daß sie keine völlig begrenzten Zwecke einschließen, sondern in »aufsteigender Stufenfolge die Förderung und Entwickelung des irdischen Daseins der durch die Natur zu näherer Lebensgemeinschaft Berufenen überhaupt zur Aufgabe haben« (S. 22). Was die Gemeinden betrifft, so hat sich, ihm zufolge, das genossenschaftliche Leben im allgemeinen früher und vollständiger entwickelt als das des Staates. »Es konnte daher auch nicht fehlen, daß der Staat, als er innerlich zu einem Organismus erstarkte, sich der in den Gemeinden bereits gegebenen Organismen für seine Zwecke bediente.« (S. 42). So entstand, wie er fortfährt, als Untergliederung des Staatsverbandes, der Begriff der politischen Gemeinde, »einer Genossenschaft, welche im engeren Raume und kleinerem Maßstab ein dem Staate selbst nach Zweck und Mitteln

---

1) Ebenda, S. 406.

ganz analoges Dasein führt, ...«. Innerhalb der politischen Gemeinde gäbe es, an sie angelehnt, noch Genossenschaften mit besonderen Zwecken, z.B. der Viehhalter.

Ebenfalls bietet es sich an, einen Blick in Georg Ludwig von Maurers Buch »Einleitung zur Geschichte der Mark-, Hof-, Dorf- und Stadtverfassung und der öffentlichen Gewalt« (3. Aufl., Neudr. d. Ausg. v. 1854 bzw. 1896, Aalen 1966), der die Genossenschaftsidee in das Zentrum seiner verfassungs- bzw. rechtsgeschichtlichen Abhandlungen gestellt hatte, zu werfen. So ist er, wie Karl Dickopf in seinem Nachwort zu diesem Buch schreibt, niemals von seinem Grundgedanken abgegangen, daß die Geschichte des deutschen Mittelalters genossenschaftlicher Natur gewesen sei (S. 382). Doch Maurer sei nicht der Germanist gewesen, der den Genossenschaftsbegriff in die deutsche Rechtsgeschichte eingeführt habe. Dieses Verdienst gebühre Georg von Beseler, der den sog. »korporativen Trieb« als eigentlichen Zug des deutschen Wesens entdeckt und den Begriff der Genossenschaft als die dem germanischen Leben gemäße gesellschaftliche Organisationsform geprägt habe, die in der Vorstellung vom Gemeineigentum »als des Inbegriffs genossenschaftlicher Vermögensrechte ihren eigentlichen Kern« besitze (S. 383).

Seit dieser Zeit habe, so Dickopf, der Genossenschaftsgedanke zum ehernen Bestandteil aller rechtsgeschichtlichen Werke über germanisches Leben und Denken gehört. Dabei habe es gewiß zeitgeschichtliche Einwirkungen gegeben (ebda.). So betonte der bekannte österreichische Wirtschaftshistoriker Alfons Dopsch in seiner Kritik: »Diese wissenschaftliche Genossenschaftstheorie war sicherlich in erster Linie ein Kind der zeitgenössischen Vorstellungen von der Freiheit und Gleichheit der alten Germanen.« Doch die Genossenschaftstheorie wurde auch, wie es bei Dickopf weiter heißt, ganz außerordentlich durch die große öffentliche Genossenschaftsbewegung gefördert, die noch in der zweiten Hälfte des 19. Jahrhunderts in Europa einsetzte, wobei ihr auch die sozialen Bestrebungen der Zeit zugutegekommen seien (ebda.).

Die Wurzel des Genossenschaftsbegriffs v. Beselers, so Dickopf, sei v. Maurer gewesen. Beseler sei eben Maurers Schüler, und Beselers bedeutendster Schüler Otto v. Gierke gewesen (S. 383–384). Das große Werk Gierkes über das Genossenschaftsrecht war, wie Dickopf ausführt, seinem Lehrer Beseler gewidmet und bedeutete inhaltlich nichts anders als eine Verknüpfung der Markenlehre v. Maurers mit der Staatslehre Paul Roths, der den Staatsgedanken betont und, im Gegensatz zu Maurer, das genossenschaftliche Prinzip außer acht gelassen habe. In seiner Kritik an Gierke schrieb Dopsch: »Das, was Beseler als eigentümlichen Zug germanischen Lebens hervorgehoben hatte, die weite Verbreitung und durchgreifende Wirksamkeit des korporativen Triebes, wird hier zur Grundlage des gesamten Aufbaues gesellschaftlicher und staatlicher Ordnung gemacht. Wie Beseler und die ältere Freiheitslehre (gemeint ist Maurer), ist auch Gierke davon überzeugt, daß alle Freien als Genossen an sich gleichberechtigt und gleichverpflichtet waren. Das Genossenrecht war die Freiheit, die Begriffe Freiheit und Volksgenossenschaft fielen zusammen. Die Volksgenossenschaft war identisch mit der Summe aller freien und wehrhaften Männer des Volkes. Jeder war zu gleichen Teilen Mitträger, Mitbewerber, Mitverteidiger von Volksfrieden und Volksrecht. Diese Volksgenossenschaft aber vertrat bei den Germanen die Stelle des Staates.« (S. 384–385).

Die Kritik an der rechts– und verfassungsgeschichtlichen Forschung des gesamten 19. und auch noch des frühen 20. Jahrhunderts, also von Maurer über Beseler bis Gierke (die Reihe ließe sich bis zu dessen Schüler Preuß verlängern), gipfelt, folgt man den Ausführungen Dickopfs, in dem Vorwurf, die politische Problematik der Mitte des 19. Jahrhunderts, also das Ringen um die Verwirklichung des liberalen und des nationalen Gedankens in einem deutschen Staat, sei in die Vergangenheit projiziert worden, um auf diese Weise die politischen Zeitvorstellungen und Wunschbilder historisch zu legitimieren. Mußten die national–konservativen Historiker die Staatlichkeit des ältesten deutschen Gemeinschaftsverbandes erweisen, um den Vorrang des staatlichen Elementes bei der Neugründung des deutschen Reiches zu erhärten, so verlegten dagegen die liberalen Historiker ihr Wunschbild vom liberalen Rechtsstaat mit seiner Trennung von Justiz und Verwaltung und der weitgehend staatsfreien Sphäre der »Gesellschaft« ebenfalls in die frühe Geschichte zurück und konstruierten so das lange vorherrschende Idealbild von der ursprünglichen Freiheit und Gleichheit der Germanen (S. 404–405).

Die Genossenschaftstheorie war offensichtlich nicht nur geeignet, liberalen, sondern auch sozialistischen bzw. sozialdemokratischen Vorstellungen eine historische Legitimation zu verleihen. Dies zeigt sich darin, daß das einleitende Vorwort zur 2. Aufl. der »Einleitung …« v. Maurer vom Herausgeber der »Neuen Zeit«, des wissenschaftlichen Zentralorgans der Sozialdemokratie, dem Soziologen und Völkerkundler Heinrich Cunow (1896) geschrieben wurde.

Im Lichte dieses historischen Rückblicks erscheinen die Begriffe des Staates und der Gemeinde, indem sie im Sinne der Genossenschaftstheorie gefaßt werden, als zugleich deskriptive und normative Begriffe.

Folgt man bei der Entwicklung des Gemeindebegriffs Max Weber, so wäre, ausgehend vom Begriff des sozialen Handelns, beim Begriff des Verbandes anzusetzen. Dieser ist, ihm zufolge, eine nach außen regulierend beschränkte oder geschlossene soziale Beziehung, »wenn die Innehaltung ihrer Ordnung garantiert wird durch das eigens auf deren Durchführung eingestellte Verhalten bestimmter Menschen: eines *Leiters* und, eventuell, eines *Verwaltungsstabes*, der gegebenenfalls normalerweise zugleich Vertretungsgewalt hat«[1].

Nach dieser Definition gibt es viele Arten von Verbänden. Was die Gemeinde betrifft, so gehört sie offensichtlich zu jener Art, bei der die »Innehabung der Leitung« (M. Weber) oder die »Teilnahme am Handeln des Verwaltungsstabes« (M. Weber) durch »geltende Verbandsordnungen oder nach bestimmten Merkmalen oder in bestimmten Formen auszulesenden Personen dauernd oder zeitweise oder für bestimmte Fälle« zugewiesen werden.[2]

Eine weitere Spezifizierung des Verbandsbegriffs in Richtung Gemeinde ergibt sich unter Benutzung der Begriffe »Autonomie« und »Autokephalie«. »Autonomie bedeutet, daß nicht, wie bei Heteronomie, die Ordnung des Verbandes durch Außenstehende gesatzt wird, sondern durch Verbandsgenossen kraft dieser ihrer Qualität ...« »Autokephalie bedeutet, daß der Leiter und der Verbandsstab nach den eignen Ordnungen des Verbandes, nicht, wie bei Heterokephalie, durch Außenstehende bestellt wird ...«[3].

Demnach wäre die Gemeinde ein (teilweise) autonomer und autokephaler Verband. Doch der Verband »Gemeinde« schließt noch ein weiteres Moment ein, nämlich das der Gebietsgeltung, d.h. die Gemeinde ist ein Verband, dessen Ordnung grundsätzlich Gebietsgeltung oktroyiert (M. Weber); sie ist ein Gebietsverband. »Oktroyiert«, so erläutert Weber, »ist *jede* nicht durch persönliche freie Vereinbarung aller Beteiligten zustandegekommene Ordnung«, also auch der Mehrheitsbeschluß, dem sich eine Minderheit fügt.[4]

Eine weiteres den Gemeindebegriff »adäquater« machendes Moment ist der Herrschaftsbegriff. Die Einwohner und Bürger einer Gemeinde sind kraft geltender Ordnung Herrschaftsbeziehungen unterworfen, so daß sie ein Herrschaftsverband ist, wobei für Weber Herrschaft die Chance ist, »für einen Befehl bestimmten Inhalts bei angebbaren Personen Gehorsam zu finden«[5].

---

1) M. Weber, Wirtschaft und Gesellschaft, 1. Halbbd., in: Grundriss der Sozialökonomik, 2. Aufl., Tübingen 1925, S. 26.

2) Ebenda.

3) Ebenda, S. 26–27.

4) Ebenda, S. 27.

5) Ebenda, S. 28.

Schließlich ist die einzelne Gemeinde ein *politischer* Verband, d.h. ein Herrschaftsverband, dessen Bestand und Geltung seiner Ordnungen innerhalb eines angebbaren geographischen Gebiets »kontinuierlich durch Anwendung und Androhung *physischen* Zwangs seitens des Verwaltungsstabes garantiert werden«[1].

Vom politischen Verband ist nach Weber der »politisch orientierte Verband« zu unterscheiden. Für diesen kann man als Beispiel eine politische Partei anführen, weil sie bei ihrem Handeln die »Beeinflussung der Leitung eines politischen Verbandes [z.B. einer Gemeinde, P.S.], insbesondere die Appropriation oder Expropriation oder Neuverteilung oder Zuweisung von Regierungsgewalten bezweckt«[2].

Die drei vorgestellten Ansätze zur Entwicklung des Begriffs der Gemeinde unterscheiden sich voneinander. Gleichwohl lassen sich zwischen ihnen Verbindungslinien herstellen, mit anderen Worten, sie sind miteinander kompatibel. Weber würde allerdings dem Hegelschen Ansatz einen Überschuß an theoretischer Spekulation vorwerfen, schon gar nicht dem Gedanken einer philosophischen Gemeindelehre, wie er oben skizziert wurde, folgen. Doch auch seine Position läßt sich kritisieren, was allerdings an dieser Stelle nicht geschehen kann. Sieht man von den unterschiedlichen methodologischen Voraussetzungen (z.B. das Konzept der Idee bei Hegel) ab, so gibt es zweifellos, und es kann gar nicht anders bei historisch und empirisch orientierten Theoretikern sein, eine deutliche Konvergenz.

---

1) Ebenda, S. 29.
2) Ebenda.

2. Die Gemeinde als Kommunalverfassung

Wie bereits ausgeführt, kann man die einzelne Gemeinde, in Analogie zu Hegels Bestimmung des modernen Staates, als Verfassung im Sinne einer Zustandsordnung begreifen. Verfassung wäre demnach nicht die geschriebene Verfassung, die Gemeindeordnung einschließlich der Hauptsatzung, sondern die Verfassungswirklichkeit, wobei der Hegelsche Begriff der Wirklichkeit zugrundegelegt wird. Verfassungswirklichkeit würde demnach nicht mit dem Zustand einer bestimmten, empirisch gegebenen Gemeinde zusammenfallen; ist es doch denkbar, daß die Einwohner dieser Gemeinde, ihre Vertreter im Gemeinderat und ihr Gemeindevorstand sich nicht mehr in ihrem Handeln an der Verfassungsordnung, wie sie sich auch im Kommunalrecht ausdrückt, orientieren. Eine solche menschliche Ansiedlung wäre nur noch dem Namen nach eine Gemeinde, aber keine wirkliche Gemeinde im Sinne Hegels mehr. Dabei würde dieser keineswegs unter einer »wirklichen« Gemeinde eine »ideale« Gemeinde verstehen; ist doch sein Wirklichkeitsbegriff so weit gefaßt, daß er das, was üblicherweise den politischen Alltag ausmacht, das Spiel der Parteiendemokratie, die damit verbundene Ämterpatronage, Strategien, Taktiken und Ränkespiele, die Propaganda und Demagogie, als »notwendig« oder »unvermeidlich« einbeziehen würde, freilich auch die negativen Sanktionen von Aufsichtsbehörden und Gerichten, die eintreten, wenn Recht und Gesetz im Kampf um die Herrschaft der Gemeinde oder in ihrer Verwaltungspraxis verletzt werden.

Im Sinne des hier verwendeten Verfassungsbegriffs hat also eine Gemeinde keine Verfassung, sondern *ist* Verfassung. Wie schon an anderer Stelle angedeutet, umfaßt sie nicht die Gesamtheit der Rechtswirklichkeit, sondern, folgt man Aristoteles, nur die Herrschaft in einer Gemeinde und ihre Gliederung. Zu dieser Ordnung (die objektive Seite der Verfassungswirklichkeit) gehört aber auch, wie C. Schmitt schreibt, der Aristoteles referiert, »das lebendige, in der seinsmäßigen Eigenart des konkreten politischen Gebildes enthaltene Ziel (telos) dieser Ordnung«.[1] Das verfassungsmäßige Ziel im Falle der Gemeinde wäre z.B. die Förderung des Wohls der Einwohner und Bürger der Gemeinde, wie es z.B. im § 1 der Gemeindeordnung Nordrhein-Westfalens ausgedrückt ist.

Die individuelle Gemeinde ist nun aber, wie L. v. Stein schreibt, der Schmitt zufolge, Hegels Staatsphilosophie weitervermittelte, »weder ein Staat im Kleinen nach Aristoteles, noch die Hauptbasis der Freiheit [die nach Hegel der

---

1) C. Schmitt, Verfassungslehre, a.a.O., S. 4.

Staat wäre, P.S.], noch bloß eine historische Thatsache, sondern die Gemeinde ist ein *Organ der vollziehenden Gewalt*«.[1] Geht man davon aus, daß das Gemeindewesen und Gemeinderecht, wie v. Stein einige Absätze vorher schreibt, mit »der (eigentlichen) Verfassung oder der Gesetzgebung gar nichts zu thun hat, sondern ausschließlich dem Begriffe Organismus und Recht der vollziehenden Gewalt angehört [dieser Halbsatz hervorgehoben, P.S.]«[2], so folgt daraus für das ganze Gemeinderecht, daß es grundsätzlich seinem Inhalt nach nichts anderes sein kann als das Recht der vollziehenden Gewalt, modifiziert und bestimmt, wie er sich ausdrückt, durch das Wesen der Gemeinde als Körper der örtlichen Selbstverwaltung. Somit behandelt v. Stein konsequenterweise auch die »Selbstverwaltung und ihr Rechtssystem« innerhalb seiner Ausführungen zur »vollziehenden Gewalt«, was er auch im Falle des »Vereinswesens« tut, und knüpft damit an die Hegelsche Systematik an.

Es ergibt sich nach v. Stein, daß das ganze Gemeinderecht in vier Bereiche zerfällt, die aus dem Wesen der Gemeinde hervorgehen. Zuerst folgt nämlich, wie er fortfährt, daß die Gemeinde als Organ der vollziehenden Gewalt das Element der Freiheit in sie hineinbringt. »Freiheit« heiße aber nicht »selbstherrliche Selbstbestimmung«, vielmehr organische Teilnahme an der Funktion der Verwaltung oder der Tat des Staates. Und das erste Prinzip des Gemeinderechts sei daher das Prinzip, daß alle in der Gemeinde enthaltenen Funktionen der Vollziehung unter Mitwirkung derer, an denen sie vollzogen werden, geschehen. Die Formen dieser Mitwirkung sind, v. Stein zufolge, Stimmrecht und Wahlrecht.[3] Mit anderen Worten, die Freiheit im Sinne der »organischen Teilnahme«, konkretisiert sich im Stimm- und Wahlrecht. Ohne dieses allgemeine Prinzip und seine Konkretisierung, so v. Stein, gibt es vielleicht Amtsbezirke, aber keine Gemeinde.

Zweitens aber folgt, so fährt er fort, daß wenn die Gemeinde ein selbständiges Organ der Vollziehung ist, sie einen »persönlichen Organismus« (v. Stein) besitzen, d.h. ein persönliches Oberhaupt, eine ihren Willen setzende und eine diesen Willen vollziehende Gewalt haben muß. In historischen Begriffen ausgedrückt, muß die moderne Gemeinde einen Bürgermeister im Sinne eines Gemeindevorstehers, einen Gemeinderat im Sinne einer Gemeindevertretung und eine Gemeindeverwaltung, einschließlich ihrer Leitung, haben. Das System von Rechtsnormen, die diese Struktur bestimmen, ist die *Gemeindeordnung*. Und insofern diese Organe gewählt werden, erscheinen die Gemeindeordnun-

---

1) L. v. Stein, Die vollziehende Gewalt, 2. Teil. Die Selbstverwaltung und ihr Rechtssystem, 2. Aufl., Aalen 1975, S. 224.

2) Ebenda.

3) Ebenda, S. 225.

gen, wie er schreibt, als *Gemeindeverfassungen*. Die Gemeindeverfassung, er meint wohl damit das Gemeindeverfassungsrecht, ist daher die Geltung des Prinzips der Gemeindefreiheit.[1]

Mit all ihrer Freiheit und inneren Organisation bleibt sie, drittens, wie er weiter schreibt, ein Glied des höheren Ganzen, d.h. des Staates, was sich darin ausdrückt, daß ihre Beschlüsse niemals Gesetze, sondern nur Verordnungen und Verfügungen sein können. Hier geht es also um die rechtlichen Beziehungen zwischen Gemeinden und Staat, also um das äußere Gemeinderecht, während es in den ersten beiden Fällen um das innere Gemeinderecht ging.[2]

Die Vollendung des Gemeindewesens, so v. Stein, ist erst dann möglich, und damit sind wir beim vierten Punkt, wenn die Gemeinde fähig wird, alle Bedingungen jener Rechtsentwicklung selbständig bei sich durchzuführen, was eine einheitliche Ordnung der Gemeinden untereinander voraussetzt und auf dem wesentlichen Unterschied zwischen der Orts- und der Verwaltungsgemeinde beruht. Die vollendete Form der Gemeinde ist offensichtlich die Verwaltungsgemeinde, in der die Gliederung in die genannten drei Organe zur vollkommenen Ausprägung gelangt ist, und die somit das Kriterium eines »persönlichen Organismus« (v. Stein) erfüllt. Und diese einheitliche Ordnung, als ein System ineinandergreifender Rechte betrachtet, ergibt das, was er das »System des Gemeindewesens und sein Recht« nennt. V. Stein denkt hier offensichtlich an die Vielfalt der existierenden Gemeinden und ihre durch das Recht normierten Beziehungen untereinander in Form von Gemeindeverbänden (Kreisen u.a.).[3]

Das Gemeinderecht hat sich, v. Stein zufolge, aus dem Wesen der Gemeinde herausgebildet. Mit anderen Worten, das Gemeinderecht ist die Art und Weise, wie sich das Wesen der Gemeinde in seiner Entwicklung ausdrückt. Und das wäre, und hier ließe sich eine Verbindungslinie zu Hegel ziehen, die Idee der Gemeinde. V. Gierke und Preuß würden in ihm das Genossenschaftsprinzip sehen. Wenn demnach heutzutage der Staat den Gemeinden die Ordnung in Gestalt der Gemeindeordnung vorschreibt, so handelt es sich im wesentlichen um ein Recht, das er sich angeeignet hat. Jedenfalls entstammt es der Geschichte der Gemeinde und nicht der Willkür der vollziehenden Gewalt des Staates. Und was die rechtlichen Beziehungen zwischen den Gemeinden und ihrem Staat betrifft, wie sie etwa im staatlichen Verfassungsrecht festgelegt sind, so gehen sie aus dem Wesen des modernen Staates hervor, der einerseits

---

1) Ebenda.

2) Vgl. dazu: E. Schmidt-Jortzig, Kommunalrecht...a.a.O. S. 24.

3) Ebenda.

gegenüber seinen Gemeinden das »Erste« ist, andererseits ihnen, seinen Prinzipien gemäß, die Selbstverwaltung im Rahmen der vollziehenden Gewalt garantieren muß.

2.1 Die Selbstverwaltung und die Vermittlung des Besonderen mit dem Allgemeinen

Gemeinden sind, folgt man bisherigen Definitionsversuchen, Selbstverwaltungsorganismen (Genossenschaften, Preuß) und Anstalten sowie Gebietskörperschaften. Sie sind ferner gewordene und keine gewillkürten Körperschaften. Gleichwohl findet sich im (staatlichen) Kommunalrecht, so z.B. im bereits zitierten Paragraphen 1 der Gemeindeordung Nordrhein-Westfalens, folgende Feststellung bezüglich der Gemeinden. So heißt es dort: »... sie fördern das Wohl der Einwohner in freier Selbstverwaltung ...«. Handelt es sich hierbei um eine Aussage zum »Wesen« der Gemeinde oder stattdessen um eine Zweckbestimmung? Die Überschrift zu diesem Paragraphen (»Wesen der Gemeinden«) deutet allem Anschein nach darauf hin, daß es sich dabei um eine Aussage zum Wesen handelt, so daß der Gesetzgeber offensichtlich der besonderen Natur der Gemeinden, nämlich gewordene Körperschaften zu sein, Rechnung trägt und folglich ihnen nicht vorschreibt, welche(n) Zweck(e) sie zu verfolgen haben. Deshalb nimmt es auch nicht wunder, daß die o.g. Feststellung so formal und leerformelhaft gehalten ist. Der Gesetzgeber mußte eben, wie es dem Grundgesetz entspricht, es der einzelnen Gemeinde überlassen, im einzelnen selbst zu bestimmen, was unter dem Wohl ihrer Einwohner zu verstehen ist. Und die Methode zur Konkretisierung dessen, was unter dem Wohl zu verstehen ist, ist das Demokratie- oder, allgemeiner, das Repräsentationsprinzip, einschließlich der dazugehörenden Normensysteme.

Eine präzise Zweckbestimmung, etwa in Gestalt eines Kataloges, durch den betreffenden Gliedstaat (Land) würde die Selbstverwaltungsgarantie des Grundgesetzes aufheben; bedeutet doch kommunale Selbstverwaltung, wie es im »Kommentar zum Grundgesetz für die Bundesrepublik Deutschland« von Bruno Schmidt-Bleibtreu und Franz Klein heißt, »ihrem Wesen und ihrer Intention nach *Aktivierung* der Beteiligten für ihre *eigenen Angelegenheiten,* die die in der örtlichen Gemeinschaft lebendigen Kräfte des Volkes zu eigenverantwortlicher Erfüllung öffentlicher Aufgaben der *engeren Heimat* zusammenschließt, mit dem Ziel, das Wohl der Einwohner zu fördern und die geschichtliche und heimatliche Eigenart zu wahren«.[1]

---

1) B. Schmidt-Bleibtreu/F. Klein, Kommentar zum Grundgesetz..., 6. Aufl., Neuwied 1983, S. 483.

Der kommunalen Selbstverwaltung wird durch die Staatsverfassung die »Allseitigkeit (Universalität) des Wirkungskreises« (»Allzuständigkeit«) garantiert, d.h. die gesetzliche Vermutung zugunsten der Zuständigkeit der Gemeinden.[1] So lautet denn auch der § 2 der oben zitierten Gemeindeordnung: »Die Gemeinden sind in ihrem Gebiet, soweit die Gesetze nicht ausdrücklich etwas anderes bestimmen, ausschließliche und eigenverantwortliche Träger der öffentlichen Verwaltung.« Doch auch hier wird deutlich, daß das Prinzip der »Allseitigkeit« oder »Allzuständigkeit« keine Staaten im Staate begründet. Gleichwohl wird auch deutlich, daß die Gemeinden keine staatlichen Verwaltungen auf lokaler Ebene darstellen. Von ihrer Geschichte her sind sie eben, wie schon oben gesagt, geradezu als eine Absicherung des Bürgers gegen »bureaukratische Bevormundung« (Fritz Berolzheimer)[2] zu begreifen.

In der Beantwortung der Frage, mit welcher Methode die Freiheitsgarantie der Selbstverwaltung in die Tat umzusetzen ist, kommt es allerdings zu einer Annäherung an die im Staat oder in seinen Gliedstaaten (Länder) institutionalisierte Methode der Willensbildung, nämlich die der »Parteiendemokratie«, des »Parlamentarismus«, der »repräsentativen Demokratie«. In den Gemeinden muß, wie in den (Bundes-)Ländern, das Wahlrecht nach den Grundsätzen der allgemeinen, unmittelbaren, freien, gleichen und geheimen Wahl ausgestaltet sein. Dies geht aus dem Art. 28 GG, Abs. (1) hervor, das somit Homogenität in den Wahlgrundsätzen garantiert.[3] Insofern hat sich das Demokratieprinzip in Form eines Wahlrechts nach einheitlichen Grundsätzen auf allen drei Ebenen der Verfassungswirklichkeit durchgesetzt.

Allerdings unterscheiden sich Gemeinden sowohl von den Bundesländern als auch vom Bund (Nationalstaat) darin, daß das Prinzip der Parteiendemokratie bei den Gemeinden nur mit Einschränkung gilt. Der zitierte Art. 28, Abs. (2) GG verwehrt den politischen Parteien zwar nicht das Vordringen in den kommunalen Bereich, er fordert jedoch, wie es bei Schmidt-Bleibtreu und Klein heißt, daß die im allgemeinen bestehende Vorherrschaft der politischen Parteien in den Gemeinden nicht durch Wahlrechtsprivilegien verfestigt oder erweitert wird.[4] Somit wird dem »Parteienstaat« auf der Ebene der Gemeinde eine Schranke entgegengestellt. »Der von Art. 28 II GG zugrundegelegte Inhalt bürgerschaftlich unmittelbarer Selbstgestaltung und die damit einhergehende dichtere Problemkopplung sowie Bürgernähe der kommunalen Verwaltung

1) Vgl. dazu: Ebenda, S. 482.

2) Philosophie des Staates, in: F. Berolzheimer, System der Rechts- und Wirtschaftsphilosophie, 3. Bd., Aalen 1963.

3) Vgl. dazu: B. Schmidt-Bleibtreu, F. Klein, Kommentar…a.a.O., S. 481.

4) Ebenda.

verbieten es«, so Schmidt-Jortzig, »die hiesigen Funktionsabläufe in gleicher Ausschließlichkeit von den politischen Parteien dirigieren zu lassen wie die staatszentralen Einrichtung«[1]. Es muß, wie es bei ihm weiter heißt, grundsätzlich auch den lediglich gemeindliche Interessen verfolgenden Wählergruppen, »Rathausparteien« oder »freien Wählergruppen« eine chancengleiche Teilnahme an den Kommunalwahlen gewährleistet werden, und es muß möglich sein, die Auslese der Kandidaten für die Repräsentativorgane auch örtlich und parteienfrei zu bestimmen.

Demokratie in einer Gemeinde hat also offensichtlich eine von Verfassung und Gesetzgeber anerkannte besondere Ausformung, die auch von jedem Bürger einer Gemeinde zumindest empfunden wird. Die Form, in der die Selbstverwaltung praktiziert wird, ist ja nicht bloß das Resultat kommunalrechtsetzender Instanzen, sondern der Entwicklung, wie es hier gesehen wird, der Idee der Gemeinde als ihrem eigentlichen »Stamm«.

Die Gemeinden haben, so steht in der oben zitierten Gemeindeordnung, den Zweck, das Wohl der Einwohner zu fördern. Doch nach welcher Methode wird im konkreten Fall ermittelt, worin das »Wohl« der Einwohner besteht? Wie bereits gesagt wurde, ist es die »demokratische Methode«, durch die im einzelnen ermittelt wird, was dem Wohl der Einwohner und Bürger dient. Der Sachverhalt läßt sich auch so ausdrücken: Das Wohl der Einwohner einer Gemeinde wird auf dem Weg der Realisierung des inneren und äußeren Kommunalrechts ermittelt und hervorgebracht. Wenn ein Gemeinderat einen Beschluß gefaßt hat, der im Einklang mit der geltenden Gemeindeordnung und der sie spezifizierenden Gemeindesatzung steht, und die Durchführung dieses Beschlusses Recht und Gesetz entspricht, so dient das schließliche Resultat dieses Beschlusses dem Wohl der Gemeinde oder konkretisiert das, was darunter zu verstehen ist. Dabei wird freilich unterstellt, daß der Gemeinderat ordnungsgemäß gewählt wurde und somit den Bürgerwillen repräsentiert.

Die Gemeinde als Verfassungsordnung, so läßt sich, angeregt durch v. Stein, diese Problematik tiefer fassen, ist diejenige Ordnung, die die Übereinstimmung der Einzelwillen mit dem gemeindlichen Gesamtwillen herbeiführt und die einzelnen Bürger zu lebendigen Gliedern des gemeindlichen Organismus zusammenfaßt.[2] Auch dieser Gedanke erinnert an Hegel, der hierbei von der Vermittlung zwischen dem Besonderen und dem Allgemeinen spricht. So führt er zum modernen Staat aus, was hier auch auf die moderne Gemeinde bezogen

---

1) E. Schmidt-Jortzig, Kommunalrecht, a.a.O., S. 43.
2) Vgl. dazu: C. Schmitt, Verfassungslehre, a.a.O., S. 6.

wird, daß dieser die Wirklichkeit der konkreten Freiheit sei, und diese darin bestünde, »daß die persönliche Einzelheit und deren besondere Interessen sowohl ihre vollständige *Entwicklung* und die *Anerkennung ihres Rechts* für sich (im Systeme der Familie und der bürgerlichen Gesellschaft) haben, als sie durch sich selbst in das Interesse des Allgemeinen teils *übergehen*, teils mit Wissen und Willen dasselbe und zwar als ihren eigenen *substantiellen Geist* anerkennen und für dasselbe als ihren *Endzweck tätig* sind, so daß weder das Allgemeine ohne das besondere Interesse, Wissen und Wollen gelte und vollbracht werde, noch daß die Individuen bloß für das letztere als Privatpersonen leben und nicht zugleich in und für das Allgemeine wollen und eine dieses Zwecks bewußte Wirksamkeit haben«.[1] Das Prinzip der modernen Staaten, so fährt Hegel fort, hat diese ungeheure Stärke und Tiefe, das Prinzip der Subjektivität sich zum *selbständigen Extreme* der persönlichen Besonderheit vollenden zu lassen und zugleich es in die *substantielle Einheit* zurückzuführen und so in ihm selbst diese zu erhalten«.[2]

Nach diesem Prinzip, das hier, wie gesagt, auch der einzelnen Gemeindeverfassung zugeschrieben wird, hat die einzelne Person das Recht auf eine vollständige Entwicklung und damit auch auf die Förderung ihrer besonderen Interessen. Dies betrifft sowohl ihre Teilnahme am System der Familie als auch der bürgerlichen Gesellschaft. Als Familienvater hat sie das legitime Interesse, daß ihre Gemeinde die Entwicklung ihrer Familie durch Bereitstellung einer geeigneten Infrastruktur: Kindergarten, Schule usw., fördert; kann sie doch legitimerweise davon ausgehen, daß die Gemeinde das Recht der einzelnen Familie auf eine vollständige Entwicklung anerkennt. Dazu gehört eben auch, daß die Kinder mit Hilfe der kommunalen Sozialisationsinstanzen auf ein selbständiges Leben, das sowohl die Gründung einer eigenen Familie als auch die erfolgreiche Teilnahme an der bürgerlichen (Markt-)Gesellschaft einschließt, vorbereitet werden. Als Teilnehmer oder Mitglied der bürgerlichen Gesellschaft hat die einzelne Person das Recht auf die freie Wahl ihres Berufes, Tätigkeitsbereichs und Arbeitsplatzes, kurz, sie hat das Recht, sich frei gemäß ihren Neigungen und Talenten zu entfalten. Dieses Recht kann sie jedoch nur ausüben, wenn die erforderlichen Einrichtungen zur beruflichen Bildung und ein differenziertes Arbeitsplatzangebot bereitstehen. Will sie Unternehmer werden, so muß es in der betreffenden Gemeinde die erforderliche materielle Infrastruktur geben. Und, indem sie sich dazu entschließt, Unternehmer zu werden, begründet sie eine Vielfalt besonderer Interessen gegenüber der Gemeinde.

---

1) G.W.F. Hegel, Grundlinien...a.a.O.
2) Ebenda.

Jede Person hat also innerhalb des modernen Staates bzw. der modernen Gemeinde das Recht auf eine eigenständige Entwicklung, insofern sie dabei nicht die »Grundrechte« der Mitpersonen, so z.B. das Eigentumsrecht, verletzt. Und das politische Gemeinwesen muß dieses Recht, will es nicht sein Grundprinzip und Fundament verletzen, anerkennen und seine Ausübung fördern. Dies ist das Prinzip der Subjektivität, wie Hegel schreibt.

Aber dieses Prinzip schließt auch das Recht der »örtlichen Gemeinschaft« insgesamt auf eine eigenständige Entwicklung ein. Bevor der Bürger gegenüber seiner Gemeinde sein Recht auf eine eigene Entwicklung geltend macht, macht seine Gemeinde gegenüber dem Staat ihr Recht auf eine eigene Entwicklung geltend und behauptet die Legitimität ihrer besonderen Interessen.

Das Prinzip der Subjektivität schließt eben aus, daß der Staat, wie der alte Obrigkeits- oder Polizeistaat, darüber bestimmt, was für die Gemeinden und damit für ihre Bürger »gut« ist und was nicht. Die Gemeinden haben ein Recht darauf selbst zu bestimmen, was ihrer Entwicklung dient und was nicht. Dabei müssen sie die Interessen des Staates als dem allen Gemeinsamen beachten, der für ihre eigenständige Entwicklung die Voraussetzung ist. Sie müssen also vernünftigerweise ihre eigene Entwicklung und zugleich die Entwicklung des Staates wollen. Dies tun sie bereits, wenn sie sich in ihrem Handeln an dem Gemeinde- und Staatsverfassungsrecht orientieren; denn wenn sie gegenüber dem Staat ihre besonderen Interessen vertreten, wenn sie selbstbezogen handeln und in ihrem Handeln das Verfassungsrecht insgesamt respektieren, fördern sie automatisch die Interessen des Staates. Aber es bleibt nicht bei der »bewußtlosen« Förderung staatlicher Interessen, indem man das eigene Interesse fördert, es liegt auch in der »Natur« moderner Gemeinden, daß sie mit »Wissen und Willen« (Hegel) den Staat als Verfassung, als ihren »substantiellen Geist« (Hegel) anerkennen und für ihn als Endzweck tätig sind. Zumindest die vom Staat geschulten Hauptverwaltungsbeamten in den Gemeinden wissen, daß der Staat den Gemeinden nicht, wie es scheinen mag, gegenübersteht, sondern ihre Voraussetzung ist. Andererseits wissen auch zumindest die höheren Staatsbeamten, daß die Gemeinden für den Staat als Verfassung tätig sind, indem sie ihre eigene Entwicklung fördern.

Doch wer in der einzelnen Gemeinde bestimmt darüber, was für ihre Entwicklung »gut« ist? Soll die Infrastruktur für die private Wirtschaft, für das Kultur- oder das Familienleben verbessert oder erweitert werden? Soll der Errichtung des neuen Krankenhaus oder weiterer Sportanlagen der Vorzug eingeräumt werden? Sollen neue Straßen oder stattdessen neue Fahrradwege geschaffen werden und wenn beides, wieviel von jedem? Jeder dieser Beschlüsse fördert die Entwicklung irgendwelcher Privatpersonen und dient somit bestimmten

Einzel– oder Partikularinteressen. Nun ist es bereits deutlich geworden, daß hierüber die Privatpersonen selbst entscheiden, allerdings nicht unmittelbar, sondern in ihrer Eigenschaft als Bürger (citoyens). Und auch in dieser Eigenschaft bestimmen sie nicht unmittelbar, sondern nur sehr vermittelt, und zwar über die Interessenverbände, die politischen Parteien und freien Wählergruppen und über ihre Repräsentanten im Gemeinderat. Dieser Vermittlungsprozeß bedeutet, daß auf jeder seiner »Stufen« nach Erörterung und Auseinandersetzung, z.T. unter Einschaltung der öffentlichen und veröffentlichten Meinung, Kompromisse geschlossen werden müssen, so daß im allgemeinen nicht das besondere Interesse nur einer einzelnen Privatperson, z.B. eines Unternehmers oder eines Sportvereins, gefördert wird.

Indem die einzelnen Privatpersonen auf dem Weg der Wahrnehmung von Bürgerrechten, über Interessenverbände und politische Parteien, ihre besonderen Interessen durchsetzen und sie dabei das Gemeindeverfassungsrecht respektieren, fördern sie, wenn auch ungewollt, das Interesse der Gemeinde als Verfassung. Zwischen dem Besonderen und dem Allgemeinen, dem Bürger und seiner Gemeinde, findet also ein Vermittlungsprozeß statt. Damit diese Zurückführung des Besonderen auf das Allgemeine auch schließlich vollendet wird, muß der Gemeindevorsteher, der Hauptverwaltungsbeamte, als kontrollierende Instanz tätig werden; denn, wie gesagt, nur wenn alles rechtens ist, vervollkommnet sich der Vermittlungsprozeß.

Doch dies unterstellt, daß die Bürger nur »bewußtlos« die Vermittlung zwischen ihren besonderen Interessen und den Interessen ihrer Gemeinde herstellen. Sie tun es aber z.T. auch mit ihrem Wissen und Willen, weil sie die Gemeinde als ihren, wie Hegel sich ausdrückt, eigenen substantiellen Geist anerkennen, oder, mit anderen Worten, weil sie wissen, daß sie ohne die Gemeinde als das allen Gemeinsame sich als Privatpersonen oder Glieder einer Personenvielfalt (z.B. Familienmitglieder) nicht entwickeln können. Eben weil sie die Gemeinde als eine der zentralen Voraussetzungen ihres Daseins erkennen oder empfinden, wollen sie sie auch und sind auch sogar für sie als ihren vorgestellten Endzweck tätig. Zum Grundprinzip der modernen Gemeinde gehört somit auch das bewußte, nicht an eigenen Interessen orientierte Engagement von Bürgern für ihr Gemeinwesen als das ihnen allen Gemeinsame.

2.2 Gliederung der Kommunalverfassung

Wie oben ausgeführt wurde, wird die moderne Gemeinde als Kommunalverfassung begriffen. Im Begriff der Verfassung ist das Moment der Gliederung eingeschlossen, wobei hier »Verfassung«, wie gesagt, als Organismus verstanden wird. Man könnte hierbei auch mit L. v. Stein von einem »persönlichen Organismus« sprechen, um zu betonen, daß die einzelne Gemeinde Trägerin eines Willens ist.

Die Gemeindeverfassung, die wie gesagt wurde, vom Gemeindeverfassungsrecht unterschieden werden muß, schließt zunächst die Bürger ein, die ein Wissen von der normativen Ordnung, dem System der Rechte und Pflichten der Gemeinde, der »Teilung ihrer Gewalten«, haben. Sie schließt ferner eine diese Ordnung bejahende Gesinnung, die Hegel »Patriotismus« nennen würde, ein und endlich das Handeln der Bürger aufgrund ihres Wissens und ihrer Gesinnung, das die Gemeindewirklichkeit als Verfassungswirklichkeit »setzt«. Die Gemeinde als Verfassung hat also, wie schon mehrmals betont, eine subjektive und eine objektive Seite; sie ist eben die Einheit des Subjektiven und des Objektiven und insofern eine lebendige Einheit oder ein »lebendiges Sein«. Es gibt also weder eine Gemeinde ohne handelnde Subjekte, noch eine ohne dem Handeln derselben vorgegebene normative Ordnung, auf die hin sie ihr Handeln ausrichten. Damit wird noch einmal deutlich, daß das hier verwendete Person–Organismus–Modell auf die Welt menschlichen Handelns und ihrer Besonderheiten bezogen wird.

Der einzelnen Gemeinde gegenüber stehen Familien und bürgerliche (Markt-)Gesellschaft, die auf ihrem Gebiet angesiedelt und ihre Voraussetzung sind, ebenso wie die Gemeinde Voraussetzung derselben ist. Die einzelne Gemeinde entsteht zweifellos mit der Ansiedlung von Familien, Haushalten, Gewerbebetrieben und der Entwicklung eines lokalen Marktes. Doch mit dieser Ansiedlung, die, findet sie im entwickelten modernen Staat statt, immer schon als Voraussetzung eine gegebene Gebietskörperschaft hat, liegt erst eine »Gemeinde an sich« vor und noch nicht, wie Hegel es ausdrücken würde, eine »Gemeinde für sich«. Diese, die »vollendete« Gemeinde, ist erst *da* mit dem Vorhandensein einer Gemeindeverfassung im oben gemeinten Sinn, wobei der »i–Punkt« die staatliche Anerkennung (»geborene Gemeinde«) ist. Mit der staatlichen Anerkennung unterliegt dann die Gemeinde dem Kommunalrecht, das ihr aber nicht wesensfremd ist, weil es die Geschichte der Gemeinde als »Gattung« enthält.

Für die Familien und die bürgerliche Gesellschaft, also die »Sphären des Privatrechts und Privatwohls« (Hegel)[1], ist die Gemeinde (wie der Staat) einerseits »eine *äußerliche* Notwendigkeit und ihre höhere Macht, deren Natur

---

1) G.W.F. Hegel, Grundlinien...a.a.O., S. 407.

ihre Gesetze sowie ihre Interessen untergeordnet und davon abhängig sind«[1], aber andererseits ist sie, setzt man die Anwendung Hegelscher Gedanken auf die moderne Gemeinde fort, immanenter Zweck dieser Sphären und hat, wie schon oben ausgeführt wurde, ihre Stärke in der Einheit ihres allgemeinen Endzwecks und der besonderen Interessen der Individuen. Diese Einheit drückt sich darin aus, daß die Privatpersonen insofern Pflichten gegenüber ihrer Gemeinde als sie auch zugleich Rechte haben. Darin besteht, Hegel zufolge, der sittliche Charakter der Gemeinden und anderer sozialer Organismen, daß in ihnen der einzelne Pflichten hat, insofern er Rechte hat und Rechte, insofern er Pflichten hat.

Der einzelne tritt seiner Gemeinde einerseits als Privatperson gegenüber und hat als ihr Einwohner Rechte und Pflichten. Andererseits ist er ihr Bürger (citoyen) und ist somit selbst Gemeinde oder Glied der Gemeindeverfassung. Sein Bewußtsein und Wollen, so Hegel, ist aber dann nicht leer, »sondern *erfüllt* und wirklich *lebendig*, wenn es mit der Besonderheit – und diese ist der besondere Stand und Bestimmung – erfüllt ist«[2]. Hegel will also sagen, daß der einzelne, indem er einem Stand und damit auch einem Berufsverband, angehört, indem er festverwurzeltes Mitglied einer Sphäre der bürgerlichen Gesellschaft ist und demzufolge einen Versittlichungsprozeß durchgemacht und eine »Standesehre« hat, ist er nicht bloß formaler, »farbloser« (politischer) Bürger oder Repräsentant der Bürger im Gemeinderat. Vielmehr vertritt er als verfassungsbewußter Bürger seine partikularen Interessen, läßt seine Interessen von seinem Berufsverband, seiner Partei oder seinen Repräsentanten im Gemeinderat vertreten, oder er vertritt selbst besondere Interessen, einschließlich seiner eigenen, im Gemeinderat. Dies ist absolut legitim und entspricht dem Prinzip der modernen Gemeinde. Eben dadurch ist die einzelne Gemeinde lebendig, daß in der Gemeindevertretung besondere Interessen vertreten und durchgesetzt werden, soweit dies durch verfassungskonformes Handeln geschieht.

Seine wirkliche und lebendige Bestimmung für das Allgemeine, so heißt es bei Hegel weiter, erreicht der einzelne zunächst in seiner Sphäre der Korporation, Gemeinde usw. Mit dem Allgemeinen meint Hegel den Staat, d.h. er denkt hier an, modern ausgedrückt, Parlamentsabgeordnete. Diese erwerben also, ihm zufolge, die erforderlichen Kompetenzen in den Korporationen, d.h. den Berufs(Standes-)verbänden, und den Gemeinden. Und dort lernen sie eben als politische und verfassungsbewußte (patriotische) Bürger konkrete Interessen zu

---

1) Ebenda.
2) Ebenda, S. 477.

vertreten, besser noch, sie lernen, wie man es macht, daß diese überhaupt »politikfähig« werden. Zwischen den besonderen Interessen des einzelnen und dem Staat findet ein komplizierter Vermittlungsprozeß statt, und die entscheidenden Agenten dieses Prozesses sind eben Berufs-(Interessen-)verbände und ihre Repräsentanten, politische Parteien und ihre Kandidaten, Gemeinderäte usw.

Das politische Handeln schließt somit nach Hegel die Einheit von Inhalt und Form ein. Inhalt sind die besonderen Interessen der Mitglieder der privaten Sphäre, insbesondere der bürgerlichen Gesellschaft. Die Form besteht in den normativen Ordnungen, Verfassungs- und Rechtsordnung, in denen die Interessen durchgesetzt, und wodurch sie auf das Allgemeine zurückgeführt werden, und zwar unter Assistenz eines Beamtenstabes, nach Hegel charakterisiert durch »Leidenschaftslosigkeit«, »Rechtlichkeit«, »Milde des Benehmens« und geschult in den einschlägigen Wissenschaften.[1]

Nach dem modernen Verfassungsverständnis, für das Hegel einer der wichtigsten Wegbereiter gewesen ist, werden also die Regierungsgeschäfte weder auf der Ebene des Staates, noch der Gemeinde nach den inhaltlichen Vorstellungen, und seien sie noch so aufgeklärt, höherer Beamter geführt, etwa nach dem Muster des aufgeklärten Polizei-(Wohlfahrts-)staates, sondern auf der Grundlage der besonderen Interessen der »konkreten« Staatsbürger, die sie in die angemessene verfassungs- und rechtmäßige Form kleiden und sie damit »politikfähig« machen. Der Weg, auf dem bestimmt wird, was für die Bürger und das Gemeinwesen »gut« ist, führt also von »unten nach oben«. Die bürgerliche Gesellschaft definiert die Inhalte, Verfassungs- und Rechtsordnung, die verfassungs- und rechtsbewußten Bürger, vollends die geschulten, verfassungs- und gesetzestreuen Beamten geben ihnen die angemessene Form.

2.2.1 Die Mitgliedschaft der Gemeinde: Einwohner und Bürger

Die einzelne Gemeinde als rechtsfähige öffentlich-rechtliche Körperschaft wird von ihren Mitgliedern, den Einwohnern und Bürgern getragen. »Einwohner« sind alle sich nicht nur vorübergehend auf dem Gebiet der Gemeinde aufhaltenden, sondern durch Wohnsitz dort fester verbundenen Menschen. Nur ein Teil der Einwohner hat auch den Status des Bürgers, und zwar jener, der wahlberechtigt ist. So heißt es kurz und bündig in der Gemeindeordnung Nordrhein-Westfalens § 6: »(1) Einwohner ist, wer in der Gemeinde wohnt. (2)

---

1) G.W.F. Hegel...a.a.O. S. 464.

Bürger ist, wer zu den Gemeindewahlen wahlberechtigt ist.« Wenn es nach dem bereits zitierten § 1 dieser Gemeindeordnung der Zweck der einzelnen Gemeinde ist, das Wohl ihrer Einwohner in freier Selbstverwaltung zu fördern, so liegt die inhaltliche Ausgestaltung dieses Zwecks vor allem in den Händen ihrer *Bürger*.

Die Unterscheidung zwischen dem Status des Einwohners und dem des Bürgers hat offenbar eine längere Tradition, und zwar sowohl in der Geschichte als auch in der Theorie der Gemeinde. So heißt es bei L. v. Stein: »Das Gemeindebürgerrecht enthält daher zwei Theile. Zuerst diejenigen Rechte, welche das Angehören an die Gemeinde als solches bestimmen, und zweitens diejenigen Rechte, auf welchen die Theilnahme an der Selbstbestimmung der Gemeinde beruht.« Den ersten Teil nennt er das *Heimatrecht*, den zweiten das *Bürgerrecht*.[1]

Historisch bedeutet das Heimatrecht, so v. Stein, das Recht des freien Erwerbs in seinem Kampf mit der ständischen Organisation der gewerblichen Arbeit in Zunft und Innung. Die staatsbürgerliche Gesellschaft hat, wie er sich ausdrückt, die *örtliche*, an die Gemeinde anschließende Ausschließlichkeit der ständischen Gesellschaft in Beziehung auf den örtlichen Erwerb überwunden. Das freie Recht der staatsbürgerlichen Gesellschaft heißt mit Bezug auf die Gemeinde: *Freizügigkeit*. Die Freizügigkeit ist daher, wie er fortfährt, vor allem ein gesellschaftliches Recht, sie ist in der Tat nichts anderes, als »die Anwendung des *Begriffes* und *Rechts der Gewerbefreiheit auf den Ort des Erwerbes*«.[2] Sie hat deshalb, ihm zufolge, keine Geschichte für sich, sondern erscheint stets und notwendig in Verbindung mit der Gewerbefreiheit.

Betrachtet man das Heimatrecht von der »praktischen Seite«, so ist es nach L. v. Stein die Gesamtheit der Bestimmungen, nach denen der einzelne als Mitglied der Gemeinde anerkannt wird und als solches ein Objekt ihrer verwaltenden Tätigkeit bildet. »Es enthält die Pflicht, an den Leistungen und Rechten der freien Verwaltung vermöge des Gemeindeorganismus Theil zu nehmen, und dagegen die Aufgabe der Gemeinde, den Einzelnen zu unterstützen.«[3] Das Heimatrecht bezieht sich daher auf *alle* Teile der Verwaltung, nicht bloß auf das Armenrecht und enthält alle Pflichten gegenüber der Gemeinde, nicht bloß die Steuerpflicht. Das Heimatrecht, so faßt dann v. Stein zusammen, ist der Grundsatz der staatsbürgerlichen Gesellschaft (was hier »bürgerliche Ge-

---

1) L. v. Stein, Die vollziehende Gewalt...a.a.O., S. 309.

2) Ebenda.

3) Ebenda, S. 310.

sellschaft«) genannt wird, nach dem die prinzipielle Teilnahme *jedes* Staatsbürgers an der freien Verwaltung aufgrund der Zugehörigkeit zu einer Gemeinde als dem organischen Verwaltungskörper und nicht mehr aufgrund »der Geschlechts- und ständischen Form einer Grundherrlichkeit oder eines Angehörens an eine Corporation bestehen soll«.[1] Es gilt das Prinzip: Jeder Staatsbürger und jedes Grundstück soll einer Gemeinde angehören.

Was das *Bürgerrecht* betrifft, so enthält es nach v. Stein die Gesamtheit der Bestimmungen, nach denen der zur Heimat Berechtigte an der Bildung des Willens der Gemeinde als juristischer Persönlichkeit teilnimmt. Die wirkliche Ausübung des Bürgerrechts beruht auf dem Wesen der Gemeinde als Selbstverwaltungskörper. Als solcher, so heißt es bei v. Stein weiter, muß sie einen organisch gebildeten Willen haben, und dies kann nur durch eine *Vertretung* geschehen. Es ist deshalb, so v. Stein, festzuhalten, daß die Form der Ausübung des Bürgerrechts in der Gemeinde nur durch die Wahl dieser Vertretung stattfinden kann. Die Gemeindefreiheit besteht, ihm zufolge, *nicht* in dem Recht, den Gemeindewillen durch Volksversammlungen zu bestimmen, sondern darin, daß nur diejenigen das Recht haben, den Willen der Gemeinde zu bilden, die die stimmfähigen Bürger aus ihrer Mitte sich selber gewählt haben. V. Stein betont also, daß auch für die Gemeinde das Repräsentationsprinzip gilt.

2.2.2 Das Haupt der Gemeinde – der Bürgermeister, der Gemeindevorsteher

Die Grundzüge der Gliederung der Gemeindeverfassung liegen, so v. Stein, nicht im Wesen der Gemeinde als solche, sondern sind durch die Natur der juristischen Persönlichkeit selbst gegeben. Damit will er nicht sagen, daß erst durch die Anerkennung einer Gemeinde als juristische Persönlichkeit diese zu einer Persönlichkeit überhaupt wird. Vielmehr muß sie bereits eine Persönlichkeit oder eine »organische Einheit einer Personenvielfalt« (Preuß) sein, bevor sie als juristische Persönlichkeit anerkannt werden kann. »Das, was eine Persönlichkeit sein soll, muß *zuerst sich selbst* als Persönlichkeit erkennen, dann muß es, wie die Persönlichkeit, zu den großen Funktionen des persönlichen Lebens fähig sein; es muß als Einheit etwas *wollen*, und etwas *thun* können. Um das zu können, muß zugleich ein *Organ* für das Wollen und für das Thun bestimmt sein.«[2] Eine Gemeinschaft, in der, so fährt er fort, jedes Mitglied das gleiche Recht mit allen andereren hat, ist in der Tat keine Persönlichkeit.

---

1) Ebenda.
2) Ebenda, S. 38.

V. Stein unterscheidet nun die die vertragsmäßige von der juristischen Persönlichkeit. Die zuerst genannte kommt, wie der Name sagt, durch einen Vertragsschluß zwischen mehreren (Rechts-) Subjekten zustande, die die nunmehr gegründete Organisation mit Hilfe einer Satzung, die sie handlungsfähig macht, zu einer Persönlichkeit erhebt. Was die danach genannte betrifft, so kommt sie nicht durch einen Vertrag zustande. Vielmehr sind ihr Ausgangspunkt gewordene oder gewachsene Gebilde, Persönlichkeiten. Dies betrifft vor allem, wie v. Stein schreibt, die Selbstverwaltungskörper. Und es unterliegt, wie er fortfährt, keinem Zweifel, daß die Selbstverwaltungskörper erst durch die Anerkennung der Regierung zu juristischen Persönlichkeiten werden.[1]

V. Stein kommt also zum Ergebnis, daß die juristische Persönlichkeit ein Begriff des Verwaltungsrechts, während die vertragsmäßige Persönlichkeit ein Begriff des Privatrechts ist. Die vertragsmäßige Persönlichkeit kann in eine juristische Persönlichkeit umgewandelt werden, wenn die betreffende Gemeinschaft nicht mehr bloß ein persönliches Organ des Willens ihrer Mitglieder, sondern der Verwaltung selbst sein soll. Die juristische Persönlichkeit ist deshalb nicht identisch mit der persönlichen Einheit einer Gemeinschaft überhaupt, darin unterscheidet sich v. Stein von der üblichen Auffassung, sondern sie ist die »von der Regierung als persönliche Einheit in ihrer Organisation anerkannte Gemeinschaft«[2]. Indem eine vertragsmäßige Einheit Teil der Verwaltung im weitesten Sinne des Wortes wird, empfängt sie ein »zweites Verhältnis« (v. Stein). Ihre Organe und Mitglieder werden nämlich nicht mehr bloß für die Innehaltung ihrer Statuten einander gegenseitig, sondern auch gegenüber der Verwaltung haftbar. Denn, so heißt es bei v. Stein weiter, das Rechtsprinzip der juristischen Persönlichkeit ist, daß das statutenmäßige Verhalten derselben jetzt ein Teil der öffentlichen Verwaltung und die Haftung dafür folglich eine öffentlich-rechtliche wird. Bei der vertragsmäßigen Persönlichkeit dagegen ist die Haftung sowohl zwischen ihren Organen als auch ihren Mitgliedern rein privatrechtlich.

Jede juristische Persönlichkeit, so kann man diese Diskussion abschließen, entsteht, indem eine vertragsmäßige oder gewordene Einheit als Glied der freien Verwaltung des Staates anerkannt wird. Sie ist daher an und für sich ein Organ der freien Verwaltung und tritt damit »in das Gebiet des Rechts der vollziehenden Gewalt und der für sie geltenden Grundsätze«[3].

---

1) Ebenda, S. 40.
2) Ebenda, S. 42.
3) Ebenda, S. 43.

Eine Gemeinde ist somit eine juristische Persönlichkeit, indem sie durch einen Akt der Anerkennung zu einem Glied der freien Verwaltung des Staates geworden ist. Damit finden, so v. Stein, auf sie die Begriffe und das Recht der Autonomie einerseits und der Oberaufsicht andererseits Anwendung.[1] Eben daraus ergibt sich, daß die Grundzüge der Gemeindeverfassung der vom Staat vorgegebenen Gemeindeordnung, dem inneren Kommunal-(verfassungs)recht, entsprechen müssen. Und dieses entspricht in seinen wesentlichen Zügen, gemäß dem »Homogenitätsprinzip«, dem Staatsverfassungsrecht. Es ergibt sich somit für jede (entwickelte) Gemeinde folgende Gliederung: Bürgermeister, Gemeindevertretung (Rat) und Gemeindeverwaltung.

Das Haupt der Gemeinde, der Bürgermeister, hat, wie v. Stein schreibt, das Recht, daß jede Handlung der Gemeinde dadurch als solche gilt, wenn er sie in seinem Namen geschehen läßt; d.h. ohne seine Zustimmung kann die Gemeinde als Ganzes nichts unternehmen. Der Bürgermeister hat deshalb aufgrund dieses Rechts, so v. Stein, die Haftung dafür, daß die Gemeinde nichts gegen die Gesetze unternimmt, »denn da er durch die Verweigerung seiner Zustimmung den Willen der Gemeinde binden *kann*, so soll er es auch«[2]. In den einzelnen Gemeindeordnungen der Bundesrepublik Deutschland ist freilich das Kontroll- oder Rügerecht des Bürgermeisters unterschiedlich ausgestaltet. So heißt es z.B. im § 39 (1) der Gemeindeordnung Nordrhein-Westfalens: »Der Bürgermeister kann einem Beschluß des Rates spätestens am dritten Tag nach der Beschlußfassung unter schriftlicher Begründung widersprechen, wenn er der Auffassung ist, daß der Beschluß das Wohl der Gemeinde gefährdet. Der Widerspruch hat aufschiebende Wirkung.« Dieser Paragraph stellt es also in das Ermessen des Bürgermeisters, Beschlüssen des Gemeinderates, in dem er den Vorsitz führt und den er nach außen vertritt, zu widersprechen, falls er durch sie das »Wohl der Gemeinde« gefährdet sieht. Das »Wohl der Gemeinde« stellt nun aber eine äußerst abstrakte Formel, eine Leerformel, dar, die mit sehr unterschiedlichen Inhalten gefüllt werden kann. Der Bürgermeister unterliegt hier zwar einem Begründungszwang, wenn er widerspricht, er kann jedoch nicht zu einer unanfechtbaren objektiven Inhaltsbestimmung vordringen. Sein Widerspruch hat deshalb, und dies entspricht dem Wesen der modernen Gemeinde, bloß aufschiebende Wirkung. Allerdings kann er bewirken, daß die Angelegenheit noch einmal beraten wird, so daß u.U. die Vermittlung des Besonderen mit dem Allgemeinen noch besser durchdacht und vollzogen wird. Ein weiterer Widerspruch ist allerdings unzulässig; das Mehrheitsprinzip, der Beschluß des Gemeinderats, muß respektiert werden, sonst würde ja auch der

---

1) Ebenda.
2) Ebenda, S. 314.

Bürgermeister entscheiden, was seiner Gemeinde frommt und was nicht. Er würde seinen Willen den Bürgern vorschreiben, das Prinzip der Subjektivität, wie Hegel es für den modernen Staat als grundlegend ansieht, würde verletzt werden. Allerdings würde es sich wohl, angesichts der Tatsache, daß die Bürgermeister in Nordrhein-Westfalen aus der Mitte des Gemeinderates heraus gewählt werden, jeder Bürgermeister gut überlegen, ob er gegen den von einer Mehrheit gefaßten Beschluß Widerspruch einlegt. Insgesamt gesehen erscheint also der Bürgermeister in Nordrhein-Westfalen nur als eine schwache Kontrollinstanz. Anders verhält es sich dagegen in Baden-Württemberg und Bayern, wo laut den betreffenden Gemeindeordnungen die Bürgermeister unmittelbar durch die Bürger (»Süddeutsche Ratsverfassung«) gewählt werden und auf diese Weise gegenüber den Gemeinderäten eine stärkere Stellung besitzen.

Kann der Bürgermeister einer Gemeinde in Nordrhein-Westfalen gegen einen Beschluß des Gemeinderats Widerspruch einlegen, so *muß* es der Gemeindedirektor (bzw. Oberstadtdirektor) tun, falls er geltendes Recht verletzt sieht; genauer gesagt, er muß den Beschluß »beanstanden«. Eine Beanstandung hat begreiflicherweise weiterreichende Konsequenzen; denn mit einer Verletzung des Rechts liegt eine präzisierbare, objektive Gefährdung des Gemeinwesens vor, so daß Überprüfung und Korrektur unabdingbar sind. Das zur Überprüfung der Rechtmäßigkeit von Beschlüssen des Gemeinderats erforderliche Wissen muß also nicht der Bürgermeister, sondern der Gemeindedirektor, d.h. der fachlich geschulte »Spitzenbeamte« (Hauptverwaltungsbeamte) der Gemeinde haben. Dank seiner Kontrolle sorgt er dafür, daß sich das Handeln des Gemeinderates am Recht orientiert und damit die besonderen Interessen auf das Allgemeininteresse zurückgeführt werden, so daß die Gemeinde als Verfassung reproduziert wird.

Allerdings ist er kein der Gemeinde oder dem Gemeinderat gegenüberstehendes, neutrales Kontrollorgan; wird er doch vom Gemeinderat gewählt und ist somit kommunaler Wahlbeamter. Mehr noch, er ist nach der Gemeindeordnung Nordrhein-Westfalens »Gemeindevorsteher« und folglich das »Konkretionsorgan«, das in anderen Gemeindeordnungen der (Ober-)Bürgermeister darstellt. Es ist dies, wie es bei Schmidt-Jortzig heißt »ein »vom Repräsentationsorgan (der Gemeindevertretung) kreiertes monokratisches Organ zur initiierenden Anregung und Vorbereitung der Planungen und sonstigen Beschlüssen von Gemeindevertretung und/oder Magistrat (...), zu ihrer Durchführung und zur Besorgung der laufenden Verwaltung sowie zum Erlaß konkreter Anordnungen gegenüber Drittpersonen«.[1] Die Anlage dieses Organs ist, wie es weiter heißt,

---

1) E. Schmidt-Jortzig, Kommunalrecht, a.a.O., S. 91.

je nach Gemeindeverfassungstyp unterschiedlich; als übergreifend- einheitliche Bezeichnung empfehle sich der Begriff des *Gemeindevorstehers.*

Die Position des Gemeindevorstehers, sei es in Gestalt des Bürgermeisters, sei es des Gemeindedirektors, ist von erheblicher politischer Bedeutung. »Schon die reine Zuarbeit für den Gemeinderat bringt ebenso umfangreiche wie empfindliche Aufgaben sachlicher Vorabklärung und damit subtil-allgemeiner Richtungsgebung. Die Funktion als hierarchische Spitze des gemeindlichen Verwaltungsapparates mit all seinen Kontinuitäts- und Fachwissenvorsprüngen, seinen bürokratischen Verfestigungen und intentionalen Verselbständigungen gibt dem Gemeindevorsteher weiteren Einfluß auf die allgemeine Führung der Gemeinde. Sein politisch eigenständiges Gewicht kann deshalb (...) kaum überschätzt werden.«[1]

Folgt man v. Steins Gliederung der Verfassungsordnung, der sie, wie gesagt, aus der »Natur der juristischen Persönlichkeit« ableitet: »Oberhaupt«, »Organismus des Willens«, »Organismus der Tat«, so ist der »Gemeindevorsteher« vor allem im Bereich der vollziehenden Organe anzusiedeln und müßte folglich erst an späterer Stelle behandelt werden. Allem Anschein nach entspricht der Bürgermeister nordrhein-westfälischer Gemeinden am ehesten dem, was v. Stein »Oberhaupt« nennt und nähert sich damit dem Organ des Staats- bzw. Bundespräsidenten.

Bei aller Homogenität zwischen der Kommunal- und der Staatsverfassung dürfen allerdings die Unterschiede nicht übersehen werden. Die moderne Verfassungsidee manifestiert sich in den Gemeinden notwendigerweise anders als in der Staatsverfassung. Eine Gemeinde ist eben kein Staat, der Bürgermeister demnach kein Staatspräsident, obwohl es Übereinstimmungen in den Funktionen gibt, und vollends ist der Gemeinderat kein Parlament. Regierungsfunktionen bei mehreren Organen sind erkennbar, gleichwohl kann man nicht, wie im Falle des Staates, von einer »Regierung« sprechen, und es ist eben kein Zufall, daß sich die Bezeichnungen für Gemeinde- und Staatsorgane voneinander unterscheiden. Gemeinde und Staat, so sehr sie einander gleichen, so sehr sie auch aufeinander bezogen sind und gleichermaßen die Verfassungswirklichkeit ausmachen, so unterscheiden sie sich doch wesentlich und notwendigerweise voneinander.

---

1) Ebenda.

2.2.3 Die Gemeindevertretung (Rat)

Wie schon gesagt wurde, ist die Gemeindevertretung das Organ, das den Willen der Gemeinde setzt. Der Beschluß der Gemeinde ist, v. Stein zufolge, als das Analogon des Gesetzes zu betrachten. Die Gemeindevertretung wäre deshalb als gesetzgebende Gewalt anzusehen. Das erste Rechtsprinzip für den Gemeindewillen, so v. Stein, besteht darin, »daß zuerst der ordnungsgemäß durch die Vertretung gefaßte Beschluß der Wille der Gemeinde sei«[1]. Das zweite damit zusammenhängende Rechtsprinzip jeder Gemeindeverfassung besteht, wie es bei ihm weiter heißt, darin, »daß für *alle* wie immer gearteten Angelegenheiten, welche der Selbstbestimmung der Gemeinde unterworfen sind, der Beschluß der Gemeindevertretung *das höchste Recht* bildet, wie das Gesetz für den Staat«[2].

Gegen diesen Satz, so sieht es auch v. Stein, kann eingewandt werden, daß die Gemeinde ein *Amtskörper* sei und daher nicht mehr Recht in ihren Beschlüssen haben kann als »eine niedere Behörde, deren Verfügungsrecht doch immer von der Verordnung der höheren Behörde abhängt«[3]; sodann, daß dem Bürgermeister und Rat als vollziehende Gewalt — v. Stein versteht hier unter dem »Bürgermeister« offensichtlich den Gemeindevorsteher — das Recht zu Beschlüssen verliehen werden, die Anspruch auf dieselbe Gültigkeit haben, wie die Beschlüsse von Parlamentsabgeordneten.

Bei aller Ähnlichkeit zwischen dem Parlament und der Gemeindevertretung — beide kommen ja in ganz ähnlicher Weise zustande, nämlich durch »freie Volkswahl« —, gibt es eben doch, wie auch v. Stein sah, grundlegende Unterschiede. Dies kommt denn auch in einer Fußnote zum § 27 der Gemeindeordnung Nordrhein- Westfalens zum Ausdruck, wo es um den Träger der Gemeindeverwaltung geht. Dort heißt es kurz und bündig: »Rat ist kein Parlament«. Das folgt nach Schmidt-Jortzig zum einen daraus, daß Räte »staatssystematisch nur als *kollegiale Beschlußorgane einer Verwaltungsgröße* einzuordnen sind, also der *zweiten Gewalt zurechnen*«; zum anderen daraus, daß »ihre materielle Rechtssetzungsbefugnis (Satzungsrecht) nicht originärer Legislativkompetenz [entspringt, P.S.], sondern (...) auf ausdrücklicher Autonomiezuerkennung« beruht, also abgeleitet ist.[4]

---

1) L. v. Stein, Die vollziehende Gewalt...a.a.O., S. 316.

2) Ebenda.

3) Ebenda.

4) E. Schmidt-Jortzig, Kommunalrecht, a.a.O., S. 42.

Im Einklang mit v. Stein wird hier also deutlich betont, daß die Gemeinden der vollziehenden Gewalt des Staates zuzuordnen sind, d.h. die Gemeinden übernehmen, wenn auch teilweise in »freier Selbstbestimmung«, Aufgaben im Rahmen der administrativen Arbeitsteilung innerhalb der Exekutive. Sie sind somit nicht mit den Gliedstaaten des National-(Bundes-)staates auf eine Stufe zu stellen. Unberührt bleibt davon das Prinzip der Allzuständigkeit der Gemeinden, wonach, so v. Stein, es gar nichts innerhalb der Gemeinden geben soll, »was nicht durch den Beschluß der Vertretung bestimmt werden könnte oder sollte«[1].

2.2.4 Die vollziehenden Organe: Bürgermeister, Gemeindevorstand, Magistrat

Die vollziehenden Organe bilden nach der Theorie v. Steins den dritten Organismus der Gemeinde. »Bürgermeister« wird hier im Sinne des »Gemeindevorstehers« verstanden. Gegenüber dem Bürgermeister der Gemeindeordnung Nordrhein-Westfalens z.B. hat er mehr Funktionen und Befugnisse. Das Organ des Bürgermeisters ist im Verständnis v. Steins offensichtlich Teilorgan des Gemeindevorstandes oder des Magistrates; beide gibt es jedoch nur in größeren Gemeinden. Seine Gemeindetheorie scheint ihre Stütze am ehesten in der (unechten) Magistratsverfassung (Hessen, für die größeren Städte in Rheinland-Pfalz, die Städte in Schleswig- Holstein, Bremerhaven), der (Rheinischen) Bürgermeisterverfassung (Gemeinden und kleinere Städte in Rheinland-Pfalz und im Saarland) und in der Süddeutschen Ratsverfassung (Bayern, Baden-Württemberg) zu haben. V. Stein dachte damals insbesondere an die österreichische Gemeindeordnung. Stark von Hegel beeinflußt, suchte er die Ideen in der Wirklichkeit, versuchte sie zu begreifen und aufgrund dessen den weiteren Verlauf der Geschichte, als Entfaltungsprozeß dieser Ideen, vorauszusagen, den er zugleich mit Hilfe seiner Theorie zu fördern beabsichtigte.

Für v. Stein ist es »natürlich«, daß man zunächst in den vollziehenden Organen der Gemeinde die Selbständigkeit der Gemeinde erkannt und ihnen daher von Anfang an die Gesamtheit von Rechten übertragen hat, die diese Selbständigkeit vertreten. Die Entwicklung Deutschlands hat ihm zufolge Jahrhunderte gebraucht, um in dieser vollziehenden Gewalt den *Willen* von der *Tat* zu unterscheiden und damit für jedes dieser Elemente ein eigenes Recht zu bilden. In der Gemeinde, wie auch im Staat, waren bis zur Zeit seines Wirkens Gesetzgebung und Verordnung verschmolzen, die Vollzugsgewalt war zugleich dieje-

---

1) L. v. Stein, Die vollziehende Gewalt...a.a.O., S. 317.

nige, die Gemeindebeschlüsse faßte, ebenso wie der König zugleich Gesetze und Verordnungen gab. Langsam erst hat sich, wie er schreibt, das Recht der Gemeindevertretung davon abgelöst, in vielen Gesetzen überhaupt noch nicht, und er sah, als er über die Gemeinde schrieb, die Aufgabe nicht als gelöst an. Bürgermeister und Vorstand (v. Stein spricht hier auch vom »Rat«) wurden ebensowenig als selbständiges Vollzugsorgan wie die Gemeindevertretung (in unseren Ausführungen auch Gemeinderat) als Gesetzgebungsorgan anerkannt. Solange dieser Prozeß der Differenzierung nicht vollständig vollzogen war, mußte, so v. Stein, das Gemeindewesen unvollkommen bleiben.[1]

Der Organismus der Vollzugsgewalt ist nach v. Stein leicht zu verstehen, wenn man hier die Grundsätze des verfassungsmäßigen Verwaltungsrechts anwendet. Der Bürgermeister ist das persönliche Haupt der vollziehenden Gewalt, deren Organe man in zwei Kategorien zu teilen hat: (in unseren Worten) die Kategorie des Gemeindevorstandes (oder Magistrates) und die der Verwaltung. Der Vorstand ist unter dem Vorsitz des Bürgermeisters das die Vollziehung *beschließende*, die Verwaltung bzw. die Beamteten das dieselbe *verwirklichende* Organ. Daraus ergibt sich, daß die Verordnungsgewalt der Gemeinde durch den Vorstand ausgeübt wird, im strengen Unterschied von der Gemeindevertretung und ihren Beschlüssen. Im Gemeindevorstand sieht v. Stein das »Ministerial-«, in der Verwaltung das »Behördensystem« auf der Ebene der Gemeinde.

Aus dieser Konstruktion folgt nach ihm, daß der Vorstand, dem der Bürgermeister vorsteht (oder der Magistrat), aus den von der Gemeinde gewählten »*Spitzen* der wirklichen Verwaltungsgebiete bestehen sollte«[2], die offenbar eine Ministern gleichkommende Verantwortlichkeit haben sollen. Eine derartige Struktur ist freilich nur in größeren Gemeinden möglich. Die »Spitzen« der Kommunalverwaltung, die, wie gesagt, gewählt werden und zusammen den Gemeindevorstand bzw. Magistrat bilden, sind offenbar als »politische Leiter« im Sinne der Bürokratietheorie Max Webers zu begreifen. Sie stehen der »Gemeindebürokratie« vor und tragen, gleichsam wie Minister, die Verantwortung für eine korrekte und ordnungsgemäße Vollziehung der Beschlüsse seitens der Gemeindevertretung.

Zum politischen Leitungsstab einer größeren Gemeinde gehören nach heutiger Terminologie der Bürgermeister, insofern er Hauptverwaltungsbeamter ist, oder, falls das laut Gemeindeordnung nicht der Fall ist, der Gemeindedirektor

---

1) Vgl. dazu: Ebenda, S. 318-319.
2) Ebenda, S. 319.

bzw. der Oberstadtdirektor sowie die Beigeordneten. Von zentraler Bedeutung innerhalb der Leitung der Gemeindeverwaltung ist die Position des Bürgermeisters bzw. des Gemeindedirektors (Oberstadtdirektors). Je nach Gemeindeordnung, ist der eine oder der andere Positionsinhaber »Leiter der Verwaltung«. Oder, in den Worten M. Webers, entweder ist der Bürgermeister der höchste politische Leiter der Gemeindebürokratie, sofern er Hauptverwaltungsbeamter ist, oder eben der Gemeindedirektor. In Nordrhein-Westfalen ist laut Gemeindeordnung der Gemeindedirektor der Leiter der Verwaltung und damit der höchste politische Leiter (allerdings erscheint die Bestimmung dieser Position nicht ganz eindeutig). So heißt es im § 53 (1) der GO NrW: »Der Gemeindedirektor leitet und verteilt die Geschäfte. Der Rat kann den Geschäftskreis der Beigeordneten festlegen.« Dieser Satz verweist darauf, daß der Gemeindedirektor nicht einfach Dienstvorgesetzter der Beigeordneten ist, worauf auch der Abs. 2 hinweist: »Der Rat ist Dienstvorgesetzter des Gemeindedirektors; dieser ist Dienstvorgesetzter der Beamten, Angestellten und Arbeiter.« Da die Beigeordneten nach der Verhältniswahl unterschiedlichen, ja gegnerischen politischen Gruppierungen und Parteien angehören können, ist es begreiflich, daß der Gemeindedirektor nicht »normaler« Vorgesetzter der Beigeordneten sein kann. Er ist auch nicht »Kanzler« nach der Art, wie diese Position im Grundgesetz beschrieben wird; ist doch der Vorstand einer Gemeinde keine Regierung im eigentlichen Sinn.

Die Position des Gemeindedirektors ist grundsätzlich stärker als die der Beigeordneten; ist ihr Inhaber doch Dienstvorgesetzter der Beamten, Angestellten und Arbeiter und werden doch an seine fachliche Schulung höhere Anforderungen gestellt als an diejenige der Beigeordneten. Was diese betrifft, so müssen sie, anders als die Minister in einer Staatsregierung, bestimmte einschlägige fachliche Voraussetzungen aufweisen. Somit sind die Beigeordneten, aber auch der Gemeindedirektor, nur in einem begrenzten Sinn als »politische Leiter« zu begreifen; ist doch auch in dieser Hinsicht die Gemeinde qualitativ etwas anderes als der Staat.

Der »Leiter der Verwaltung« ist laut § 44 I 2 der Gemeindeordnung Baden-Württembergs, hier ist es der *Bürgermeister* (Hauptverwaltungsbeamter), »für die sachgemäße Erledigung der Aufgaben und den ordnungsgemäßen Gang der Verwaltung verantwortlich (und) regelt die innere Organisation der Gemeindeverwaltung«[1]. Ihm obliegt somit die Festlegung der einzelnen funktionell zusammengefaßten Arbeitsfelder und ihre Verteilung, wie es bei Schmidt-Jortzig heißt. Die Position des Bürgermeisters als Hauptverwaltungs-

---

1) E. Schmidt-Jortzig, Kommunalrecht, a.a.O., S. 104.

beamter (bzw. des Gemeindedirektors) als »monokratische Verwaltungsspitze« (ders.) bedeutet, daß er »im rechtlich- organisatorischen Sinne die *Verwaltungsbehörde der Gemeinde* darstellt; er ist die *›Gemeindeverwaltung‹*. Der gesamte Bestand an sächlichen und personellen Arbeitsmitteln der Gemeinde, der Verwaltungsapparat, so heißt es bei Schmidt–Jortzig weiter, wird von der »Zuständigkeitsordnung lediglich als sein instrumentaler Unterbau aufgefaßt«[1].

Die starke Stellung des Gemeindevorstehers, sei er nun Bürgermeister oder Gemeindedirektor, in einer Gemeinde wird auch dadurch unterstrichen, daß die Gemeindevertretung nicht unter Umgehung des Gemeindevorstehers unmittelbar in die Verwaltungsvorgänge eingreifen darf. Er allein ist Anlaufstelle für Wünsche, Forderungen oder Anweisungen des Rates an die Verwaltung.

Allein die Tatsache, daß er »Wahlbeamter« ist, unterscheidet ihn von den übrigen Beamten, die im Prozeß der Vollziehung nur den ihm eigenen Willen in die Tat umsetzen (v. Stein); hinzukommt jedoch ein entscheidender Punkt, nämlich die Verantwortlichkeit. Er ist für Fehler in der Verwaltung oder ungenügende Erfüllung von Beschlüssen der Gemeindevertretung verantwortlich und ist gehalten, diese unaufgefordert über alle wichtigen Vorgänge in der Verwaltung zu informieren.

Die Leitung der Verwaltung kann, wie gesagt, um *»Beigeordnete«* erweitert werden. Im Rahmen ihrer Organisationshoheit (Hauptsatzung) können Gemeinden grundsätzlich selbst entscheiden, ob sie Beigeordnete bestellen, ggf. in welcher Zahl und ob sie hauptamtlich (berufsmäßig) oder nur ehrenamtlich tätig sein sollen. Lediglich der Status des Beigeordneten wird gesetzlich vorgegeben. Anders verhält es sich allerdings bei Gemeinden bestimmter Größenordnung, in denen bestimmte »Fachbeigeordnete« vorgeschrieben sind.[2]

Der Status des Beigeordneten ist, wie beim Gemeindevorsteher oder Leiter der Verwaltung, der eines Ehren– oder Zeitbeamten; er wird auch wie jener berufen: Ausschreibung, Eignungserfordernis, Wahl durch die Gemeindevertretung. Sein Inhaber kann, ebenso wie jener des Status des Gemeindevorstehers, abgewählt werden. In der Regel ist aus dem Kreis der Beigeordneten ein Vertreter des Bürgermeisters, insofern dieser Hauptverwaltungsbeamter ist (sonst des Gemeindedirektors), zu bestellen. Beigeordnete sind also auch, mit den erforderlichen Einschränkungen, als »politische Leiter« einzustufen. Sie mögen den Ministern in einer Regierung in mancher Hinsicht nahekommen, sie sind aber nicht, wie schon betont, mit diesen gleichzusetzen.

---

1) Ebenda.
2) Vgl. dazu: Ebenda, S. 105.

Gemeinden in der Bundesrepublik Deutschland unterscheiden sich von vorneherein allein aufgrund der unterschiedlichen Gemeindeordnungen in den einzelnen Bundesländern. Aber auch innerhalb eines Bundeslandes gibt es erhebliche Unterschiede zwischen den Gemeinden. Schließlich muß betont werden, daß jede Gemeinde eine Besonderheit darstellt, ihre eigene Identität besitzt und gegenüber anderen Gemeinden verteidigt. Gleichwohl gibt es die Gemeinde als eine Gattung, deren spezifischer Charakter in jeder einzelnen Gemeinde enthalten ist und diese erst zu einer Gemeinde macht. Und als Gattung unterscheidet sich die Gemeinde von jeder anderen sozialen Gattung, Lebensform oder sozialen Institution, handele es sich z.B. um den Staat, die Nachbarschaft, die Familie u.a. Sie schließt deshalb einen bestimmten, einzigartigen Begriff (Theorie, Begriffssystem) ein. Beim Versuch, einzelne Begriffe aus der »Welt der Gemeinde«, wie z.B. »Gemeinderat«, unter Rückgriff auf Begriffe aus einem anderen institutionellen Bereich, z.B. Staat, zu definieren, wird man immer wieder auf die Besonderheit der Gemeinde und ihre spezifische »Begrifflichkeit« verwiesen. Vielerlei Analogien helfen weiter, führen aber letztendlich nicht zum wissenschaftlichen Begriff der Gemeinde und seiner Gliederung, mit anderen Worten, zur Gemeindetheorie als einer Zusammenschau.

3. Die Gemeindeverwaltung

3.1 Der innere und der übertragene Wirkungskreis

Enthält die Gemeindeverfassung als normative Ordnung, in den Worten v. Steins, die Organe der juristischen Persönlichkeit und des persönlichen Lebens der Gemeinde, so ist die *Gemeindeverwaltung* die Gesamtheit der Tätigkeiten der vollziehenden Gewalt — die *Tat der Gemeinde*.

Aus diesem Begriff der Gemeindeverwaltung entwickelt sich, Stein zufolge, das Gemeindeverwaltungs*recht* als die Gesamtheit der geltenden Rechtsnormen, nach denen die vollziehende Gewalt ihre Funktionen vorzunehmen hat.[1] Es hat *zwei* große Gebiete: Zum einen setzt es das rechtliche Verhältnis der drei verfassungsmäßigen Organe zueinander in Beziehung auf die Verwaltung fort, und so entsteht das, was er das »verfassungsmäßige Vollzugsrecht der Gemeinde« — die Umsetzung des Regierungsrechts — nennt, zum anderen enthält es das geltende Recht für das Verwaltungshandeln oder das Verwaltungsrecht.[2].

Versucht man den Begriff der Verwaltung näher zu bestimmen, so ergeben sich nach Norbert Achterberg u.a. folgende Definitionen: »Verwaltung *im materiellen Sinne* ist die *geleitete, richtungerhaltende, geführte* Tätigkeit. (…) Verwaltung *im formellen Sinne* sind alle Organe, die sich mit geleiteter, richtungerhaltender, geführter Tätigkeit im Bereich der vollziehenden Funktion befassen. Dies sind sowohl diejenigen der unmittelbaren Staatsverwaltung (Bundes- oder Landesverwaltung) als auch diejenigen der mittelbaren Staatsverwaltung sowie der Selbstverwaltung.«[3] Demnach ist »Verwaltung« einerseits ein *Prozeß* innerhalb einer öffentlich-rechtlichen Körperschaft, der *nicht* Regierungstätigkeit oder -funktion ist, andererseits ist sie eine *Struktur*, die sich mit geleiteter, richtungerhaltender, geführter Tätigkeit im Bereich der vollziehenden Funktion befaßt.

»Gemeindeverwaltung« wäre also die Einheit von Struktur und Prozeß, wobei das (Gemeinde-)Verwaltungsrecht beiden eine Legitimation verleiht; kann man doch, so Achterberg, *»Verwaltungsrecht* als den *Inbegriff aller Rechtsnormen* beschreiben, die in spezifischer Weise *für die Verwaltung*, also die Verwal-

---

1) L. v. Stein, Die vollziehende Gewalt...a.a.O., S. 320.
2) Ebenda, S. 320–321.
3) N. Achterberg, Allgemeines Verwaltungsrecht, Heidelberg 1988, S. 47.

tungsorganisation, das *Verwaltungsverfahren* und die *Verwaltungstätigkeit* Geltung beanspruchen«[1].

Anders als beim Staat, ist das geltende Recht für die Tätigkeit der Gemeinde nicht nur der Beschluß derselben, sondern die Gemeinde ist ja selbst, wie gesagt, nur ein Organ der vollziehenden Gewalt. Es gelten deshalb, wie v. Stein schreibt, für die Gemeinde, wie für jedes andere Organ, auch die Gesetze und Verordnungen des Staats und sie bilden ihrerseits die Rechtsquelle für das Verwaltungsrecht der Gemeinde. So entsteht, ihm zufolge, ein doppeltes Verwaltungsrecht der Gemeinde, und zwar in dem Sinne, daß zum einen der Beschluß der Gemeinde, zum anderen Gesetz und Verordnung des Staates das Recht bilden. Immer müssen nach seiner Ansicht *zwei* Grundformen des Gemeindeverwaltungsrecht, des für die Tätigkeit der verfassungsmäßigen Organe geltenden Rechts, anerkannt werden.[2]

Das Eintreten dieser Unterscheidung hängt, ihm zufolge, zunächst von der »wirklichen, organischen Aufnahme der Gemeindeverwaltung in die gesammte staatliche Verwaltung ab«[3]. Sie tritt daher im 18. Jahrhundert überhaupt nicht ein, sondern erscheint erst im 19. Jahrhundert, also zu seinen Lebzeiten. Es wurde dann vom »eigenen« oder »natürlichen« und vom »übertragenen« oder »amtlichen« Wirkungskreis der Gemeinde gesprochen, Bezeichnungen, die v. Stein nicht für besonders treffend hält, so daß er eine weitere Verdeutlichung der Terminologie erwartet. Jedenfalls ist mit diesen Benennungen folgendes gemeint: Die Tätigkeiten der Gemeinde, die einen selbständigen Beschluß derselben ausführen, bilden in ihrer Gesamtheit den *eigenen* Wirkungskreis der Gemeinde; diejenigen Tätigkeiten dagegen, die ein Gesetz oder eine Verordnung des *Staates* ausführen, enthalten das, was hier als übertragener Wirkungskreis bezeichnet wird. Indem heutzutage von »Selbstverwaltungsaufgaben« im Gegensatz zu »Fremdverwaltungsaufgaben« der Gemeinde gesprochen wird, ist vorerst eine terminologische Verdeutlichung eingetreten.

Was die Selbstverwaltungsaufgaben betrifft, so handelt es sich dabei zunächst um *die* Aufgaben, die den Gemeinden »verfassungsmäßig elementar zustehen und eigenverantwortlich zu erfüllen sind«[4]. Sie werden auch als *eigene* und/ oder *freie Gemeindeaufgaben* bezeichnet. »Eigenverantwortlichkeit« heißt, so Schmidt–Jortzig, *»Frei sein von staatlichen bzw. überhaupt dritten Einflußnah-*

---

1) Ebenda, S. 4–5.

2) L. v. Stein, Die vollziehende Gewalt...a.a.O., S. 321.

3) Ebenda.

4) E. Schmidt–Jortzig, Kommunalrecht, a.a.O., S. 161.

men beim Ermesssen der Zielprojektion, Zweckmäßigkeit und Form betreffender Verwaltungstätigkeiten«. [1]

Neben den eigenen oder freien gibt es die »pflichtigen Selbstverwaltungsaufgaben« oder »weisungsfreien Pflichtaufgaben«. In ihnen, so Schmidt–Jortzig, aktualisiert sich das Interesse des Staates, daß bestimmte Aufgaben durch die Gemeinden wahrgenommen werden. Entweder geht es »um ureigne, für eine gleichmäßige, infrastrukturelle Mindestausstattung wichtige Belange der örtlichen Gemeinschaft« oder, wie es bei ihm weiter heißt, um allgemeine Aufgaben, für deren Wahrnehmung eine bürgernahe, den lokalen Bedingungen eigenverantwortlich angepaßte Umsetzung erforderlich erscheint. [2]

Bei diesen Aufgaben, die, ihm zufolge, an Zahl und Bedeutung ständig zunehmen, handelt es sich, obwohl es »Pflichtaufgaben« sind, um Selbstverwaltungsaufgaben; wird doch nur vorgeschrieben, *daß* die Gemeinden diese Aufgaben erledigen, nicht jedoch *auf welche Weise* sie das tun müssen.

Den Selbstverwaltungsaufgaben stehen die »Fremdverwaltungsaufgaben«, d.h. die Aufgaben gegenüber, die ihnen der Staat ausdrücklich zuweist, und die sie im eigenen Namen durchzuführen haben. Es handelt sich dabei, Schmidt–Jortzig zufolge, um eine »gesetzliche Ausprägung der verwaltungsrechtlichen ›Delegation‹« (hervorg.). [3] Hierzu werden unterschiedliche Begriffe verwendet, die von »Auftragsverwaltung« bis zu »übertragener Wirkungskreis« reichen.

Das Ausmaß der gemeindlichen Fremdverwaltungsaufgaben hat, darüber scheint unter den Fachleuten Übereinstimmung zu bestehen, ständig zugenommen. Dies, wie überhaupt die Tatsache, daß die Gemeinden Fremdverwaltungsaufgaben übernehmen müssen, also »Anstalten« sind, um mit Preuß zu reden, machen sie jedoch nicht zu »Quasi–Staatsbehörden«; bleibt ihnen doch das Recht gewahrt, alle Vorkehrungen zur Bewältigung der überwiesenen Aufgaben *eigenständig* zu treffen, und behalten sie (somit) doch unter dem Schutz der Verfassung volle Organisationshoheit. Auch unterliegt die Fremdverwaltung, wie Schmidt–Jortzig schreibt, nur der allgemeinen Kommunalaufsicht und der Rechtsaufsicht. Somit heben die anstaltlichen Elemente, so sehr sie sich auch in den Gemeinden verstärken mögen, zumindest de jure nicht, diese als Selbstverwaltungsorganismen auf.

---

1) Ebenda, S. 165.
2) Ebenda, S. 180.
3) Ebenda, S. 183.

3.2 Das verfassungsmäßige Vollziehungsrecht der Gemeinde – das »innere« und das »amtliche« Vollzugsrecht

Das verfassungsmäßige Vollziehungsrecht der Gemeinde enthält, ebenso wie das Regierungsrecht, das rechtliche Verhältnis der drei »organischen Faktoren« (L. v. Stein) in der Vollziehung des Gemeindewillens: Oberhaupt, Vorstand, Verwaltung.[1]

Das innere Vollzugsrecht der Gemeinde, so v. Stein, beruht darauf, daß der Beschluß der Gemeindevertretung nach eingeholter Zustimmung des Vorstandes rechtlich als Wille der Gemeinde gilt; er ist, ihm zufolge, das »Gesetz« der Gemeinde. Die Funktion der vollziehenden Organe besteht deshalb darin, so fährt er fort, die Beschlüsse der Gemeindevertretung in die Tat umzusetzen. Mit der Pflicht der vollziehenden Organe, diese Beschlüsse zu vollziehen, ist, so v. Stein, das Recht zur Vollzugsordnung gegeben. Bürgermeister und Gemeindevertreter machen den Beschluß; Bürgermeister und Gemeindevorstand (Magistrat) machen die Verordnung, d.h. die Anwendung eines Beschlusses auf den konkreten Fall. Der Gemeindevorstand selbst darf nie einen Beschluß fällen. Bürgermeister und Gemeindevorstand sind dafür verantwortlich, daß ihre Verordnungen und Tätigkeiten dem Geist der Gemeindebeschlüsse gerecht werden; richten sich ihre Verordnungen gegen die Beschlüsse der Gemeindevertretung, dann tritt, so v. Stein, der Begriff und das Recht der Haftung ein. Hier sieht er also deutliche Parallelen zum Verhältnis Regierung–Parlament.[2]

Bezieht sich das innere Vollzugsrecht auf den inneren Wirkungskreis der Gemeinden, auf die Erledigung eigener oder freier Selbstverwaltungsaufgaben, so bezieht sich das amtliche Vollzugsrecht auf den übertragenen Wirkungskreis der Gemeinden, die Erledigung von Fremdverwaltungsaufgaben. Das amtliche Vollzugsrecht regelt die Umsetzung eines Gesetzes oder einer Verordnung des Staates in die Tat. Die Voraussetzung dafür besteht, v. Stein zufolge, darin, daß die Gemeinde, wie mehrmals gesagt wurde, selbst ein Organ der vollziehenden Gewalt ist. Dies macht sie jedoch, wie oben betont, nicht zu einer bloßen Behörde, wie es dem damaligen Standpunkt der französisch-preussischen Gesetzgebung entsprach, der allerdings die Autonomie der Gemeinden untergrub.[3]

---

1) L. V. Stein, Die vollziehende Gewalt...a.a.O., S. 322.

2) Ebenda, S. 323.

3) Ebenda, S. 324-326.

In der Tat vollziehen, so v. Stein, der hier im Einklang mit der von ihm gewollten und wahrgenommenen Entwicklungstendenz in Deutschland argumentierte, nicht Bürgermeister und Vorstand, sondern, wie schon ausgeführt, die Gemeinde das Gesetz und die Verordnung des Staates, genauer noch, die Gemeindevertretung. Daraus folgt, so heißt es bei ihm weiter, daß Bürgermeister und Gemeindevorstand auch dort, wo sie im Namen der Gemeinde ein Gesetz in die Tat umsetzen wollen, nicht zu diesem Zweck einfach eine einseitige behördliche Verfügung erlassen können. Vielmehr haben beide das Gesetz oder die Verordnung des Staates über die Ausführung eines von den Gemeindevertretern gefaßten Beschlusses in die Tat umzusetzen, so daß der Gemeindebeschluß selbst die eigentliche Verfügung ist. Der Bürgermeister, hier im oben angegebenen Sinne als »Gemeindevorsteher« verstanden, hat deshalb das Gesetz und die Verordnung der Gemeindevertretung vorzulegen und ihre Verfügung zu vollziehen. Dabei, so v. Stein, tritt dann wieder das Prinzip der Verantwortlichkeit ein. »Die Vollzugsgewalt der Gemeinde haftet nämlich der Regierung einerseits dafür, daß der Wille der Regierung der Gemeindevertretung auch wirklich *vorgelegt* und daß irgend ein Beschluß darüber *gefaßt* werde, da der Bürgermeister/Gemeindevorsteher das Haupt der Gemeinde ist.«[1] Er haftet auch dafür, daß der einmal gefaßte Beschluß nicht zur Vollziehung gelangt, wenn dieser in offenbarem Widerspruch mit dem Willen des Gesetzes oder der Verordnung steht.

Erneut wird also deutlich, daß die moderne Gemeinde, obwohl sie zur vollziehenden Gewalt zu zählen ist und Aufträgen des Staates unterliegt, sie keine untergeordnete Behörde, sondern eben Selbstverwaltungskörperschaft ist; soweit sie einen fremden Willen vollziehen muß, muß sie diesen erst zu ihrem eigenen Willen machen.

3.3 Die innere Gemeindeverwaltung — die inhaltliche Bestimmung der Selbstverwaltungsaufgaben der Gemeinden

Es gibt, wie schon an anderer Stelle gesagt, keinen geschlossenen Katalog von Gemeindeaufgaben, schon gar nicht von Selbstverwaltungsaufgaben. Ein solcher, in einer Gemeindeordnung fixierter Katalog würde bekanntlich der »Natur« der Gemeinde widersprechen. Dies war allerdings nicht immer der Fall, wie v. Stein bemerkt: »Die positiven Gemeindeordnungen nämlich weisen den Gemeinden fast alle gewisse Aufgaben zu, welche ohne allen Zweifel der

---

1) Ebenda, S. 325.

inneren Verwaltung angehören.«[1] Doch die geschichtliche Entwicklung hat hier offensichtlich zu einer Bereinigung und Klärung in den Gemeindeordnungen oder dem übergeordneten Verfassungsrecht geführt. So heißt es bei Schmidt-Jortzig: »Es gibt (...) grundsätzlich keine endgültig als ›Angelegenheit der örtlichen Gemeinschaft‹ festliegende Aufgabe. Was früher unbestritten zur gemeindlichen Selbstverwaltung gehörte, kann heute durch die Entwicklung der Verhältnisse längst daraus entwachsen und zu einer staatlichen Angelegenheit geworden sein.«[2] Selbst die einzige Legalaufzählung gemeindlicher Selbstverwaltungsbelange, Art. 83 I Verf. Bay, so fährt er fort, fügt unübersehbar ein »insbesonders« hinzu, um nicht den Eindruck zu erwecken, als ob es sich hierbei um einen unveränderlichen Katalog handele. Lediglich zeigen die »Tatsachen«, daß gewisse Angelegenheiten traditioneller Weise zu den Selbstverwaltungsaufgaben der Gemeinde gehören. Dazu gehören die »tägliche Bedienung der zivilisatorischen, lebensüblich gewordenen Mindestansprüche der Menschen in ihrem Wohnbereich«[3], z.B. die Lieferung von Strom und Wasser, die Abfall- und Abwasserbeseitigung, die Straßenreinigung sowie die Bereitstellung von Sport-, Freizeit- und Erholungseinrichtungen. Diese Grundausstattung des täglichen Lebens, die als »Grundversorgung« (Schmidt-Jortzig) bezeichnet wird, hat den Gemeinden die Bezeichnung »Versorgungsgemeinde« eingetragen[4].

L. v. Stein versucht ganz allgemein zu bestimmen, welche Selbstverwaltungsaufgaben die Gemeinden zu übernehmen haben, indem er schreibt, daß die innere Verwaltung »diejenigen Bedingungen der persönlichen Entwicklung zu geben [hat, P.S.], welche der Einzelne sich nicht selber verschaffen kann«[5]. Sie geht, so v. Stein, zunächst vom Staat aus, »allein jene inneren Bedingungen sind dennoch *vollkommen dieselben*, ob sie nun in der Gemeinde oder im ganzen Staat erscheinen. Denn Wege und Straßen, Sicherheitspolizei und Sittlichkeitspolizei, Armenwesen und Schulwesen sind weder ausschließlich staatliche Aufgaben, noch Sache der Gemeinden, sondern liegen im Wesen der Persönlichkeit«[6]. V. Stein geht gewiß davon aus, daß sich die Persönlichkeit des einzelnen im Verlauf seines Lebens wandelt, daß die Menschen sich in ihrer Persönlichkeit unterscheiden und schließlich davon, daß der Mensch ein geschichtliches Wesen ist. Gemeindliche oder staatliche Aufgaben bringt er

1) Ebenda, S. 333.
2) E. Schmidt-Jortzig, Kommunalrecht, a.a.O., S. 168.
3) Ebenda, S. 169.
4) Ebenda.
5) L. v. Stein, Die vollziehende Gewalt...a.a.O., S. 334.
6) Ebenda.

somit nicht mit der »Natur« des Menschen in Verbindung, sondern mit dem historischen Menschen und seinen variierenden und sich wandelnden Bedürfnissen und Interessen, die sich dann aufgrund des Prinzips der Subjektivität, wie es dem modernen Staat und seinen Gemeinden eigen ist, in den Aufgaben derselben ausdrücken.

Akzeptiert man die Sicht v. Steins, so ergibt sich, daß die innere Verwaltung der Gemeinden ihrem Objekt nach keine Grenzen haben kann und soll, daß sie an sich *alle* Aufgaben der inneren Verwaltung umfaßt. Wo immer, so führt er aus, nähere Bestimmungen zur Kompetenz der Gemeindeverwaltung erscheinen, so können sie nie die Bedeutung haben, daß sie die Kompetenz der Gemeinde grundsätzlich beschränken wollen. Sie können nur den Charakter von Beispielen für einen allgemeinen Grundsatz haben.[1]

Dennoch genügt dieser allgemeine Grundsatz, wie es bei v. Stein weiter heißt, nicht. Die »wahre Beschränkung« (ders.) liege nämlich im Wesen der Gemeinde. Es gilt deshalb, den Inhalt der Autonomie und Oberaufsicht heranzuziehen: Je weiter sich nämlich die »staatsbürgerliche Gesellschaft« (ders.) entwickelt, »um so gleichartiger werden die Bedingungen der persönlichen Entwicklung, und um so nothwendiger wird es, daß die Bestimmung über das, was für dieselben geschehen soll, oder daß das positive Verwaltungsrecht von der Gesetzgebung des *Staats* ausgehe«[2]. Hier extrapoliert v. Stein offensichtlich zu seiner Zeit deutlich erkennbare Entwicklungstendenzen, die er für notwendig und sinnvoll hält. Inzwischen dürfte es darüber keinen Zweifel geben, daß das Kommunalrecht, soweit es nicht Verfassungsrecht, Teil des Verwaltungsrechts ist. Und die Gesetzgebung auf diesem Gebiet liegt eben in den Händen des Staates, genauer noch, des Parlaments. Somit gibt es in der Tat für alle Gemeinden ein einheitliches Verwaltungsrecht. Was allerdings die Gemeindeordnungen in der Bundesrepublik betrifft, so variieren sie, wie gesagt, von einem Gliedstaat (Land) zum anderen. Einheitlichkeit mit Bezug auf die Gestaltung der Gemeindeordnung als Rahmen für die jeweilige Gemeinde als Verfassung gibt es also nur auf der Ebene eines Bundeslandes. Die Unterschiede zwischen den einzelnen Gemeindeordnungen begründen aber offensichtlich keine substantiellen Abweichungen, die zu ganz unterschiedlichen Entwicklungsbedingungen für die Teilnehmer an der »staatsbürgerlichen Gesellschaft« (v. Stein) führen. Es war wohl eben die Entwicklung der »staatsbürgerlichen Gesellschaft«, die letztlich zu einer Vereinheitlichung und Angleichung des Rechts führte.

---

1) Ebenda.

2) Ebenda.

Die Gemeinde kann und soll denn auch nicht nach v. Stein das Recht haben, durch ihre Organe ein besonderes Verwaltungsrecht zu bestimmen, mit dem Ziel, diejenigen Bedingungen der persönlichen Entwicklung zu schaffen, die der einzelne sich nicht selber schaffen kann. Gegenüber der staatlichen Gesetzgebung hat die Gemeinde, ihm zufolge, deshalb nur die Aufgabe, durch ihre Beschlüsse und Verordnungen die örtliche Ausführung unter der Oberaufsicht der Regierung zu regeln – »das ist ihr Recht, weil es ihre Pflicht ist«[1].

Das Recht der Gemeinde, so v. Stein, »»alies, was ihr Interesse berührt, durch ihre eigene Kraft zu besorgen und zu regeln«, heiße deshalb in der wissenschaftlichen Formulierung: *»Die Gemeinde ist die vollziehende Gewalt für die Gesetzgebung der inneren Verwaltung in ihrem ganzen Umfange.«*[2] Sie habe daher das Verordnungs-, Organisations- und Zwangsrecht für die innere Verwaltung innerhalb ihrer örtlichen Grenzen. Eine Beschränkung mit Bezug auf die Objekte der inneren Verwaltung kann deshalb, ihm zufolge, *nur* im Moment der örtlichen Begrenzung liegen. Es gilt also das Prinzip der Allzuständigkeit der Gemeinde, wie es in dem bereits zitierten § 2 der Gemeindeordnung NrW deutlich zum Ausdruck kommt: »Die Gemeinden sind in ihrem Gebiet, soweit die Gesetze nicht ausdrücklich etwas anderes bestimmen, ausschließliche und eigenverantwortliche Träger der öffentlichen Verwaltung.«

Die örtliche Begrenzung der Gemeinde ermöglicht die »selbständige Besonderheit der Lebensverhältnisse« (v. Stein)[3] innerhalb der Gemeinde. Es läßt sich auch mit Hegel so ausdrücken: Um zu sein, muß sich eine Gemeinde, wie jedes Gemeinwesen, begrenzen. Aus den infolge der örtlichen Begrenzung entstandenen besonderen Lebensverhältnisse heraus ergibt sich, so v. Stein, der *zweite* leitende Grundsatz für dieses Gebiet: Diejenigen Verwaltungsgesetze und Maßregeln, die ihrem Wesen nach eine Verschiedenheit in der Ausführung *nicht* zulassen, können und sollen deshalb auch nicht Gegenstand der freien inneren Verwaltung der Gemeinde sein; sie müssen durch die Behörden vollzogen werden, und falls die Gemeinde sie dennoch vollzieht, »so erscheint dieselbe in *diesen* Gebieten eben nicht als Selbstverwaltungskörper, sondern als Behörde«[4]. Doch man ist versucht hinzuzufügen: Sie erscheint, d.h. sie manifestiert sich nur als »Behörde«, sie ist es aber auch in diesem Fall ihrem Wesen nach gleichwohl nicht; behält sie doch ihre Organisationshoheit. Nach Preuß allerdings ist die Gemeinde, wie ausgeführt, ihrem Wesen nach Selbst-

---

1) Ebenda.
2) Ebenda, S. 334–335.
3) Ebenda.
4) Ebenda.

verwaltungskörperschaft *und* Anstalt, d.h. die Behördeneigenschaft gehört zur einen »Hälfte« ihres Charakters.

Für v. Stein ergibt sich aus dem vermeintlichen Behördencharakter (oder Anstaltscharakter nach Preuß), daß die in der Rechtsordnung vorkommenden Einzelanführungen zur Zuständigkeit der Gemeinden mehr sind als bloß abstrakte Beispiele. Sie seien das Minimum derjenigen Aufgaben der Verwaltung, die gesetzlich als solche angesehen werden, die aufgrund ihrer örtlichen Vollziehung die *Besonderheit* in Verordnung und Organisation zulassen und deshalb der Gemeinde überlassen sind.[1] Hier sieht er offensichtlich die Gemeinde bloß als Anstalt tätig. Ihre Autonomie, ihr Charakter als Selbstverwaltungskörper, beginnt erst jenseits der Fremdverwaltungsaufgaben, also dort, wo staatliche Verwaltungsgesetze fehlen.

V. Stein beschreibt, wie gesagt, in seiner Gemeindelehre nicht seine Gegenwart, sondern damalige Entwicklungstendenzen, die er zugleich erkennt und für notwendig hält; mit anderen Worten, er beschreibt die Zukunft, die nunmehr weitgehend unsere Gegenwart ist. So sehr er dabei die Notwendigkeit der Gemeindeautonomie betont, so sehr wendet er sich gegen die »negative Idee der Gemeindefreiheit« (ders.), nämlich gegen die Vorstellung, »als ob diese Freiheit eben nur in der möglichsten Selbständigkeit der Gemeinde gegenüber der Regierung bestehe«[2]. Für ihn, wie für Hegel, ist der moderne Staat das »Erste« gegenüber den Gemeinden, und damit haben sie offensichtlich die Entwicklung der Verfassungswirklichkeit im 19. und 20. Jahrhundert im wesentlichen richtig gesehen und angemessen »auf den Begriff gebracht«.

---

1) Ebenda.
2) Ebenda.

4. Öffentliche Einrichtungen

Zur Erfüllung kommunaler Aufgaben genügt es, so Schmidt-Jortzig, nicht immer, daß eine generell-abstrakte oder speziell-konkrete Regelung in einer Angelegenheit getroffen und angewendet wird. Zur kontinuierlichen Bereitstellung von (Versorgungs-) Leistungen bedarf es vielmehr — neben der initiierenden, regelnden Entscheidung — organisatorisch eigenständiger Vorkehrungen kurz, es bedarf »öffentlicher Einrichtungen«.[1]

Der Begriff der öffentlichen Einrichtung ist, ihm zufolge, der Oberbegriff »für alle organisatorisch dauerhaft und besonders verfaßten Leistungsbeziehungen zwischen Gemeinde/Gemeindeverband und Bürger und besagt für sich noch nichts über Rechtsform, Funktionsweise, Gegenstand oder Benutzungsverhältnis«[2]. Die Bezeichnung »Einrichtung« beinhaltet nach Schmidt-Jortzig einen »gegenständlich vorhandenen, organisatorisch irgendwie verfestigten und verstetigten, eigenen Mittelbestand«[3]. Und das Attribut »öffentlich« weist, wie er weiter schreibt, nicht nur auf den materiellen Träger oder Initiator der Einrichtung hin (Staat, Gemeinde), sondern im Sinne von »allgemeinheitsbezogen«, »gemeinnützig« auch auf das entsprechenden Bestandsinteresse oder Funktionsziel.

Der Begriff der öffentlichen Einrichtung schließt also sowohl eine bestimmte Trägerschaft, nämlich die »öffentliche Hand«, Staat oder Gemeinde, als auch eine bestimmte Funktion, nämlich die Förderung des Gemeinwohls, ein. In Anlehnung an v. Stein kann man die öffentliche Einrichtung als eine Organisationseinheit definieren, die vom Staat oder der Gemeinde geschaffen und getragen wird, darauf ausgerichtet, die Entwicklungsbedingungen der Einwohner (Individual- oder Kollektivpersönlichkeiten) hervorzubringen, die diese nicht aus eigener Kraft herstellen können.

Offensichtlich gehört der Begriff der öffentlichen Einrichtung zum Begriff der Gemeinde. Indem eine Siedlung, eine (anerkannte) Gemeinde ist, ist sie gehalten, das Wohl ihrer Einwohner zu fördern. Dies schließt ein, daß sie Aufgaben übernimmt, die der einzelne Einwohner nicht bewältigen kann, deren Erledigung aber für seine und die Entwicklung seiner Miteinwohner von großer, wenn nicht entscheidender Bedeutung ist. Zur Bewältigung solcher Aufgaben bedarf es, insoweit sie fortdauernd sind, organisatorischer Einheiten, eben öffentlicher (kommunaler) Einrichtungen. Dementsprechend heißt es z.B. im §

---

1) E. Schmidt-Jortzig, Kommunalrecht, a.a.O., S. 217.

2) Ebenda.

3) Ebenda, S. 218.

18 (1) der Gemeindeordnung von NrW: »Die Gemeinden schaffen innerhalb der Grenzen ihrer Leistungsfähigkeit die für die wirtschaftliche, soziale und kulturelle Betreuung ihrer Einwohner erforderlichen öffentlichen Einrichtungen.«

Der Gesetzgeber verwendet offenbar bewußt den etwas blassen und unverbindlichen Begriff der »Betreuung« anstelle des Begriffs der »Entwicklung«, den er den Theoretikern überläßt. Zugleich benennt er, wenn auch noch sehr abstrakt, die »Felder«, auf denen die von den Gemeinden zu schaffenden öffentlichen Einrichtungen tätig sein sollen, nämlich »Wirtschaft«, »Soziales« und »Kultur«. Versucht man die Tätigkeitsbereiche der kommunalen Einrichtungen näher zu bestimmen, so handelt es sich im wesentlichen um die »Wirtschaftspflege«, die »Sozialhilfe«, die »Gesundheits«- und »Kulturpflege« und schließlich die »Förderung von Bildung und Ausbildung«.

Der Gesetzgeber (NrW) schreibt den Gemeinden nicht ausdrücklich vor, daß sie die betreffenden öffentlichen Einrichtungen schaffen müssen, geht aber offensichtlich wie selbstverständlich davon aus, daß sie sie schaffen, sobald ein Bedarf von ihnen selbst oder von außerhalb festgestellt wird.

Kommunale Einrichtungen haben gemäß dem Prinzip der Subjektivität ihren Ursprung in partikularen Interessen. Diese müssen sich in dem Prozeß der Vermittlung mit dem Allgemeinen, der Legitimation, durchsetzen. Die betreffende kommunale Einrichtung kann ja definitionsgemäß nicht auf ein besonderes Interesse, sondern muß im Grundsatz auf das Wohl aller Einwohner ausgerichtet sein. Mit anderen Worten, sie muß der Allgemeinheit dienen. Entscheidende Vermittlungsagenturen sind Berufs- und Interessenverbände und politische Parteien.

Es folgt aus dem Begriff der Gemeinde, hierbei sei noch einmal an das genossenschaftliche Moment (Preuß) erinnert, daß alle Einwohner grundsätzlich berechtigt sind, die von ihr geschaffenen Einrichtungen zu benutzen. Der Sachverhalt läßt sich auch so ausdrücken: Indem eine Gemeinde öffentliche (kommunale) Einrichtungen schafft, begründet sie auch grundsätzlich die Berechtigung aller Einwohner, diese zu benutzen. So heißt es denn auch im § 18 (2) der Gemeindeordnung von NrW: »Alle Einwohner einer Gemeinde sind im Rahmen des geltenden Rechts berechtigt, die öffentlichen Einrichtungen der Gemeinde zu benutzen ...«

Das allgemeine Nutzungsrecht enthält allerdings die Einschränkung: »... im Rahmen des geltenden Rechts«. Dies bedeutet, daß einem Einwohner bei Vorliegen bestimmter Tatbestände, z.B. einer ansteckende Krankheit, die Benutzung einer öffentlichen Einrichtung, z.B. einer Badeanstalt, verweigert werden darf, insofern ein entsprechendes Gesetz oder eine entsprechende Satzung vorliegt, die auf übergeordnetem Recht fußt. Ebensowenig kann jeder Einwohner einer Gemeinde eine von ihr unterhaltene Lehranstalt in Anspruch nehmen, wenn er die erforderlichen Voraussetzungen (Zeugnisse, Fähigkeiten, Talente u.a.) nicht vorweisen kann.

Die Fortsetzung des soeben zitierten § 18 (2) lautet: »... und verpflichtet, die Lasten zu tragen, die sich aus ihrer Zugehörigkeit zu der Gemeinde ergeben«. Der Gesetzgeber verknüpft also nicht, und das folgt auch aus dem Begriff der Gemeinde, das Recht jedes Einwohners, die von seiner Gemeinde geschaffenen öffentlichen Einrichtungen zu benutzen, mit der Verpflichtung auch für ihre Kosten aufzukommen. Vielmehr sind die Einwohner ganz allgemein verpflichtet, die Lasten zu tragen, die sich aus ihrer Zugehörigkeit zur Gemeinde ergeben. Mit anderen Worten, Einwohner tragen auch die Lasten von öffentlichen Einrichtungen mit, die sie nicht benutzen oder kraft Gesetzes nicht benutzen können. Andererseits können Einwohner einen ausgiebigen Gebrauch von kommunalen Einrichtungen machen, ohne dementsprechend für die Kosten dieser Einrichtung aufkommen zu müssen. Es wird zwar ein Zusammenhang zwischen dem Nutzungsrecht der Einwohner und ihrer Verpflichtung, die entsprechenden Lasten zu übernehmen, festgestellt, aber dieser Zusammenhang wird, entsprechend dem Begriff der modernen Gemeinde, nur sehr vermittelt gesehen. Gleichgewichtige Austauschbeziehungen zwischen der einzelnen Gemeinde und den Benutzern ihrer Einrichtungen werden jedenfalls ausgeschlossen.

Allerdings finden sich im Kommunalrecht, und dies entspricht auch dem »Geist« der modernen Gemeinde, deutliche Hinweise darauf, daß es ein Korrespondenzverhältnis zwischen dem Recht der Einwohner auf Benutzung der kommunalen Einrichtungen gibt und ihrer Verpflichtung, die entsprechenden Lasten zu tragen, und zwar indem Nicht-Einwohner von der Benutzung kommunaler Einrichtungen ausgeschlossen werden können. So sind laut § 18 (3) der Gemeindeordnung NrW die Grundbesitzer und Gewerbetreibende, die *nicht* in der Gemeinde wohnen, lediglich berechtigt, *die* öffentlichen Einrichtungen zu benutzen, die in der Gemeinde für Grundbesitzer und Gewerbetreibende bestehen. Im Gegenzug sind sie verpflichtet, für ihren Grundbesitz oder Gewerbebetrieb im Gemeindegebiet zu den Gemeindelasten beizutragen. Eingeschränkten Rechten stehen also eingeschränkte Pflichten gegenüber. Auch hier mag man einen Hinweis für den genossenschaftlichen Charakter der modernen Gemeinde sehen.

Einwohner der Gemeinde, die auch juristische Personen sein können, die in einem weitaus höheren Maße als ihre Miteinwohner die Lasten der Gemeinde tragen, können, wie angedeutet, von Rechts wegen nicht erwarten, daß ihnen als »Gegenleistung« kommunale Einrichtungen bereitgestellt werden oder ihnen im besonderen Maße zu Diensten stehen. Gleichwohl wird man wohl nicht behaupten können, daß es nicht einmal ansatzweise ein proportionales Verhältnis zwischen der Höhe der Beiträge, die Einwohner zur Finanzierung ihrer Gemeinde leisten und dem Ausmaß, in dem sie öffentliche Leistungen in Anspruch nehmen, gibt. Täte man dies, so würde man den »ökonomischen Inhalt« der modernen Gemeinde, nämlich die bürgerliche Marktgesellschaft mit ihren ungleich verteilten Durchsetzungschancen gegenüber Gemeinde und Staat, vernachlässigen. Ein Großunternehmen, das auf einen hohen Steuerbeitrag und viele Beschäftigte verweisen kann, wird eher z.B. die Errichtung von Freizeit- und Erholungseinrichtungen durchsetzen als mit geringem Einkommen ausgestattete Rentner, mag ihre Zahl in der Gemeinde noch so hoch sein.

Ein Teil der öffentlichen Einrichtungen schließt, wie es z.B. im § 19 der Gemeindeordnung NrW heißt, den Anschluß- und Benutzungszwang ein. Bei diesen Einrichtungen unterliegt es nicht der freien Entscheidung der Einwohner, etwa wie im Fall des städtischen Theaters, der Museen usw., ob sie diese benutzen oder nicht, sie *müssen* sie in Anspruch nehmen. Daraus läßt sich schließen, daß der Begriff der öffentlichen/kommunalen Einrichtung nichts über die Form der Benutzung aussagt; sie kann mit dem Recht auf, aber auch mit der Pflicht zur Benutzung verknüpft sein. Zu den wesentlichen Begriffsmomenten gehört eben, daß sie von einer »öffentlichen Hand« getragen wird und der Allgemeinheit dient, was immer darunter im konkreten Fall zu verstehen ist.

Im § 19 der GO NrW heißt es zum Anschluß- und Benutzungszwang: »Die Gemeinden können bei öffentlichem Bedürfnis durch Satzung für die Grundstücke ihres Gebiets den Anschluß an Wasserleitung, Kanalisation und ähnliche der Volksgesundheit dienende Einrichtungen sowie an Einrichtungen zur Versorgung mit Fernwärme (Anschlußzwang) und die Benutzung dieser Einrichtungen und der Schlachthöfe (Benutzungszwang) vorschreiben. Die Satzung kann Ausnahmen vom Anschluß- und Benutzungszwang zulassen.« Der Anschlußzwang verpflichtet einen Grundstückseigentümer, diejenigen Vorrichtungen zu treffen bzw. ihre Anbringung zu dulden, die notwendig sind, um eine Abnahme der Leistungen von den betreffenden kommunalen Einrichtungen zu ermöglichen, der Benutzungszwang enthält dagegen die Pflicht, die von der Einrichtung bereitgestellten Leistungen abzunehmen.[1]

---

1) Ebenda, S. 219.

Die Begründung dieser Zwänge liegt, wie aus dem § 19 hervorgeht, in einem »öffentlichen Bedürfnis«. Hierbei handelt es sich, wie Schmidt–Jortzig betont, um einen unbestimmten Gesetzesbegriff. Inhaltlich bestimmt werden muß er letztlich durch die einzelne Gemeindevertretung, und zwar auf eine Weise, die rechtlich nachprüfbar ist. Dies ist wohlbegründet; stellen doch diese Zwänge eine Einschränkung der Freiheitssphäre der Privatpersonen und Teilnehmer an der lokalen bürgerlichen Gesellschaft dar.[1] Jegliche willkürliche Einführung solcher Zwänge beschneidet den Einwohnern die Möglichkeiten, selbst darüber zu bestimmen, was ihren Bedürfnissen und Interessen entspricht, ohne daß sie für diese Einbuße an Entscheidungsfreiheit durch von der Gemeinde geschaffene Entwicklungschancen per saldo bereichert werden.

Die gemeindlichen Einrichtungen können die Einwohner nur dann wirksam »wirtschaftlich, kulturell und sozial betreuen« (vgl. GO NrW § 18 (1)), wenn sie »wirtschaftlich und sparsam« arbeiten. Eine Verschwendung von Ressourcen würde ja die Lasten der Gemeinde, die die Einwohner zu tragen haben, erhöhen und damit den Nettogewinn öffentlicher Leistungen für die Einwohner mindern, wenn nicht zunichte machen. »Wirtschaftlichkeit und Sparsamkeit« ist denn auch ein allgemeiner Grundsatz der kostenintensiven öffentlichen Verwaltung. Er wird auch in Gemeindeordnungen, so z.B. jener Nordrhein–Westfalens, aufgeführt, wo es im § 62 (2) kurz und bündig heißt: »Die Haushaltswirtschaft ist sparsam und wirtschaftlich zu führen.« Allerdings darf dadurch der gemeinnützige Zweck der betreffenden Einrichtung (§ 88 (2), GO NrW) nicht gefährdet werden. Auch hier kommt wieder der genossenschaftliche Charakter der modernen Gemeinde zum Ausdruck.

Das »ökonomische Prinzip« bzw. das »Rationalprinzip«, so Schmidt–Jortzig, enthält zweierlei Maximen, die für das gesamte öffentliche Wirtschafts– und Haushaltsrecht gelten: Zum einen das »Minimum–Prinzip« oder Sparsamkeitsprinzip, wonach ein vorgegebener Ertrag (Leistungserfolg) mit möglichst geringem Aufwand zu erzielen ist, zum anderen das »Maximum–Prinzip« (auch Optimum–Prinzip oder Wirtschaftlichkeitsprinzip i.e.S.), wonach mit gegebenem Aufwand (Mitteln) ein möglichst hoher Ertrag (größtmögliche Leistung) erzielt werden soll.[2]

Das Rationalprinzip gemeindlicher Funktionserfüllung ist, ihm zufolge, ein Rechtsgrundsatz und seine Einhaltung unterliegt deshalb der Kommunalaufsicht. Diese greift allerdings nur ein — das vom Staatsverfassungsrecht (Grundgesetz) garantierte Selbstverwaltungsrecht der Gemeinden darf ja nicht

---

1) Vgl. dazu: Ebenda, S. 220.
2) Ebenda, S. 222.

ausgehöhlt werden — wo gemeindliche Maßnahmen mit den Grundsätzen vernünftiger Wirtschaft unvereinbar sind.

4.1 Gliederung der öffentlichen Einrichtungen

Die öffentlichen Einrichtungen gliedern sich in wirtschaftliche und nichtwirtschaftliche Einrichtungen. Im bereits zitierten § 88 der GO NrW findet sich die Einteilung in wirtschaftliche Unternehmen und in Unternehmen, die nicht als wirtschaftliche Unternehmen gelten. Hierzu gehören Unternehmen, zu denen die einzelne Gemeinde gesetzlich verpflichtet ist, ferner Einrichtungen des Bildungs-, Gesundheits- und Sozialwesens, der Kultur, des Sports, der Erholung, der Abfall- und Abwasserbeseitigung, der Straßenreinigung sowie Einrichtungen ähnlicher Art, schließlich Einrichtungen, die als Hilfsbetriebe ausschließlich der Deckung des Eigenbedarfs von Gemeinden und Gemeindeverbänden dienen.

Der Begriff des Unternehmens, so Schmidt-Jortzig, meint als eine Unterrubrik der »Einrichtung« jede Betriebseinheit von gewisser organisatorischer Festigkeit, Dauer und Selbständigkeit (eigene Leistungsorgane, eigene Rechnung).[1] Für ihn ist also die öffentliche (kommunale) Einrichtung der Oberbegriff für alle Formen gemeindlicher Leistungserstellung.

Nicht eindeutig zu klären ist offenbar das, was unter »wirtschaftlich« zu verstehen ist. Folgende Momente des Begriffs gilt es aber, ihm zufolge, festzuhalten. Rein formal muß es sich um eine Initiative handeln, die auch von einem Privatunternehmer unternommen werden könnte, somit keine spezifisch staatliche Tätigkeit bedeutet. Gegenstand der Tätigkeit ist die Bereitstellung von Nutzleistungen zur Deckung eines bestehenden Bedarfs, und zwar eines dritten, nicht gemeindeeigenen Bedarfs (»Fremdbedarfsdeckung«). Die Arbeitsweise des Unternehmens muß sich nach dem Rationalprinzip richten (Zielerreichung mit möglichst geringem Mitteleinsatz) sowie nach Art eines kaufmännischen Geschäftsbetriebes erfolgen, d.h. doppelte Buchführung, Bilanzierung, marktbezogene Entscheidungsmethode, Beteiligung am Wettbewerb. Nicht zum Begriff des wirtschaftlichen Unternehmens gehören, so Schmidt-Jortzig, dagegen die Entgeltlichkeit der Leistungen und Lieferungen sowie die Gewinnerzielung. Beide können, aber müssen nicht hinzutreten und sind somit akzidenteller Natur.[2]

---

1) Ebenda, S. 223.
2) Vgl. dazu: Ebenda.

Das Betreiben eines wirtschaftlichen Unternehmens durch die Gemeinde kann bedeuten, daß sie mit privaten Anbietern in Konkurrenz oder an die Stelle privater Anbieter tritt. Sie ginge damit über die bloße »Wirtschaftspflege« hinaus und greift in die »Naturgesetze« der bürgerlichen Gesellschaft ein. Als Konkurrentin privater Anbieter haftet sie nicht in gleicher Weise wie private Anbieter, denen sie noch dazu über Gemeindesteuern finanzielle Mittel entzieht, mit denen sie dann u.U. ihre Marktposition verbessern kann. Wirtschaftliche Unternehmen der Gemeinde können also die Abgrenzung zwischen der Gemeinde einerseits und der lokalen Marktgesellschaft andererseits zum Schaden beider Sphären und der »konkreten Freiheit« der Einwohner durchbrechen. Deshalb werden auch, in Respektierung des liberalen Prinzips, wirtschaftliche Unternehmen der Gemeinde nur in besonderen Fällen zugelassen und bedürfen nachhaltiger Legitimation. So muß nach § 88 (1) GO NrW im Fall der Errichtung, der Übernahme oder der wesentlichen Erweiterung wirtschaftlicher Unternehmen durch eine Gemeinde »ein dringender öffentlicher Zweck« vorliegen, der durch andere Unternehmen »nicht besser und wirtschaftlicher erfüllt werden kann«.

4.1.1 Nichtwirtschaftliche Einrichtungen

Nichtwirtschaftlich werden alle Einrichtungen geführt, bei denen die Gemeinde von vorneherein auf Rentabilität verzichten will oder muß. Beispiele hierfür sind Museen, Theater, Konzertsäle, Musikschulen, Frei- oder Hallenbäder usw. Allerdings können solche Einrichtungen im allgemeinen nicht einmal, und zwar oft nicht einmal zur Hälfte, die Kosten durch ihre Einnahmen decken. Somit verzichten die betreffenden Gemeinden, sei es, weil sie es müssen, sei es, weil sie es wollen, auf Kostendeckung, und zwar zumeist weitgehend. Die Frage stellt sich, *warum* die Gemeinden in den genannten und ähnlichen Fällen sogar, und zwar so weitgehend, auf kostendeckende Preise für die bereitgestellten Leistungen verzichten. Schmidt–Jortzig verweist hierbei auf »sozialpolitische Gründe«. Die betreffenden Einrichtungen, so läßt sich daraus schließen, sollen auch *den* Einwohnern zugutekommen, die ein relativ geringes Einkommen haben und somit kostendeckende, geschweige denn gewinnträchtige Preise für die infragestehenden Leistungen nicht bezahlen können. Eine derartige Begründung erscheint naheliegend und einleuchtend; ist doch davon auszugehen, daß der »Sozial«– (und auch »Kultur«–) staat auch und gerade auf der Ebene der Gemeinden seine Konkretisierung, Ergänzung und Vervollständigung finden soll. Dies zeigt sich auch darin, daß Einrichtungen des Bildungs–, Gesundheits– und Sozialwesens, der Kultur, des Sports, der Erholung, der Abfall- und Abwasserbeseitigung, der Straßenreinigung usw. kraft gesetzlicher Definition von vorneherein von einer wirtschaftlichen Betreibung ausgenommen sind.[1]

Nichtwirtschaftliche Einrichtungen können in einer Vielfalt rechtlicher Organisationsformen geführt werden. Der Regelfall ist, im Gegensatz zu den wirtschaftlichen Unternehmen, die öffentlich- rechtliche Organisationsform. Hierbei muß man, wie es bei Schmidt-Jortzig heißt, zwischen rechtlich unselbständigen Betriebseinheiten und rechtsfähigen Betriebseinheiten unterscheiden. Kurz beleuchtet werden sollen hier nur die zuerst genannten Betriebseinheiten, die als die wichtigeren der beiden Kategorien erscheinen.

Zu den rechtlich unselbständigen Betriebseinheiten gehören, folgt man Schmidt-Jortzig, zum einen die »Haushalts«-, zum anderen die »Eigenbetriebe«. Unter den »Haushaltsbetrieben« sind »solche Sach- und Personalmittelbestände zu verstehen, die als eigene Wirkeinheiten nur im kommunalen Haushalt (Haushaltsplan) auszumachen sind«[2]. Organisatorisch gesehen stellen sie, ihm zufolge, lediglich Unterabteilungen: Ämter, Verwaltungsstellen, der allgemeinen Gemeindeverwaltung dar. Ihre Betriebsführung richtet sich, so heißt es bei ihm weiter, nach denselben kameralistischen Grundsätzen, es herrscht die gleiche strenge Haushaltsbindung, und die Finanzergebnisse gehen genauso in die Jahresrechnung der Gemeinden ein wie bei den übrigen Verwaltungszweigen.

Nahe liegt es, sich an dieser Stelle an einige kameralistische Grundsätze zu erinnern: Die Funktion der Staatswirtschaft, so Johann Heinrich Gottlob von Justi, − hier kann man wohl ohne weiteres auch das Wort »Gemeindewirtschaft« einsetzen − besteht darin, die aus der Volkswirtschaft gezogenen Mittel »weislich anzuwenden« und »zur Beförderung des Gemeinwohls wirtschaftlich zu verwalten«[3]. Im engeren Sinne heißt »Staatswirtschaft« für die Kameralisten, wie Anton Tautscher schreibt, Haushalten, daß »die oberste Gewalt a. aus dem breitesten Nationalvermögen nur solche Nutzungen ziehe, die zur Erhaltung des Staates notwendig sind, und b. die erhobenen Teile jedesmal so verwendet werden, wie es der besondere Zweck verlangt« (Bensen). »Um die Kunst des Haushaltens auszuüben, muß in der Haushaltung ein Überschlag der Einkünfte und Ausgaben [hervorg., P.S.] gemacht werden,

---

1) Ebenda, S. 225.

2) Ebenda.

3) zitiert bei A. Tautscher, Geschichte der deutschen Finanzwissenschaft, in: Handbuch der Finanzwissenschaft, Bd. 1, hrsg. v. W. Gerloff u. F. Neumark, 2. Aufl., Tübingen 1952, S. 390.

damit der Stand des Staatsvermögens für dessen volkswirtschaftlichen und staatswirtschaftlichen Einsatz möglich ist« (Pfeiffer). Und die Maximen für den Hauhaltsplan sind: *Universalität, Annuität* und *Proportionalität*. *Universalität*: Der Haushaltsplan muß alle bis ins einzelne gehende Vorschlagsposten für die Einnahmen und Ausgaben enthalten (Pölitz). *Annuität*: Für den zweckmäßigsten Zeitraum der Geltungsdauer des Haushaltsplanes gilt ein Jahr. *Proportionalität*: Die Ausgaben müssen sich nach den Einnahmen richten.[1]

Das Handeln der Gemeinde bis hinunter zu den Haushaltsbetrieben unterliegt also Prinzipien und Regeln, wie sie für die staatliche Finanzwirtschaft gelten. An keiner Stelle darf Willkür obwalten. Das von Normen geleitete Handeln gewährleistet, daß der allgemeine Zweck der einzelnen Gemeinde stets von neuem erreicht wird. Daran ändert auch die Tatsache nichts, daß in vielen, wenn nicht allen Gemeinden, tagtäglich an irgendeiner Stelle willkürlich gehandelt wird.

Die Haushaltsbetriebe, da sie vollständig unter der »Regie« der Gemeinde stehen, werden auch »Regiebetriebe genannt. Daneben gibt es in diesem Bereich auch die Bezeichnung »Anstaltsbetriebe«, mit der auf die »verwaltungs-(organisations-) rechtliche Außenerscheinung der Handlungseinheit, welche (meist) die einer nicht- rechtsfähigen öffentlichen Anstalt ist«[2], abgestellt wird. Eine derartige Form »dekonzentrierter Leistungserbringung« (Schmidt-Jortzig) findet sich z.B. bei den gemeindlichen Schulen, Theatern, Museen, Friedhöfen oder Bibliotheken.

Was die »Eigenbetriebe« betrifft, so ist mit diesem Organisationstyp »bereits eine weitgehend verselbständigte, nahe an der Grenze zur rechtlichen Eigenpersönlichkeit liegende Einrichtungsform gegeben«[3]. Vorrangig treten solche Betriebe, die über eigene Handlungsorgane, gesonderte Wirtschaftsplanung, eigene Buchführung usw. verfügen, als *wirtschaftliche* Unternehmen auf. Soweit sie im nichtwirtschaftlichen Bereich der öffentlichen Einrichtungen tätig sind, handelt es sich dabei um »nichtkostenrechnende Versorgungseinrichtungen«. Dazu gehören, wie Schmidt-Jortzig weiter ausführt, der gemeindliche Fuhrpark oder, getrennt davon, Müllabfuhr oder Straßenreinigung, ferner die Stadtentwässerungs- und Kläranlagen, die Sporthallen, schließlich die kommunalen Krankenhäuser (diese vielfach mit Sonderrecht versehen). Aber auch die nichtkostenrechnenden Versorgungseinrichtungen müssen, wie schon an anderer

---

1) Ebenda, S. 392.
2) Ebenda, S. 226.
3) Ebenda.

Stelle angedeutet, nach wirtschaftlichen Grundsätzen verwaltet werden. Als unselbständige Betriebe der Gemeindeverwaltung sind sie mit ihren vollen Einnahmen und Ausgaben in ihre Haushaltsrechnung einbezogen. Zum Zweck einer wirtschaftlichen Beurteilung muß die kameralistische Rechnung dieser Betriebe, die nur Kassenvorgänge, also Einnahmen und Ausgaben nachweist, durch betriebswirtschaftliche Zusatzrechnung ergänzt werden.

4.1.2 Wirtschaftliche Einrichtungen

Die Gestaltung öffentlicher Einrichtungen als wirtschaftliche Unternehmen unterliegt, wie Schmidt–Jortzig feststellt, nach allen Gemeindeordnungen starken Einschränkungen: Das zu errichtende, im wesentlichen Umfang zu erweiternde oder das zu übernehmende wirtschaftliche Unternehmen muß durch einen »öffentlichen Zweck« legitimiert werden. Das Unternehmen muß ferner nach Art und Umfang in einem angemessenen Verhältnis zur Leistungsfähigkeit der Gemeinde und zum voraussichtlichen Bedarf stehen, und der Zweck darf nicht besser und wirtschaftlicher durch andere Unternehmen erfüllt werden.[1]

Das Recht trägt hier offensichtlich dem Dasein der bürgerlichen Marktgesellschaft auf der einen und des modernen Staates sowie seiner Gemeinden auf der anderen Seite als relativ autonome Sphären sowie der erkannten »Zweckmäßigkeit« dieses Differenzierungsprozesses Rechnung. Allerdings ist, wie Schmidt–Jortzig meint, unsicher, was die einzelnen Tatbestandsmerkmale bedeuten und inwieweit ihre Einhaltung aufsichtlich oder gerichtlich nachgeprüft werden kann. Deshalb darf es nicht weiter erstaunen, daß es heutzutage eine Vielzahl von den Gemeinden betriebene Wirtschaftsunternehmen gibt. Somit scheint die Beachtung der Zulässigkeitsvoraussetzungen die gemeindliche Praxis nicht vor erhebliche Schwierigkeiten zu stellen. Man findet denn auch, ihm zufolge, über 100 Felder, auf denen wirtschaftliche Unternehmen der Gemeinden tätig sind, die von der Abfallbeseitigung über Bauträgergesellschaften bis hin zur Zuckerproduktion reichen. Und für die Betriebsführung der Unternehmen gilt nicht nur, daß sie nach dem allgemeinen öffentlichen Funktionsgrundsatz »wirtschaftlich und sparsam« betrieben werden müssen, sondern auch kraft ausdrücklicher Vorschrift einen Gewinn für den Gemeindehaushalt abwerfen sollen. So heißt es z.B. im § 94 der GO NrW: (1) »Wirtschaftliche Unternehmen sind so zu führen, daß der öffentliche Zweck nachhaltig erfüllt wird. Sie sollen einen Ertrag für den Haushalt der Gemeinde abwerfen, soweit dadurch die Erfüllung des öffentlichen Zwecks nicht beeinträchtigt wird.«

---

1) Ebenda, S. 229 f.

Bevor sie jedoch einen Ertrag für die Gemeinde abwerfen, sollen sie Rücklagen zum Zweck ihrer technischen und wirtschaftlichen Fortentwicklung bilden können und in der Lage sein, das eingesetzte Eigenkapital marktüblich zu verzinsen. Dies verlangt der Absatz 2 des § 94.

Diese Bestimmung verweist darauf, daß sich die Gemeinden, ungeachtet der Restriktionen, nicht die Möglichkeit nehmen lassen, gewinnerzielende Unternehmen zu errichten. Darin mag ein weiterer Indikator gesehen werden, daß die Gemeinde wie auch der Staat gegenüber der bürgerlichen Gesellschaft oder der »privaten Wirtschaft«, entgegen einer oberflächlichen Betrachtung, das »Erste« sind. Nicht nur ermöglicht und fördert das moderne politische Gemeinwesen die private Wirtschaftstätigkeit, es schafft sich auch das Recht, sich wirtschaftlich betätigen zu können, und zwar in einer Art und Weise, die sich grundsätzlich nicht erheblich von erwerbswirtschaftlich geführten Privatunternehmen unterscheidet. Dies entspricht auch den Interessen der Einwohner einer Gemeinde, vorausgesetzt das wirtschaftliche Unternehmen erfüllt einen öffentlichen Zweck, und dieser Zweck wird durch die erwerbswirtschaftliche Vorgehensweise nicht beeinträchtigt. Gewinne, die an die Gemeinde abgeführt werden, stärken ihre Finanzkraft und ermöglichen eine Erweiterung des Aufgabenkatalogs. Und die Forderung, die wirtschaftlichen Unternehmen sollen Rücklagen bilden und das eingesetzte Kapital marktüblich verzinsen, sichert ihre wirtschaftliche Substanz und Fortentwicklung und zwingt sie zu sorgfältiger Wirtschaftsrechnung. Die Einwohner bekommen auf diese Weise Nutzleistungen bereitgestellt, die ihnen die »private Wirtschaft« nicht liefert. Sie partizipieren indirekt an den erwirtschafteten und ausgeschütteten Gewinnen. Das kommunale Unternehmen wird leistungsfähig erhalten und das Kapital nicht verschwendet. Kurz, die Entwicklungs- und Lebensbedingungen der Einwohner werden verbessert, ohne daß dadurch ihre private Freiheitssphäre eingeengt wird.

Für eine öffentlich-rechtliche Organisation kommunaler Wirtschaftsunternehmen kommen unselbständige und selbständige Formen in Frage. Was die *un*selbständige Form wirtschaftlicher Unternehmungen betrifft, so ist vor allem der »Eigenbetrieb« zu nennen. Im Gegensatz zu den nichtwirtschaftlichen öffentlichen Einrichtungen, den sog. »Regiebetrieben«, weisen die wirtschaftlichen Unternehmen eine Verselbständigung von Handlungswerkzeugen und Betriebsmitteln auf. Nach den Eigenbetriebsgesetzen bzw. -verordnungen wird, wie es bei Schmidt-Jortzig heißt, eine verwaltungsrechtlich unselbständige öffentliche Anstalt der Gemeinde so geformt, daß sie in ihrer Geschäftsführung eine weitgehende Unabhängigkeit gegenüber dem »Mutterorganismus« erhält und eine gesonderte Beurteilung ihrer Verwaltungs- und Wirtschaftsergebnisse möglich ist.[1] Dessenungeachtet wird durch die Handlungen eines Eigenbetriebes die Gemeinde oder der Gemeindeverband unmittelbar berechtigt, verpflichtet und haftbar.

Vier Besonderheiten kennzeichnen, ihm zufolge, die Organisation des Eigenbetriebs: 1. die Betriebssatzung, 2. die Werksleitung (Geschäftsführung), 3. der Werksausschuß (Führungs- und Kontrollgremium, ein besonderer Ratsausschuß), 4. Verselbständigung der Haushaltsführung (eigener Wirtschaftsplan, der nur mit seinen Endbeträgen in den Gemeindehaushalt Eingang findet); kaufmännische Buchführung, d.h. »gehobene Kameralistik« oder »Betriebskameralistik« gegenüber der einfachen Kameralistik der Gemeinde.

Den nicht-rechtsfähigen stehen die rechtsfähigen Unternehmensformen gegenüber. Hier wäre vor allem die kommunale Sparkasse zu nennen. Mit ihr liegt eine Ausnahme vom Verbot vor, wonach sich Gemeinden nicht mit Bankunternehmen beschäftigen dürfen. Die Struktur der gemeindlichen Sparkassen richtet sich nach den jeweiligen Landessparkassengesetzen und den von diesen ermächtigten Sparkassensatzungen der Gemeinden.

Gemeinden können ihre wirtschaftlichen Unternehmen aber auch privatrechtlich organisieren, wofür besondere Voraussetzungen gelten: 1. Grundsätzlich hat die kommunale Eigen(betriebs-)wirtschaft Vorrang vor einer privaten Gestaltung wirtschaftlicher Unternehmungen. 2. Unternehmensformen des Privatrechts sind für die Gemeinden nur insoweit einsetzbar, als sie, wie Schmidt-Jortzig schreibt, eine Begrenzung der gemeindlichen Haftung auf einen bestimmten Betrag vorsehen. 3. Die Gemeinde muß sich ausreichenden Einfluß auf die Unternehmensführung vorbehalten und diesen zur Wahrung des öffentlichen Zwecks auch tatsächlich ausüben (»Ingerenz- oder Einwirkungspflicht«).[2]

Wie man sieht, gibt es für die einzelne Gemeinde, freilich nach Maßgabe ihrer Größe, vielfältige rechtliche Möglichkeiten, sich wirtschaftlich zu betätigen. Gleichwohl gibt es, dem Wesen der Gemeinde entsprechend, deutliche Grenzen und Einschränkungen. Wenn immer sie die Absicht hegt, an den Gütermärkten als Anbieter aufzutreten, muß sie das sorgfältig rechtfertigen. Sonst würde sie die relative Autonomie der bürgerlichen Marktgesellschaft innerhalb ihres Gebiets verletzen; sie würde die partikularen und legitimen Interessen einiger Wirtschaftssubjekte zu deren Schaden mißachten, indem sie z.B. als Mitbewer-

---

1) Ebenda, S. 235.
2) Ebenda, S. 238-239.

ber auftritt oder sich willkürlich Markt- und Gewinnchancen aneignet, oder sogar eine optimale Allokation und einen effizienten Einsatz knapper Ressourcen innerhalb ihrer Grenzen verhindern.

Die Gemeinden sind also in ihren Initiativen und Aktivitäten vom Gesetzgeber aus guten Gründen auf das Gebiet der »Volkswirtschaftspflege« (L. v. Stein) verwiesen und grundsätzlich gehalten, Produktion und Austausch privaten Personen sowie dem Regelungsmechanismus des Marktes zu überlassen. Die ihnen gesetzten Schranken sind jedoch, wie angedeutet wurde, offenbar nicht allzuschwer überwindbar.

5. Die kommunale Finanzverfassung

Kommunale Selbstverwaltung bedeutet, wie schon bei Schmidt–Bleibtreu und Klein zitiert, »ihrem Wesen und ihrer Intention nach *Aktivierung* der Beteiligten für ihre *eigenen Angelegenheiten,* die die in der örtlichen Gemeinschaft lebendigen Kräfte des Volkes zu eigenverantwortlicher Erfüllung öffentlicher Aufgaben der *engeren Heimat* zusammenschließt mit dem Ziel, das Wohl der Einwohner zu fördern und die geschichtliche und heimatliche Eigenart zu wahren«[1]. Gemeindliche Selbstverwaltung in diesem Verständnis wäre nicht möglich, hätten die Gemeinden nicht die *Finanzhoheit,* d.h. das gemeindliche Recht, »ihr Finanzwesen im Rahmen der gesetzlichen Bestimmungen eigenverantwortlich zu regeln«[2]. Die Finanzhoheit, so heißt es bei den genannten Autoren weiter, zwingt den Staat, den Gemeinden angemessene Finanzmittel entweder aus dem Gesamtsteueraufkommen oder aufgrund eigenen Erhebungsrechts zu überlassen. Die Selbstverwaltung hängt, so die Verfasser, nicht am eigenen Erhebungsrecht, wie auch die Eigenstaatlichkeit der Länder ohne ein eigenes Steuergesetzgebungsrecht von finanzieller Bedeutung auskommt. Entscheidend sei allein die gesetzlich garantierte ausreichende zweckgebundene Finanzausstattung. Zulässig ist die Kreditlimitierung zur Erhaltung der Stabilität nach dem Stabilitätsgesetz; sie berührt aber nicht die Selbstverwaltung der Gemeinden.

Die Finanzierungspflicht der Gemeinden obliegt den Ländern, weil die Gemeinden Bestandteile ihres organisatorischen Aufbaus sind und ihnen auch die ausschließliche Zuständigkeit für das Kommunalverfassungsrecht zukommt.

Maßgeblich für Qualität und Umfang der kommunalen Finanzausstattung ist, wie Schmidt–Jortzig hervorhebt, das sog. »Konnexitätsprinzip«, dem zufolge Aufgabenverantwortung und Ausgabenlast zusammengehören. Der Aufgabenbestand muß, wie es bei ihm heißt, die Finanzausstattung bestimmen und nicht umgekehrt das tatsächliche Finanzvolumen den Aufgabenfächer.[3] Das Prinzip ist für das Bund/Länder–Verhältnis im Artikel 104 a I des Grundgesetzes festgelegt und erfaßt deshalb auch, wie er weiter schreibt, mittelbar die Gemeinden. »Dem Aufgabenbestand der Kommunen ihre finanzielle Ausstattung anzupassen, ist daher oberstes Gebot aller sie betreffenden Finanzregelungen.«[4]

---

1) B. Schmidt-Bleibtreu/F. Klein, Kommentar zum Grundgesetz, a.a.O., S. 483.
2) Ebenda.
3) E. Schmidt-Jortzig, Kommunalrecht, a.a.O., S. 252.
4) Ebenda.

Begrifflich gefaßt ist die »Finanzverfassung« der Gemeinden die Gesamtheit der vom Grundgesetz über die Landesverfassungen bis zu den Gemeinde- und Kreisordnungen sowie sonstigen Landesgesetzen für das gemeindliche Finanzwesen geltenden Rechtsnormen, die den Finanzrahmen für die Gemeinden und Gemeindeverbände festlegen.

Im kommunalen Finanzverfassungsrecht drückt sich das Wesen der modernen Gemeinde, nämlich »Selbstverwaltungsorganismus« zu sein aus. Würde der Staat den Gemeinden Aufgaben auferlegen oder überlassen, ohne zugleich für eine entsprechende finanzielle Ausstattung zu sorgen, so würde er die Selbstverwaltung aushöhlen. Ebenso würde er dies tun, zwänge er die Gemeinden, ihren Aufgabenbestand an die finanzielle Ausstattung anzupassen. Dem Staat obliegt die Verpflichtung, die Gemeinden mit den erforderlichen Finanzmitteln auszustatten, und zwar zweckungebunden. Damit trägt er unmißverständlich ihrem Selbstverwaltungscharakter Rechnung.

Die Selbstverwaltung wird, wie ausgeführt, nicht an das eigene Steuererhebungsrecht der Gemeinden gebunden. Das bedeutet, die Selbstverwaltung der Gemeinden wird nicht davon berührt, ob diese von ihrem Erhebungsrecht Gebrauch machen oder nicht, bzw., ob sie davon Gebrauch machen *können* oder nicht. Die Selbstverwaltung einer Gemeinde wird also auch dann garantiert, wenn sie keine eigenen Steuern erhebt.

Die Gemeinden müssen Pflichten gegenüber ihren Einwohnern in freier Selbstverwaltung erfüllen. Indem sie dies tun, handeln sie, wie gesagt, als Glied der vollziehenden Gewalt des Staates, ohne dabei zu bloßen Behörden zu werden. Sie tun das, was eine zentrale staatliche Verwaltung nicht tun könnte, nämlich den besonderen geographischen und historisch gewachsenen Umständen eines Wohnortes Rechnung zu tragen. Diesen Pflichten, die sie für den Staat in freier Selbstverwaltung erfüllen, stehen ihre Rechte ihm gegenüber, vor allem das Recht auf die Bereitstellung der erforderlichen finanziellen Mittel. Wenn der Staat den Gemeinden also kontinuierlich Geldmittel zur Verfügung stellt, so handelt es sich dabei nicht um einen Akt des Gutdünkens oder der Opportunität, sondern um eine Verpflichtung gegenüber teilweise autonomen öffentlich-rechtlichen Körperschaften im Rahmen der vollziehenden Gewalt.

5.1 Einnahmen der Gemeinden

5.1.1 Hoheitliche Einnahmen

Wie den Ausführungen Schmidt-Jortzigs zu entnehmen ist, kann man zwischen hoheitlichen und nichthoheitlichen Einnahmen unterscheiden. Unter den zuerst genannten sind Zuflüsse aus Abgaben zu verstehen, die aufgrund einseitiger (subordinativer) Anordnung vom Zahlungspflichtigen erhoben werden.[1]

5.1.1.1 Steuern

Unter den hoheitlichen Einnahmen sind die Steuern die wichtigsten. Das ist nach Schmidt-Jortzig vor allem deshalb der Fall, weil sie für den Ertragsberechtigten freiverfügbar, also allgemeine Deckungsmittel sind. Für die Selbstverwaltung erscheinen die Steuereinnahmen, wie es bei ihm weiter heißt, deshalb nicht nur am breitesten verwendbar, sondern »für eine Eigenverantwortlichkeit des Handelns auch als das gesamtperspektivisch passendste Finanzierungsmittel«[2]. Sie machen auch den größten Posten der hoheitlichen Einnahmen aus. Hierbei sei daran erinnert, was *Steuern* nach der rechtlichen Definition (§ 3 I AO 1977) sind, nämlich »Geldleistungen, die nicht eine Gegenleistung für eine besondere Leistung darstellen und von einem öffentlich-rechtlichen Gemeinwesen zur Erzielung von Einnahmen allen auferlegt werden, bei denen der Tatbestand zutrifft, an den das Gesetz die Leistungspflicht knüpft«[3].

Was den Gemeinden an Steuern zusteht, legt im wesentlichen bereits das Grundgesetz fest. Entsprechend der Systematik der bundesstaatlichen Finanzverfassung (X. Abschnitt des GG) wird die Ertragshoheit, so Schmidt-Jortzig, für die verschiedenen Steuerarten zunächst nach einen »Trennsystem« zwischen Bund, Ländern und Gemeinden (Gemeindeverbände) aufgeteilt. Die Gemeinden erscheinen in diesem Teil der Verfassung am weitestgehenden als eine eigenständige, gleichwertige Funktionsträgerstufe im bundesstaatlichen Aufbau anerkannt. So erhalten sie laut Artikel 106 (5) GG einen Anteil an dem Aufkommen der Einkommensteuer, der von den Ländern an ihre Gemeinden auf der Grundlage der Einkommensteuerleistungen ihrer Bewohner weiterzuleiten ist. Und im Abs. 6 heißt es: »Das Aufkommen der Realsteuern steht den Gemeinden, das Aufkommen der örtlichen Verbrauch- und Aufwandsteuern steht

---

1) Ebenda, S. 253.
2) Ebenda.
3) Ebenda.

den Gemeinden oder nach Maßgabe der Landesgesetzgebung den Gemeindeverbänden zu. Den Gemeinden ist das Recht einzuräumen, die Hebesätze der Realsteuern im Rahmen der Gesetze festzusetzen.« Im Abs. 7 steht: »Von dem Länderanteil am Gesamtaufkommen der *Gemeinschaftssteuern* [Einkommensteuer, Körperschaftssteuer, Umsatzsteuer, P.S.] fließt den Gemeinden und Gemeindeverbänden insgesamt ein von der Landesgesetzgebung zu bestimmender Hundertsatz zu. Im übrigen bestimmt die Landesgesetzgebung, ob und inwieweit das Aufkommen der Landessteuern den Gemeinden (Gemeindeverbänden) zufließt.«

Die Gemeinden haben also laut Grundgesetz Art. 106 (6) eigene Steuern in Gestalt der Realsteuern und der örtlichen Verbrauchs- und Aufwandsteuern. Darüber hinaus partizipieren sie an den »Gemeinschaftssteuern«. In welchem Ausmaß dies geschieht, wird vom Land (Gliedstaat) bestimmt, der auch hier deutlich als die den Gemeinden übergeordnete Gebietskörperschaft erscheint, so daß erneut deutlich wird, daß die Gemeinden Glieder im Gesamtaufbau des Staates sind.

Indirekt hängt der Anteil der Gemeinden an den »Gemeinschaftssteuern« von der Verteilung dieser Steuern zwischen Bund und Ländern ab. Am Aufkommen der Einkommen- und Körperschaftsteuer sind der Bund und die Länder je zur Hälfte beteiligt. Was die Anteile beider Seiten an der Umsatzsteuer betrifft, so werden sie durch Bundesgesetz, das der Zustimmung des Bundesrates bedarf, festgesetzt (Art. 106 (3)). Bei der Festsetzung ist u.a. davon auszugehen, daß die »Deckungsbedürfnisse des Bundes und der Länder (...) so aufeinander abzustimmen [sind, P.S.], daß ein billiger Ausgleich erzielt, eine Überbelastung der Steuerpflichtigen vermieden und die Einheitlichkeit der Lebensverhältnisse im Bundesgebiet gewahrt wird«.

Neben ihrer Beteiligung an den »Gemeinschaftssteuern«, worüber das Land entscheidet, nachdem es sich, zusammen mit den anderen Bundesländern seinen Anteil an diesen Steuern gesichert hat, partizipieren die Gemeinden laut Art. 106 (5) GG, wie gesagt, unmittelbar an der Einkommensteuer, und zwar auf der Grundlage der Einkommensteuerleistungen ihrer Einwohner. Diese Beteiligung geht jener am »Gemeinschaftssteuertopf«, worüber das jeweilige Land entscheidet, voraus. Hierin kann eine Kräftigung der Stellung der Gemeinden als Funktionsträger innerhalb der Verfassungswirklichkeit gesehen werden.

Laut Art. 106 (8) GG kann der Bund den Ländern oder ihren Gemeinden nicht einfach Mehrausgaben aufbürden oder Mindereinnahmen zumuten, ohne für den entsprechenden Ausgleich zu sorgen. Ihm ist jedenfalls durch Verfassungsrecht verwehrt, die Selbstverwaltung der Gemeinden zu untergraben, indem er ihnen Sonderlasten aufbürdet.

Verteilt Art. 104 a GG die Finanzverantwortung für die staatlichen Aufgaben, wie Schmidt-Bleibtreu und Klein schreiben, nur zwischen Bund und Ländern und überläßt es grundsätzlich der landesinternen Regelung, wie die Finanzverantwortung der Länder zwischen ihnen und ihren jeweiligen Gemeinden verteilt wird, stärken die Abs. 5 ff. des Art. 106 GG bei der Verteilung der staatlichen Einnahmen die Gemeinden als eine mit eigener Ertragshoheit ausgestatteten Ebene neben dem Bund und den Ländern. Damit wird, ihnen zufolge, den Gemeinden unmittelbar durch die Bundesverfassung ein gewisser finanzieller Spielraum für die in Art. 28 (2) garantierte kommunale Selbstverwaltung eingeräumt. Da die landesinterne Aufgabenverteilung zwischen Ländern und Gemeinden, so heißt es bei ihnen weiter, aber Sache der Länder ist, kann die Mitverantwortung des Bundes niemals so weit gehen, daß er die Gemeinden im vollen Umfang mit den erforderlichen Finanzmitteln ausstattet. Das heißt hauptverantwortlich für die Finanzausstattung der Gemeinden müssen die Länder bleiben. Der kommunale Finanzausgleich gehört denn auch in die ausschließliche Gesetzeskompetenz der Länder.[1]

In der kommunalen Finanzverfassung drückt sich offensichtlich der widersprüchliche Charakter der Gemeinden bzw. ihr widersprüchliches Verhältnis zu den anderen Gebietskörperschaften, National- und Gliedstaat, aus. Einerseits haben sie ihren festen Platz in dem vom Grundgesetz vorgesehenen »Trennsystem«. Dort stehen sie neben dem Bund und den Ländern, gleichsam gleichrangig. Andererseits sind sie den Ländern untergeordnet, Teilnehmer des »großen Steuerverbundes«. Ferner erhalten sie, anscheinend gegenüber den Ländern bevorzugt, unmittelbar vom Bund, wenn auch durch die Länder an sie weitergeleitet, einen Anteil an dem Aufkommen der Einkommensteuer. Das deutet darauf hin, daß sie zum Bund ein unmittelbares Verhältnis haben und nicht am Fuße einer Hierarchie stehen, deren Zwischenglied das jeweilige Land ist. Offenbar wird dies so gesehen, daß sie unmittelbar für den Nationalstaat, in eigener Verantwortung, unter Wahrung der Selbstverwaltung, Funktionen erfüllen. Jedenfalls wird ihr Verhältnis zum Nationalstaat nicht erst durch das Land als übergeordnete Gebietskörperschaft vermittelt. Ihre Stellung gegenüber dem Gliedstaat wird durch diese unmittelbare Beziehung zum Bund, diese zusätzliche landesunabhängige Steuerquelle, gestärkt. Hinzukommt, daß ein Bundesgesetz bestimmen kann, daß die Gemeinden Hebesätze für den Gemein-

---

1) B. Schmidt-Bleibtreu/F. Klein, Kommentar zum Grundgesetz, a.a.O., S. 1119.

deanteil festsetzen. Damit wird, so Schmidt–Bleibtreu und Klein, die Möglichkeit eröffnet, die Beteiligung an der Einkommensteuer »in ihrer finanzwirtschaftlichen Funktion den Realsteuern nach Art. 106 (6) GG gleichzustellen«[1]. Das Hebesatzrecht heißt, daß die Gemeinden das Recht erhalten, den Tarif für den Gemeindeanteil an der Einkommensteuer ihrer Einwohner in den gesetzlichen Grenzen nach oben oder unten zu verändern. Somit kann, wie die Autoren weiter erläutern, die Einkommensteuer »für die Regelung der jeweiligen Gemeinde verändert werden«.[2] Allerdings habe das Gemeindefinanzreformgesetz von dieser verfassungsrechtlichen Ermächtigung *noch keinen Gebrauch* gemacht.

Der Bundesgesetzgeber ist auch laut Art. 106 (5) GG gehalten, die individuelle Entwicklung der Gemeinden zu respektieren oder einem »Individualismus« unter ihnen Rechnung zu tragen. So erhalten, wie gesagt, die Gemeinden einen Anteil an dem Aufkommen der Einkommensteuer auf der Grundlage der Einkommensteuerleistungen ihrer Einwohner und nicht etwa nach Maßgabe ihrer Bedürftigkeit.

Allerdings geht das Grundgesetz nicht so weit, wie schon an den bisherigen Ausführungen hervorgeht, den Gemeinden einen bestimmten Anteil am Einkommensteueraufkommen zu garantieren; wird doch das Nähere dieser Finanzzuweisung vom Bund durch ein Bundesgesetz bestimmt. Hier hat also die Gesetzgebung des Bundes das letzte Wort, womit klargestellt ist, wer in letzter Instanz der »Souverän« ist. Jedenfalls sieht das Staatsverfassungsrecht, bei allen Garantien für die Selbstverwaltung der Gemeinden im Verhältnis Bund bzw. Nationalstaat – Gemeinden, keine gleichberechtigte Beziehung vor. Aber auch das »Sonderverhältnis« Bund – Gemeinden, wie es mit der hier behandelten Finanzzuweisung gegeben zu sein scheint, wird dadurch relativiert, daß das spezifizierende Bundesgesetz durch die Bundesländer, d.h. den Bundesrat, gebilligt werden muß. Somit werden die Länder bei der anscheinenden Vorzugsbehandlung der Gemeinden in der Verteilung der Einkommensteuer nicht einfach übergangen. Auch hier treten sie, wenn auch indirekt, als den Gemeinden übergeordnete Gebietskörperschaften auf. Klargestellt wird, daß die Gemeinden zwar »eigenständige Funktionsträger« in der Verfassungswirklichkeit sind, aber keineswegs »Ministaaten«. Vielmehr erscheinen sie als Glieder eines Gesamtorganismus.

---

1) Ebenda, S. 1120.
2) Ebenda 1120.

Was den Anteil der Gemeinden an den »Gemeinschaftssteuern« betrifft, zu ihnen gehören bekanntlich die Umsatzsteuer, die Körperschaftssteuer sowie der Rest der Einkommensteuer, so zeigt sich, daß bei seiner Bemessung die Gemeinden unmittelbar vom betreffenden Gliedstaat abhängig sind. Die jeweilige Landesgesetzgebung bestimmt den Anteil, ebenso ob und ggf. inwieweit das Aufkommen der Landessteuern den Gemeinden oder den Gemeindeverbänden zufließt. Hier erscheint das Land deutlich als die den Gemeinden auf seinem Gebiet übergeordnete Gebietskörperschaft. Die »Selbstverwaltungseigenschaft« der Gemeinden wird zwar, schon aufgrund der Garantie des Grundgesetzes, gewahrt, jedoch die finanziellen Voraussetzungen der Selbstverwaltung werden in einem erheblichen Maße von dem jeweils zuständigen Land kontrolliert, so daß neben jener Eigenschaft zugleich stets ihre »Anstaltseigenschaft« hervortritt, ungeachtet des Umstandes, daß ihnen ein Teil der Finanzmittel ohne Zweckbindung zugewiesen wird. Im kommunalen Finanzverfassungsrecht erscheinen also die Gemeinden jeweils als das Eine *und* das Andere, mehr noch, als das Eine und sein Gegenteil.

a) Realsteuern

Wie schon ausgeführt, stehen laut Art. 106 (6) des Grundgesetzes den Gemeinden die Realsteuern zu ausschließlicher Ertragshoheit zu. Realsteuern sind die Grund- und die Gewerbesteuer.

Die »Realsteuergarantie« gibt jedoch den Gemeinden in der Weise der Erhebung keine freie Hand. Vielmehr werden durch die Steuergesetze, für die der Bund nach Art. 105 (2) GG die konkurrierende Gesetzgebungszuständigkeit hat, die Aufkommensbedingungen in ihren Einzelheiten festgelegt. Und tatsächlich werden, so Schmidt-Jortzig, die Erhebungsgrundlagen in den letzten Jahren immer mehr »ausgefranst«.[1] Somit ist der Art. 106 (6), Satz 1 keine Garantie des status quo. Das Handeln der Gemeinen unterliegt also auch auf diesem Gebiet staatlichen Regelungen.

Was die Grundsteuer betrifft, so wird das Grundeigentum besteuert, und zwar grundsätzlich unabhängig vom Ertrag des Grundbesitzes und von den persönlichen wie wirtschaftlichen Verhältnissen des Eigentümers. Der Finanzhoheit der Gemeinden entsprechend, wird die Erhebung der Grundsteuer in das Ermessen der einzelnen Gemeinde gestellt. Ohne an dieser Stelle auf Einzelheiten der Steuerberechnung einzugehen, sei nur auf den »Steuer-Hebesatz« (Art. 106 (6), Satz 2) hingewiesen. Das Recht der Gemeinden, einen Steuer-Hebe-

---

1) E. Schmidt-Jortzig, Kommunalrecht, a.a.O., S. 255.

satz festzusetzen, ist nämlich, wie Schmidt–Jortzig hervorhebt, ein Elementar-
stück ihrer finanzwirtschaftlichen Eigenverantwortung[1].

Die Grundsteuer ist, ihm zufolge, eine relativ stabile Einnahmequelle der
Gemeinden. Aus der »Selbstverwaltungsperspektive« erscheine sie zudem besonders sinnvoll, »weil sicher die Bodenverbundenheit der Zahlungspflichtigen
ein wesentliches Moment ihrer Einbeziehung in die Probleme der örtlichen
Gemeinschaft darstellt«[2]. Vielleicht läßt sich auch so argumentieren, daß
Grundeigentümer ganz besonders von ihrer Gemeinde profitieren; sorgt diese
doch dafür, daß aus ihren Grundstücken überhaupt und oftmals in steigendem
Maße ein wirtschaftlicher Nutzen gezogen werden kann. In vielen Fällen wird
sich nachweisen lassen, daß Grundstücksinteressen der Gemeindegründung
zugrundelagen. Manch eine Gemeinde wird sich geradezu als eine »Genossenschaft von Grundeigentümern« begreifen lassen. So definiert denn auch Gustav
Schmoller die »heutige Gemeinde« (Schmoller) wie folgt: Sie ist »eine unter
staatlicher Oberhoheit stehende Gebietskörperschaft (...) [die, P.S.] nach allge-
meingültigen Rechtsgrundsätzen die auf dem Gebiete befindlichen Grundstücke
und Wohnungen und die dauernd da sich aufhaltenden Personen zwangsmäßig
zu gemeinsamen, wesentlich auch wirtschaftlichen Zwecken zusammenfaßt«[3].
Schmoller erwähnt dann noch an anderer Stelle, »wie neuerdings die wirtschaftlichen Gemeindeaufgaben gewachsen sind« und zählt dabei die wichtigsten Aufgaben auf, von denen die meisten in einem unmittelbaren Zusammenhang mit der Nutzung von Grundstücken stehen, so z.B. die Regulierung des
Trinkwassers, die Abfuhr der Fäkalien, das Wege- und Bebauungswesen, die
Pflasterung und Beleuchtung.[4]

Jedenfalls läßt sich wohl mit Fug und Recht behaupten, daß die Gemeinden die
Voraussetzungen dafür schaffen, daß Grund und Boden wirtschaftlich genutzt
werden können. Deshalb erscheint es naheliegend, daß gerade die Grundsteuer
eine Gemeindesteuer wurde bzw. Grund und Boden zum Erhebungstatbestand
einer Gemeindesteuer zu machen. Allerdings lockert der staatliche Gesetzgeber, Schmidt–Jortzig zufolge, diesen Steuerzugriff immer weiter durch
vielfache Steuerbefreiungen, so daß auch hier die Grenzen der kommunalen
Finanzhoheit deutlich sichtbar werden.[5]

---

1) Ebenda, S. 256.

2) Ebenda, S. 257.

3) G. Schmoller, Grundriß der Allgemeinen Volkswirtschaftslehre, Erster Teil, 4.–6. Aufl.,
   Leipzig 1901, S. 314.

4) Ebenda, S. 315.

5) E. Schmidt–Jortzig, Kommunalrecht, a.a.O., S. 257.

Was die Gewerbesteuer als zweite Realsteuerart betrifft, so ist sie, wie es bei ihm heißt, die wichtigste und ertragreichste Gemeindesteuer. »Als Ausgleich für die gesteigerte Inanspruchnahme der gemeindlichen Einrichtungen durch Industrie, Handel und Handwerk steht sie in genuinem Zusammenhang mit den gemeindlichen Selbstverwaltungsleistungen.«[1] Für die »private Wirtschaft« der Gemeinden erscheinen diese in der Tat in erster Linie als »Bereitsteller von Infrastruktur«, wodurch erst die Voraussetzungen für erwerbswirtschaftliches Handeln geschaffen werden. Somit lag es nahe, den Gemeinden eine Steuerquelle zu erschließen, die im Zusammenhang mit privater Kapitalverwertung in den Gemeinden steht, und für die die Gemeinden die Voraussetzungen, und zwar in steigendem Maße schaffen müssen.

Allerdings müssen die Gemeinden nach Art. 106 (6) Satz 5 GG in Verbindung mit dem Gemeindefinanzreformgesetz von 1969 ihre Gewerbesteuereinnahmen mit Bund und Ländern teilen.[2] Dies berührt zwar nicht ihre Möglichkeit, das Gewerbesteueraufkommen selbsttätig zu regulieren, aber ihre finanzielle Autonomie, ihre Fähigkeit, aus einer »eigenen« Steuer heraus zu wirtschaften, wird beschnitten. Der »Staat« tritt also wieder den Gemeinden entgegen und fordert seinen Tribut. »Freiräume« werden gewährt, jedoch stets bleibt klar und deutlich, wo ihre Grenzen liegen, und wer sie gewährt.

Die Gewerbesteuereinnahmen machen einen wichtigen Teil der gemeindlichen Steuereinnahmen (40,8 %) und der Gesamteinnahmen (13,3 %) aus. Schmidt–Jortzig zufolge, wäre es »äußerst gravierend« würde man (nach Abschaffung ihrer Lohnsummenkomponente) die Gewerbesteuer insgesamt abschaffen. Solche Bestrebungen werden teils steuersystematisch, teils wirtschaftspolitisch, teils mit Argumenten begründet, die auf die Notwendigkeit einer Vereinheitlichung der Besteuerung in der Europäischen Gemeinschaft hinweisen.[3]

Mit der Abschaffung der Gewerbesteuer würde man den Gemeinden offensichtlich einen Teil ihrer Autonomie beschneiden. Zumindest vordergründig würden sie mit dem Wegfall einer Gemeindesteuer mehr denn je als bloße Anstalt des Staates erscheinen. Der erwerbswirtschaftlich tätige Bürger, der ausgiebig für seine wirtschaftlichen Ziele die Infrastruktur seiner Gemeinde in Anspruch nimmt, erkennt dann nicht mehr eine spezielle Verpflichtung, für die vielfältigen Leistungen korrespondierende Gegenleistungen zu erbringen. Gemeinde,

---

1) Ebenda.
2) Ebenda, S. 258.
3) Ebenda.

Land und Bund würden in seiner Wahrnehmung noch mehr zu dem diffusen Gebilde »Staat« verschwimmen, das »irgendwie« Steuern einnimmt, diese an seine »Organe« verteilt, die sie dann schließlich »irgendwie« ausgeben.

b) Verbrauchs- und Aufwandsteuern

Eine weitere Kategorie der Gemeindesteuern sind die örtlichen Verbrauchs- und Aufwandsteuern. Nach dem primären Finanzausgleichssystem des Grundgesetzes sind, wie Schmidt–Jortzig schreibt, auch die örtlichen Verbrauchs- und Aufwandsteuern eigene Steuerquellen der Gemeinden sowie, nach Maßgabe der Landesgesetzgebung (Art. 106 (6), Satz 1 GG), die Gemeindeverbände. Mit diesen Abgaben wird, wie es bei ihm heißt, der im örtlichen Bereich »getriebene Luxus« besteuert.[1] Rechtsgrundlagen hierfür sind die betreffenden Landesgesetze (Kommunalabgabengesetz, spezielle Steuergesetze) sowie jeweilige Steuersatzungen der Gemeinden. Die Landes–Gesetzgebungskompetenz liegt gemäß Art. 105 (2 a) in den Händen der Länder und »steht unter dem Vorbehalt eines Verbots der Gleichartigkeit mit bundesgesetzlich geregelten Steuern«[2]. Auch hier wird sichtbar, daß die einzelne Gemeinde bei der Nutznießung eigener, d.h. ihr vom Grundgesetz zugebilligter Steuerquellen, keineswegs »souverän« ist. Sie unterliegt vielmehr landes- bzw. bundesgesetzlichen Regelungen. Ihrem autonomen Handeln wird ein begrenzter Spielraum geöffnet, doch stets bleibt deutlich, wer dies tut, und wer die Grenzen setzt. Die Gemeinden haben eben keine Gesetzgebungskompetenz. Sie unterliegen in dieser Hinsicht dem Bund und den Ländern. Soweit sie berechtigt sind, eigene Satzungen zu beschließen, müssen sie sich an das ihnen vorgegebene Recht halten. Gemeinderäte sind eben, wie oben gesagt wurde, keine Parlamente; die Einheitlichkeit staatlichen Rechts kann durch sie nicht durchbrochen werden.

Neben den Gemeindesteuern haben die Gemeinden noch, wie ausgeführt wurde, den ihnen zustehenden Anteil an der Einkommensteuer. Dieser ist, so Schmidt–Jortzig, innerhalb der gemeindlichen Steuereinnahmen die ertragreichste Finanzquelle. Als Einnahmequelle zu erwähnen wäre auch noch der durch Landesrecht festgelegte Anteil der Gemeinden an der Grunderwerbssteuer.

5.1.1.2 Finanzzuweisungen

Staatliche Finanzzuweisungen ergänzen die steuerlichen Einnahmen der Gemeinden bzw. Gemeindeverbände. Dabei handelt es sich vom Bund oder Land bereitgestellte Beträge, die den Gemeinden nach Maßgabe näherer Regelung

---

1) Ebenda.
2) Ebenda.

zugewiesen werden. Ihre Begründung ergibt sich aus dem von Art. 106 (7), Satz 1 GG für obligatorisch erklärten vertikalen Binnen–Finanzausgleich der Länder, der jährlich stattfindet und sich im einzelnen nach den entsprechenden Finanzausgleichsgesetzen richtet. Nur spezielle, durchweg zweckgebundene Zuweisungen erfolgen auch außerhalb der Finanzausgleiche der Länder. Dies gilt insbesondere für die Finanzzuweisungen des Bundes an die Gemeinden, was nach Schmidt–Jortzig als »atypisch« anzusehen ist.[1] Angesichts der Tatsache, daß die Gemeinden (oder die Gemeindeverbände) zur internen Verfassungsstruktur der Länder und ihrer entsprechenden Regelungshoheit gehören, ist der Bund nur in den verfassungsrechtlich ausdrücklich eröffneten und, wie es bei ihm heißt, eng auszulegenden Fällen (z. B. Art. 106 (8) Satz 1 GG für Garnisonsstädte, Manöverorte usw. oder Art. 104 a (4) Satz 1 GG, wobei der Bund nur als Geber, nicht aber als unmittelbarer Verteiler auftreten darf) zu eigenen Finanzzuweisungen befugt. Deutlich wird hierbei, daß die Gemeinden auch unmittelbar für den Bund bzw. die Bundesregierung Aufgaben übernehmen können und damit als Teil der Exekutivgewalt in Erscheinung treten. Jedenfalls funktionieren sie in diesen Fällen als Anstalten des Nationalstaates, wofür sie auch einen gezielten finanziellen Ausgleich erhalten. Der Weg einer »Ausbeutung« der Gemeinden ist dem Bund, zumindest vom Verfassungsrecht her, versperrt, der »Selbstverwaltungsgarantie« durch das Grundgesetz wird durch eben dieses Rechnung getragen.

Die staatlichen Finanzzuweisungen sind für die Gemeinden/Gemeindeverbände die zweitgrößte Finanzquelle.[2] Verfassungspolitisch oder unter dem Gesichtspunkt der Autonomie der Gemeinden gegenüber dem Staat erscheint dieser Sachverhalt allerdings als problematisch, denn, so zitiert Schmidt–Jortzig R. Herzog, »es ist eine bekannte Tatsache, daß diejenige Organisation oder Gemeinschaft, die »Kostgänger« einer anderen ist, nie jenen Grad der Unabhängigkeit erreichen kann, den sie besäße, wenn sie selbst die Geldbeschaffung in der Hand hätte; die »gebende« Organisation wird fast naturnotwendig mit nicht unbeträchtlichem Erfolg versuchen, auf das Finanzgebaren des »Kostgängers« Einfluß zu nehmen«[3]. Wie schon gesagt, wird zwischen allgemeinen und Zweckzuweisungen unterschieden. Was die allgemeinen Finanzzuweisungen betrifft, so entstammen sie dem Länder–Finanzausgleich und stellen für die Gemeinden »allgemeine Deckungsmittel« dar. Die Gemeinden sind also zwar abhängig vom Staat in bezug auf die Höhe der Mittel, jedoch autonom in bezug auf ihre Verwendung. Allerdings sind allgemeine Zuweisungen nach Schmidt–Jortzig nicht in dem Maße »einwirkungsunabhängig« wie Steuerein-

1) Ebenda, S. 262.
2) Ebenda.
3) Ebenda.

nahmen. Neben ihrer Gesamthöhe unterliegen auch die Berechnungsvorgaben staatlicher Bestimmung. Nichtsdestoweniger können nach seiner Auffassung diese Zuflüsse in ihrer Gesamtstruktur noch als relativ »selbstverwaltungsgerecht« angesehen werden. Bedenklich stimmt jedoch, wie er schreibt, die Tendenz in den zurückliegenden Jahren zum Rückgang der allgemeinen gegenüber den zweckgebundenen Zuweisungen.

Was die Zweckzuweisungen betrifft, so handelt es sich um solche Zuweisungen, die der Staat an die Gemeinden gibt, damit diese »ganz bestimmte Aufgaben in ganz bestimmter Weise erfüllen«[1]. Mit ihnen soll, wie es bei Schmidt–Jortzig weiter heißt, das struktur– und konjunkturpolitische Verhalten der Gemeinden in eine von »gemeindedritter Seite« vorgegebene Richtung gelenkt werden. Eine staatliche Steuerungsabsicht trete dabei deutlich in Erscheinung. Nach dem Ausmaß der kommunalen Einbindung kann man, ihm zufolge, zwischen »standardisierten« und »okkasionellen« Zweckzuweisungen unterscheiden. Im ersten Fall geht es um solche Zuweisungen, die nach festen objektivierten Maßstäben vergeben werden; im zweiten um solche, die ohne Rücksicht auf Finanzkraftmomente kurzfristig zur Förderung bestimmter Einzelinvestitionen ergehen und mit einem Höchstmaß an Dotationsauflagen verbunden sind.

Offenkundig stehen solche Zuweisungen im Widerspruch zur Eigenverantwortlichkeit der Gemeinden in ihrer Verwaltungstätigkeit. Dazu kommen nach Schmidt–Jortzig weitere »Knebelungen«: Zum einen sind die Kommunen nur unzureichend über die zu verteilenden Mittel — bei hundert und mehr verschiedenen »Förderungstöpfen« in den Ländern und vom Bund — informiert (»Prämiert wird die antragseifrigste und findige, mit den richtigen formellen wie informellen Verbindungen ausgestattete Gemeinde (›Windhundverfahren‹)«).[2] Zum anderen decken in keinem Fall die Zweckzuweisungen 100 % der betreffenden Projektkosten ab. Als Vergabebedingung müssen die Gemeinden deshalb bestimmte Eigenmittel (sog. »Interessenquote«) bereitstellen, wodurch eigene Finanzmittel gebunden werden, die, wie sich Schmidt–Jortzig plastisch ausdrückt, ohne Zuschußverlockung (»Ködereffekt«) gar nicht erst aufgewendet worden wären. Auf diese Weise werden die ohnehin schon finanzschwächeren Gemeinden bzw. Gemeindeverbände benachteiligt. Ferner verschlingen die umständliche Beantragung, die mannigfache Verwaltungszuarbeit für die vergebende Stelle sowie die dann folgenden strengen Verwendungsnachweise bei den Gemeinden, wie auch beim Staat, ein hohes Maß an

---

1) Ebenda, S. 264.
2) Ebenda.

110

Verwaltungskraft. Die erforderlichen Verwaltungskosten können, ihm zufolge, sogar die Höhe der erreichbaren Zuschüsse übersteigen. Schließlich veranlassen die Zweckzuweisungen die Gemeinden zu Investitionen, die sie in ihrer Art und Größenordnung sonst nicht getätigt hätten. Es entstehen dadurch »Folgekosten«, die die Gemeinden weitgehend selbst zu tragen haben.[1]

Die erwähnten Einwirkungen auf die finanzielle Selbstgestaltung der Gemeinden, auf ihre Finanzhoheit, hat, wie er schreibt, nicht wenige Stimmen in Wissenschaft und Praxis laut werden lassen, die Zweckzuweisungen schlicht für verfassungswidrig zu erklären. In der Tat scheint mit ihnen ein Instrument vorzuliegen, das geeignet ist, die gemeindliche Selbstverwaltung zu untergraben. Gemeindliche Investitionen sind dann nicht mehr das Resultat von in Übereinstimmung gebrachten innergemeindlichen Interessen, sondern von außen angefachten »Begehrlichkeiten«, die sich nüchternem Rechnen und Abwägen, kurz, rationalem Handeln, verschließen.

5.1.1.3 Gebühren und Beiträge

Ein weiterer wichtiger Posten gemeindlicher Einnahmen sind die Zuflüsse aus Gebühren und Beiträgen. Diese werden von jenen Einwohnern sowie Dritten entrichtet, denen aus bestimmten Einrichtungen der Gemeinde besondere Vorteile zuwachsen (»Vorteilsausgleich«).[2] Nach Legaldefinitionen, wie sie sich in Kommunalabgabengesetzen der Länder finden, auch hier wird den Gemeinden ein gesetzlicher Rahmen vorgegeben, setzen Gebühren an dem konkreten Vorteil einer tatsächlichen Inanspruchnahme an, Beiträge dagegen am abstrakten Vorteil einer bloßen Möglichkeit der Inanspruchnahme. Für die quantitative Bemessung der Gebühren gilt, wie Schmidt–Jortzig weiter ausführt, das volle »Äquivalenzprinzip«. Danach müssen sich grundsätzlich Gebühren und tatsächlicher Wert der in Anspruch genommenen Sonderleistung entsprechen. Negativ gilt das »Kostendeckungsprinzip«, d.h. das Gebührenaufkommen darf den Verwaltungsaufwand bzw. den Inanspruchnahmenutzen nicht überschreiten.

Was die Beiträge betrifft, so gilt hier das Äquivalenzprinzip nur begrenzt, weil die bereitgestellte Einrichtung zugleich einen gemeindlichen Allgemeinvorteil bedeutet.[3]

In dem Maße, wie sich die größeren Gemeinden, vollends die Großstädte, zu immer umfassenderen Produzenten von Nutzleistungen entwickelten, wuchs

---

1) Ebenda, S. 264-265.
2) Ebenda, S. 266.
3) Ebenda, S. 267.

auch der Anteil der Gebühren und Beiträge auf der Einnahmeseite ihrer Haushalte. Ihm entspricht die gewachsene Belastung der Einwohner, die sich offensichtlich allmählich der »Erträglichkeitsgrenze« nähert.

5.1.2 Privatrechtliche Erträge und Entgelte

Zu den hoheitlichen Einnahmen der Gemeinde kommen die privat- rechtlichen Erträge und Entgelte. Zu diesen gehören zunächst die sog. »Vermögenserträge«, d.h. die aus dem »Anlagevermögen« fließenden Nutzungseinnahmen: Mieten, Pachten, Gewinne der wirtschaftlichen Unternehmen, sowie die Zuflüsse aus dem Finanzvermögen (Rücklagenentnahmen).[1] Eine weitere Art privatrechtlicher Erträge/Entgelte sind, Schmidt-Jortzig zufolge, die Erlöse für Vermögensveräußerungen, wie sie unter bestimmten Voraussetzungen zulässig sind. Schließlich sind hier jene Entgelte zu erwähnen, die aus zivilrechtlichen Leistungsgeschäften gewonnen werden, insbesondere Konzessionsabgaben.

Wirft man also einen Blick auf die gemeindlichen Finanzen, so erscheint, zumal die größere Gemeinde, als ein äußerst differenzierter, wirtschaftender Verband, in dem öffentliche Finanzwirtschaft, Gemeinwirtschaft und kapitalistische Verwertung eine allem Anschein nach widersprüchliche Einheit bilden.

5.1.3 Kreditaufnahmen

Übersteigen die Ausgaben die Einnahmen, so muß der Negativsaldo durch Kreditaufnahme abgedeckt werden. Eine solche Situation scheint für die Gemeinden typisch zu sein. Allerdings sind nach den Gemeindeordnungen Kreditaufnahmen nur zulässig, wenn eine andere Finanzierung nicht möglich ist oder wirtschaftlich unzweckmäßig wäre. Liegt ein solcher Fall vor, so dürfen sie nur, wie es z.B. in der GO NrW § 72 (1) heißt, für Investitionen, Investitionsförderungsmaßnahmen und zur Umschuldung aufgenommen werden. Und sie müssen innerhalb des Haushaltsplanrahmens erfolgen, d.h. in die Finanzplanung eingebettet und durch Satzungsbeschluß festgesetzt sein; ferner muß die Genehmigung der Aufsichtsbehörde vorliegen. Sie soll, wie es im oben zitierten Paragraphen (Abs. 2) heißt, »unter dem Gesichtspunkt einer geordneten Haushaltswirtschaft erteilt oder versagt werden« und sie ist »in der Regel zu versagen, wenn die Kreditverpflichtungen mit der dauernden Leistungsfähigkeit der Gemeinde nicht im Einklang stehen«.

---

1) Ebenda.

Hier sind also dem gemeindlichen Handeln deutliche Grenzen gesetzt. Andererseits ist nicht zu übersehen, daß die Hemmschwelle für die Gemeinden, Kredite aufzunehmen, wie Schmidt-Jortzig meint, insofern niedrig gesetzt ist, als kommunale Sicherheitsleistungen ausgeschlossen sind. So heißt es im Absatz 7 des zitierten Paragraphen: »Die Gemeinde darf zur Sicherung des Kredits keine Sicherheiten bestellen«. Allerdings kann, wie es in demselben Absatz heißt, die Aufsichtsbehörde Ausnahmen zulassen, falls die Bestellung von Sicherheiten der Verkehrsübung entspricht.

Aus Gründen stabilen Wirtschaftswachstums und Beschäftigungsstandes ist der »wirtschaftspolitische Antrieb zu gleichbleibend ausgeprägter Investitionstätigkeit regelmäßig stark«[1]. Dies würde bedeuten, daß Gemeinden sich auch als Träger der Wachstums-, Konjunktur- und Beschäftigungspolitik verstehen, d.h. gezielt und kontinuierlich in das Wirtschaftsgeschehen auf ihrem Gebiet, sprich die lokale bürgerliche Marktgesellschaft, eingreifen. Damit hätte der »Geist des Keynesianismus« auch die modernen Gemeinden erreicht und die »wirtschafts(-neutrale) liberale« Gemeinde abgelöst. Veränderungen im Bereich der Doktrinen von Wirtschafts- und Finanzpolitik im staatlichen Sektor hätten deutlich ihren Niederschlag in den Gemeinden gefunden. Dabei ist die Gemeindewirtschaft, wie man bei Schmoller lesen kann, längst nicht mehr bloß »Verwaltung eines von den Genossen genutzten Eigentums, sondern eine der Staatsfinanz ähnliche und ihr nachgebildete Vermögens-, Schulden- und Steuerverwaltung, nebst einer Summe spezialisierter Anstaltsverwaltungen, wie die Kirchen-, Schul-, Straßen-, Wege-, Wasserwerks-, Gasanstalts-, Armen-, Krankenhaus-, Sparkassen-, Leihhausverwaltung und Ähnliches mehr«[2].

Seit vielen Jahren ist, wie Schmidt-Jortzig ausführt, eine relativ große Quote einer Aufgabenfinanzierung durch Kredit- aufnahme zu beobachten. Dies habe mittlerweile nicht nur zu einem hohen Verschuldungsstand der Gemeinden geführt, dessen Gesamthöhe über 36,1 Mrd. DM 1967, über 45,5 Mrd. DM 1970, 60,4 Mrd. DM 1972 auf zuletzt 88,1 Mrd. DM 1979 stieg und sich mit großen Schritten der 100-Milliarden-Grenze nähert, sondern auch zwangsläufig zu einer Steigerung der jährlichen Ausgaben für Zins- und Tilgungsleistungen, die 1979 einen Gesamtstand von 11,21 Mrd. DM (5,50 für Zinsen, 5,71 für Tilgung) erreichten.[3] Die wachsenden Schuldendienste erfordern freilich neue Finanzmittel, die an anderer Stelle fehlen, sofern die Gemeinden nicht in weitere Verschuldung ausweichen.

---

1) Ebenda, S. 268.
2) G. Schmoller, Grundriß...a.a.O., S. 316.
3) Ebenda.

Die wachsende Verschuldung der Gemeinden ist allerdings, wie man bei Schmoller nachlesen kann, kein neues Phänomen. Sie war auch offenbar Ende des 19. Jahrhunderts zu beobachten, vermutlich aber nicht in diesem Tempo. Höher als im ausgehenden 19. Jahrhundert war jedoch, ihm zufolge, die Verschuldung der Städte gegen 1600. Zu seiner Zeit jedenfalls war »das Schuldenwesen (...) gut geordnet und vom Staate kontrolliert«[1].

Auch im Fall der Kreditaufnahme zeigt es sich deutlich, daß zwar die Gemeinden hier autonom entscheiden können, jedoch der Staat sich dabei die Kontrolle vorbehält. Allerdings fragt es sich, ob diese Kontrolle im Sinne übergeordneter Gesichtspunkte wirksam genug ist und hier nicht bereits eine kaum noch zu steuernde Eigendynamik vorliegt.

5.1.4 Perspektiven der Finanzhoheit beim Einnahmehaushalt

Betrachtet man die Einnahmeseite gemeindlicher Haushalte daraufhin, inwieweit die Gemeinden überhaupt in der Lage sind, ihre Finanzen selbst zu gestalten, entsprechend der Grundgesetzgarantie, so ergibt sich laut Schmidt–Jortzig ein pessimistisches Bild. So fließen freiverfügbare Mittel, d.h. »allgemeine Deckungsmittel« (Steuern, Umlagen, allgemeine Zuweisungen) den Gemeinden nur zu gut 50 % ihrer Einnahmen zu (geht man davon aus, daß die Einnahmen aus Gebühren und Beiträgen von vornherein für die Belange des Verwaltungsapparates, die aus privatrechtlichen Entgelten für die Vermögenserhaltung, die aus Kreditaufnahmen für den Schuldendienst und jene aus den Zweckzuweisungen für von Dritten vorgegebene Ziele festgelegt sind).[2] Betrachtet man die Zahl 50 % näher, wie er es tut, so verbleiben den Gemeinden (kreisfreie Städte und kreisangehörige Gemeinden) nur ein Anteil von 47,31 % allgemeiner Deckungsmittel.

Von der Finanzhoheit der Gemeinden scheint danach wenig übrigzubleiben. Dies zeigt sich deutlich bei der sog. »Einnahmehoheit«, d.h. jener Garantieausrichtung, wonach die Gemeinden im Rahmen der Gesetze nach eigenen Vorstellungen ihre Einwohner zur Finanzierung der örtlichen Aufgaben heranziehen und das Maß der Heranziehung bestimmen können. Tatsächlich, so Schmidt–Jortzig, wird diese Forderung bloß für den schmalen Spielraum der Hebesätze sowie der Gebühren und Beiträge erfüllt. Noch deutlicher bleibe die sog. »Steuerhoheit« hohl, d.h. die Verbürgung, daß die Gemeinden ihre Auf-

---

1) Ebenda.
2) Ebenda, S. 269.

gaben weitestgehend durch Erhebung von Steuern finanzieren sollen. Im übrigen erweise sich der horizontale Berichtigungseffekt des kommunalen Finanzausgleichs als kaum zureichend. Die Unterschiede in der Finanzkraft zwischen den einzelnen Gemeinden bzw. Gemeindeverbänden seien immer noch gravierend, wenn man auch das Prinzip akzeptiert, daß der Finanzausgleich die Unterschiede nicht völlig einebnen darf (»Nivellierungsverbot«).[1] Einer unter Berücksichtigung dieses Verbots erforderlichen Gleichbehandlung der Gemeinden und der Gemeindeverbände scheint man noch fern zu sein.

Schmidt–Jortzig kommt zu folgendem kritischen Urteil: »Insgesamt stellt sich das System der kommunalen Finanzverfassung als ein wenig einsichtiges und effektives Glacis von Finanzierungsströmen dar, die nicht nur in beiderlei Richtungen (von Bund/Land zu den Gemeinden und wieder zurück) laufen, sondern sich in ihrer Wirkung nicht selten aufheben.«[2] Er sieht hier also einen Bedarf an Verbesserung, Reform und Weiterentwicklung, zumal zugunsten der Gemeinden. Berücksichtigt man jedoch das Verhältnis zwischen modernem Staat und moderner Gemeinde oder, wie in der Bundesrepublik, zwischen Bund, Ländern und Gemeinden, so wie es sich historisch herausgebildet hat, so ist ein grundsätzlicher Wandel allerdings nicht denkbar.

5.2 Ausgaben der Gemeinde

Die aus der gemeindlichen Finanzhoheit abgeleitete sog. »Ausgabenhoheit«, d.h. »die gesicherte Rechtsmacht, über das für die Aufgabenbewältigung nach Größenordnung und Modalität je erforderliche Finanzvolumen prinzipiell frei verfügen zu können«[3], ist, ebenso wie die »Einnahmehoheit« stark ausgehöhlt. Dies ist offenbar in einem Ausmaß geschehen, daß Schmidt–Jortzig die Feststellung zu treffen wagt, daß die Ausgabenpolitik der Gemeinden heute im wesentlichen von faktischen Zwängen bestimmt sei.

5.2.1 Festliegende Ausgabenposten

Die rechtlich und tatsächlich feststehenden Ausgabeposten binden mutmaßlich, so Schmidt–Jortzig, über 90 % der kommunalen Finanzmittel. Dies würde bedeuten, daß, wie auch schon angedeutet, der Handlungsspielraum der Gemeinden äußerst reduziert ist.

---

1) Ebenda, S. 270.
2) Ebenda.
3) Ebenda, S. 271.

5.2.1.1 Personal- und Sachkosten

Allein die notwendigen Ausgaben für den Verwaltungsapparat verschlingen, ihm zufolge, fast die Hälfte aller kommunalen Finanzmittel, wobei am »erdrückendsten die *Personalausgaben*« seien[1]. Die Zahl der bei den Gemeinden beschäftigten Beamten, Angestellten und Arbeitern sei auf (die Aussage gilt für die Zeit um 1982) annähernd eine Million gestiegen. Zusammen mit linearen und strukturellen Verbesserungen bei Besoldung wie Versorgung habe dies die Kosten für den Personalhaushalt »explosionsartig« anwachsen lassen. Betrug dieser Posten 1965 noch 9,4 Mrd., so betrug er 1979 schon 38,7 Mrd. DM oder 29,25 % der Gesamtausgaben. Weitere 22,7 Mrd. DM oder 17,15 % der Gesamtausgaben verschlingt der laufende Sachaufwand, d.h. die Kostensumme für Geschäftsbedarf, Inventarerhaltung, Gebäudebewirtschaftung usw.[2] Nur ein Teil der Expansion dieses Ausgabepostens sei durch Zunahme der allgemeinen Aufgabenkomplexität, Verwirklichungsperfektion, Bürokratisierungstendenz oder durch kommunaleigene Aufgabenerweiterung hervorgerufen. Ganz wesentlich trüge der Staat, d.h. Bund und Länder, zu dieser Entwicklung bei, indem er die Gemeinden mit immer mehr Wahrnehmungsaufgaben belaste. Dies betreffe nicht bloß die Reglementierung von Selbstverwaltungsaufgaben, die dadurch zu »pflichtigen Selbstverwaltungsaufgaben« werden, sondern vor allem die Ausweitung der Fremdverwaltungsaufgaben. Hier werde schon auf die Gefahren einer drohenden Überlastung der Gemeinden aufmerksam gemacht. Ganz offensichtlich bewegen sich angesichts dieser Tatsachen die Gemeinden von Selbstverwaltungsorganismen hin zu bloßen Anstalten des Staates. Der »stumme Zwang der Verhältnisse« wandelt den »Doppelcharakter« der Gemeinden immer weiter hin zu ihrer Anstaltseigenschaft und droht damit, ihnen das zu nehmen, was sie von untergeordneter staatlicher Verwaltung unterscheidet.

5.2.1.2 Schuldendienst

Ein weiterer festliegender Ausgabenposten ist der Schuldendienst. Die Dynamik dieses Postens, der 1979 bereits 8,47 % der Gesamtmittel beanspruchte, scheint, so Schmidt–Jortzig, immer noch nicht gebändigt zu sein.[3] Dies heißt, daß mit einer wachsenden Verschuldung der Gemeinden und damit weiter ansteigenden Schuldendiensten zu rechnen ist, was zur Folge hat, daß der Entscheidungsspielraum der Gemeinden auch von dieser Seite her weiter eingeengt wird.

---

1) Ebenda.
2) Ebenda.
3) Ebenda, S. 272.

5.2.1.3 Sozialleistungen

Zu einem immer größer werdenden Ausgabeposten zählen insbesondere die Sozialleistungen, die sich bereits 1979 auf 10,66 % der Gesamtausgaben beliefen. Dieser Bereich, zu dem vor allem die Sozialhilfe gehört, ist nach Schmidt–Jortzig »exemplarisch für die schon angedeutete Einschnürung kommunaler Selbstinitialität«[1]. Dabei darf jedoch nicht übersehen werden, daß Hilfe für in Not geratene Mitbürger zu den ursprünglichen echten Selbstverwaltungsangelegenheiten gehört. So bildete sich, wie Wilhelm Hasbach schreibt, in der deutschen Schweiz vom 16. bis zum 18. Jahrhundert die »Bürgergemeinde« durch die Ordnung des Armenwesens heraus. Sie hatte einen genossenschaftlichen Charakter, war Besitzerin des Gemeindevermögens und damit auch der für die Armenpflege verfügbaren Nutzungen.[2] Offensichtlich machte die Armenpflege einen wesentlichen Teil der Aufgaben der Bürgergemeinde aus, und anscheinend ist sie es vor allem, die ihr den genossenschaftlichen Charakter verlieh.[3]

Der »Bürgergemeinde« folgte, dann als eine Schöpfung des 19. Jahrhunderts, die »Einwohnergemeinde« als Trägerin der Aufgaben der politischen Gemeinde. Doch die Einwohnergemeinde hat nach Hasbach die Bürgergemeinde in der deutschen Schweiz nicht verdrängt, vielmehr koexistieren beide miteinander in der »Ortsgemeinde« oder sind, mehr noch, miteinander verbunden.

Es erscheint naheliegend, in der deutschen Gemeindeentwicklung Parallelen zur schweizerischen anzunehmen. Der Gedanke liegt jedenfalls nahe, daß die Armenpflege zu den ursprünglichen Aufgaben der Gemeinden zählt, sie geradezu ihren »Begriff« mitkonstituiert, so daß die heutige Sozialhilfe nur eine Fortentwicklung dieser Aufgabe, im Einklang mit der Fortentwicklung der Gemeinde überhaupt, wäre. Doch diese Fortentwicklung, sofern man davon sprechen kann, schließt offensichtlich einen »qualitativen Sprung« insofern ein, als, wie Schmidt–Jortzig ausführt, Bedingungen und Ausmaß der Leistungen nahezu vollständig durch Gesetze reglementiert werden.[4] Die modernen Gemeinden unterliegen eben dem inzwischen zum Sozialstaat avancierten modernen Staat. Unter »Sozialhilfe« ist denn auch nicht mehr dasselbe zu verstehen wie unter »Armenpflege« oder »Fürsorge«.

---

1) Ebenda.
2) W. Hasbach, Die moderne Demokratie, Aalen 1974, S. 227.
3) Vgl. G. L. v. Maurer, Geschichte der Dorfverfassung in Deutschland, 1. Bd., Aalen 1961, S. 340.
4) E. Schmidt–Jortzig, Kommunalrecht, a.a.O., S. 272.

Das, was ursprünglich eine »genuine« Selbstverwaltungsaufgabe der Gemeinden gewesen ist, ist offensichtlich zu einer feststehenden »Pflichtaufgabe« mit wachsenden finanziellen Anforderungen geworden, die eigenen Initiativen der Gemeinden weitgehend den Boden entzieht.

5.2.1.4 Investitionsleistungen

Ein erheblicher Teil der kommunalen Finanzmittel, 1979 26 % der Gesamtausgaben, wird für Sachinvestitionen eingesetzt. Die Bedeutung dieses Ausgabepostens, der kommunalen Investitionsanstrengungen, »für die wirtschaftliche und soziale Gesamtprosperität des Staates läßt sich kaum überschätzen«[1].

Auf der gemeindlichen Ebene werden die für Unternehmen und Haushalte entscheidenden Infrastruktureinrichtungen bereitgestellt. Die kommunalen Leistungen bei der Energie- und Wasserversorgung, bei der Erschließung von Grundstücken und beim Personennahverkehr, bei der Abwasser- und Abfallbeseitigung usw. fördern die gesamtwirtschaftliche Produktivkraft, mehr noch, sie machen modernes Wirtschaften überhaupt erst möglich. Sie senken die Kosten der privaten Produktion, steigern damit den Ertrag privater Investitionen und tragen dadurch zur Schaffung und Sicherung von Arbeitsplätzen bei.

Eine kontinuierliche Investitionstätigkeit im Bereich der Gemeinden kann jedoch nur durch staatliche Zuweisungen aufrecht erhalten werden. Die Selbstfinanzierungsquote der kommunalen Sachinvestitionen sinkt, Schmidt–Jortzig zufolge, stetig und betrug 1979 nur noch 20,6 % — bei den die Gemeindeinvestitionen zu fünf Sechsteln tragenden Städten und Gemeinden sogar nur 17,3 %.[2]

Die Gemeinden können demnach im Durchschnitt gerade ein Fünftel ihrer Investitionen durch eigene Mittel finanzieren. Der Rest der Mittel muß aus staatlichen Quellen fließen.

Obwohl den Sachinvestitionen für die Entwicklung der Wirtschaft in den Gemeinden, wie der Volkswirtschaft überhaupt, eine »strategische« Bedeutung zukommt, sind sie im Durchschnitt fast um 10 % geringer (Stand 1979) als die Personalausgaben. Addiert man Personalausgaben (29,25 % der Gesamtausgaben 1979) und die Sachausgaben (17,15 % der Gesamtausgaben), so ergibt sich der Betrag von 46,4 %; stellt man diesem Betrag die Ausgaben für Sachinvestitionen gegenüber, so machen diese nicht mehr als ca. 56 % aus. Mit

---

1) Ebenda, S. 273.

2) Ebenda.

anderen Worten, die Sachinvestionen machen nur etwas mehr als die Hälfte des Anteils der Ausgaben für Personal- und Sachaufwand an den Gesamtausgaben der Gemeinde aus.[1]

5.2.2 »Freiverfügbare Mittel«

Zum Schluß stellt sich die Frage, in welchem Ausmaß die Gemeinden über Mittel verfügen, die sie nach eigener Prioritätenfestlegung einsetzen können (freiverfügbare Mittel). Wie aus den bisherigen Ausführungen hervorgeht, ist dieses Ausmaß als gering zu veranschlagen. Nur ein kleiner Teil des Gesamthaushaltes ist sog. »freie Spitze«, die noch dazu immer kleiner wird. Schon wirkt die bisherige Standardformel: »von einer Mark etwa 5 bis 10 Pfennig selbstverantwortlich einsetzbar«[2], fast zu optimistisch. Schmidt–Jortzig geht von einem Betrag von nur 5,54 % (1979) der Gesamtmittel aus, bei fallender Tendenz gegenüber dem Vorjahr. »Von einer kommunalen Ausgabenhoheit kann daher faktisch kaum mehr die Rede sein.«[3].

Diese geringe Fähigkeit der Gemeinden, in ihren Ausgaben eigene Prioritäten zu setzen, ist nicht nur angesichts des Art. 28 (2) GG: »Den Gemeinden muß das Recht gewährleistet sein, alle Angelegenheiten der örtlichen Gemeinschaft im Rahmen der Gesetze in eigener Verantwortung zu regeln ...«, problematisch, sondern auch unter gesamtwirtschaftlichen Gesichtspunkten. Die »freie Finanzspitze« bestimmt nämlich die Tendenz kommunaler Investitionstätigkeit, und die umfangreichsten Zuschußangebote und Investitionsbeihilfen werden nicht wirksam, wenn die Gemeinden/Gemeindeverbände nicht in der Lage und bereit sind, mit eigenen freien Mitteln in die betreffenden Vorhaben einzusteigen. Die Einschnürung kommunaler Finanzhoheit, so Schmidt-Jortzig, droht damit auf den Staat zurückzuschlagen.[4] Die Aushöhlung der Selbstverwaltung der Gemeinden bringt somit den Staat um wirksame Steuerungsmöglichkeiten. Am Horizont taucht wieder die Gemeinde des zentralistischen Staates auf und damit ein Gemeinwesen, das, zum Schaden des Staates selbst, nicht in der Lage ist, »Belange der örtlichen Gemeinschaft« ausreichend zu berücksichtigen.

---

1) Vgl. dazu: Ebenda, S. 274.
2) Ebenda.
3) Ebenda.
4) Ebenda.

6. Finanzverwaltung und Haushaltshoheit

6.1 Haushaltsrecht

Wirft man einen Blick auf die kommunalen Einnahmen und Ausgaben in der Bundesrepublik, so erkennt man, welch erhebliche Finanzmittel von den Gemeinden bzw. den Gemeindeverbänden verwirtschaftet werden. Von den 1979 insgesamt durch die öffentlichen Hände gehenden 492,5 Mrd. DM vereinnahmten, verwalteten und benutzten die Kommunen, wie Schmidt–Jortzig schreibt, 132,3 Mrd. DM, d.h. 26,84 %.[1] Hinzukommen, wie es weiter heißt, die immensen Werte der kommunalen Anlage–, Finanz– und Sondervermögen. »All diese Bestände wurden von den Bürgern aufgebracht und dienen dem aufgeklärten Staatsverständnis entsprechend (...) ihren Bedürfnissen und Interessen.«[2] Man wird deshalb mit ihm von einem demokratisch–treuhänderischen Charakter der gesamten öffentlichen Mittelbewirtschaftung sprechen können. Oberster Grundsatz für die Gemeinden, wie für alle öffentlichen Hände, sei denn auch die Pflicht zur Führung einer pfleglichen wie sparsamen Vermögensverwaltung und Hauswirtschaft. Hier liegt es nahe, sich an die Lehren der Kameralwissenschaften zu erinnern, die bekanntlich die Grundprinzipien der öffentlichen Finanzwirtschaft formulierten und dabei ein aufgeklärtes Staatsverständnis zum Ausdruck brachten. So heißt es bei J. H. G. von Justi zu Beginn des zweiten Teils seines Buches »Staatswirtschaft«: »Die gemeinschaftliche Glückseligkeit, der allgemeine Endzweck aller Republiken, zu dessen Erreichung und Bewirkung die oberste Gewalt in den Staaten stattfindet (...), erfordert, daß diese oberste Gewalt ihre Vorsorge und Bemühungen vornehmlich auf zwey große Hauptgeschäfte richtet; nämlich erstlich, wie das Vermögen des Staates erhalten und vermehret, oder kurz, wie es genügsam gegründet werden soll; und zweytens, wie es vernünftig und weislich zu gebrauchen oder anzuwenden ist ...« In der Randbemerkung zu diesen Ausführungen faßt Justi zusammen: »Der vernünftige Gebrauch des Staatsvermögens ist der zweyte große Endzweck der Regierung.«[3] Daraus ergibt sich die »1. Regel: Man muß nichts ohne Ueberlegung und Ueberschlag ausgeben«.[4] V. Justi formuliert hier also, wie auch in seinen weiteren Ausführungen, die Grundprinzipien und Grundregeln der Finanzwirtschaft des modernen rationalen Staatswesens.

---

1) Ebenda, S. 275.

2) Ebenda.

3) J. H. G. v. Justi, Staatswirtschaft, Teil II, Neudruck d. 2. Aufl. Leipzig 1758, Aalen 1963, S. 3.

4) Ebenda, S. 476.

Das Haushaltsrecht stellt nun die normative Ordnung dar, um die obersten Prinzipien und Regeln rationaler Finanzwirtschaft in die Tat umzusetzen. Es soll eine, wie Schmidt-Jortzig schreibt, maximale Versachlichung und Rationalität (Faktenabwägung, Planung) des Mitteleinsatzes ermöglichen, eine Vereinheitlichung und gezielte Handhabung der wirtschafts- und finanzpolitisch erheblichen Haushaltsinstrumentarien bewirken sowie ein System umfassender Kontrolle schaffen.[1] Anders als im Fall der privaten Hauswirtschaft wird der Ablauf, wie er fortfährt, nach bestimmten formalen Regeln geordnet und mit Hilfe weitreichender Planung an festen materiellen Grundsätzen ausgerichtet.

Beschränkt man sich auf die Grundzüge des gemeindlichen Haushaltsrechts, das eigentlich im Zusammenhang mit dem öffentlichen Haushaltsrecht im allgemeinen behandelt werden müßte, so gliedern sich, wie es bei ihm weiter heißt, die haushaltsmäßigen Festsetzungen der Gemeinden/Gemeindeverbände in die Stufen: Haushaltssatzung (normative Grundlage für die Finanzwirtschaft), Haushaltsplan (als Programmierung der Haushaltswirtschaft Vorstufe und Teil der Haushaltssatzung) und Finanzplan (mehrjährige Vorplanung noch ohne rechtlich definitive Bindung).

Zur systematischen Einführung erscheint es nach Schmidt-Jortzig angebracht, mit der dritten Stufe, d.h. mit dem Finanzplan, zu beginnen:

6.2 Finanzplan

Ausgangspunkt aller gemeindlichen Haushaltsüberlegungen ist, ihm zufolge, die Finanzplanung, die die auf mehrere Jahre angelegte Programmierung der Investitionsvorhaben und die Vorausschau ihrer Finanzierung darstellt.[2] Die Vorschriften über die Finanzplanung waren, wie er fortfährt, ein Kernstück der Gemeindefinanzreform 1974.

So heißt es nach Novellierungen des Art. 109 GG, in dem zunächst festgestellt wird, daß Bund und Länder in ihrer Haushaltswirtschaft selbständig und voneinander unabhängig sind, im Absatz 2: »Bund und Länder haben bei ihrer Haushaltswirtschaft den Erfordernissen des gesamtwirtschaftlichen Gleichgewichts Rechnung zu tragen.« Damit wird die Selbständigkeit und Unabhängigkeit der Haushaltswirtschaften dieser Gebietskörperschaften stark eingeschränkt. Dies zeigt sich erst recht bei der Lektüre der Absätze 3 und 4, in denen die

---

1) E. Schmidt-Jortzig, Kommunalrecht, a.a.O.

2) Ebenda, S. 276.

Einengung der Selbständigkeit und Unabhängigkeit der Haushaltswirtschaften des Bundes und der Länder spezifiziert wird. Die somit entstandene Verpflichtung der Länder, ihre Haushaltswirtschaft inhaltlich und verfahrensmäßig mit dem Bund nach gewissen Grundlinien zu vereinheitlichen, erstreckte sich, wie Schmidt–Jortzig schreibt, mittelbar auch auf die Gemeinden.[1] Zwischen 1972 und 1974 erging denn auch, einem ländergemeinsamen Musterentwurf folgend, die entsprechende Reform des kommunalen Haushaltsrecht, die den Gemeinden/Gemeindeverbänden insbesondere die kontinuierliche Finanzplanung zur Pflicht machte, wie sie nach den entsprechenden Bestimmungen des Gesetzes über die Grundsätze des Haushaltsrechts des Bundes und der Länder (Haushaltsgrundsätzegesetz, HGrG v. 1969) und des Gesetzes zur Förderung der Stabilität und des Wachstums der Wirtschaft (StabG v. 1967) ähnlich für Bund und Länder gilt. Erneut zeigt sich hier, wie sehr die Autonomie der Gemeinden allein durch eine Vielfalt von Gesetzen eingeschränkt ist. Noch deutlicher wird sichtbar, daß die Gemeinden ihrer Bestimmung nach Glieder eines übergreifenden Organismus sind, nämlich des Gesamtstaates.

Der Zeitraum der Finanzplanung beträgt nach allen Gemeindeordnungen der Bundesrepublik fünf Jahre. So heißt es z.B. in der GO NrW § 70 (1): »Die Gemeinde hat ihrer Haushaltswirtschaft eine fünfjährige Finanzplanung zugrunde zu legen.« Das erste Planungsjahr der Finanzplanung ist, wie es in diesem Absatz weiter heißt, das laufende Haushaltsjahr. Der Plan stellt nach Schmidt–Jortzig kein für sich abgeschlossenes Normenwerk dar, sondern ist jährlich fortzuschreiben.

In dem Finanzplan sind, wie es im zweiten Absatz des soeben zitierten Paragraphen heißt, Umfang und Zusammensetzung der voraussichtlichen Ausgaben und die Deckungsmöglichkeiten darzustellen. Als Grundlage für die Finanzplanung, so Absatz 3, ist ein Investitionsprogramm aufzustellen. In dieses Programm sind die im Planungszeitraum vorgesehenen Investitionen und Investitionsförderungsmaßnahmen jahresweise aufzunehmen, und zwar gemäß der Gemeindehaushaltsverordnung (GdeHhVO). Hierbei handelt es sich um die in jedem Bundesland als ministerielle Durchführungsbestimmung zu den Haushaltsvorschriften in den Kommunalgesetzen ergangene Rechtsverordnung.[2]

Die vorgesehenen Investitionsschwerpunkte müssen nach Aufgabenbereichen gegliedert und nach Dringlichkeit gestaffelt, erläutert und begründet werden.

---

1) Ebenda.

2) Ebenda.

Bei der »Finanzierungsvorausschau«, die anhand der voraussichtlich verfügbaren Einnahmen Umfang und Zusammensetzung der geplanten Ausgaben und ihre Deckungsmöglichkeiten voraussagt, darauf wurde bereits oben mit der Anführung des § 70 (2) GO NrW eingegangen, sollen die vom Innenminister bekanntgegebenen Orientierungsdaten berücksichtigt werden. Diese Daten entstammen Empfehlungen des Finanzplanungsrates, der sich aus dem Bundesfinanz- und dem Bundeswirtschaftsminister, den Länder- Finanzministern sowie den Vertretern der Gemeinden und Gemeindeverbände zusammensetzt und als oberste Leit- und Koordinierungsstelle der gesamten Finanzplanung funktioniert. Der Finanzplanungsrat berät anhand der vom »Konjunkturrat für die öffentliche Hand« (§ 18 StabG) gegebenen Vorschläge sowie der von den jeweiligen Finanzministern gemachten Angaben. Die Empfehlungen des Finanzplanungsrates sind auf eine Koordinierung der Finanzplanungen in Bund, Ländern und Gemeinden gerichtet und legen dafür, gemäß § 51 des Gesetzes über die Grundsätze des Haushaltsrechts des Bundes und der Länder, »einheitliche volks- und finanzwirtschaftliche Annahmen und Schwerpunkte« fest.[1]

Ohne an dieser Stelle auf weitere Einzelheiten einzugehen, sollte deutlich gemacht werden, wie engmaschig das normative Gefüge geknüpft ist, in dem zentrale Momente gemeindlichen Handelns eingebunden sind.

Dem Rat der Gemeinde wird die jährliche Fortschreibung und Anpassung des Finanzplanes spätestens mit dem Entwurf der »Haushaltssatzung« vorgelegt. Die Haushaltssatzung, die z.B. nach § 64 GO NrW von der Gemeinde für jedes Haushaltsjahr zu erlassen ist, enthält, folgt man dem Paragraphen dieser Gemeindeordnung, »die Festsetzung 1. des Haushaltsplans unter Angabe des Gesamtbetrages der Einnahmen und der Ausgaben des Haushaltsjahres, der vorgesehenen Kreditaufnahmen (Kreditermächtigung), der vorgesehenen Ermächtigungen zum Eingehen von Verpflichtungen, die künftige Haushaltsjahre mit Ausgaben für Investitionen und Investitionsförderungsmaßnahmen belasten (Verpflichtungsermächtigungen), 2. des Höchstbetrages der Kassenkredite, 3. der Steuersätze, die für jedes Haushaltsjahr neu festzusetzen sind« (2). Die Haushaltssatzung bedarf, diesem Paragraphen zufolge, der Genehmigung durch die Aufsichtsbehörde.

Im Rat nimmt man den Finanzplan zur Kenntnis, kann ihn beraten, faßt aber dazu keinen Beschluß. Da, wie Schmidt-Jortzig ausführt, im Gegensatz zur Finanzierungsvorausschau das Investitionsprogramm nicht nur Schätzungen, sondern schon konkrete Festlegungen und einen wesentlichen Vorgriff auf

---

1) Ebenda, S. 277.

gemeindliche Entscheidungen enthält, wird es in manchen Bundesländern förmlich beschlossen. Solche Beschlüsse können vom Rat wieder abgeändert werden; erlangt doch der Finanzplan, weil er nicht beschlossen wird, keine rechtliche Verbindlichkeit. Gleichwohl sind die ausgearbeiteten Planungselemente bereits Richtschnur und Grundlage für die gemeindliche Verwaltungsarbeit und wirken deshalb in die von dort jährlich zu erstellenden Haushaltsplanentwürfe hinein.[1]

Insgesamt gesehen ist somit, wie er schreibt, die mittelfristige Finanzplanung der Gemeinden ein maßgebliches Instrument der Stabilisierung und gesamtwirtschaftlichen Steuerung ihrer Haushaltswirtschaft. Für die kommunalpolitischen Entscheidungen über Investitionen und sonstige Verwendung der Gemeindefinanzen ist sie, ihm zufolge, das maßgebende Orientierungsmittel und bestimmt »mit dem Grad ihrer Planungsstraffheit und Prognoserealität die Ausgewogenheit der Beschlüsse«[2]. »Für die Erfordernisse gesamtwirtschaftlicher Lenkung«, so fährt er fort, »bedeutet die Finanzplanung Koordinationsplattform, Einwirkungsmechanismus sowie Rückkoppelungsweg und sichert damit den Kreislauf von steuernden Impulsen und realen Folgen.«

6.3 Haushaltsplan

Der jährliche Haushaltsplan baut auf dem Finanzplan auf, wobei es eine Übereinstimmung von laufendem Haushaltsplan und erstem Finanzplanungsjahr gibt. Begrifflich ist der Haushaltsplan die nach den Vorschriften des gemeindlichen Haushaltsrecht für einen bestimmten Wirtschaftsabschnitt (in der Regel für ein Jahr) erfolgte, zahlenmäßige Zusammenstellung der sachlich deklarierten, voraussichtlichen Einnahmen und Ausgaben.[3] Dies ist allerdings ein formaler Begriff des Haushaltsplans. Ein auf das Erkennen der Gemeinde abzielender Begriff dagegen wird den Haushaltsplan mit dem in Verbindung bringen, was in der Gemeinde gewollt wird, und wozu sie verpflichtet ist. Folgt man diesem Gedanken, so wäre der Haushaltsplan Ausdruck dessen, was eine Gemeinde in ihrer Eigenschaft als Selbstverwaltungskörperschaft will, und was sie in ihrer Eigenschaft als Anstalt zu tun hat. Partikulare Interessen, die sich durchsetzen, müssen auf das allen Gemeinsame zurückgeführt werden, und das Ergebnis dieses Vermittlungsprozesses manifestiert sich eben im Haushaltsplan. Dieser kann also definiert werden als Ausdruck dessen, was politisch in der Gemeinde sowie den übergeordneten Gebietskörperschaften gewollt wird.

---

1) Ebenda.

2) Ebenda, S. 278.

3) Ebenda.

Derartige Überlegungen liegen freilich auch im Fall des Finanzplans nahe. Dieser wäre demnach zu begreifen als das, was aller Voraussicht nach, in einer Gemeinde gewollt wird, und zwar unter Berücksichtigung dessen, was die übergeordneten Gebietskörperschaften, Land und Bund, wollen. So wollen z.B. die Gemeinden bestimmte Investitionen auf dem Gebiet der Infrastruktur vornehmen; diese Pläne müssen dem Willen der übergeordneten Gebietskörperschaften Rechnung tragen, z.B. ihrem Willen, den Wirtschaftsablauf zu verstetigen (Konjunktur- und Beschäftigungspolitik), das wirtschaftliche Wachstum zu fördern und Preisstabilität zu gewährleisten.

Fragt man nach der rechtlichen Bedeutung des Haushaltsplans, so ist er, wie Schmidt-Jortzig schreibt, der unverzichtbare Teil, der *Kern* der normativen Festlegung des kommunalen Finanzgebarens durch die Haushaltssatzung. Er ist, wie er hervorhebt, die Grundlage der gesamten gemeindlichen Haushaltswirtschaft.[1] Er setzt rechtlich fest, welche Vorhaben im Haushaltsjahr durchgeführt werden sollen und schließt damit Willkür aus. Ausgaben dürfen im Grundsatz nicht getätigt werden, die nicht durch den Haushaltsplan legitimiert werden und damit außerhalb des Vermittlungsprozesses zwischen dem einzelnen Einwohner (Bürger) und seiner Gemeinde bzw. seinem Staat stehen.

Die betreffenden Ansätze stellen jedoch für die Finanzierungstätigkeit, wie Schmidt-Jortzig hervorhebt, nur eine Ermächtigung dar, d.h. die jeweiligen Finanzmittel *können*, aber müssen nicht verausgabt werden.

Der Haushaltsplan kann nur dann Grundlage der gesamten gemeindlichen Haushaltswirtschaft sein, wenn seine Abfassung bestimmten finanzwirtschaftlichen Prinzipien entspricht. Zu diesen gehören die Vollständigkeit und Einheit des Haushaltsplanes. So muß er tatsächlich alle Einnahmen und Ausgaben für das Rechnungsjahr enthalten, und es darf auch nur einen einzigen Haushaltsplan geben. Zu diesen gehören ferner die Klarheit des Haushaltsplanes und die Kassenwirksamkeit. So muß er übersichtlich und verständlich sowie dem Inhalt nach zutreffend und unverschleiert sein. Und Finanzmittel dürfen im Haushaltsplan nicht aufgenommen werden, wenn es nicht ganz sicher ist, ob sie im Haushaltsjahr auch eingehen — im Fall von Forderungen der Gemeinde — oder ausgegeben werden — im Fall von Verbindlichkeiten der Gemeinde (Prinzip der Kassenwirksamkeit). Verboten ist insbesondere, Kassenüberschüsse zu planen, indem Finanzbedarfe aus welchen Gründen auch immer zu hoch veranschlagt werden.[2]

---

1) Ebenda.
2) Ebenda, S. 279.

Neben den genannten Prinzipien gibt es den Grundsatz des Haushaltsausgleich, wonach die jeweils veranschlagten Ausgaben durch entsprechende Einnahmen gedeckt sein müssen. So heißt es z.B. im § 62 (3) der GO NrW kurz und bündig: »Der Haushalt soll in jedem Haushaltsjahr ausgeglichen sein.« Damit wird, wie Schmidt–Jortzig schreibt, das gemeindliche Haushaltsgebaren ganz konkret auf die Wirtschaftlichkeit und Sparsamkeit seiner Vorgänge festgelegt. Gemäß dem Grundsatz der Haushaltswahrheit darf, wie er fortfährt, das Gleichgewicht zwischen Einnahmen und Ausgaben auch nicht nur rein kalkulatorisch erreicht werden, sondern ist durch genaue und wirkliche Aufeinanderabstimmung herbeizuführen.[1]

An dieser Stelle gilt es noch, auf das sog. »Gesamtdeckungs«– und »Non-Affektationsprinzip« hinzuweisen, wonach alle Einnahmen als Deckungsmittel für den gesamten Ausgabenbedarf zu dienen haben. Es dürfen demnach in der Regel nicht bestimmte Einnahmen für ganz bestimmte Ausgaben festgeschrieben oder zurückgehalten werden. Mit dieser Abwendung vom Einzeldeckungsprinzip, für die es gesetzlich vorgeschriebene Ausnahmen gibt, sollen die Flexibilität der Haushaltsgestaltung und die Möglichkeit eines Mitteleinsatzes an der jeweils wichtigsten Stelle gewährleistet werden.[2].

6.4 Haushaltssatzung

Die letzte normative Konkretionsstufe der gemeindlichen Haushaltsveranschlagungen ist die Haushaltssatzung, auf die bereits oben eingegangen wurde. Sie stellt, wie es bei Schmidt–Jortzig heißt, die nach gesetzlich vorgeschriebenem Verfahren zustandegekommene Endregelung der gemeindlichen Finanzwirtschaft für das angegebene Haushaltsjahr dar und enthält als Kern die Festsetzung des Haushaltsplanes durch die Angabe des Gesamtbetrags von Einnahmen und Ausgaben des Verwaltungs– und Vermögenshaushaltes sowie die Festsetzung des Gesamtbetrages der vorgesehenen Kreditaufnahmen, der Gesamtsumme der Verpflichtungsermächtigungen, des Höchstbetrages der Kassenkredite und, soweit nicht in einer gesonderten Abgabensatzung aufgeführt, der Realsteuerhebe– bzw. Umlagesätze.[3]

Im Prinzip ist die Haushaltssatzung, ihm zufolge, ein »Ortsgesetz« wie jede andere Gemeindesatzung. Allerdings hat sie gewisse Besonderheiten, in dem

---

1) Ebenda, S. 280.
2) Ebenda.
3) Ebenda, S. 294.

sie Pflichtsatzung ist, regelmäßig nur für ein Jahr gilt (»Jahressatzung«) und für bestimmte Teile der aufsichtlichen Genehmigung bedarf. Diese bedarf sie, wie er erläutert, für den Gesamtbetrag der veranschlagten Kredite, den Gesamtbetrag der Verpflichtungsermächtigungen sowie, im Falle bestimmter Größenordnungen, für den Höchstbetrag der Kassenkredite und die Steuer- bzw. Umlagehebesätze. Hier handele es sich um »antizipierte Rechtsaufsichtsinstrumente« zur Sicherung der rechtlich pflichtigen »Wirtschaftlichkeit« der Haushaltswirtschaft, nicht dagegen um sachliche Mitwirkungsoptionen. Hält die Gemeinde alle Wirtschaftlichkeitsregeln ein, so hat sie einen einklagbaren Anspruch auf Genehmigungserteilung.[1]

Auch hier wird deutlich, daß die Gemeinden durch den Staat auf die »Wirtschaftlichkeit« hin verpflichtet sind, wodurch jedoch das Autonomieprinzip nicht aufgehoben wird; sie bleiben eigenständig in der Aufstellung der Haushaltssatzung. Allerdings unterliegen sie, wie gesagt, auch an diesem Punkt teilweise aufsichtlicher Genehmigung. Die Autonomie wird also, entsprechend der »Logik« des modernen Staates, auf den verschiedenen gemeindlichen Handlungsfeldern relativiert, jedoch nie, und zwar aus guten Gründen, vollständig aufgehoben; widerspräche doch dies dem Grundprinzip des modernen Staates, wie es Hegel herausgestellt hat. Zentralistisch geführte, nichtautonome Gemeinden wären eben nicht in der Lage, den besonderen Interessen der »örtlichen Gemeinschaft« nachhaltig genug Rechnung zu tragen.

Der Entwurf der Haushaltssatzung wird vom Gemeindevorsteher/ Gemeindevorstand ausgearbeitet und dann dem Gemeinderat zur Beschlußfassung vorgelegt. In Gemeinden, wo ein besonderer Beigeordneter für das Finanzwesen (»Kämmerer«) bestellt ist, entwirft dieser die Vorlage für den Gemeindevorsteher/Gemeindevorstand, wobei ihm, so in den Bundesländern Hessen und Nordrhein-Westfalen, noch das Recht eines Sondervotums vor dem Gemeinderat eingeräumt wird.[2] Bereits der Entwurf bedarf in einigen Bundesländern, so z.B. in Nordrhein-Westfalen, der öffentlichen Auslegung. So heißt es in der GO NrW § 66 (3): »Der Entwurf der Haushaltssatzung mit ihren Anlagen ist nach vorheriger öffentlicher Bekanntgabe an sieben Tagen öffentlich auszulegen. Gegen den Entwurf können Einwohner oder Abgabepflichtige innerhalb einer Frist von einem Monat nach Beginn der Auslegung Einwendungen erheben ...«

---

1) Ebenda.
2) Ebenda.

Nach dem Beschluß der Haushaltssatzung im Gemeinderat sowie ihrer öffentlichen Bekanntmachung und Vorlage bei der Aufsichtsbehörde muß auch der Haushaltsplan mit allen Bestandteilen und Anlagen an sieben Tagen öffentlich ausgelegt werden (in Bayern die Haushaltssatzung); sind genehmigungspflichtige Teile vorhanden, so darf die Auslegung erst nach der Erteilung der Genehmigung erfolgen.[1]

Das normative Gefüge der gemeindlichen Haushaltswirtschaft sieht also auch Kontrollmöglichkeiten des einzelnen Einwohners vor. Soweit er auch Bürger der Gemeinde ist, kann er seine individuellen Interessen im Hinblick auf die Beschaffung von Gemeindeeinnahmen und ihrer Verwendung über das Repräsentationsprinzip im Gemeinderat vertreten. Somit unterliegt die Haushaltswirtschaft der Gemeinde sowohl staatlicher als auch der Aufsicht des einzelnen Einwohners (und Steuerzahlers).

Die beschlossene, genehmigte und bekanntgemachte Haushaltssatzung tritt laut Gesetz am 1. 1. des in ihr beplanten Haushaltsjahres in Kraft. Sofern die Haushaltssatzung zum 1. 1. ihres Rechnungsjahres noch nicht erlassen ist, so tritt sie später, und zwar rückwirkend in Kraft. Bis zu diesem Zeitpunkt, so heißt es bei Schmidt–Jortzig weiter, muß die notwendige Verwaltungsarbeit sich unter bestimmten Bedingungen nach dem Vorjahreshaushalt richten; es wird dann nach dem »Nothaushaltsrecht« verfahren, was, ihm zufolge, nicht selten vorkommt.[2]

Zu erwähnen wäre in diesem Zusammenhang noch, daß die rechtliche Verbindlichkeit der Haushaltssatzung unter bestimmten Bedingungen eine Ausnahme erfährt. Dies gilt, wie er ausführt, dann, wenn im Interesse wirksamer und flexibler Aufgabenerfüllung bestehende Haushaltsansätze in begrenztem Maße überschritten werden sollen (»überplanmäßige Ausgaben«) oder für bisher veranschlagte Zwecke Gelder benötigt werden (»außerplanmäßige Ausgaben«) und diese unvorhergesehenen Ausgaben unabweisbar und in ihrer haushaltsmäßigen Deckung abgesichert sind. So heißt es im § 69 (1) der GO NrW: »Überplanmäßige und außerplanmäßige Ausgaben sind nur zulässig, wenn sie unabweisbar sind und die Deckung gewährleistet ist. Über die Leistung dieser Ausgaben entscheidet der Kämmerer, wenn ein solcher nicht bestellt ist, der Gemeindedirektor, soweit der Rat keine andere Regelung trifft. Sind die Ausgaben erheblich, so bedürfen sie der vorherigen Zustimmung des Rates; im übrigen sind sie dem Rat zur Kenntnis zu bringen.«

---

1) Ebenda, S. 294–295.
2) Ebenda, S. 296–297.

Umstritten sind offenbar die Tatbestandsmerkmale »unabweisbar« oder »unvorhergesehen«. Zweifellos wird jedoch den Gemeinden in ihrer Haushaltswirtschaft nach dem Inkrafttreten der Haushaltssatzung ein gewisser Handlungsspielraum gewährt, mit anderen Worten, angesichts der nun einmal im menschlichen Leben herrschenden Ungewißheit wird den Gemeinden die Möglichkeit eingeräumt, auf unerwartete oder unerwartbare Ereignisse oder Veränderungen zu reagieren. Damit wird der Selbstverwaltungscharakter der Gemeinden, ihre Eigenschaft, »lebendige Subjekte« zu sein, erneut unterstrichen.

Schmidt–Jortzig weist jedoch darauf hin, daß den Gemeinden für Haushaltsüberschreitungen praktisch nur wenig Raum bleibt; schreiben doch alle Kommunalgesetze vor, daß es einer förmlichen Nachtragshaushaltssatzung bedarf, wenn »bisher nicht veranschlagte oder zusätzliche Ausgaben bei einzelnen Haushaltsstellen in einem Verhältnis zu den Gesamtausgaben erheblichen Umfang geleistet werden müssen« (§ 67 (2) GO NrW). Zu klären wäre hier noch, was unter »erheblich« zu verstehen ist, eine Frage, die juristischen Kommentaren überlassen bleiben soll. Hier genügt es, darauf hinzuweisen, daß die Möglichkeit der Gemeinden, in »unabweisbaren Fällen« die im Haushaltsplan veranschlagten Ausgaben zu überschreiten oder für im Haushaltsplan unberücksichtigte Zwecke Ausgaben zu tätigen, nicht der Willkür Tor und Tür öffnet. Bedürfen zusätzliche Ausgaben stets der Legitimation, so bedürfen sie, sobald sie »erheblich« sind, der verschärften Legitimation, und zwar in Gestalt der Nachtragssatzung.

Außer für den genannten Tatbestand wird, wie Schmidt–Jortzig weiter ausführt, eine obligatorische »Nachtragshaushaltssatzung« noch gefordert im Falle des Entstehens von nichtausgleichbaren, erheblichen Fehlbeträgen, bei notwendigen Ausgaben für bisher nicht veranschlagte Investitionsmaßnahmen und, außer in den Bundesländern Niedersachsen und Nordrhein–Westfalen, bei nicht unwesentlichen Abweichungen vom Stellenplan.[1] Dadurch soll »das grundsätzliche und vorrangige Budgetbewilligungsrecht der Vertretungskörperschaft gesichert werden«[2]. Dies läßt sich so verstehen, daß kommunalrechtlich verhindert werden soll, daß die Gemeindebürokratie oder die »Exekutive« in wesentlichen Teilen autonom über die Gemeindefinanzen befindet. Es gilt eben, nicht nur den autonomen, sondern auch den demokratischen Charakter der modernen Gemeinde immer wieder zu unterstreichen.

---

1) Ebenda, S. 298.
2) Ebenda.

7. Finanzkontrolle

Das differenzierte normative Gefüge, das eine verantwortungsbewußte, dem Wohl der Einwohner dienende gemeindliche Finanzwirtschaft gewährleisten soll, wird durch eine wirksame Finanzkontrolle vervollständigt. Die aufgrund des Haushaltsplanes tatsächlich vorgenommenen Finanzbewegungen müssen lückenlos gerechtfertigt werden, wozu als erstes die jährliche Rechnungslegung dient. Die Mittel einnehmende, betreuende und ausgebende Gemeindeverwaltung hat innerhalb einer Frist — bei einigen Bundesländern sind es drei, bei anderen vier Monate nach Abschluß des Haushaltsjahres — eine »Jahresrechnung« aufzustellen. In dieser wird durch einen Rechenschaftsbericht das Ergebnis der Haushaltswirtschaft nachgewiesen.[1]

An die Rechnungslegung schließt eine doppelte Prüfung an. Da gibt es zum einen die »örtliche« oder die »eigene« Rechnungsprüfung. Diese wird vom Rechnungsprüfungsamt vorgenommen, das in allen Kreisen sowie den größeren (kreisfreien und privilegierten oder einen bestimmten Schwellenwert übersteigenden) Städten und Gemeinden vorhanden sein muß. Zwar ist das Rechnungsprüfungsamt in seiner organisatorischen Stellung eine Behörde der Gemeinde bzw. des Kreises, aber kraft Gesetzes weitgehend unabhängig gestellt.[2] So heißt es in der Verwaltungsvorschrift zum § 101 der GO NrW: »Das Rechnungsprüfungsamt ist unbeschadet seiner unmittelbaren Verantwortlichkeit gegenüber dem Rat in der Beurteilung der Prüfungsvorgänge nur dem Gesetz unterworfen.« Damit wird bis zu einem gewissen Grad sichergestellt, daß die Gemeindeverwaltung sich nicht unmittelbar selbst kontrolliert. Doch mit dieser Kontrolle durch das Rechnungsprüfungsamt ist die Überwachung der gemeindlichen Haushaltswirtschaft noch nicht beendet; gibt es doch zum anderen die »überörtliche Rechnungsprüfung«. Sie wird, je nach Bundesland, von staatlichen Kommunal- »Prüfungsämtern« beim Innenminister, den Regierungspräsidenten oder vom Kreis, vom Landesrechnungshof, von einer Kommunalaufsichtsbehörde oder von einer selbständigen Einrichtung durchgeführt.[3]

Als Form staatlicher Aufsicht über die Selbstverwaltungstätigkeit kann sich jedoch die überörtliche Prüfung, wie Schmidt-Jortzig ausführt, prinzipiell bloß auf die Gesetz- und Weisungsmäßigkeit der gemeindlichen Haushalts- bzw. Wirtschaftsführung beziehen. Es handelt sich demnach nur um Rechtsaufsicht,

---

1) Ebenda, S. 298–299.
2) Ebenda, S. 299–300.
3) Ebenda, S. 301.

d.h. eine sog. »Ordnungsprüfung«.[1] So heißt es im § 103 (1) GO NrW: »Die überörtliche Prüfung des Haushalts-, Kassen- und Rechnungswesens der Gemeinden sowie der Wirtschaftsführung und des Rechnungswesens ihrer Sondervermögen erstreckt sich darauf, ob 1. die Gesetze und die zur Erfüllung von Aufgaben ergangenen Weisungen (§ 3 (2) [»Pflichtaufgaben können den Gemeinden nach Weisung übertragen werden; das Gesetz bestimmt den Umfang des Weisungsrechts.«, P.S.] eingehalten und 2. die zweckgebundenen Staatszuweisungen bestimmungsgemäß verwendet worden sind.«

Geht es um die Fragen, ob die Organisation der Gemeinde zweckmäßig oder die Verwaltung wirtschaftlich ist, so unterliegen diese nicht gemäß § 103 (2) der überörtlichen Prüfung. Sie sind zumindest nach der GO NrW grundsätzlich in das Ermessen der Gemeinden gestellt. Eine überörtliche Prüfung solcher Fragen würde wohl die Selbstverwaltungsgarantie der Gemeinden verletzen. Dagegen läßt sich allerdings einwenden, daß der überörtlichen Prüfung, wie Schmidt–Jortzig schreibt, keinerlei Sanktionsmittel zu Gebote stehen. So heißt es in der Verwaltungsvorschrift 2 zum § 103 GO NrW: »Überörtliche Prüfungen müssen zeitnah durchgeführt werden und ihre Ergebnisse den Gemeinden selbst und den Aufsichtsbehörden alsbald zur Verfügung stehen, damit sie bei der künftigen Gestaltung der Haushalts- und Wirtschaftsführung berücksichtigt werden können ...« Offensichtlich ist es Aufgabe der überörtlichen Prüfung, einerseits zu kontrollieren, ob die Gesetze eingehalten wurden und andererseits Lernprozesse in den Gemeinden zur Gestaltung ihrer Haushalts- und Wirtschaftsführung zu fördern.[2]

Wie gezeigt werden sollte, unterliegt die gemeindliche Finanzwirtschaft umfassender rechtlicher Regelung durch den Staat, so daß willkürliches Handeln im Bereich der Gemeindefinanzen ausgeschlossen ist. Gleichwohl wird dadurch die Idee der Gemeinde nicht einfach vom Staat absorbiert und die Gemeinden werden nicht zu bloß nachrangigen Behörden degradiert. Vielmehr wird ihr als eine Form der Konkretisierung menschlicher Freiheit, bei allen Tendenzen zu Zentralisierung und Verstaatlichung, Rechnung getragen.

---

1) Ebenda, S. 301.
2) Zitate aus der GO NrW jeweils aus: P.M. Mombaur, Gemeindeordnung Nordrhein-Westfalen, 31. Aufl., Köln 1988.

8. Gemeindepolitik

8.1 Die Gemeindewirklichkeit

Die Gemeinde wird hier, wie oben ausgeführt wurde, als eine Form der Sittlichkeit neben den anderen Formen wie z.B. Staat, Familie, Nachbarschaft
usw. verstanden. »In der Tat existiert ein *System der Sittlichkeit*«, wie Wilhelm
Dilthey schreibt, »mannigfach abgestuft, in langer geschichtlicher Entwicklung
erwachsen, örtlich vielfach selbständig geartet, in einer Vielfachheit von Formen ausgeprägt: eine nicht minder mächtige und wahrhafte Realität als Religion oder Recht.«[1] Die Sittlichkeit bildet nach Dilthey, der sich in vieler
Hinsicht als in der Denktradition Hegels stehend begreift, »ein einziges Ideal-
system, das durch den Unterschied von Gliederungen, Gemeinschaften, Verbänden nur modifiziert wird«[2]. Dieses System der Sittlichkeit besteht in den
Worten Diltheys, der sich hier offensichtlich Hegel unmittelbar anschließt,
»nicht in Handlungen der Menschen, ja kann nicht einmal an diesen zunächst
studiert werden, sondern es besteht in einer bestimmten Gruppe von Tatsachen
des Bewußtseins und demjenigen Bestandteil der Handlungen, welcher durch
sie hervorgebracht wird« (...) »Das Sittliche ist in einer doppelten Form vorhanden, und die beiden Gestalten, in denen es erscheint, wurden Ausgangs-
punkte für zwei einseitige Schulen der Moral. Es ist da als Urteil des Zu-
schauers über Handlungen und als ein Bestandteil in den Motiven .... Es ist in
beiden Gestalten dasselbe. In der einen erscheint es als in der Motivation
lebendige Kraft, in der anderen als von außen gegen die Handlungen anderer
Individuen in unparteiischer Billigung oder Mißbilligung reagierende Kraft.«[3]
Gemeinde als Form der Sittlichkeit existiert also zum einen als »Tatsache des
Bewußtseins« (politische Gesinnung, (Lokal-)Patriotismus im Sinne von
(Gemeinde-) Verfassungsbewußtsein der handelnden Subjekte und zum anderen
als objektive normative Ordnung (Institution), die vom erkennenden Subjekt,
das diese Ordnung, von »außen betrachtend«, geistig reproduziert.

Neben dem selbständigen System der Sittlichkeit, das das Handeln, wie Dilthey
schreibt, mit einer Art von innerem Zwang reguliert, steht das System des
Rechts, das auf den äußeren Zwang angewiesen ist.[4]

---

1) W. Dilthey, Einleitung in die Geisteswissenschaften, 8. Aufl., Stuttgart 1959, S. 61.

2) Ebenda.

3) Ebenda, S. 61-62.

4) Ebenda, S. 63.

In den bisherigen Ausführungen war überwiegend von der Gemeinde als einer normativen Ordnung, insbesondere einer Rechtsordnung oder einem Inbegriff von Rechtsordnungen die Rede, die von der Gemeindeordnung über das Verwaltungsrecht bis zum Haushalts- und Steuerrecht reichen. Erkennbar wird in diesem Geflecht von Ordnungen eine Hierarchie, an deren Spitze das Staatsverfassungsrecht (Grundgesetz) steht; es folgt das Verfassungsrecht der Gliedstaaten (Landesverfassungsrecht) und danach das Gemeindeverfassungsrecht (Gemeindeordnung) der einzelnen Gliedstaaten (Länder). In dieser Hierarchie zunehmender, »von oben« her gesehen, Spezifizierung der verfassungsrechtlichen Normen steht an ihrem Fuße die Hauptsatzung einer Gemeinde als »Ausdruck und Substrat der vorhandenen »Verfassungsautonomie« der Kommunen«[1]. Doch hier kann noch eine weitere Spezifizierung erfolgen, und zwar in Gestalt der Geschäftsordnung, die sich der einzelne Gemeinderat gibt, die allerdings nur nach innen gilt.

Jede Gemeinde als sittlicher Organismus oder Verfassung muß sich ihr eigenes Verfassungsrecht (Hauptsatzung) geben, das im Einklang mit der Gemeindeordnung des betreffenden Gliedstaates, die als nächst höhere »Stufe« einen höheren Allgemeinheitsgrad hat, steht. Jeder Gliedstaat wiederum muß sich, im Einklang mit dem eigenen Verfassungsrecht, eine eigene Gemeindeordnung geben, die dann für alle Gemeinden dieses Landes gilt. Sie muß aber, wie das Landesverfassungsrecht, im Einklang mit dem Staatsverfassungsrecht, dem Grundgesetz, stehen, das im Verhältnis zu diesem den höheren, in der ganzen Normenhierarchie höchsten Allgemeinheitsgrad besitzt. Seine Bestimmungen gelten für alle Gemeinden des National-(Bundes-)Staates. Jedoch läßt sich auch ein die einzelnen Nationalstaaten übergreifendes Verfassungsrecht denken, das Bestimmungen zur Gemeinde enthält, die für eine Vielzahl von Staaten gelten.

Jede Stufe in dieser Hierarchie verfassungsrechtlicher Normen legitimiert jeweils die niedrigeren Stufen und wird durch die höheren legitimiert. Die einzelne Gemeinde kann ihre Hauptsatzung ändern, sofern sie dabei die Gemeindeordnung beachtet, sie kann jedoch nicht diese ändern. Und die Länder können jeweils ihre Gemeindeordnung ändern, jedoch nicht die betreffenden Artikel des Grundgesetzes. Werden aber diese substantiell geändert, so hat dies eine Veränderung der Gemeindeordnungen bis hin zu den Hauptsatzungen zur Folge.

---

1) E. Schmidt-Jortzig, Kommunalrecht, a.a.O., S. 146.

Neben dem Kommunalverfassungsrecht beansprucht noch, wie gesagt, das Verwaltungsrecht als Inbegriff aller Normen, die die öffentliche Verwaltung, d.h. die Verwaltungsorganisation, das Verwaltungsverfahren und die Verwaltungstätigkeit regeln, Geltung in der einzelnen Gemeinde. Somit könnte man juristisch die Gemeinde als Kommunalverfassungsrecht und Verwaltungsrecht definieren.

Das Kommunalrecht, das hier mit Hegel als eine Erscheinung oder Äußerung (Ausdruck) des sittlichen Seins begriffen wird, stellt mit diesem, wie ausgeführt, nur die objektive Seite oder das objektive Moment der Idee der Gemeinde dar. Zu dieser gehört jedoch noch die subjektive Seite oder das subjektive Moment der Idee der Gemeinde, die ja als Einheit des Subjektiven und Objektiven begriffen wird. Erst mit der Erfassung des Subjektiven dringt man vollends zur Wirklichkeit der einzelnen Gemeinde vor. Zu ihr gehört eben beides: Zum einen die Ordnungen, die ihre Geltung gegenüber dem einzelnen beanspruchen und zum anderen das Handeln der Subjekte, die aufgrund ihres Wissens und ihrer Gesinnung die ihnen vorgegebene Ordnung reproduzieren. Mit der Reproduktion der ihnen vorgegebenen Ordnung reproduzieren die Subjekte auch ihr eigenes Verfassungs- und Rechtsbewußtsein und damit sich selbst als Bürger und Einwohner einer Gemeinde.

Dieser Gedanke kann mit Hilfe von Begriffen aus dem Bereich der modernen Soziologie präzisiert werden: Statisch gesehen besteht eine konkrete Gemeinde in einer bestimmten formalen Struktur, die sich aus der Gemeindeordnung, einschließlich der Hauptsatzung, sowie dem Verwaltungsrecht ergibt. In Analogie zum Staatsverfassungsrecht schließt diese Struktur, wie gesagt, eine Unterscheidung der Gewalten ein, an die hier noch einmal anhand der Gemeindeordnung Nordrhein-Westfalens erinnert werden soll: Da gibt es das Organ des Bürgermeisters, das die Funktion hat, die Gemeinde nach außen zu vertreten, den Vorsitz im Gemeinderat zu führen und auch Beschlüsse des Gemeinderates zu kontrollieren. Daneben gibt es das Organ des Gemeindevorstandes, das, gleichsam wie eine Regierung, die Funktion hat, die laufenden Geschäfte der Gemeinde zu führen und auch die Tätigkeit des Gemeinderates zu kontrollieren. Sodann gibt es das Organ des Gemeinderats, das die Funktion hat, den Willen der Gemeinde zu bilden und dessen Ausführung durch den Gemeindevorstand zu überwachen. Schließlich gibt es, wie schon an anderer Stelle ausgeführt, das Organ der Verwaltung, dessen Funktion darin besteht, den Willen des Gemeinderates, vermittelt durch den Gemeindevorstand, im einzelnen auszuführen.

Jedes Organ der Gemeinde schließt laut Kommunalverfassungsrecht und Hauptsatzung gegenüber den anderen Organen bestimmte Rechte und Pflichten ein, die auf eine gegenseitige Kontrolle und Hemmung abzielen. Ferner gibt es bestimmte Rechte und Pflichten im Verhältnis zwischen den Organen der Gemeinde einerseits und den Bürgern und Einwohnern andererseits. Die Bürgerschaft ist einerseits »Subjekt«, andererseits, zusammen mit den übrigen Einwohnern, »Objekt« der Gemeinde. Als »Subjekt« hat die Bürgerschaft, vermittelt durch Verbände und politische Parteien, das Recht, die Zusammensetzung des Gemeinderates und, je nach Gemeindeordnung, unmittelbar oder mittelbar die Besetzung des Bürgermeisteramtes und der ggf. übrigen Ämter des Gemeindevorstandes zu bestimmen. Als »Objekt« hat sie sowie die übrige Einwohnerschaft die Pflicht, sich den Beschlüssen des Gemeinderates sowie den »Befehlen« (M. Weber) des Gemeindevorstandes, sofern sie rechtmäßig sind, zu unterwerfen. Mit Bezug auf die Bürgerschaft liegt also eine Selbst-Beherrschung vor; es gilt die Idee der repräsentativen Demokratie.

Je nach Größe der einzelnen Gemeinde, schließt jedes Organ eine oder mehrere Positionen, Oberbürgermeister, Bürgermeister, Oberstadtdirektor, ein. Jede Position involviert gemäß Kommunalrecht spezifische Rechte und Pflichten, die ihren Funktionen dienen. Die Positionen sind eben für die Erfüllung bestimmter (manifester) Funktionen geschaffen und demgemäß mit den erforderlichen Rechtsvorschriften ausgestattet worden, wobei nach unserer Theorie der Grund des Aufbaus dieser formalen Struktur in der Entfaltung der Idee der Gemeinde und des modernen Staates liegt.

Drückt sich in der formalen Struktur der einzelnen Gemeinde einerseits die Idee der Demokratie (Selbst-Beherrschung), so drückt sich in ihr andererseits das Prinzip der Gewaltenunterscheidung[1]. aus. Dies betrifft den »politisch-partizipativen Teil« der formalen Struktur, der noch durch den »administrativen Teil« ergänzt werden muß. Dieser ist charakterisiert durch das, was Max Weber »legale Herrschaft mittelst bureaukratischen Verwaltungsstabs«[2] nennt. Nur der Leiter des Verbandes, so erläutert M. Weber, besitzt seine Herrenstellung »entweder kraft Appropriation oder kraft einer Wahl oder Nachfolgerdesignation«. Aber auch seine Herrenbefugnisse sind legale »Kompetenzen«[3]. Im Falle der Gemeinde wäre der Leiter des bureaukratischen Stabes, d.h. der Verwaltung, der Gemeindevorsteher, je nach Gemeindeordnung, wie ausgeführt, der Bürgermeister oder der Gemeindedirektor. Die Gesamtheit des Verwaltungsstabes, mittels dessen der Gemeindevorsteher unter der Kontrolle der Gemeindevertretung und in Ausführung von Beschlüssen derselben

1) C. Schmitt, Verfassungslehre, a.a.O., S. 182.

2) M. Weber, Wirtschaft und Gesellschaft, 1. Halbb., a.a.O., S. 124.

3) Ebenda.

herrscht, besteht »im reinsten Typus« (Weber) aus Einzelbeamten, die persönlich frei sind und nur sachlichen Amtspflichten gehorchen, in fester Amtshierarchie stehen, feste Amtskompetenzen haben, kraft Kontraktes, also (grundsätzlich) aufgrund freier Auslese nach Fachqualifikation angestellt und mit festen Gehältern sowie Pensionsberechtigung entgolten werden, ihr Amt als einzigen oder Hauptberuf behandeln, eine Laufbahn vor sich sehen (Beförderung je nach Amtsalter und/oder Leistungen), in völliger Trennung von den Verwaltungsmitteln und ohne Aneignung der Verwaltungsposition arbeiten und, schließlich, einer strengen einheitlichen Amtdiziplin und Kontrolle unterliegen.[1]

Die Gemeindeverwaltung in der vollausgebildeten Gemeinde (»Verwaltungsgemeinde« (L. v. Stein)) schließt also eine Hierarchie von Ämtern oder Positionen ein. Hier gibt es keine »Selbst-Beherrschung«, vielmehr vollzieht sich die Herrschaft in dieser formalen Struktur nur »von oben nach unten«. Würde man die formale Struktur einer Gemeinde in eine zweidimensionale räumliche Dimension projizieren, so stellte sie sich dar in Gestalt der voneinander unterschiedenen, sich gegenseitig kontrollierenden und hemmenden Gewalten, der Beziehungen zwischen den Bürgern und den Leitungs-(politischen)organen der Gemeinde (repräsentative Demokratie) und in der Hierarchie von Ämtern oder Positionen.

Doch nun zur dynamischen Betrachtung der Gemeinde: Die Inhaber von politischen und administrativen Positionen in der einzelnen Gemeinde sowie ihre Bürger und Einwohner, für die die Gemeinde ein Mittel ist, und die ihrerseits für die Gemeinde, das allen Gemeinsame, Mittel sind, haben ein Wissen von ihren jeweiligen, an die Position geknüpften Rechten und Pflichten und wollen diese auch. In das System der Sittlichkeit und damit neben der Familie, der Nachbarschaft und dem Staat in das Gemeindewesen hineinsozialisiert, sind die Rechte und Pflichten dieser sittlichen Sphäre sowie die ihr entsprechende rechtliche Ordnung zum Bestandteil von Motivation und Orientierung ihres Handelns geworden. Aus diesen Beweggründen, dem subjektiven Moment der Idee der Gemeinde, heraus handeln die Inhaber der jeweiligen Position, setzen die mit ihr verbundenen Rechte und Pflichten in die Tat um und geben der ihnen vorgegebenen sittlichen Ordnung und ihrer rechtlichen Erscheinungsform Wirklichkeit.

Der Prozeß der Reproduktion der Gemeindewirklichkeit durch das Handeln wissender und motivierter Subjekte läßt sich noch unter Verwendung des Begriffs der sozialen Rolle weiter konkretisieren. Demnach wäre das Handeln

---

1) Ebenda, S. 126–127.

der Inhaber einer Position innerhalb einer Gemeinde, z.B. des Gemeindevorstehers, als das Spielen einer Rolle zu begreifen, wobei wir unter einer Rolle mit Talcott Parsons »die strukturierte, d.h. normativ regulierte Teilnahme einer Person in einem konkreten Prozeß sozialer Interaktion mit spezifizierten konkreten Rollenpartnern«[1] verstehen.

Die Rolle des Inhabers einer Position wäre demnach das Resultat von Interaktionen mit Inhabern von Positionen derselben formalen Struktur, z.B. einer Gemeinde. Das Handeln der Personen in einem Geflecht von Positionen orientiert sich an ihren Vorstellungen von den durch (rechtliche) Normen vorgegebenen Rechten und Pflichten sowie an den Erwartungen ihrer Interaktionspartner, die sich ebenfalls an ihren Vorstellungen von dem für sie relevanten Ausschnitt der vorgegebenen normativen Ordnung orientieren. Es kommt im Verlauf der Interaktionen zu gegenseitigen Anpassungs- und Aushandelungsprozessen, d.h. zu Prozessen der Strukturierung, aus denen als Resultat die Rolle des einzelnen hervorgeht. Sie ist also weder das unmittelbare Resultat der vorgegebenen normativen Ordnung, noch der Interaktionspartner mit ihren Erwartungen und Sanktionsmöglichkeiten, noch der Gesinnung der betreffenden Person allein, sondern das Ergebnis all dieser Komponenten. Die Rolle, einmal entstanden, besteht in den mehr oder weniger festgefügten Erwartungen an den Inhaber einer sozialen Position, die sowohl von ihm selbst als auch von seinen Interaktionspartnern desselben Gefüges sozialer Positionen für legitim gehalten werden. Der einzelne Positionsinhaber wird auf seine Rolle hin »antizipatorisch sozialisiert«, lernt seine Rolle, gestaltet sie mit, verinnerlicht sie und ist deshalb mit seinem Selbst unmittelbar beteiligt, wenn er sie spielt.

Indem die Inhaber einer Position in einer konkreten Gemeinde ihre Rolle spielen, d.h. ihre Rechte und Pflichten, vermittelt durch interaktive Prozesse, in die Tat umsetzen, geben sie der vorgegebenen normativen Ordnung Wirklichkeit oder reproduzieren die Gemeinde als Einheit des Subjektiven und Objektiven, eben als Idee.

Die jeweilige Rolle einer Person ist also nicht von dieser trennbar. Vielmehr ist sie Teil der Person, mehr noch, die Person entsteht und entwickelt sich erst durch Prozesse der Mitgestaltung, des Erlernens und des Spielens von Rollen. Somit ist z.B. die Rolle des Bürgermeisters »X« der Gemeinde »Y« der Persönlichkeit »X« nicht äußerlich, sondern ihr Teil.

---

1) T. Parsons, An Outline of the Social System, in: Theories of Society, hrsg. v. T. Parsons u.a., New York 1965, S. 42.

Die Gemeindewirklichkeit besteht also, so gesehen, in Prozessen des Aufbaus aufeinanderbezogener Rollen, im Rollenspiel und der Stabilisierung von Rollen (-gefügen) durch innere und äußere Sanktionsmechanismen, kurz, in Prozessen der Aktualisierung der Gemeinde als sittliche und rechtliche Ordnung; sie wäre nach Hegel als »sittliche Idee« zu begreifen, insofern sie die Einheit des Subjektiven (Wissen, Gesinnung, Rolle, Handeln) und des Objektiven (normative Ordnung, »sittlich- rechtliches Sein«) ist. Es handelt sich dabei um einen Prozeß der Reproduktion, der auf der einen Seite stets von neuem die Gemeinde als Ordnung und auf der anderen Seite ihre Bewohner als Reproduzenten dieser Ordnung wiederherstellt.

Die Frage stellt sich jedoch, inwieweit nicht dieser Begriff von der Gemeindewirklichkeit noch zu abstrakt ist, um diese in ihrer Ganzheit zu erfassen und deshalb weiter konkretisiert werden muß. Wirft man nämlich einen Blick auf die unmittelbare (»tatsächliche«) Wirklichkeit einzelner Gemeinden, so wird man in keiner, erst recht nicht in den größeren, eine reibungslos sich reproduzierende Ordnung antreffen. Vielmehr wird man auf rechtliche Inkonsistenzen, Widersprüche, Gegensätze, Spannungen, Konflikte, Zwänge, Ämterpatronage, »Parteibuchwirtschaft«, unangemessene Sozialisation von »Gemeindedienern«, Normabweichungen usw. stoßen, die in vieler Hinsicht das Bild von der Gemeinde als einer sittlichen Wirklichkeit trüben. Dem würde Hegel entschieden entgegenhalten, daß dies größtenteils zur Gemeindewirklichkeit gehöre. Spannungen, Konflikte und Konkurrenzkämpfe u.a. seien eben als Möglichkeiten und Notwendigkeiten im Zuge der Aktualisierung einer Gemeinde als normativer Ordnung angelegt. Ohne sie wäre eine lebendige Gemeinde gar nicht erst denkbar, gäbe es keine Fortentwicklung der einzelnen Gemeinde, wie des Gemeindewesens überhaupt.

Die Gemeinde als Verfassung wäre nach Hegel das Substantielle der Gemeindewirklichkeit. Sie schließt Möglichkeiten, Notwendigkeiten und auch Zufälle ein. So schafft sie ein Tätigkeitsfeld für politische Parteien, die sich auf dem Wege des Kampfes um Wählerstimmen die Leitung der Gemeinde aneignen können. Die siegreiche Partei(-enkoalition) ist dann in der Lage, Führungspositionen in der Gemeinde mit ihren Mitgliedern zu besetzen. Die Gemeinde als Verfassung eröffnet also Leidenschaften, Interessen, Ehrgeiz und anderen Antrieben menschlichen Handelns einen Spielraum. Und die größeren Gemeinden stellen mit ihrem umfangreichen Verwaltungsapparat Arbeitsplätze, unkündbare Beamtenpositionen mit Pensionsberechtigung und berufliche Aufstiegschancen zur Verfügung. Damit ist sie Betätigungsfeld für Aufstiegsstreben, Konkurrenzkampf, Neid, Arroganz und Intrige. In ihm gibt es Opportunismus, »Bürokratismus«, Nepotismus, soziale Benachteiligung »Parteibuchwirtschaft«, »Filzokratie« usw. Die Gemeinde als sittliche Idee ermöglicht ferner die Durchsetzung partikularer Interessen zu Lasten anderer Interessen, ferner die Korruption; zur Wirklichkeit der Gemeinde gehört allerdings auch, daß diese bestraft wird.

Die Gemeinde als Verfassung schafft also ein Feld für eine Vielfalt von »Naturgesetzen« (Notwendigkeiten), realen Möglichkeiten und Zufällen. So gibt es die Möglichkeit, daß bloße Demagogen und lokale »Cliquen« (Klüngel) die politische Führung in einer Gemeinde übernehmen, die nur ihren eigenen Vorteil im Auge haben. Solange diese jedoch nicht laufend das Kommunalrecht brechen, mag zwar die betreffende Gemeinde dadurch deformiert werden, sie wird aber nicht zerstört. Auch eine schlechte Gemeinde, so würde Hegel sagen, bleibt eine Gemeinde und Teil des übergreifenden Gemeindewesens. Zu einer »unwirklichen« Gemeinde oder zu einem bloßen unorganisierten Haufen von Menschen an einem bestimmten Ort wird eine Gemeinde erst dann, wenn sie (als Verfassung) am Handeln ihrer Einwohner nicht mehr ihre »vermittelte Existenz« hat.

Wenn gesagt wird, daß die sittliche Idee das Substantielle in der Wirklichkeit der einzelnen Gemeinde sei, so heißt das also nicht, daß ihre Einwohner und Bürger sich in ihrem Handeln bewußt am Allgemeinwohl orientieren. Vielmehr haben sie, Mitglieder von Familien und Teilnehmer an der lokalen bürgerlichen Marktgesellschaft, legitimerweise, ihre Interessen im Auge, beachten aber, bei ihrer Verfolgung, sei es aus Überzeugung, sei es aus Angst vor negativen Sanktionen, Verfassung und Recht. Damit leisten sie mit ihrem Tun unbewußt einen Beitrag zur Reproduktion ihrer Gemeinde. So gesehen, erweist sich die Gemeindewirklichkeit als ein »Behälter von Interessen und ihren Durchsetzungschancen«. Dies schließt nicht die Möglichkeit aus, daß sich Bürger einer Gemeinde bewußt für das Allgemeininteresse und »ideale Ziele« einsetzen. Auch dies ist in einer Gemeinde möglich, und in dem Maße wie es wirklich wird, kräftigt es die Gemeinde als lokale Lebensgemeinschaft.

Versteht man unter »Gemeindewirklichkeit«, wie es hier geschieht, eine lebendige Totalität, ein sich bildendes, widersprüchliches und entwickelndes Ganzes, so gehören dazu neben der Gemeinde als Verfassung, wie schon angedeutet, die Familien, Nachbarschaften, die lokale bürgerliche Gesellschaft und ihre Verbände sowie das sonstige Vereinswesen. Es handelt sich dabei um die private Sphäre, die der gemeindlichen gegenübersteht. Dem Anschein nach sind es zwei von einander getrennte, gegeneinander autonome Sphären. Doch tatsächlich ist, wie auch an anderer Stelle ausgeführt wird, die Gemeinde die Voraussetzung der ihr gegenüberstehenden privaten Sphäre. Doch ohne diese ist keine Gemeinde denkbar; kommen doch aus ihr heraus die Inhalte gemeindlichen Handelns in Gestalt partikularer Interessen, und ist sie doch Mittel der gemeindlichen Entwicklung. Andererseits dient die Gemeinde den Lebenseinheiten der privaten Sphäre als Mittel ihrer Entwicklung.

Widersprüche, Gegensätze, Spannungen und Konflikte in der lokalen bürgerlichen Gesellschaft, der Sphäre des »universalen Egoismus«, wirken sich auf die Familien (Sphäre des »partikularen Altruismus«) einerseits und auf die (politische) Gemeinde andererseits aus. Leiden z.B. Arbeitnehmerfamilien unter Arbeitslosigkeit oder Arbeitskämpfen, so wirkt sich dies in vielfältiger Weise auf die Gemeinde als einer Sphäre des »universalen Altruismus«[1] aus. Sie ist verpflichtet auf solche soziale Probleme mittels ihrer Einrichtungen zu reagieren oder, wenn das Problem in den Gemeinderat durch eine oder mehrere politische Parteien, verbunden mit Hilfsprogrammen, eingebracht wird, entsprechende Beschlüsse zu fassen.

8.2 Begriff der Gemeindepolitik

In seinem Vortrag »Politik als Beruf« fragt M. Weber: »Was verstehen wir unter Politik?« und antwortet selbst darauf: »Der Begriff ist außerordentlich weit und umfaßt jede Art selbständig *leitender* Tätigkeit. Man spricht von der Devisenpolitik der Banken, von der Diskontpolitik der Reichsbank, von der Politik einer Gewerkschaft in einem Streik, man kann sprechen von der Schulpolitik einer Stadt– oder Dorfgemeinde, von der Politik eines Vereinsvorstandes bei dessen Leitung, ja schließlich von der Politik einer klugen Frau, die ihren Mann zu lenken trachtet. Ein derartig weiter Begriff liegt unseren Betrachtungen hier nicht zugrunde. Wir wollen darunter nur verstehen: die Leitung oder die Beeinflussung der Leitung eines *politischen* Verbandes, heute also: eines *Staates.*«[2]

Da M. Weber auch eine Gemeinde unter den Begriff des politischen Verbandes fassen würde, kann man seinen Begriff von Politik auch auf sie anwenden und somit unter »Gemeindepolitik« die Leitung oder die Beeinflussung der Leitung einer Gemeinde verstehen. »Gemeindepolitik« wäre demnach nicht bloß, entsprechend dem weiter gefaßten Begriff von »Politik«, die »planvolle Behandlung und *Führung* einer bestimmten sachlichen Angelegenheit«[3] in der Gemeinde, wie z.B. Schul-, Verkehrs-, Gewerbepolitik usw., sondern eben die Leitung der Gemeinde oder die Beeinflussung derselben.

---

1) Vgl. dazu: S. Avineri, Hegels Theorie des modernen Staates, Frankfurt 1976, S. 162.

2) M. Weber, Politik als Beruf, in: Erläuterungen zu M. Weber, Staatssoziologie, 2. Aufl., hrsg. v. J. Winckelmann, Berlin 1966, S. 122.

3) M. Weber, Wirtschaft und Gesellschaft, 1. Halbb., a.a.O., S. 30.

Versteht man unter »Politik« die Leitung oder die Beeinflussung der Leitung eines politischen Verbandes, wie Weber es tut, so bleibt zu klären, was unter dem Attribut »politisch« zu verstehen ist. Nach Weber ist, wie schon oben ausgeführt, ein Verband »politisch«, insoweit sein Bestand und die Geltung seiner Ordnungen innerhalb seines Gebietes »kontinuierlich durch Anwendung und Androhung *physischen* Zwanges seitens des Verwaltungsstabes garantiert werden«. Und er fährt dann fort: »*Staat* soll ein politischer *Anstaltsbetrieb* heißen, wenn und insoweit sein Verwaltungsstab erfolgreich das *Monopol legitimen* physischen Zwanges für die Durchführung der Ordnungen in Anspruch nimmt.«[1]

Für Weber ist demnach der Staat ein spezieller politischer Verband, indem sein Verwaltungsstab erfolgreich das Monopol legitimen physischen Zwanges für die Durchführung der Ordnungen in Anspruch nimmt. Zum Begriff des Staates gehört also, Weber zufolge, das legitimierte Gewaltmonopol. Das Monopol legitimen physischen Zwanges besitzt die einzelne Gemeinde, allerdings vom Staat abgeleitet (»mittelbare, dezentrale Staatsverwaltung«), auch; sie nimmt es zur Realisierung ihrer vom Staat auferlegten oder von ihm gebilligten Ordnungen in Anspruch.

»Gemeindepolitik« wäre also nunmehr zu bestimmen als die Leitung oder die Beeinflussung der Leitung des speziellen politischen Verbandes »Gemeinde« als mittelbare Staats- und als Selbstverwaltung.

Im Begriff der Politik Webers sind, wie Johannes Winckelmann hervorhebt, zwei Formen des Handelns enthalten, nämlich das *politische* Handeln und das *politisch orientierte* Handeln. Was das politische Handeln betrifft, so ist damit das Handeln der Leitung eines politischen Verbandes gemeint und schließt, der Definition desselben gemäß, physischen Zwang, Gewaltsamkeit und Herrschaft ein. Was das politisch orientierte Handeln angeht, so versteht Weber darunter die Beeinflussung oder Aneignung der Leitung eines politischen Verbandes. »»Politisch orientiert« soll ein soziales Handeln, insbesondere auch ein Verbandshandeln, dann und insoweit heißen, als es die Beeinflussung der Leitung eines politischen Verbandes, insbesondere die Appropriation oder Expropriation oder Neuverteilung oder Zuweisung von Regierungsgewalten, bezweckt.«[2]

»Gemeindepolitik« würde somit nach Weber sowohl das (politische) Handeln der Leiter einer Gemeinde als auch das (politisch orientierte) Handeln der

---

1) Ebenda, S. 29.
2) Ebenda.

Bürger, Parteien und freien Wählergruppen sowie Bürgerinitiativen einschließen, das darauf abzielt, die Leitung ihrer Gemeinde zu beeinflussen oder sie sich über den Kampf um die Zustimmung der Wähler anzueignen. »Gemeindepolitik« im »verschärften Sinne« ist der Kampf um die Mehrheit der Mandate in der Gemeindevertretung und die Übernahme des Gemeindevorstandes; sie ist, in der Folge, die Durchsetzung von Ordnungen (Satzungen), auf deren Grundlage die Gemeinde verwaltet werden soll sowie von Konzepten zur Lösung von Problemen und Aufgaben.

»Gemeindepolitik«, so läßt sich mit Weber die Begriffsdiskussion fortsetzen, heißt »Streben nach Machtanteil oder nach Beeinflussung der Machtverteilung«[1] innerhalb einer Gemeinde zwischen den Menschengruppen, die sie umschließt. Damit würde man sich, Weber zufolge, im wesentlichen dem Sprachgebrauch anpassen: »Wenn man von einer Frage sagt: sie sei eine »politische« Frage, von einem Minister oder Beamten: er sei ein »politischer« Beamter, von einem Entschluß: er sei »politisch« bedingt, so ist damit immer gemeint: Machtverteilungs-, Machterhaltungs- oder Machtverschiebungsinteressen sind maßgebend für die Antwort auf jene Frage oder bedingen diesen Entschluß oder bestimmen die Tätigkeitssphäre des betreffenden Beamten.«

Derjenige der Gemeindepolitik treibt, so läßt sich der Faden anhand Weberscher Gedanken fortspinnen, erstrebt Macht: Macht entweder als Mittel im Dienste anderer, z.B. idealer oder egoistischer Ziele, oder Macht um ihrer selbst Willen. Ebensowenig wie ein »Kapitalist« darauf verzichten kann, sein Kapital gewinnbringend zu verwerten, kann ein Politiker darauf verzichten, nach Macht zu streben oder zu versuchen, die Machtverteilung zu verändern. Ein »Kapitalist«, der aufhört, nach Gewinn und immer wieder nach Gewinn zu streben, hört auf ein »Kapitalist« zu sein, ein Politiker, der aufhört nach Macht und immer wieder nach Macht zu streben, hört auf ein Politiker zu sein. Bleiben bei einem »Kapitalisten« die Gewinne aus, so fehlen ihm die Mittel für die erforderlichen Investitionen, bleibt bei einem Politiker die Macht aus, so fehlt ihm das Mittel, Ziele zugunsten der von ihm anvisierten Wählerschicht durchzusetzen. Würde der »Kapitalist« alsbald keine Käufer mehr für seine Waren finden, so würde der Politiker alsbald keine Wählerstimmen mehr bekommen.

Geht man davon aus, daß »Gemeindepolitik« für die Beteiligten, Politiker, politische Parteien usw., in erster Linie zum Zweck hat, ihren jeweiligen Machtanteil in der Gemeinde zu erhöhen, so stellt sich die Frage, welche

---

1) M. Weber, Staatssoziologie, a.a.O., S. 27.

Folgen dies für diese und ihre Einwohner hat. Folgt man Hegels Gedanken von der »List der Vernunft«, der an jenen von der »unsichtbaren Hand« Adam Smith erinnert, so kommt aufgrund des Machtstrebens einzelner Politiker und politischer Parteien etwas heraus, was diese nicht beabsichtigten, nämlich die Vermittlung zwischen den einzelnen Privatpersonen einerseits und ihrer Gemeinde andererseits. Dabei wird freilich vorausgesetzt, daß sie sich in ihrem Handeln, bei den Versuchen, ihren Machtanteil zu erhöhen oder die Machtverteilung in der Gemeinde zu verändern, an der geltenden Rechtsordnung orientieren.

Die Gemeinde als sittliche Idee, so würde Hegel argumentieren, läßt Leidenschaften, Interessen, »Machtinstinkte« für sich arbeiten. Sie bietet diesen, wie der moderne Staat, ein Wirkungsfeld. Doch aus dem Handeln der von ihnen Getriebenen kommt etwas heraus, was diese nicht wollten, eben die Vermittlung zwischen partikularen Interessen und dem Allgemeininteresse, schließlich die Reproduktion der Gemeinde als Verfassung. Nicht in erster Linie den »Idealisten« und »Moralisten« verdankt also die einzelne moderne Gemeinde ihre Lebendigkeit, Stabilität und Entwicklung, sondern den »Selbstsüchtigen« und »Machthungrigen«.

C. Schmitt sieht als das Spezifische im politischen Handeln die Unterscheidung von Freund und Feind.[1] Demnach schließt »Gemeindepolitik«, auf welchem Feld sie immer auftreten mag, den »intensivste(n) und äußerste(n) Gegensatz« ein und die »konkrete Gegensätzlichkeit ist um so politischer, je mehr sie sich dem äußersten Punkte, der Freund-Feind-Gruppierung, nähert«[2]. Demnach wird die »Wirtschaftspflege« oder die »Wirtschaftsförderung« zur »Wirtschaftspolitik«, wenn auf diesem Feld gemeindlichen Handelns Gegensätze auftreten, die sich bis zum Freund-Feind-Verhältnis steigern. Oder die »Wohlfahrtspflege« in der Gemeinde wird zur Sozialpolitik, wenn sich eine bestimmte Gruppe der Bevölkerung ihrer annimmt und für die Armen und Bedürftigen in der Gemeinde den Kampf aufnimmt, was dann zu einer Spaltung der Gemeinde in Freunde und Feinde führt.

Das Politische kann, wie Schmitt weiter ausführt, »seine Kraft aus den verschiedenen Bereichen menschlichen Lebens ziehen, aus religiösen, ökonomischen, moralischen und anderen Gegensätzen; es bezeichnet kein eigenes Sachgebiet, sondern nur den *Intensitätsgrad* einer Assoziation oder Dissoziation von Menschen, deren Motive religiöser, nationaler (im ethnischen oder kultu-

---

1) C. Schmitt, Der Begriff des Politischen, Berlin 1979, S. 26.
2) Ebenda, S. 30.

rellen Sinne), wirtschaftlicher oder anderer Art sein können und zu verschiedenen Zeiten verschiedene Verbindungen und Trennungen bewirken«[1]. Die reale Freund-Feind-Gruppierung ist, wie er fortfährt, seinsmäßig so stark und ausschlaggebend, daß der nichtpolitische Gegensatz in demselben Augenblick, in dem er diese Gruppierung bewirkt, seine bisherigen rein religiösen oder rein wirtschaftlichen Kriterien und Motive zurückstellt; sie werden den völlig neuen, eigenartigen und von ihrem jeweiligen Ausgangspunkt her gesehen »oft sehr inkonsequenten und »irrationalen« Bedingungen und Folgerungen der nunmehr politischen Situation unterworfen«[2]. Zum Beispiel wird die Sprache zwischen unterschiedlichen Gruppen polemisch. Aus dem Unternehmer wird der »Ausbeuter«, aus dem Arbeiter der »Prolet«. Der »Feind« ist allerdings, wie Schmitt hervorhebt, nur der »öffentliche«, nicht der »private« Feind; der politische Gegensatz muß auch nicht persönlichen Haß einschließen.

So interessant die Schmittsche Definition des Politischen auch erscheinen, so sehr sie auch einem Ausschnitt des Alltagsverständnisses entsprechen mag, so wollen wir ihr hier gleichwohl nicht folgen, sondern stattdessen dem Weberschen Begriff des Politischen den Vorzug geben.

Der Begriff des Politischen, wie Schmitt ihn versteht, wird gewiß in weiten Teilen sowohl der »Konservativen« als auch der »Linken« geteilt, geht man einmal davon aus, daß diese Bezeichnungen noch einen erkennbaren Inhalt haben. Was die »Konservativen« betrifft, so werden viele unter ihnen ein solches Verständnis von Politik als Argument verwenden, um »Gemeindepolitik« als etwas der Gemeinde »Wesensfremdes« abzulehnen. Die einen werden ins Feld führen, worauf im folgenden eingegangen werden wird, daß im Leitungsbereich einer Gemeinde nur »Sachentscheidungen« zu fällen sind, die anderen, daß »Politik« das friedliche Zusammenleben in der Gemeinde stört, und zu ihrer Desintegration beiträgt. Und die einen wie die anderen werden darauf verweisen, daß »Politik« nur auf der gesamtstaatlichen Ebene, vor allem in Parlament und Regierung, ihr legitimes und notwendiges Wirkungsfeld habe. Was die »Linken« betrifft, so werden sie, im diametralen Gegensatz zu den »Konservativen«, eine »Politisierung« aller Tätigkeitsfelder der Gemeinde fordern und so gut wie in jeder Entscheidung ihrer Führungsorgane eine »politische Entscheidung« sehen.

---

1) Ebenda, S. 38-39.
2) Ebenda, S. 39.

8.3 Gemeindepolitik zwischen Sachentscheidung und Parteipolitik

Folgt man Rudolf Gneist in seinem Werk »Verwaltung, Justiz, Rechtsweg«, der zu seiner Zeit als Reformer[1] des deutschen Gemeinde- und Staatswesens angesehen werden kann, so sind die Entscheidungen, die eine Gemeinde zu fällen hat, im wesentlichen Sachentscheidungen.[2] Dies ergab sich für ihn aus dem »Wesen« der sich damals entwickelnden modernen Gemeinde. Seine in der Betrachtungsweise der kommunalen Selbstverwaltung einflußreiche Theorie hat somit »viel dazu beigetragen, der kommunalen Selbstverwaltung den Anschein einer unpolitischen Erfüllung vorgegebener Pflichten zu geben«[3].

Als Vorbild für die Entwicklung des modernen Gemeindewesens in Deutschland, das mit seiner Gemeinde-(Städte-)reform nach 1808 nur stockend vorankam, war für ihn in vieler Hinsicht das damalige England. Doch hielt er die Bestrebungen zu einer »Demokratisierung«/ »Parlamentarisierung« der Gemeinden im Sinne einer Parteiendemokratie, wie sie im damaligen England hervortraten und von John Stuart Mill befürwortet wurden, für problematisch. Er befürchtete, daß sie ein ungezügeltes Spiel privater Interessen ermöglichen und auf eine Politisierung der gemeindlichen Entscheidungsprozesse hinauslaufen würden, was dem eigentlichen Charakter der Gemeinden widerspräche. Das »selfgovernment« in England, zwischen Parlament und Staatsverwaltung stehend, war nämlich nach Gneist, und so sollte es, ihm zufolge, auch in Deutschland sein, »ein System der Staatsverwaltung, ein zweites ergänzendes System zur Ausführung des Staatswillens, umfassend solche Funktionen, welche sich zu einer Handhabung im Nachbarverband eignen, d.h. die Feststellung solcher Fragen, welche von concreten, individuellen, örtlichen Verhältnissen abhängig, durch keine Gesetzesregel zu erschöpfen und zu begrenzen sind«[4]. Das selfgovernment erscheint demgemäß, so fährt er fort, als ein Staatsauftrag an die Gemeinden entweder in Gestalt einer Kommission oder eines höheren oder niederen Amts.[5] Es beruht auf dem staatlichen Grundsatz des Ernennungsrechts im Fall der Besetzung von Ämtern in den Gemeinden und sonstigen Bereichen des selfgovernment; alle Ämter des selfgovernment haben dementsprechend den reinen und vollen Amtscharakter, einschließlich der Rechte, die die Folge der öffentlichen Pflichten sind. Es gibt also eine voll-

---

1) Vgl. dazu: W. Hofmann, Die Entwicklung der kommunalen Selbstverwaltung von 1848 bis 1918, in: Handbuch der kommunalen Wissenschaft und Praxis, Bd. 1, a.a.O., S. 73.

2) R. Gneist, Verwaltung, Justiz, Rechtsweg, (Neudr. d. Ausgabe Berlin 1869), Osnabrück 1978.

3) W. Hofmann, Die Entwicklung der kommunalen Selbstverwaltung, a.a.O. S. 73.

4) R. Gneist, Verwaltung...a.a.O., S. 95.

5) Ebenda.

kommene Identität der Ämter des selfgovernment mit den Staatsämtern[1]. Der Umfang des selfgovernment bestimmt sich, so heißt es an anderer Stelle weiter, folgerichtig nach staatlichem Bedürfnis, nicht aber nach den sozialen Interessen einzelner Gesellschaftsklassen, die eine »erhöhte Geltung durch »Selbstverwaltung« suchen«. Die englische Gesetzgebung habe dabei den Grundsatz festgehalten: »der Ortsgemeinde an persönlicher Thätigkeit und Steuerlast zuzumuthen, was sie tragen kann; was darüber hinausgeht, dem Kreisverband aufzulegen; was dessen Kräfte übersteigt, durch Staatsbeamte und Staatsgelder zu bestreiten. »Die daraus hervorgehende »Dezentralisation« ist nur Dezentralisation der Verwaltung, nicht der Gesetzgebung und der Besteuerung«[2]. Es ergibt sich daraus, daß selfgovernment und Dezentralisation, Gneist zufolge, nur in solchen Funktionen stattfinden können, die durch Ehrenämter verwaltet werden können, »also in solchen Acten einer jurisdiction, welche ländliche und städtische Honoratioren, in solchen Unterämtern, welche Bauern und Handwerker erfahrungsmäßig verwalten können«. »Da aber alle öffentlichen persönlichen Lasten gegen das nächste Interesse der Gesellschaft sind, so kann kein selfgovernment bestehen ohne einen ernstlich gemeinten und rechtlich gehandhabten Zwang.«[3]

Somit können sich Bürger einer Gemeinde nicht ohne weiteres der Betrauung mit einem Ehrenamt entziehen. Staatsfunktionen können nicht nur Bürgern (der besitzenden Klassen im damaligen England) als Ehrenamt aufgetragen werden, sondern sie sollen auch Ehrenamt sein.

Der Ernst, mit dem dieser Grundsatz in England geltend gemacht wurde, hat, Gneist zufolge, das selfgovernment aufgebaut. Daraus geht hervor, daß das selfgovernment nicht aus dem natürlichen Drang der Gesellschaft und der sozialen Interessen heraus entstehen kann, sondern, wie es bei ihm heißt, nur durch eine über den sozialen Klassen und Lokalinteressen stehende, weitersehende Gesetzgebung.[4]

Das selfgovernment, so fährt er fort, indem es so Amtspflichten mit den besitzenden und Mittelklassen zwangsweise verbindet, stellt die innere Verbindung von Staat und Gesellschaft in den einzelnen Gliedern und im täglichen Leben des Staats dar. Dem Rechtsgrundsatz nach sei das englische selfgovernment auf jede Klasse und jede Formation des Besitzes in der alten wie in der neuen Gesellschaft anwendbar.

---

1) Ebenda, S. 96–99.
2) Ebenda, S. 99.
3) Ebenda, S. 99–100.
4) Ebenda, S. 100.

Die Besitzweise, ob man z.B. Rittergutsbesitzer oder städtischer Kaufmann war, war im damaligen England als Voraussetzung für die Betrauung mit einem Ehrenamt im Rahmen der Selbstverwaltung unerheblich. Entscheidend war die Würdigkeit der Person; sie wurde geprüft und durch Ernennung bestätigt.[1]

Das selfgovernment bildet, wie Gneist zusammenfaßt, einen integrierenden Teil der Rechtsordnung wie der Staatsverwaltung. Die Einschiebung dieses »Zwischenbaus« sei notwendig gewesen, um der englischen Verfassung den Charakter des Rechtsstaats zu geben; hat er doch bereits zu Beginn des Vorwortes seines Buches daran erinnert, daß die parlamentarische Regierung Englands eine Regierung nach Gesetzen und durch Gesetze sei. Dabei verweist er auf den damals auf dem Kontinent weithin unbekannten Tatbestand, daß die englische Staatsverfassung ein Verwaltungsrecht enthält, d.h. ein sich ständig erweiterndes System von Gesetzen, die die Ausübung der Staatsgewalt regeln. Interessant ist auch seine Feststellung, daß die englische Parlamentsverfassung nicht der Grund, sondern das Resultat jenes Verwaltungsrechts und selfgovernment sei. Deshalb habe die wissenschaftliche Darstellung des englischen Staatsrechts auch mit dem Verwaltungsrecht zu beginnen und muß mit dem selfgovernment fortfahren, um schließlich mit der Parlamentsverfassung zu enden.

Sieht man das von Gneist einst befürwortete »englische System« der Selbstverwaltung als ein Vorbild für die Gestaltung des heutigen Gemeindewesens an, so läge die gemeindliche Selbstverwaltung in den Händen geprüfter und für würdig befundener Personen, denen ihr Amt angetragen wurde, und dem sie sich nicht aufgrund der Eigenart des Amtes — ein Ehrenamt im vollen Sinne des Wortes — entziehen konnten. Von einer Parteiendemokratie, wie sie heutzutage auch auf der Gemeindeebene gang und gäbe ist, wäre folglich nicht die Rede. Gneist sprach sich denn auch entschieden gegen Parteiendemokratie und Parteipolitik in den Gemeinden aus und beurteilte deshalb die Weiterentwicklung des englischen Gemeindewesens im 19. Jahrhundert hin zur Parteiendemokratie sehr skeptisch. So beklagte er, daß mit den weiteren Reformen in England die persönlichen Pflichten der Bürger in den Gemeinden abnähmen. Der einzelne Bürger würde nur noch von Zeit zu Zeit zur Wahl aufgerufen, und indem er von seinem Wahlrecht Gebrauch macht, erfülle er einen wesentlichen Teil seiner Pflichten gegenüber der Gemeinde. Zur Übernahme eines Amtes im Rahmen der gemeindlichen Selbstverwaltung könne er nicht mehr gezwungen werden. Nunmehr werden die Positionen in den Selbstverwaltungs-

---

1) Ebenda, S. 101.

gremien von Parteien besetzt, die sich mit ihren Kandidaten in bestimmten Zeitabständen den Bürgern zur Wahl stellen.

Es zeigt sich, ihm zufolge, daß mit der Neubildung der Kreis-, Stadt- und Dorfparlamente »die Gelenkbänder der Verfassung zu weichen beginnen«[1]. In ihrem Kampf gegen die regierende Klasse hätten nämlich die Mittelklassen als das Wertvollste an den neuen Errungenschaften das angesehen, was der regierenden Klasse den sichtbaren Teil ihres Einflusses gibt: die patronage. Dabei hätten sie nicht bemerkt, daß solche Ehrenrechte ein hohes Maß an »Selbsttun« (Gneist) voraussetzen, »daß aller Einfluß im Staatsleben nur durch persönliche Übernahme von Staatsfunktionen zu gewinnen und zu behaupten ist«[2]. Deshalb sei es alsbald dazu gekommen, daß die Ortsparlamente von ihrem Anstellungsrecht keinen guten Gebrauch machten. Es zeige sich, daß in dem neuen Gemeindeleben mehr Nepotismus herrscht als in der Staatsverwaltung. Stellen mit inkompetenten Bewerbern werden aufgrund kurzsichtiger Interessen und »Filzokratie«, wie man heute sagen würde, besetzt. »Eine Selbstregierung, die nur in dem gelegentlichen Zusammentreiben vieler Wähler besteht, und in Gewählten, die nicht selbst Hand an's Werk legen, sondern nur Ämter vergeben sollen, wird zugleich ein Tummelplatz für Club- und Fraktionstreiben, ein Feld zur Entwickelung der Beredsamkeit kleiner Dorf- und Stadt- Demagogen. Die Vorberathung der Gemeindeangelegenheiten erfolgt in Cliquen, die sich in Wirthshäusern zusammenfinden.«[3] Noch übler sei jedoch das »Entweichen des Bürgersinns und des Pflichtgefühls«, dessen Hauptquelle die »Schule« des selfgovernment gewesen sei. Es erweist sich, so Gneist, daß ein bloßes Wahlrecht der Ortsparlamente ein solches Pflichtgefühl nicht erzeugt. Das neue Gemeindesystem, so schließt er, hört auf, ein »tragfähiges Glied des Staatskörpers, die Grundlage der Parlamentswahlen, die Quelle der politischen Bildung des englischen Volks zu sein«[4]. Am stärksten träten diese negativen Erscheinungen dort auf, wo der Einfluß der sozialen Ideen am stärksten sei, in der Metropole (London) mit ihrer hohen Bevölkerungszahl und Bevölkerungsdichte. Schließlich bekräftigt er seine Aussage, daß nur die lebendige persönliche Arbeit im Gemeindeleben das Wesen des selfgovernment bilde. Ämterpatronage und Pfründenwirtschaft, so läßt sich aus Gneists Kritik folgern, verfälschen die Idee der Selbstverwaltung.

---

1) Ebenda, S. 103.
2) Ebenda.
3) Ebenda.
4) Ebenda, S. 104.

Niemand wird sagen, die Befürchtungen Gneists seien ganz unbegründet, und man wird auch heutzutage genügend Beispiele finden, die sie bestätigen. Geteilt wurden diese Befürchtungen, die Gneist in seinem 1869 erschienenen Buch äußerte, von John Stuart Mill nicht. »Gerüstet mit wirthschaftlicher Logik und logischer Volkswirtschaft ist er der eigentliche Philosoph der neueren Erwerbsgesellschaft über den Staat, vorzugsweise in seiner Hauptschrift *on the representative government*, geworden.«[1] Dieser schrieb darin (1861) »Die Grundsätze, welche dabei [Organisation lokaler Vertretungen, P.S.] zur Anwendung kommen, unterscheiden sich in keiner Beziehung von denen, welche für die Bildung der Volksvertretung maßgebend sind. Es ist ebenso nothwendig wie in dem Falle, wo es sich um die wichtigern Verrichtungen handelt, diese Körperschaften aus Wahlen hervorgehen zu lassen, und es sprechen dieselben Gründe dafür, ihnen eine breite demokratische Grundlage zu geben, ja diese Gründe fallen hier in so weit noch stärker ins Gewicht, als die Gefahren geringer, und die Vortheile in bezug auf die Erziehung und Bildung des Volkes in vielen Beziehungen sogar noch größer sind.«[2]

Mill vertrat in der Frage des selfgovernment eine Position, die der Gneistschen geradezu entgegengesetzt war. Deshalb setzte sich Gneist mit jener grundsätzlich auseinander, zumal er die Sozialphilosophie Mills sowohl für einen Ausdruck des Zeitgeistes im England der zweiten Hälfte des 19. Jahrhunderts als auch für wirkungsmächtig ansah. Die Unterschiede im Verständnis von »selfgovernment« lassen sich, wie er im einzelnen ausführt, auf unterschiedliche sozial-(philosophische)theoretische Grundpositionen zurückführen. Vereinfacht ausgedrückt, vertritt Mill den Standpunkt, wonach im Verhältnis »Gesellschaft – Staat« die Gesellschaft das »Erste«, die »Basis« oder das »Ausschlaggebende« ist, wobei die Gesellschaft im Zusammen- und Gegeneinanderwirken von Individuen besteht, die bloß an der Beförderung ihres eigenen Wohls interessiert sind, was Mill auch für »natürlich« und berechtigt hält (Utilitarismus). »Grundbesitz und Capital, industrieller Besitz und Arbeit haben den Grundsatz ›Jeder ist sich selbst der Nächste‹ zum höchsten Lebensprinzip erhoben.«[3]

Unter »Gesellschaft« versteht also Mill offensichtlich die liberale, atomistische Wirtschaftsgesellschaft. Folgerichtig sieht die Gesellschaft im Staat, wie Gneist kritisch referiert, nichts weiter als die Verwirklichung von Interessen. Das Interesse ist aber, wie er schreibt, immer ein und dasselbe: »es ist das Bestreben, das eigene Wohl und die eigene Macht zu erhalten, zu befestigen und zu

---

1) Ebenda, S. 52.

2) J. St. Mill, Betrachtungen über Repräsentativregierung, in Gesammelte Werke Bd. 8, (Neudr. d. Ausgabe Leipzig 1873), Aalen 1968, S. 207.

3) R. Gneist, Verwaltung...a.a.O., S. 52.

erweitern, und zwar auf Kosten Anderer, wie dies nicht anders möglich.«[1]

Geht nach dieser Position der Staat in der Gesamtheit der Interessen auf, so geht, wie Gneist folgert, alle Verfassung in Wahlen auf. Die Gesellschaft kenne keine andere Form eines gemeinsamen Willens als durch Wahl, diese sei das durchgehende Organisationsschema, und zwar von der Aktiengesellschaft bis hin zur Kreisverwaltung. Indem aber die Gesellschaft nichts als Interessen im Staate suche, wird es ihr unmöglich, irgend ein Maß für die Beteiligung am Staate zu finden, was die Gesellschaft »unabänderlich zu dem Sprung in's Dunkele: zum *allgemeinen Stimmrecht* [führt, P.S.], da jeder Mensch in der That gesellschaftliche Interessen hat«[2].

In der Tat trat Mill für das allgemeine Stimmrecht, auch für die Frauen ein. Gneist sah darin ein Prinzip, das keine begründbare Einschränkung zuläßt. Geht der Staat in der Gesamtheit der Interessen auf, so gibt es keine Rechtfertigung, irgendein Interesse von der Beteiligung am Staat, handele es sich dabei auch um Kinder, auszuschließen. Darf man nun aber den Staat, die »höchste dauernde Bestimmung der äußeren Geschicke des Menschen, diesem wüsten Gerölle eines Menschheitsstimmrechts anvertrauen?«[3] Gneist meint natürlich »nein« und geht dabei von einer der Millschen entgegengesetzten Grundposition aus, der Hegelschen, wie sich unschwer erkennen läßt, wonach der Staat und nicht die Gesellschaft das »Erste« ist. Auch Mill sieht die Gefahren, die im Fall des »Menschheitsstimmrechts« auftreten können, und zwar 1. die allgemeine »Unwissenheit und Unfähigkeit« von Teilen der Wählerschaft und 2., daß selbstsüchtige Sonderinteressen das dauernde allgemeine Interesse überstimmen könnten.[4]

Die Abhilfen, die Mill sucht, hält Gneist allerdings für wirkungslos. Von seinem Grundkonzept läßt sich Mill nicht abbringen: »Repräsentative *Unterparlamente* für örtliche Angelegenheiten, sagt Stuart Mill, müssen von nun an als eine Grundeinrichtung jeder freien Regierung betrachtet werden. – Es ist also nothwendig, daß außer der Nationalvertretung Gemeinde- und Provinzial*vertretungen* bestehen.«[5]

---

1) Ebenda.
2) Ebenda, S. 53.
3) Ebenda, S. 54.
4) Ebenda.
5) Ebenda, S. 55.

150

Gneist sieht darin eine Beseitigung der »wirklichen Selbstverwaltung«, die eben nach seiner Auffassung aus Verwaltungsgemeinden besteht, durch die der Staat seine Polizei, seine Gerichtsverwaltung, seine Steuern usw. führt. Nach der von Mill befürworteten Form der Selbstverwaltung wäre die einzelne Gemeinde dazu da, die Geschäfte der lokalen Gesellschaft zu besorgen; ihr Bürgermeister (Gemeindevorsteher) vollstreckte bloß den Beschluß des Gemeindeparlamentes; sie wäre demnach nicht, wie Gneist es fordert, als ein Glied des »Staatskörpers zur Ausführung des Staatswillens«[1] zu betrachten.

Gneist, in der Hegelschen Tradition stehend, wonach, wie mehrmals gesagt, der Staat und nicht die Gesellschaft die »Basis« ist, lehnt es konsequenterweise ab, im Falle der Gemeindevertretungen von »Parlamenten« zu sprechen. Der Staatswille kann, wie er erneut betont, »nur ein Wille sein, oder es ist überhaupt kein Staatswille da«[2]. Er würde zerfallen, stünden neben ihm »Hunderte und Tausende selbständig beschließende und steuerbewilligende Körper und besondere Wahlbeamte«[3]. Die Entwicklung zur Parteiendemokratie, auch auf der Ebene der Gemeinde, in England und in anderen westeuropäischen Staaten schritt, ungeachtet der Befürchtungen Gneists, voran, teils aus »historischer Notwendigkeit« (Emanzipationsstreben der unteren Klassen u.a.), teils gewiß auch aufgrund der sozialphilosophischen Theorie Mills. Offenbar führte sie auch zu kollektiven Lernprozessen, so daß sich die düsteren Prognosen Gneists nicht ganz bewahrheiteten. Zumal für die »kapitalistischen« Großgemeinden dürfte es kaum eine realistische Alternative zur modernen Parteiendemokratie geben. Allerdings haben sich auch die Gedanken Gneists bestätigt oder sogar durchgesetzt, wonach die einzelne Gemeinde mittelbare Staatsverwaltung, Teil der vollziehenden Gewalt ist und daß dies nicht ihren Selbstverwaltungscharakter auslöscht.

Hugo Preuß hat sich mit den Besorgnissen und Gedanken Gneists auseinandergesetzt, wenn er schreibt: »Das entscheidende Problem der Zukunft ist nun aber, in welcher Weise die städtische Selbstverwaltung diese ungeheure Agglomeration von Menschen und Mitteln zur Bewältigung der eben durch sie gestellten neuen Aufgaben in den kommunalen Funktionen wie in der kommunalen Organisation verwendet wird. Lernen könnte sie immerhin an dem Vorbild des Landes, das eine analoge Entwicklung um Generationen früher durchgemacht hat, von England, dem Mutterland des Konstitutionalismus, des Kapi-

---

1) Ebenda.
2) Ebenda, S. 56.
3) Ebenda.

talismus und des selfgovernment. Dieses englische selfgovernment war einst von einer so ausgeprägten, teils aristokratischen, teils plutokratischen Exklusivität, daß noch Gneist mit dem unvermeidlichen Verfall dieses Charakters die Auflösung der englischen Selbstverwaltung überhaupt für unvermeidlich hielt. Statt eines Auflösungsprozesses hat sich jedoch seitdem gerade in Wechselwirkung mit der höchsten Entfaltung der kapitalistischen Urbanisierung ein Prozeß vollzogen, der dem Kontinent das Wort und den Begriff des »Munizipalsozialismus« gegeben hat.« [1]

Als Preuß diese Zeilen schrieb (1906) war die Entwicklung in England seit Erscheinen des Buches von Gneist um mehr als 30 Jahre fortgeschritten, so daß nunmehr Erfahrungen mit der »Demokratisierung« des Gemeindewesens und der Selbstverwaltung in den großen Städten gesichtet werden konnten. Unter »Munizipalsozialismus« versteht Preuß offenbar die durch die kapitalistische Urbanisierung induzierte drastische Aufgabenerweiterung der Gemeinden, verbunden mit einer immer weiteren Ausdehnung der politischen Partizipation (allgemeines Wahlrecht u.a.) der unteren Klassen, so daß der »genossenschaftliche Charakter« der Gemeinde unter nunmehr gewandelten Bedingungen eine (Wieder-)Belebung erfährt.

Die inzwischen auch in (West-) Deutschland eingetretenen Veränderungen des Staats- und Kommunalverfassungsrechts, vollends nach 1945, und offensichtlich unter erheblichem Einfluß namentlich der Engländer, haben jedoch die Kritik von Gneist an Mill nicht ganz in Vergessenheit geraten lassen. So wird, wie Günter Püttner schreibt, von »traditioneller Seite« »Selbstverwaltung als »Mittel dezentralisierender Verwaltungsgliederung« mit der »Möglichkeit (...), die Betroffenen an den Entscheidungsprozessen zu beteiligen« betrachtet. Dabei wird kein Unterschied zwischen der Selbstverwaltung in fachlich abgegrenzten Einrichtungen wie Universitäten, Sozialversicherungsanstalten oder Rundfunksendern und der gemeindlichen Selbstverwaltung gemacht. Diese Auffassung geht, wie es bei Püttner weiter heißt, davon aus, daß in Selbstverwaltungskörperschaften nicht Politik zu machen, sondern Sachentscheidungen zu treffen seien. Demokratie, verstanden als politische Herrschaft des Volkes, sei in Selbstverwaltungskörperschaften nicht erkennbar. Der »Einbruch« der politischen Parteien in die Selbstverwaltung wird deshalb, dieser Richtung zufolge, als eine Fehlentwicklung gesehen und stattdessen eine Belebung des Bürgersinns gefordert. [2] Hier scheint also noch der Geist von Gneist zu wehen. Und

1) H. Preuß, Entwicklung des deutschen Städtewesens, Aalen 1965, S. 377.

2) G. Püttner, Zum Verhältnis von Demokratie und Selbstverwaltung, in: Handbuch der kommunalen Wissenschaft und Praxis, Bd. 2, hrsg. v. G. Püttner, Berlin 1982, S. 3-4.

in der Tat wird es Vertretern dieser Richtung nicht schwerfallen zu zeigen, daß Bürgersinn und (Verfassungs–)Patriotismus in den (»partei«–)politisierten Gemeinden oft sehr zu wünschen übrig lassen.

Demgegenüber gibt es, wie es in diesem Beitrag weiter heißt, die Kritik am modernen Gemeindewesen aus den Reihen der Politikwissenschaftler, die, im diametralen Gegensatz zu den »Traditionalisten«, die Gemeinden für eine ideale Institution zur Verwirklichung der Demokratie halten. Sie beklagen nur, daß dies unter den gegebenen Umständen nicht möglich sei (Übergewicht der hauptberuflichen Verwaltungsspitze usw.).

Die Kritik beider Richtungen trägt möglicherweise den historischen Entwicklungen nicht genügend Rechnung. Der Einbruch der politischen Parteien war gewiß, wie schon angedeutet, aufgrund der massiven kapitalistischen Industrialisierung, der gewaltigen Anhäufung von Bevölkerung an den Standorten der modernen Industrie, der sozialen Konflikte und der Emanzipationsbestrebungen des »vierten Standes« unvermeidlich und »notwendig«. Hier stellt sich lediglich die Frage, inwieweit die Parteien in der Lage oder aufgrund institutioneller Gegebenheiten gezwungen sind, Eliten für die Gemeinderäte und –vorstände heranzubilden, die, bei aller Pateigebundenheit, sich dem Ganzen gegenüber verantwortlich fühlen (in einer Weise, wie sie Gneist den einstigen Honoratioren in England nachsagte) und somit die innere Verbindung zwischen Gesellschaft und Gemeinde (Staat) herstellen können.

Gegen die »progressive Kritik« wäre zu bemerken, daß es weder ein Zufall noch eine Fehlentwicklung ist, daß die modernen Gemeinden nicht vom modernen Staat getrennte Gebilde, sondern bei aller Autonomie Glieder desselben, Mittel dezentraler Staatsverwaltung sind. Sie sind eben, wie schon mehrmals gesagt, keine »Ministaaten«, ihre Räte sind damit keine »eigentlichen« Parlamente. Der Mitwirkung der Bürger, d.h. vor allem der politischen Parteien am Ort, sind deshalb unabdingbare Grenzen gesetzt. Dies verhindert nicht die Verwirklichung des Demokratieprinzips, sondern konkretisiert es mit Bezug auf die Gemeinden und ihre Verbände gemäß dem Modell der »gestuften Demokratie«, wie es im Art. 28, Abs. 1 des Grundgesetzes vorgesehen ist.

Der Natur der modernen Gemeinde entsprechend, erscheint Gemeindepolitik sowohl als Sachentscheidung als auch als Parteipolitik. Aus der lokalen bürgerlichen Gesellschaft heraus, werden einer Gemeindeleitung laufend Aufgaben gestellt, die sie so zweckrational und »fachmännisch« wie möglich lösen muß. Hat sich z.B. die betreffende Gemeinde durch Zuzug vergrößert, wurden deshalb neue Wohnviertel ausgewiesen, so muß die Leitung der Gemeinde eine entsprechende Infrastruktur bereitstellen, z.B. in Gestalt von Wasserleitungen, Kanalisation usw. Hier funktioniert die Gemeinde, wie oben ausgeführt, bloß als Teil der lokalen bürgerlichen Gesellschaft, als »Not- und Verstandesgemeinde« oder auch als Anstalt des Staates. Sie muß Aufgaben lösen, die eigentlich dem Staat obliegen, die er aber zweckmäßigerweise an die Gemeinden delegiert hat. Im Bereich der »pflichtigen Selbstverwaltungsaufgaben«, vollends in dem der »Fremdverwaltungsaufgaben«, ist für Parteipolitik wenig oder gar kein Spielraum gegeben. Parteipolitik kann sich im wesentlichen nur im Bereich der »reinen« Selbstverwaltungsaufgaben konzentrieren. Hier kann, sofern die Gemeindefinanzen überhaupt einen Handlungsspielraum ermöglichen, »politische Macht« Prioritäten setzen. Aber auch hier wird sich die »regierende« Partei oder Parteienkoalition in schwierigen Konfliktfällen des Rates »sachkundiger Bürger« bedienen; im übrigen muß sich auch jede Mehrheitsentscheidung durch Recht und Gesetz legitimieren und schließlich gibt es noch neben der öffentlichen Meinung, die die Arbeit der einzelnen Gemeindeinstanzen kritisch begleitet, in Zeiten der Kommunalwahl die Sanktionsmöglichkeiten der »mündigen« Bürger.

Vieles spricht dafür, daß die moderne (Groß-)Gemeinde, wie sie sich historisch entwickelt hat, sowohl den Vorstellungen von Gneist als auch jenen von Mill und Preuß entspricht. Weder sank sie zu einer Spielwiese egoistischer Parteipolitik noch zu einem bloßen Mittel der Staatsverwaltung herab. Die Sachentscheidung beansprucht gegenüber der Parteipolitik ihr Recht, doch auch diese hat ihr legitimes und notwendiges Wirkungsfeld in der Gemeinde.

Versucht man den Begriff der Sachentscheidung näher zu bestimmen, so handelt es sich dabei um eine Entscheidung, mit der jeder Einwohner, ungeachtet seiner parteipolitischen Orientierung, »vernünftigerweise« einverstanden sein müßte. So müßte jeder Einwohner, geprägt durch den allgemeinen »objektiven Geist«, die Verallgemeinerung der Bedürfnisse und die Notwendigkeiten der lokalen bürgerlichen Gesellschaft, damit einverstanden sein, daß seine Gemeinde für eine materielle Infrastruktur sorgt, Schulen und Kindergärten errichtet und Einrichtungen zur Pflege von Kunst und Wissenschaft hervorbringt. Der Begriff der Sachentscheidung wäre demnach als eine Entscheidung zu bestimmen, die auf »Consensus und Rationalität« beruht; kann sie doch jeder Einwohner der sich über seine Wertvorstellungen, Interessen und Bedürfnisse Rechenschaft ablegt, nachvollziehen. Man kann des weiteren unter »Sachentscheidung« bloß die Durchführung einer von einer übergeordneten Instanz gefällten Entscheidung verstehen, also das Handeln der einzelnen Gemeinde im staatlichen Auftrag. Im ganzen gesehen liegt es nahe, den Begriff der Sachentscheidung, wie eingangs geschehen, als eine unpolitische Erfüllung vorgegebener Pflichten zu definieren.

Dem Begriff der Sachentscheidung gegenüber steht jener der parteipolitischen Entscheidung. Diese wäre als eine »Machtentscheidung« zu bestimmen. Bestimmte Wertvorstellungen und Interessen werden eben mit Hilfe der Macht durchgesetzt, weil ein Consensus in der betreffenden Streitfrage nicht erreichbar ist. Solche Entscheidungen sind freilich nur dort möglich, wo die Gemeinde einen vom Staat garantierten Entscheidungsspielraum besitzt.

Deutlich wird, daß es sich hierbei um analytische Definitionen handelt. Im konkreten Fall wird es sich stets um eine Mischung von Sach- und parteipolitischer Entscheidung handeln, wobei man davon ausgehen muß, daß die Sachentscheidung im allgemeinen das dominierende Moment darstellt. Der Grund hierfür liegt nicht zuletzt in der Universalisierung der Lebensverhältnisse, die zu gleichartigen Anforderungen an die Gemeinden führt. Im Vermittlungsprozeß zwischen den Einwohnern und ihrer Gemeinde sind, wie gesagt, beide Typen von Entscheidungen unvermeidlich und auch notwendig. Kommunalpolitik, die sich in der Parteipolitik erschöpft, würde dazu tendieren, übergreifende vitale Interessen der Bewohner zu mißachten; Kommunalpolitik, die sich in Sachentscheidungen erschöpft, dazu, eine Vielfalt von legitimen Sonderinteressen zu vernachlässigen. Beides würde die Gemeinde als Verfassung schwächen.[1]

8.4 Die lokale bürgerliche Marktgesellschaft

Gegenüber der lokalen bürgerlichen Marktgesellschaft sind, folgt man Hegel, Staat und Gemeinde das »Erste«. Nur innerhalb der Gemeinde (und des Staates) kann sich die einzelne lokale Marktgesellschaft entwickeln. Allein die Ansiedlung von Familien an einem bestimmten Ort des Staatsgebietes erfordert eine öffentliche Grundstücksverwaltung (Grundbuchamt, Vermessungsamt), ein Straßen- und Wegenetz, die Bereitstellung von Trinkwasser und Energie sowie Einrichtungen zur Entsorgung (Müllabfuhr, Abwasserbeseitigung usw.). Je größer, gemessen an der Zahl der Familien und Einzelpersonen, eine Ansiedlung ist, um so größer ist der Bedarf an öffentlichen Gütern und Leistungen, um so umfangreicher der Katalog der sich stellenden öffentlichen Aufgaben.

Mag eine neue Siedlung zunächst noch von einer bereits etablierten Gemeinde mitverwaltet werden, so entsteht doch alsbald mit wachsender Bevölkerungsgröße und -dichte die Notwendigkeit, eine eigene Verwaltung zu errichten, schließlich eine Gemeinde zu gründen. Erst wenn sich dies vollzogen hat, wenn sich die betreffende Siedlung, die »Gemeinde-an-sich«, zu einer »Ge-

---

1) Vgl. dazu: Ebenda, S. 8.

meinde-für- sich« entwickelt hat, kann sich die lokale bürgerliche Marktgesellschaft organisch entfalten. Indem sie dies tut, wirkt sie auf ihre Voraussetzung, die Verwaltungsgemeinde, zurück und treibt nunmehr ihre Entwicklung voran.

Bringt man in Anlehnung an Hegel den Begriff der bürgerlichen Gesellschaft auf eine kurze Formel, so handelt es sich bei ihr um ein System gesellschaftlich vermittelter Bedürfnisse, die seine Teilnehmer mit Hilfe der Nutzung privaten Vermögens (Sach-, Geld-, und Arbeitsvermögen) im Rahmen von Arbeitsteilung und Austausch befriedigen. Jeder ist »sich Zweck, alles andere ist ihm nichts. Aber ohne Beziehung auf andere kann er den Umfang seiner Zwecke nicht erreichen; diese anderen sind daher Mittel zum Zweck des Besonderen. Aber der besondere Zweck gibt sich durch die Beziehung auf andere die Form der Allgemeinheit und befriedigt sich, indem er zugleich das Wohl des anderen mit befriedigt«[1]. Akteure der bürgerlichen Gesellschaft sind teils private Haushalte, die ihr Arbeitsvermögen privaten Firmen gegen Lohn zur Nutzung für eine bestimmte vertraglich festgelegte Zeit, teils solche, die ihr Sach- und Geldvermögen privaten Firmen (handelt es sich um ihre eigenen, auch ihr Arbeitsvermögen) zur Nutzung gegen Grund- und Kapitalrente (sowie ggf. Arbeits- und Unternehmerlohn) überlassen, teils private Firmen, in denen die Produktionsfaktoren durch unternehmerische Tätigkeit miteinander zum Zweck der Produktion und des gewinnbringenden Verkaufs kombiniert werden.

Mit der Herausbildung einer handlungsfähigen Gemeinde wachsen die Chancen für eine Verwertung von Vermögen innerhalb ihres Gebietes. Ortsansässige oder von außerhalb kommende Kapitaleigentümer können eine Firma gründen, Arbeitskräfte einstellen, Maschinen, Rohstoffe und Halbfabrikate kaufen und eine Produktion von Waren beginnen. Andere Kapitaleigentümer können Handels-, Bank- oder Versicherungsbetriebe oder die entsprechenden Filialen gründen. Für wiederum andere erscheint es lohnend, ihr Geldkapital in den Bau von Gebäuden zum Zweck der Vermietung oder des Verkaufs zu investieren. Was die Eigentümer von Arbeitskraft (-vermögen) betrifft, so können sie diese an Ort und Stelle verwerten, indem sie sie an eine ortsansässige Firma für eine bestimmte Zeitdauer verkaufen (vermieten) oder sich als Kleinunternehmer selbständig machen.

Jede lokale bürgerliche Gesellschaft unterscheidet sich von der anderen und ist somit etwas Besonderes. Versucht man, etwa mit Blick auf die Bundesrepublik

---

1)   G.W.F. Hegel, Grundlinien der Philosophie des Rechts, a.a.O., S. 339–340.

Deutschland, die unendliche Vielfalt lokaler bürgerlicher Gesellschaften auf einem Kontinuum anzuordnen, so würde man, bei Verwendung des Kriteriums »Markt«, auf dem einen Extrem die »Dörfer« und auf dem anderen die »Städte« anordnen. Dabei verstehen wir unter einem »Dorf« eine Ansiedlung von Haushalten, die einen ökonomisch wesentlichen Teil ihres Alltagsbedarfs auf nicht-örtlichen (städtischen) Märkten befriedigen. Das idealtypische Dorf bestünde aus für den Eigenbedarf, aber mehr noch für städtische Märkte produzierende landwirtschaftliche Betriebe, deren dazugehörige Haushalte einen wesentlichen Teil ihres Alltagsbedarfs auf den städtischen Märkten befriedigen. Unter »Stadt« wollen wir dagegen eine Ansiedlung von Haushalten verstehen, die einen ökonomisch wesentlichen Teil ihres Alltagsbedarfs auf dem lokalen Markt befriedigen, »und zwar zu einem wesentlichen Teil durch Erzeugnisse, welche die ortsansässige und die Bevölkerung des nächsten Umlandes für den Absatz auf dem Markt erzeugt oder sonst erworben hat«[1].

Wenn wir hier von der lokalen bürgerlichen Gesellschaft sprechen, so denken wir dabei in erster Linie an die städtische, d.h. die differenzierte lokale Gesellschaft, ebenso wie uns bei der Beschäftigung mit der »modernen Gemeinde« die entwickelte Verwaltungsgemeinde vorschwebt. Die Stadtgemeinde mit ihrer differenzierten politisch-administrativen Organisation sowie, darauf beruhend, ihrer entwickelten bürgerlichen Marktgesellschaft ist typisch für die moderne Gemeinde; ist diese doch auch aus der Entwicklung des Städtewesens hervorgegangen.

Der modernen Gemeindewirklichkeit nähert man sich also zu allererst, indem man die entwickelte Stadtgemeinde, die größere Stadt, als Ausgangspunkt der Modellbildung wählt. Freilich darf man dabei die moderne lokale bürgerliche Gesellschaft nicht als eine Kopie der mittelalterlichen Stadtwirtschaft samt ihrer Handelsbeziehungen mit ihrem Umland sowie anderen Stadtwirtschaften ansehen. Die moderne Stadtgemeinde gleicht eben nicht einem souveränen Staat, der sich wirtschaftlich nach außen abschließen oder Außenhandel nach dem Muster moderner Staaten betreiben kann.[2] Vielmehr ist sie ein so gut wie vollständig »offenes System«, was den »Import« oder »Export« von Kapital, Arbeitskräften oder Waren betrifft. Mehr noch, ihre Wirtschaft ist integrierter Teil einer übergeordneten Totalität: der kapitalistischen Volkswirtschaft und unterliegt damit ihren »Gesetzen«.

---

1) M. Weber, Wirtschaft und Gesellschaft, 2. Halbb., a.a.O., S. 515.
2) G. Schmoller, Grundriß der allgemeinen Volkswirtschaftslehre, a.a.O., S. 296.

Für Unternehmer und Vermögensbesitzer, unter dem Druck der »Gesetze« der Marktwirtschaft stehend, ist die einzelne Gemeinde in erster Linie ein Wirtschaftsstandort. Ob sie sich dort ansiedeln oder nicht, oder, falls schon geschehen, dort bleiben oder nicht, hängt von tatsächlichen oder mutmaßlichen ökonomischen Größen ab. Wie teuer sind die einzelnen Produktionsfaktoren: Produktionsmittel, Boden, Arbeit? Wie hoch sind die Finanzierungskosten und die steuerlichen Belastungen? Wie hoch sind die Kosten für den Vertrieb der Güter? Wie hoch sind die Absatzchancen? Schließlich: Wie hoch ist die Rentabilität? Sie stehen eben unter der Notwendigkeit, dort Geldkapital zu investieren und Sachkapital mit Arbeit zum Zweck der Produktion von Gütern und Dienstleistungen zu kombinieren, wo eine zumindest durchschnittliche, jedenfalls »kapitalsubstanzerhaltende« und »-erweiternde« Rentabilität gegeben ist. Dabei mag es sich um längst ortsansässige »Kapitalisten« und Unternehmer handeln, die stets von neuem rechnen müssen, ob es sich rentiert, die anfallenden Gewinne an ihrer Quelle zu reinvestieren oder sie stattdessen für mutmaßlich rentablere Investitionen außerhalb der Heimatgemeinde einzusetzen. Es mag sich dabei aber auch um auswärtige Kapitalbesitzer und Unternehmer handeln, die zum erstenmal die betreffende Gemeinde als »Anlagemöglichkeit« ins Auge fassen.

Ob eine Gemeinde für Neu– oder Reinvestitionen von Geldkapital und für unternehmerische Aktivitäten geeignet erscheint, hängt also von vielerlei Faktoren ab, von denen einige die Gemeinde, u.U. unter Mitwirkung des Staates, beeinflussen kann. So kann sie z.B. verbilligte Grundstücke zur Verfügung stellen und zudem für eine geeignete und kostengünstige Infrastruktur sorgen. Man kann bei ihr ein »natürliches« Interesse unterstellen, Kapital und unternehmerische Initiative anzuziehen bzw. zu erhalten, das sich mit den Verwertungsinteressen kapitalistischer Unternehmer trifft: Indem sie für vorteilhafte Investitionsbedingungen sorgt, ermöglicht sie diesen eine Erweiterung der Nachfrage nach Arbeitskräften, die u.U. die Chancen für alle Anbieter auf dem gemeindlichen Arbeitsmarkt verbessert. Die daraus folgenden Einkommenseffekte würden dann zu einer Stärkung der gemeindlichen Finanzkraft und darüber hinaus, wird dadurch Arbeitslosigkeit reduziert, zu einer Integration der Gemeinde beitragen.

Aber nicht erst gezielte Maßnahmen zur Förderung der privaten Wirtschaft machen die große Stadtgemeinde zu einem für Kapitalinvestoren, wie Unternehmer, geeigneten Standort. Allein die schon vorhandene Konzentration von Bevölkerung, von Nachfrage nach Nutzleistungen, das vielfältige Angebot von Produktionsfaktoren, die ausgebaute materielle Infrastruktur, die verkehrsgünstige Lage u.a., machen sie für Investitionen attraktiv. Und es entstehen weitere »externe Ersparnisse« für Unternehmen, die sich in Gemeinden ansiedeln, in denen sich bereits Firmen derselben Branche konzentrieren.

Sind private Unternehmen auf die Gemeinden als Wirtschaftsstandorte, so sind die Gemeinden auf private Unternehmen angewiesen. Gemeinden, deren »private Wirtschaft« sich auflöst, verlieren ihren »Inhalt«, ihre Lebendigkeit, degenerieren zu bloßen »Schlafgemeinden«. Deshalb sind Verwaltung wie auch Leitung der einzelnen (entwickelten) Gemeinde auf die Förderung privater Wirtschaftsinteressen hin orientiert und organisiert. Diese kann sich kontinuierlich auf die kapitalistischen Unternehmen selbst, aber auch auf die Haushalte der darin tätigen Arbeitnehmer und Unternehmer erstrecken.

Wenn gesagt wird, daß für kapitalistische Verwertungsinteressen die einzelne Gemeinde bloß Wirtschaftsstandort ist, so heißt das nicht, daß sie »an sich« nur ein solcher ist. »An sich«, ihrer »inneren Bestimmung« nach, ist sie nämlich, wie ausgeführt, etwas anderes, nämlich ein sittlicher Organismus. Als solcher muß sie sich von der »privaten Wirtschaft« negativ und polemisch abgrenzen. Nur auf diese Weise bleibt sie das, was sie »an sich« ist. Was private Unternehmen betrifft, so sind diese für die einzelne Gemeinde bloß Steuerzahler und Anbieter von Arbeits– und Ausbildungsplätzen. »An sich« sind sie etwas anderes, nämlich gewinnorientierte Organisationen. Als solche müssen sie sich von der Gemeinde abgrenzen, wollen sie nicht ihre »Qualität« verlieren. Doch bei aller Abgrenzung voneinander ist das einzelne erwerbswirtschaftliche Unternehmen nur da, weil es die Gemeinde oder das moderne Gemeindewesen gibt. Ebenso ist die einzelne Gemeinde nur da, weil es in ihr erwerbswirtschaftliche Unternehmen gibt. Gemeinde und private Wirtschaft grenzen sich also zugleich voneinander ab und sind aufeinander bezogen. Dies bedeutet auch, daß jede Seite die jeweils andere auch in sich enthält. So ist z.B. die Verwaltung der einzelnen Gemeinde auf die Notwendigkeiten der privaten Wirtschaft hin organisiert. Ebenso muß das einzelne private Unternehmen in seiner Organisation dem Rechnung tragen, daß es in einer Gemeinde tätig und auf sie angewiesen ist.

Folgt man der ökonomischen Theorie, so wären der Daseinsgrund jeder lokalen bürgerlichen Gesellschaft günstige Verwertungsbedingungen des Kapitals. Es wäre demnach der rationale ökonomische Kalkül, der darüber entscheidet, ob eine lokale bürgerliche Gesellschaft samt ihrer Gemeinde sich entwickelt, stagniert oder untergeht. In der modernen Wirklichkeit wird allerdings die Entwicklung der lokalen bürgerlichen Gesellschaft nicht allein dem ökonomischen Kalkül und seinen Gesetzen überlassen. Vielmehr greifen, wie angedeutet, Gemeinde und Staat auf vielerlei Weise ein, sei es um Standortnachteile auszugleichen, sei es um Standortvorteile zu schaffen.

Ist die einzelne Gemeinde einmal ein fester Standort für kapitalistische Unternehmen geworden, die auf nationalen und ausländischen Märkten ihre Produkte anbieten, so wird sie auch zum Standort vieler kleiner und mittlerer Betriebe sowie von Filialen auswärtiger Großbetriebe, die allesamt ihre Nutzleistungen einheimischen Unternehmen sowie den dazugehörigen privaten Haushalten anbieten und auch untereinander in regelmäßige Austauschbeziehungen treten. Es entsteht eine spezifische lokale ökonomische Struktur samt einer besonderen Interessenkonstellation. So charakterisiert sich die »Stahlstadt« durch eine spezifische, auf die Stahlindustrie zugeschnittene und durch sie hervorgerufene ökonomische Struktur, die sich in Interessen ausdrückt, die auf eine Festigung dieser Struktur hinauslaufen.[1]

Zur Konstruktion der idealtypischen[2] städtischen Gesellschaft erscheint es notwendig, diese in zwei große Sektoren einzuteilen, und zwar in den kapitalistischen und den nicht-kapitalistischen Sektor. Diesen müßte man noch zweckmäßigerweise in den »kleinbetrieblich-mittelständischen« und in den Sektor der Freien Berufe untergliedern. Es versteht sich, daß diese erste Annäherung an die konkreten Gegenstände, die einzelnen Städte, eine noch hochgradige Abstraktion darstellt; gibt es doch in der Wirklichkeit der einzelnen Gemeinde Wirtschaftsbetriebe, die sich ohne weiteres weder dem einen noch dem anderen Sektor zuordnen lassen. Dem nicht-kapitalistischen, gleichwohl privaten Sektor, müßten auch die privaten Haushalte der Staats- und Gemeindediener zugerechnet werden.

Als der zentrale, die Stadtgemeinde bewegenden und bestimmenden Sektor wird der kapitalistische, insbesondere der industrielle Sektor angesehen, charakterisiert durch die Trennung von Haushalt und Betrieb, der Produzenten von den Produktionsmitteln und die Orientierung der Leiter der Betriebe, der Unternehmer, an der Rentabilität des investierten Kapitals. Kontinuierliches Streben nach einem möglichst hohen Gewinn, Reinvestition des Gewinns zum Zweck der Ausdehnung der Produktion und der Innovation in den Bereichen Absatz und Produktion, um dadurch zukünftige Gewinne zu erhöhen — das sind die Antriebskräfte dieses Sektors. Indem dieser für den nationalen und den internationalen Markt produziert, deren »Gesetzen« er unterworfen ist, ist er, erst recht in den »Produzentenstädten« (M. Weber), eine Hauptquelle städtischen Einkommens und städtischer Kaufkraft.

---

1) Vgl. dazu: »Deindustrialisierung und städtisches Leben«, H. Daheim, P. Schöber, G. Schönbauer, Forschungsbericht, Bielefeld 1991.

2) Vgl. dazu: Walter Eucken, Die Grundlagen der Nationalökonomie, 3. Aufl., Jena 1943, S. 88.

Neben dem industriellen Teilsektor des kapitalistischen Sektors wäre, bei weiterer Konkretisierung des Modells, der Dienstleistungsbereich in Gestalt von Handels-, Banken-, Versicherungs-, Transportbetrieben usw. zu berücksichtigen. Seine Leistungen für den nationalen und den internationalen Markt bereitstellend, ist er eine weitere Hauptquelle, im Fall der »Dienstleistungsstadt«, *die* Hauptquelle, städtischen Einkommens, städtischer Kauf- und Finanzkraft.

In der empirischen Wirklichkeit gibt es eine große Vielfalt von Mischungsverhältnissen bei der Zusammensetzung des städtischen kapitalistischen Sektors. Mal gibt es ein größeres Gewicht des industriellen, mal des Dienstleistungssektors. Im Extremfall hat man es mit der Produzenten- oder der Dienstleistungsstadt zu tun. Auch gibt es eine unterschiedliche Ausprägung der Teilbereiche der Teilsektoren. Zum Beispiel kann in der einen Gemeinde die Stahlindustrie (»Stahlstadt«), in der anderen dagegen der Bankenbereich (»Finanzstadt«) dominieren. Und die eine Gemeinde kann Standort für die Zentralen großer kapitalistischer Unternehmen sein, während die andere nur als Standort für ihre Filialen dient.

Kapitalistische Unternehmen, so läßt sich unser Typisierungsversuch der städtischen bürgerlichen Gesellschaft fortsetzen, produzieren und verkaufen nicht nur, der Rationalität ihres Wirtschaftens entsprechend, Güter und Dienstleistungen in großem mengen- und wertmäßigem Umfang auf den nationalen und internationalen Märkten, sondern sie kaufen auch in einem großen Umfang auf den gemeindlichen Märkten. So treten sie auf als Käufer von Arbeitskräften auf dem lokalen Arbeitsmarkt, von Grundstücken auf dem Immobilienmarkt, von Produktionsmitteln und Dienstleistungen auf den betreffenden Märkten und schließlich als Kreditnehmer auf dem gemeindlichen Kreditmarkt.

Zum kapitalistischen Sektor zählen wir auch die privaten Haushalte seiner Lohnabhängigen. Bestandteil des Kreislaufprozesses des in ihm angelegten Kapitals, findet in ihnen die materielle Reproduktion der Arbeitskraft statt, und zwar mittels des aus dem Verkauf (Vermietung) der Arbeitskraft stammenden Arbeitslohnes.

Die Arbeitslöhne der Arbeitnehmerhaushalte setzen sich zum Teil in die Nachfrage nach Waren und Dienstleistungen von örtlichen oder auswärtigen kapitalistischen Unternehmen um, zum Teil nach Nutzleistungen aus dem nicht-kapitalistischen Sektor der lokalen bürgerlichen Gesellschaft. Zum Teil werden sie auch gespart und fließen über die örtlichen Kreditinstitute auf den lokalen oder den überlokalen Kreditmarkt.

Der kapitalistische Sektor bildet also in unserem Modell den Kernbereich der lokalen bürgerlichen Gesellschaft, gleichsam ihr Herz, der mit seiner Tätigkeit den gesamten Kreislauf der örtlichen Wirtschaft in Bewegung hält. Seine konkrete Struktur variiert von einer Stadtgemeinde zur anderen. So gibt es Gemeinden, in denen nur *ein* größeres Industrieunternehmen tätig ist, um das sich die »ganze lokale Wirtschaft dreht«, oder solche, in denen ganz wenige Industriebetriebe derselben Branche den lokalen Wirtschaftsablauf bestimmen. Es gibt aber auch neben den Gemeinden mit »industrieller Monokultur« solche mit einer sehr differenzierten Struktur des kapitalistischen Sektors, die ihn als einen relativ eigenständigen Organismus, eine »Volkswirtschaft im kleinen«, erscheinen läßt.

Einzelne Unternehmen, bestimmte Industriezweige, ganze Wirtschaftszweige, wie z.B. Industrie, Handel, Banken, oder der kapitalistische Sektor insgesamt in einer Gemeinde haben, setzt man die Konstruktion unseres Modells fort, dieser gegenüber »natürliche«, d.h. strukturbedingte Interessen. Diese setzen sie nach Maßgabe ihrer Macht durch. Die Durchsetzungschance eines partikularen Interesses ist um so größer, je weniger sein Träger auf die betreffende Gemeinde als Wirtschaftsstandort und je mehr dagegen die Gemeinde auf *ihn*, sei es als Arbeitgeber, sei es als Steuerzahler, sei es als beides, angewiesen ist. Je differenzierter die ökonomische Struktur einer Gemeinde ist und je höher, u.U. aufgrund dessen, die »äußeren Ersparnisse« der einzelnen Unternehmen sind, um so geringer sind ihre Durchsetzungschancen gegenüber der Gemeinde. Sie sind eben auf die Gemeinde nach betriebswirtschaftlichem Kalkül angewiesen, nicht so sehr jedoch die Gemeinde auf das einzelne Unternehmen.

Wenn sich partikulare Interessen aus dem kapitalistischen Sektor infolge seiner differenzierten Struktur gegenüber der Gemeinde nur begrenzt durchsetzen lassen, so heißt das, wie schon angedeutet, nicht, daß sie gegenüber dem kapitalistischen Sektor in ihren Entscheidungen de facto frei ist. Vielmehr muß sie sich ihm gegenüber, um mit Marx zu reden, als ein »idealer Gesamtkapitalist« verhalten, d.h. sie muß Beschlüsse fassen, die die Verwertungschancen privaten Kapitals am Ort schlechthin gewährleisten und verbessern. Diese Funktion der Gemeindepolitik und –verwaltung könnten die Träger derselben nicht erfüllen, förderten sie einseitig und maßlos bestimmte partikulare Wirtschaftsinteressen, vollends das Interesse eines bestimmten Unternehmens.

Der kapitalistische Sektor in der Gemeinde ist, wie gesagt, der dynamische Wirtschaftssektor. Seine bewegenden Kräfte in Gestalt von »Widersprüchen«, Gegensätzen und Konflikten setzen Bedingungen für das Handeln in dem anderen Sektor der lokalen bürgerlichen Gesellschaft, dem nicht–kapitali-

stischen Sektor. Dieser darf in unserem Modell, soll es der Wirklichkeit nahekommen, nicht bloß als koexistierend mit dem kapitalistischen Sektor angesehen werden. Vielmehr ist er von diesem durchdrungen, auf ihn in vielerlei
Hinsicht bezogen, von ihm abhängig, und Teile von ihm sind auch aufgrund
seiner Dynamik bedroht.

Der kapitalistische Sektor zwingt den nicht-kapitalistischen, zumal den kleinbetrieblich-mittelständischen Sektor, sich bei Strafe des Untergangs seiner
Nachfrage anzupassen. Vorübergehend überläßt er ihm Nischen, schafft auch
für kleinunternehmerische Tätigkeiten Chancen, verdrängt aber stets von
neuem mittelständische Existenzen vom Markt.

Beim kleinbetrieblich-mittelständischen Sektor handelt es sich typischerweise
um Familienbetriebe, bei denen Haushalt und Betrieb nicht vollständig voneinander getrennt sind. Neben Familienangehörigen beschäftigen sie, wenn auch
in geringer Zahl, fremde Arbeitskräfte. Gedacht wird hierbei insbesondere an
den Handwerksbetrieb, der neben dem Inhaber und seinen Familienangehörigen noch Gesellen und Lehrlinge, oder an das Einzelhandelsgeschäft, das
neben dem Eigentümer noch Familienangehörige und Lohnabhängige beschäftigt. Da die Eigentümer dieser Betriebe mitarbeiten, liegt keine Trennung der
Produzenten von den Produktionsmitteln vor.

Zu charakterisieren wären diese Betriebe ferner dadurch, daß sie ihr Angebot
nur für eine örtliche Nachfrage erstellen, daß sie also ihre Nutzleistungen nur
auf dem lokalen Markt anbieten. Gewiß streben sie nach einem möglichst
hohen Einkommen, aber weniger um zu akkumulieren und zu expandieren, als
um »standesgemäß« zu leben. Ihr Wirtschaftshandeln mag zwar Ansätze zu
einer Wirtschaftsrechnung einschließen (»formale Rationalität«, M. Weber), der
Zwang dazu ist in einer »kapitalistischen Gesellschaft« zu groß, um sich ihr
ganz entziehen zu können, es zielt jedoch dabei nicht auf eine kapitalistische
Verwertung von Vermögen ab (»materiale Rationalität«, Weber).

Zum Teil konkurrieren diese Betriebe mit kapitalistischen Betrieben, zum Teil
nur mit ihresgleichen um die Nachfrage. Ihre Kunden bestehen in privaten
Haushalten, zumal des kapitalistischen Sektors, aber auch in kapitalistischen
Unternehmen. Auch untereinander stehen sie in Austauschbeziehungen.

Der Wirklichkeit weiter annähern dürfte man dieses theoretische Modell,
charakterisiert man den kleinbetrieblich-mittelständischen Sektor als wettbe-
werbsintensiv. Keine leere Abstraktion dürfte es sein, geht man davon aus, daß
der kapitalistische Sektor versucht, den »traditionellen« Sektor »auszubeuten«,
was dort möglich ist, wo zwar der Wettbewerb zwischen den Anbietern, nicht

jedoch zwischen den Nachfragern, in Gestalt kapitalistischer Betriebe, stattfindet.

Was die freien Berufe: Ärzte, Apotheker, Rechtsanwälte, Architekten usw. betrifft, so leben sie gemäß unserem Modell ebenfalls vor allem vom kapitalistischen Sektor. So sind Ärzte und Apotheker insbesondere im Bereich der Wiederherstellung und Wiederhervorbringung der Arbeitskraft tätig; konzentriert doch der kapitalistische Sektor, seiner Natur entsprechend, eine große Bevölkerungsmenge am Ort und ist nach Maßgabe seines Expansionsdranges an der Zunahme derselben interessiert. Jedenfalls schafft er eine breite Grundlage für die Existenz eines privaten Sektors innerhalb des gemeindlichen Gesundheitswesens.

Freilich ist (idealtypischerweise) davon auszugehen, daß auch die Träger der freien Berufe nach einem möglichst hohen Einkommen streben, aber ihrem Streben wird durch Gebührenordnungen und Standesethik eindeutige Grenzen gesetzt. Ihre Standesethik unterscheidet sich damit grundlegend von der Ethik, die das Handeln des kapitalistischen Unternehmers, des »ordentlichen« Kaufmanns, leitet. Dessen »Wirtschaftsethik« erlaubt Profitmaximierung, Kapitalakkumulation, Werbung für die eigenen Produkte, Ausnutzung von Marktchancen und Expansion der Produktionskapazität.

Nicht übersehen werden darf man bei der Konstruktion des Idealtypus »lokale bürgerliche Gesellschaft« die privaten Haushalte der Staats- und Gemeindediener, die, wie gesagt, dem nicht-kapitalistischen Sektor zugeordnet werden müssen. Ihre Nachfrage nach Nutzleistungen richtet sich sowohl auf das Angebot des kapitalistischen als auch des kleinbetrieblich-mittelständischen Sektors. Darüber hinaus nehmen sie regelmäßig die Leistungen der Träger der freien Berufe, vor allem aus dem Bereich des Gesundheitswesens, in Anspruch.

Dieses erst im Ansatz entfaltete theoretische Modell mag genügen, um größere lokale bürgerliche Gesellschaften als organisierte Ganze vor Augen zu führen. Es soll noch durch einige Gedanken zur Nutzung des Bodens in der Gemeinde ergänzt werden: Diese unterliegt nach unserer Annahme grundsätzlich den »Gesetzen« der Marktwirtschaft, wenngleich hier Gemeinde und Staat in vielfältiger Weise regulierend und steuernd eingreifen. Sie können jedoch dabei die Grundprinzipien, die die Allokation von Boden bestimmen, nicht außer Kraft setzen.

Die oberflächliche Betrachtung zeigt, daß die Nutzung privaten Bodens in der Gemeinde, der erst durch gemeindliche Anstrengungen (Errichtung einer Infrastruktur) Produktions- und Konsumzwecken zugeführt werden kann, durch das

Wirken des Grundstücksmarktes bestimmt wird. Einheiten von Grund und Boden unterschiedlicher Qualität haben jeweils einen bestimmten Preis, der augenscheinlich durch Angebot und Nachfrage determiniert wird. Doch so zufällig dieses Spiel von Angebot und Nachfrage auch erscheinen mag, folgt man der ökonomischen Theorie, so tendiert der Preis für eine Bodeneinheit gegebener Güte zum diskontierten Wert der erwarteten Grundrente. Dieser stellt den Preis dar, den der Nachfrager höchstens zu zahlen bereit ist.[1] Gibt es für ein gegebenes, zum Beispiel innerstädtisches Grundstück, mehrere Nachfrager, so wird der Preis durch *den Nachfrager* bestimmt, der von der höchsten diskontierten Grundrente ausgehen kann. Das Grundstück wird damit *der wirtschaftlichen Verwendung* zugeführt, die die höchsten Grundrentenerträge verspricht.

Die Zuordnung des Bodens in der Gemeinde zu den verschiedenen Verwendungsmöglichkeiten ist also das Resultat der »Wirtschaftspläne« der am Grundstücksmarkt beteiligten Wirtschaftssubjekte, sieht man einmal von gemeindlichen Interventionen ab. Der einzelne Grundstücksverkäufer (Immobilienhändler, Spekulant) verkauft die von ihm angebotenen Bodeneinheiten demjenigen Käufer, der unter den Nachfragenden bereit ist, den höchsten Preis zu zahlen. Der Käufer, z.B. in Gestalt eines kapitalistischen Unternehmers, erwirbt das angebotene Grundstück, rechnet er damit, daß es aufgrund seiner Verwertung neben der Grundrente auch eine angemessene »Kapitalrente« ermöglicht. Der Boden wird auf diese Weise, von den Akteuren ungeplant, *der* produktiven Verwendung zugeführt, deren Resultate von den Konsumenten letztlich gewünscht und nachgefragt werden und wofür sie auch bereit sind, einen Preis zu zahlen, der die Produktionskosten deckt.

Geht man davon aus, daß der kapitalistische Sektor der lokalen bürgerlichen Gesellschaft der dominierende Sektor ist, so liegen auch in ihm die hauptsächlichen Kräfte, die die Allokation des Bodens in der Gemeinde bestimmen. Die große Finanzkraft kapitalistischer Unternehmen, zumal der Großunternehmen, ermöglicht ihnen, diejenigen Grundstücke zu erwerben, die für Produktion und/oder Absatz besonders gut geeignet sind. In der »Warteschlange« der Käufer stehen sie kraft ihrer finanziellen Mittel und hohen Erwerbschancen an vorderster Stelle. Und lassen sich Grundstücke, die einer Wirtschaftsrechnung standhalten, nicht finden, so interveniert die Gemeinde, falls sie sich dadurch Vorteile in Gestalt von Arbeitsplätzen und erhöhter Steuerkraft verspricht kann. Somit erstaunt es mit Blick auf die Wirklichkeit nicht, daß die Zentren der Städte mit großen Warenhäusern, Banken und Versicherungen besiedelt,

---

1) E. Schneider, Einführung in die Wirtschaftstheorie, Bd. II, Tübingen 1958, S. 257.

während die großen Industrieunternehmen eher in den Außenbezirken gelegen sind, wo sie, bei entsprechend niedrigeren Bodenpreisen, extensiver wirtschaften können und wo auch die für die Massenproduktion erforderliche Infrastruktur (Verkehrsverbindungen usw.) gegeben ist.

Eine Kapitalverwertung setzt das Dasein von Arbeitskräften unterschiedlicher Qualifikation voraus. Folglich muß sich eine moderne, zumal städtische Gemeinde als Standort für Arbeitnehmerhaushalte unterschiedlicher Einkommens-(Lebens-)lage eignen. Das bedeutet, es muß eine entsprechende, den ökonomischen und sozialen Unterschieden Rechnung tragende Allokation von Boden, bebauten Grundstücken und Wohnungen an Arbeitnehmerhaushalte erfolgen. Dies entspricht sowohl dem Interesse der Arbeitnehmerhaushalte als auch dem des kapitalistischen Sektors insgesamt.

Was den kleinbetrieblich-mittelständischen Sektor betrifft, so folgt aus unserem Modell, daß er *den* Boden zugeteilt bekommt, den ihm kapitalistische Unternehmen übriglassen. Es handelt sich dabei um *die* Grundstücke und Mieträume, die sich für eine kapitalistische Verwertung, die das Mittel des Großbetriebs sowie eine aufwendige Infrastruktur einschließt, nicht eignen.

Verdeutlicht werden sollte mit diesem theoretischen Modell der ökonomische Inhalt der modernen (städtischen) Gemeinde. »Motor« des Gemeindelebens, schafft er die Streitfragen für die politische Auseinandersetzung sowie die Aufgaben für die Verwaltung; sie ist dagegen seine notwendige Form.

8.4.1 Berufsstände und Klassen

Die teils sich spontan herausbildende, teils geplante ökonomische Struktur der einzelnen Gemeinde führt zur Bildung von Berufsständen und Klassen. Ist für Hegel die erste Basis des Staates die Familie, so sind für ihn die zweite die Stände. Diese Basis ergibt sich daraus, daß die Privatpersonen, obgleich sie sich selbstsüchtig verhalten, »die Notwendigkeit haben, nach anderen sich herauszuwenden«[1]. Das heißt, sie müssen sich denjenigen zuwenden, die mit der gleichen Arbeit ihr Einkommen bestreiten, dabei die gleiche theoretische und praktische Bildung einsetzen. Mit anderen Worten, sie müssen mit den Angehörigen desselben Berufszweigs eine Gruppe, einen Interessenverband, eine sittliche Gemeinschaft, eben einen Berufsstand bilden. Ein Modell der bürgerlichen Gesellschaft, in dem diese bloß aus atomisierten, selbstsüchtig

---

1) G.W.F. Hegel, Grundlinien der Philosophie des Rechts, a.a.O., S. 354.

handelnden Privatpersonen besteht, wäre also nach Hegel eine leere Abstraktion. Ist die Teilung der Arbeit in der bürgerlichen Gesellschaft und damit die Herausbildung verschiedener Berufszweige, so ist ebenso die Bildung von Berufsständen ein »notwendiger« Vorgang.

Indem der Berufsstand, Hegel zufolge, eine sittliche Gemeinschaft darstellt, muß der moderne Staat ein Interesse haben, ihn zu fördern, weil durch ihn die Selbstsucht, wie er schreibt, sich an das Allgemeine, den Staat, und man könnte hinzufügen, die Gemeinde, bindet. Die Selbstsucht oder das Eigeninteresse als legitimer Antrieb des Handelns in der bürgerlichen Gesellschaft wird durch die Bildung von Ständen in eine je besondere sittliche Ordnung eingefügt, die bestimmte Mittel der Bereicherung ausschließt. So versucht der Angehörige eines Berufsstandes, z.B. ein Kaufmann, nicht mit dem Mittel der Täuschung seinen Geschäftspartner zu übervorteilen, sondern orientiert sich in seinen Verhandlungen mit ihm an seinen Vorstellungen von der sittlichen Ordnung, die sein Berufsstand, der Kaufmannsstand, hervorgebracht hat. Diese, sein Handeln begrenzende Ordnung dient seinen wohlverstandenen Interessen; sie ermöglicht nämlich eine kontinuierliche, weil friedliche Geschäftstätigkeit. Dem desintegrierenden Antrieb der Selbstsucht, auf den die moderne Marktwirtschaft gleichwohl, bei Strafe der Fehlallokation von Ressourcen und des Mangels an Gütern und Dienstleistungen hoher Qualität, nicht verzichten kann, wird mit dem Berufsstand, folgt man Hegel, ein integrierendes Moment entgegengesetzt.

Dieser Gedanke läßt sich, wie schon angedeutet, auf die einzelne Gemeinde übertragen. Der Berufsstand innerhalb der lokalen bürgerlichen Gesellschaft wäre demnach nach der Familie die zweite Grundlage der einzelnen Gemeinde. Er »versittlicht« die selbstsüchtigen Privatpersonen, indem er sie in seine Ordnung hineinsozialisiert, sie verantwortungsvolles und solidarisches Handeln lehrt und ihnen eine Standesehre vermittelt. Damit treten der Gemeinde nicht mehr »egoistische« Privatpersonen, sondern Berufsstände gegenüber, wodurch die Vermittlung zwischen dem einzelnen und seiner Gemeinde im ersten Schritt möglich wird.

Die einzelne Gemeinde muß somit ein großes Interesse daran haben, daß sich Berufsstände herausbilden und festigen. Sie bilden eben das Gegengewicht zu den desintegrierenden Kräften der lokalen bürgerlichen Gesellschaft und sind der Boden für eine Selbstverwaltung, die erfolgreich partikulare Interessen mit dem Allgemeininteresse zusammenzuführen vermag, kurz, für eine verantwortungsvolle, ideenträchtige Selbstverwaltung.

Somit darf es nicht erstaunen, daß in den Gemeinderäten Repräsentanten berufsständischer Organisationen vertreten sind. Vertreter wohldurchdachter und (deshalb) »versittlichter« Interessen, die noch mit den Interessen anderer Berufsstände, vertreten in derselben politischen Partei, vermittelt werden müssen, sind sie geeignet, die politische Willensbildung mit der erforderlichen Rationalität zu versehen. Dadurch wird verhindert, daß die Gemeinde zum Spielball zufälliger, undurchdachter, kurz, unvermittelter Interessen wird.

Hegel unterscheidet in seiner Theorie des modernen States zwischen dem Stand und der Klasse. Den Begriff der Klasse verwendet er insbesondere im Zusammenhang mit den Armen und Besitzlosen, dem »Proletariat« der bürgerlichen Gesellschaft. Es handelt sich dabei um einen Ausschnitt der bürgerlichen Gesellschaft, der sich nicht zu (Berufs–)Ständen organisiert hat oder sich nicht dazu organisieren kann. Die Klasse der Besitzlosen, der Lohnarbeiter, hat somit keinen Platz in der berufsständischen Gliederung der bürgerlichen Gesellschaft. Jedenfalls sah Hegel, als er seine »Rechtsphilosophie« schrieb, die industrielle Gesellschaft erst in ihren Anfängen steckte, noch keinen Platz für sie in der berufsständischen Sozialordnung. Die »Emanzipation des vierten Standes« und seine Integration in die moderne Gesellschaft und den modernen Staat sollte erst viel später erfolgen.

Allem Anschein nach versteht Hegel, ähnlich wie M. Weber, der sich dazu genauer äußert, unter »Klasse« eine Gruppe von Menschen gleicher sozio–ökonomischer Lage, d.h. gleicher Chancen mit bezug auf die Güterversorgung, der äußeren Lebensstellung und des inneren Lebensschicksals.[1] Die somit definierte »Klassenlage« ergibt sich, folgt man weiterhin M. Weber, aus dem »Maß und [der, P.S.] Art der Verfügungsgewalt (oder des Fehlens solcher) über Güter oder Leistungsqualifikationen und aus der gegebenen Art ihrer Verwertbarkeit für die Erzielung von Einkommen oder Einkünften innerhalb einer gegebenen Wirtschaftsordnung«[2]. »Klassenlage« ist, ihm zufolge, letztlich »Marktlage«.

Die Grundbedingung der Klasse liegt für Weber, wie Reinhard Bendix feststellt, in der ungleichen Verteilung der wirtschaftlichen Macht und damit der Lebenschancen.[3] Jedoch damit waren die Bedingungen der Gruppenbildung nicht ausreichend bestimmt, so daß, wie es bei Bendix weiter heißt, ein Begriff definiert werden mußte, der den Einfluß von Ideen auf die Gruppenbildung

---

1) M. Weber, Wirtschaft und Gesellschaft, 1. Halbb., a.a.O., S. 177.
2) Ebenda.
3) R. Bendix, Max Weber — Das Werk, München 1960, S. 69.

umfaßt, ohne die wirtschaftlichen Bedingungen aus dem Auge zu verlieren. Und dieser ist offensichtlich der Begriff des *Standes*. Eine Klassenlage kann zu einer »ständischen Lage« führen, wenn »Ideen«, eine bestimmte Standesehre, eine spezifische Lebensführung und Beschränkung des gesellschaftlichen, d.h. nicht-ökonomischen Verkehrs auf den ständischen Kreis, hinzutreten.

Es versteht sich, daß »Stand« hier nicht im Sinne der alten ständischen Gesellschaft verstanden wird; kann doch im Fall der von Hegel gemeinten modernen Stände zumindest theoretisch jeder den Stand auswählen, zu dem er gehören will und kann er doch auch aus dem einmal gewählten Stand zu einem anderen überwechseln. Dabei übersieht Hegel nicht »Naturell, Geburt und Umstände (...), aber die letzte und wesentliche Bestimmung liegt *in der subjektiven Meinung* und *der besonderen Willkür*, die sich in dieser Sphäre ihr Recht, Verdienst und ihre Ehre gibt, so daß, *was* in ihr durch *innere Notwendigkeit* geschieht, zugleich *durch die Willkür vermittelt ist* und für das subjektive Bewußtsein die Gestalt hat, das Werk seines Willens zu sein«[1].

Hegel zeigt hier deutlich die Einheit von Subjektivität und Objektivität oder, konkreter, von Handeln und Struktur. In der Herausbildung von (Berufs-)Ständen in der modernen bürgerlichen Gesellschaft liegt, wie er schreibt, eine »innere Notwendigkeit«. Diese ist aber »vermittelt« durch das Handeln, den Willen, der einzelnen Privatpersonen, die freilich nicht wissen, daß sie mit ihrem Handeln eine Notwendigkeit, ein »Gesetz«, vollziehen. Dies zu erkennen ist die spezifische Aufgabe der Wissenschaft.

Stände und Klassen gründen sich wesentlich, wie Ferdinand Tönnies schreibt, auf die Tatsachen des Wirtschaftslebens. Stehen Stände zueinander in einer organischen Beziehung (wie Organe oder Glieder eines Körpers), so stehen Klassen zueinander in einer Vertragsbeziehung.[2] Klassen sehen einander und verhalten sich zueinander grundlegend als Opponenten, die voneinander nichtsdestoweniger, als Resultat ihrer gegenseitigen Interessen, abhängig sind. Die Beziehung zwischen Klassen, so heißt es bei Tönnies weiter, verwandelt sich sofort in Feindschaft, wenn eine Klasse mit den Handlungen der anderen unzufrieden ist, wenn die eine die andere beschuldigt, daß der Vertrag unangemessen ist oder seine Bedingungen nicht beachtet worden seien. Folglich wandeln sich Stände zu Klassen, wenn sie in feindliche Aktionen oder gegeneinander in den Krieg treten. Diese Kämpfe sind Klassenkämpfe, selbst wenn sie Kämpfe zwischen Ständen genannt werden. Eine andere Unterscheidung

---

1) G.W.F. Hegel, Grundlinien der Philosophie des Rechts, a.a.O. S. 358.

2) F. Tönnies, Estates and Classes, in: Class, Status and Power, hrsg. v. R. Bendix u. S.M. Lipset, Glencoe 1953, S. 50.

zwischen ihnen besteht, ihm zufolge, in der größeren Festigkeit der Stände gegenüber der oft extremen Flüchtigkeit von Klassen. Ein Stand gleicht um so mehr einer Klasse, je mehr er sich desintegriert, d.h. je mehr die Mobilität seiner Mitglieder zunimmt.

Eine Gemeinde, deren bürgerliche Gesellschaft sich zu einer bloßen Klassengesellschaft mit nur noch zwei einander feindlich gegenüberstehenden Klassen umwandelt, trüge, Hegel zufolge, den Keim der Zerstörung in sich. Verliert doch die Gemeinde mit dem Verlust der berufsständischen Gliederung ihre das Wirtschaftsleben integrierenden Kräfte und prallen doch dann die einander entgegengesetzten Interessen unvermittelt in den Organen der Gemeinde aufeinander, wobei sich jeweils das mächtigere, u.U. gewalttätigere Interesse durchsetzen würde. Der Klassenkampf würde den Consensus in den für das Zusammenleben grundlegenden normativen Vorstellungen (Verfassungs- und Rechtsvorstellungen) auflösen, die Gemeinde zu einem »anomischen Gebilde« verkommen.

Hegel schreibt dem »Mittelstand«, bestehend aus dem Gewerbestand und dem allgemeinen Stand (Staatsdiener), eine integrierende Kraft zu; steht er doch gleichsam wie ein Puffer zwischen der herrschenden, besitzenden und nicht-arbeitenden Klasse einerseits und der beherrschten, besitzlosen und arbeitenden (»ausgebeuteten«) Klasse, der großen, unorganisierten Masse der Bevölkerung, andererseits. Staaten, in denen es keinen Mittelstand gibt, stehen nach Hegel auf keiner hohen Stufe. Es fehlt ihnen die ausgleichende Kraft des Mittelstandes und können sich deshalb in autoritäre Systeme verwandeln. Folglich muß jeder Staat, der seine Identität bewahren will, ein Interesse an der Entwicklung eines kräftigen Mittelstandes haben.

Diese Überlegungen lassen sich auch auf die einzelne Gemeinde übertragen: Eine Gemeinde, in der es keinen Mittelstand gibt, z.B. nur einen »Großkapitalisten« und eine unorganisierte Masse von wenig qualifizierten Lohnarbeitern, steht auf keiner hohen Stufe und kann sich in ein autoritäres System umwandeln.

Als Hegel seine Theorie des modernen Staates entwickelte, sah er mit Blick auf die industrielle Revolution und die sie begleitenden Umwälzungen in England und in Kenntnis der klassischen politischen Ökonomie die sich herausbildenden Konturen der modernen Klassengesellschaft. Marx und Engels stellten sie dann bekanntlich Jahrzehnte später in das Zentrum ihres Denkens. Hegel sah mit dem Aufkommen des modernen Industrieproletariats eine immer unfangreicher werdende Bevölkerungsmenge entstehen, die sich, wie gesagt, nicht in die berufsständische Gliederung der modernen bürgerlichen Gesellschaft einfügen ließ. Die zunehmende Masse der Besitzlosen und Armen erschien ihm, erst recht Marx und Engels, als ein Symptom der Auflösung der bürgerlichen Gesellschaft. Eine Lösung der »sozialen Frage« sah er nicht: »Die wichtige Frage, wie der Armut abzuhelfen sei, ist eine vorzüglich die modernen Gesellschaften bewegende und quälende«.[1]

Marx und Engels, die den Fortgang der gewaltigen Umwälzungen in Westeuropa infolge der Industrialisierung miterlebten, sahen denn auch einen sich beschleunigenden »Untergang« der »Mittelstände« und den vollständigen Durchbruch der dichotomischen Klassengesellschaft, in der sich als die bestimmenden sozialen Kräfte nur noch die »Bourgeoisie« und das »Proletariat« gegenüberstehen. Ein Blick auf die gegenwärtigen Marktgesellschaften zeigt, daß die traditionellen Berufsstände sich zum Teil den veränderten Verhältnissen angepaßt haben und infolgedessen überleben, ferner, daß neue Berufsstände hinzugekommen sind. Stände stehen neben bloßen Klassen, Klassen tendieren zur Ständebildung und Stände reduzieren sich auf Klassen. Die Lohnarbeiter sind längst keine unorganisierte Masse mehr, sondern in vielfältiger Hinsicht organisiert. Mit ihren Gewerkschaften erscheinen sie eher als eine integrierende Kraft der bürgerlichen Gesellschaft und des Staates, denn als ihre Negation.[2] Im übrigen hat es unter den Lohnabhängigen einen Differenzierungsprozeß gegeben, so daß es problematisch ist, hierbei ohne weiteres von *einer* Klasse zu sprechen.

Wie dem auch sei, in relativ ruhigen Zeiten scheint sich die moderne Marktgesellschaft weit vom Modell einer vereinfachten kapitalistischen Marktgesellschaft zu entfernen und sich stattdessen dem Hegelschen Modell von einer modernen berufs- und mittelständisch geprägten Gesellschaft anzunähern. Anders mag es sich dagegen in Zeiten der Krise und des schnellen technischen Wandels verhalten. Dann kann wieder eine Bewegung hin zur Vereinfachung der bürgerlichen Marktgesellschaft in Richtung des Marxschen Modells von der »Klassengesellschaft« einsetzen.

Doch wie ist nun die Sozial-(Klassen-, Stände-)ordnung oder Sozialstruktur einer größeren (Stadt-)Gemeinde idealtypisch darzustellen? Folgt man der Hegelschen Theorie, die in der gesellschaftlichen Arbeitsteilung und im Beruf die zentralen Gliederungsprinzipien der bürgerlichen Gesellschaft sieht, so ist von den darauf beruhenden Berufsständen auszugehen. Also nicht der bloße Besitz von Grund und Boden, Produktionsmitteln oder Geld und Wertpapieren

---

1) G.W.F. Hegel, Grundlinien der Philosophie des Rechts, a.a.O., S. 390.

2) Vgl. Aktionsprogramm des DGB vom Oktober 1988, in: M. Schneider, Kleine Geschichte der Gewerkschaften, Bonn 1989, S. 475 ff.

einerseits und der Nicht–Besitz von Vermögen andererseits sind Ausgangspunkt der Modellkonstruktion, sondern eben die Berufe und die sich zu Ständen organisierenden Träger derselben.

Hegel unterscheidet nun drei große Berufsstände in der bürgerlichen Marktgesellschaft, denen er jeweils eine bestimmte Form des Bewußtseins zuordnet: den Bauernstand – Konservatismus, den Stand des Gewerbes – Individualismus und den allgemeinen Stand (Staatsdiener) – Allgemeinheit[1]. Neben den Bauernstand stellt er, in Abkehr von früheren Positionen und möglicherweise als Verbeugung vor der Restauration gemeint, die Landaristokratie, eine im Grunde genommen nicht–arbeitende, bloße Besitzklasse[2]. Allerdings hält er diese Klasse nicht nur für genießend, wie A. Smith es tut, sondern schreibt ihr wichtige Funktionen im Gemeinwesen zu, indem sie diesem äußerlich und innerlich unabhängige Persönlichkeiten bereitstellt.

Doch hier interessieren uns weniger die ländlichen als die städtischen Stände. Und diese bestehen vor allem im Stand des Gewerbes sowie im allgemeinen Stand. Was den Berufsstand des Gewerbes betrifft, so gliedert er sich, Hegel zufolge, in den Handwerker–, den Handels– und den Fabrikantenstand.

Der Stand des Gewerbes ließe sich unter Berücksichtigung der Fortentwicklung der bürgerlichen Gesellschaft seit Hegel noch um weitere Stände, so z.B. den Bankiersstand, erweitern. Im Grunde genommen darf man nicht von einem abgeschlossenen Katalog ausgehen; bringt doch die fortschreitende Veränderung der gesellschaftlichen Arbeitsteilung immer wieder neue Berufe und damit neue Berufsstände hervor. Somit lassen sich jene drei großen Stände der bürgerlichen Gesellschaft noch durch den Stand der freien Berufe, Ärzte, Apotheker, Rechtsanwälte, Architekten, Künstler usw., ergänzen.

In der Ständegliederung Hegels fehlen, wie angedeutet, Plätze für das zu seinen Zeiten wachsende Heer der lohnabhängigen Arbeiter. Es ließ sich nicht in das »ständische Schema« einordnen; erschien es doch eher als die »Auflösung aller Stände«, denn als mögliche Quelle neuer Berufsstände. Inzwischen hat es mit dem Aufkommen der Großunternehmen im Industrie–, Handels– und Bankenbereich sowie in anderen Sektoren einen deutlichen Differenzierungsprozeß innerhalb der Klasse der Lohnabhängigen gegeben. Eine Vielfalt von Berufen und Berufsgruppen und »ständischen Lagen« hat sich herausgebildet; »Angestellte« unterschieden sich von »Arbeitern«, »Facharbeiter« von »Hilfs-

1)   Ebenda S. 359 f.
2)   S. Avineri, Hegels Theorie des modernen Staates, a.a.O., S. 188–189.

arbeitern«, hochqualifizierte von weniger qualifizierten Arbeitskräften. Eine fortgeschrittene Demokratisierung des Ausbildungswesens hat hierbei, in Verbindung mit den wachsenden Anforderungen der Wirtschaft, mitgewirkt. Somit ist nicht zufällig von »neuen Mittelständen« die Rede, ein Phänomen, das in das Modell von einer modernen städtischen Sozialordnung, soll es wirklichkeitsnah sein, eingefügt werden muß. Nicht mehr ist also vom Dasein einer unorganisierten, besitzlosen Masse neben den Ständen der städtischen bürgerlichen Gesellschaft auszugehen, sondern von einer Vielfalt sozialer Gruppen, teils dem Begriff des Standes (Hegel), teils dem der organisierten Klasse (»Klasse–für– sich«) nahekommend. Organisieren sich Teile der lohnabhängigen Erwerbstätigen bloß in Gewerkschaften, nur um ihre Marktlage zu verbessern, so organisieren sich andere Teile sowohl in Gewerkschaften als auch in Berufsverbänden und wiederum andere bloß in Berufsverbänden. Statt von einer einheitlichen Klasse der Lohnabhängigen zu sprechen, muß man also von einer Reihe von Erwerbsklassen und Berufsständen sprechen.

Nach den bisherigen Ausführungen, kristallisiert sich folgendes Modell von der Sozialordnung der städtischen bürgerlichen Gesellschaft heraus: Es gibt vier große, sich jeweils in Unterarten gliedernde Berufsstände, und zwar den Stand des Gewerbes (Handwerks–, Handels– und Fabrikantenstand), der freien Berufe (Ärzte Apotheker, Rechtsanwälte usw.), der Staatsdiener und den Stand der technischen und kaufmännischen Angestelltenberufe.

Jedem dieser Berufsstände liegt eine bestimmte Erwerbsklasse (M. Weber)[1] zugrunde. Zur »positiv privilegierten« (M. Weber) Erwerbsklasse, deren »primäre Bedeutung (...) in der Monopolisierung der Leitung der Güterbeschaffung im Interesse der Erwerbsinteressen ihrer Klassenglieder durch diese« und »der Sicherung ihrer Erwerbschancen durch Beeinflussung der Wirtschaftspolitik der politischen und andern Verbände« liegt, gehört ein Teil der Angehörigen des Gewerbestandes, insbesondere die Unternehmer: Händler, Reeder, gewerbliche Unternehmer, Bankiers und Finanzierungsunternehmer.[2] Unter Umständen gehören zu diesen Klassen auch, wie Weber schreibt, mit »bevorzugten Fähigkeiten oder bevorzugter Schulung ausgestattete »freie Berufe« (Anwälte, Ärzte, Künstler). Aber auch: »Arbeiter mit monopolistischen Qualitäten (eigenen oder gezüchteten und geschulten)«.[3]

---

1) M. Weber, Wirtschaft und Gesellschaft, 1. Halbb., a.a.O., S. 178.

2) Vgl. dazu: Ebenda.

3) Ebenda.

Den positiv privilegierten Erwerbsklassen der lokalen Gesellschaft stehen die negativ privilegierten Erwerbsklassen gegenüber, »*Arbeiter* in ihren verschiedenen qualitativ besonderten Arten«[1], und zwar gelernte, angelernte und ungelernte Arbeiter.

Zwischen diesen beiden Erwerbsklassen stehen nach Weber die »Mittelklassen«, wozu er z.B. die selbständigen Handwerker zählt. Offensichtlich sind die »Mittelklassen« die Basis der »traditionellen Mittelstände«, so z.B. der Handwerker, Kleinhändler und kleinen Fabrikanten. Sehr oft zählen zu den »Mittelklassen« nach Weber auch öffentliche und private Beamte, Angehörige der freien Berufe und Arbeiter mit monopolistischen Qualitäten.[2]

Wie schon ausgeführt wurde, bildet nicht jede Erwerbsklasse auch einen Berufsstand. Zum Teil, insbesondere bei der »eigentlichen« Arbeiterklasse, kommt es typischerweise nur zu einem »vergesellschafteten Klassenhandeln« (M. Weber), d.h. zur Bildung von Interessenverbänden, Gewerkschaften. Bei einigen Erwerbsklassen kommt es sowohl zu einem vergesellschafteten Klassenhandeln als auch zur Bildung von Berufsständen. Der Zusammenschluß zu Interessenverbänden zwecks Sicherung und Verbesserung von Marktchancen kann in den betreffenden Fällen erforderlich sein, um die »ständische Lage«, die Existenz als Berufsstand, abzusichern.

Die Sozialordnung der lokalen bürgerlichen Marktgesellschaft besteht somit teils aus Erwerbsklassen, die sich zu Berufsständen formieren, teils aus solchen, die sich »nur« zu einem vergesellschafteten Klassenhandeln zusammengeschlossen haben. Dieses Bild ist jedoch noch unvollständig, weil noch die »Besitzklassen« (M. Weber) fehlen. Typisch für die »positiv privilegierten« Besitzklassen, deren »primäre Bedeutung« (...) »in der Monopolisierung hoch im Preise stehender (kostenbelasteter) Verbrauchsversorgung beim Einkauf, der Monopollage und der Möglichkeit planvoller Monopolpolitik beim Verkauf, der Monopolisierung der Chance der Vermögensbildung durch unverbrauchte Ueberschüsse« und »der Monopolisierung der Kapitalbildungschancen durch Sparen, also der Möglichkeit von Vermögensanlage als Leihkapital, damit der Verfügung über die leitenden (Unternehmer–)Positionen«[3] liegt, sind die Rentner, Bodenrentner, Bergwerksrentner, Anlagenrentner, Schiffsrentner, Gläubiger, Effektenrentner usw. Typisch für die »negativ privilegierten Besitzklassen« sind dagegen, wie Weber schreibt, u.a. Deklassierte, Verschuldete

---

1) Ebenda, S. 179.
2) Ebenda.
3) Ebenda, S. 177.

und Arme. Nach Hegel würde es sich hierbei um Segmente der städtischen Bevölkerung handeln, die keinen Platz (mehr) in der Sozialordnung (genauer der »sozialen Ordnung«)[1] der bürgerlichen Gesellschaft haben.

Der bloße Besitz konstituiert für Hegel keinen Berufsstand. Insofern bleiben die oben genannten Rentner außerhalb der berufsständischen Gliederung, sind aber gleichwohl Teil der bürgerlichen Sozialordnung. Besitz konstituiert eine bestimmte Klassenlage, d.h., wie ausgeführt, eine typische Chance der Güterversorgung, der äußeren Lebensstellung und des inneren Lebensschicksals. In dem Moment, in dem allerdings der Besitzende selbst mit Hilfe seiner Besitzgegenstände als Unternehmer tätig wird – dies bedeutete den Übergang in eine bestimmte Erwerbsklasse – kann er sich zum Angehörigen eines Berufsstandes, etwa des Textilfabrikanten, verwandeln.

Auf dem Boden der Besitzklassen können, wie Weber zu entnehmen ist, Vergesellschaftungen der Klasseninteressen (Klassenverbände) entstehen. Mit anderen Worten, Grund- und Kapitaleigentümer oder sonstige Rentner können eine organisierte Klasse bilden; doch muß dies nicht notwendig der Fall sein.

Jedenfalls bewegen sich, Hegel zufolge, die bloß Reichen, ebenso wie die durchweg Armen, außerhalb der berufsständischen Gliederung der bürgerlichen Gesellschaft. Bei den negativ privilegierten Besitzklassen ist nicht einmal eine reale Chance gegeben, sich in Klassenverbänden zu organisieren.

Zwischen den positiv und den negativ privilegierten Besitzklassen stehen, wie Weber sich ausdrückt, die »Mittelstandsklassen«, »welche die mit Besitz oder Erziehungsqualitäten ausgestatteten, daraus ihren Erwerb ziehenden Schichten aller Art umfassen«[2]. Einige dieser Schichten, so Weber, können »Erwerbsklassen« sein, z.B. Unternehmer mit wesentlich positiver oder Proletarier mit negativer Privilegierung, aber nicht alle (Bauern, Handwerker, Beamte) sind es.

Die »Mittelstandsklassen« gehören also weder zu den besitzenden, noch zu den besitzlosen Klassen. Sie fallen z.T. mit den von Weber so genannten »Mittelklassen« zusammen, d.h. jenen Klassen, die weder zu den positiv privilegierten, noch zu den negativ privilegierten Erwerbsklassen zählen. Das sind nach Weber die selbständigen Bauern und Handwerker, sehr oft die öffentlichen und privaten Beamten, die mit bevorzugten Fähigkeiten oder bevorzugter Schulung

---

1) Nach M. Weber: Bereich der Verteilung der »Ehre«, daher »Heimat des Standes«; demgegenüber ist die Wirtschaftsordnung »Heimat der Klasse«.

2) Ebenda, S. 178.

ausgestatteten »freien Berufe« (Anwälte, Ärzte, Künstler) sowie die Arbeiter mit (eigenen oder gezüchteten und geschulten) monopolistischen Qualitäten.

Benutzt man Webers Systematisierung für die Konstruktion eines Modells zur städtischen bürgerlichen Gesellschaft, so muß man mit Bezug auf ihre soziale Schichtung von zwei miteinander zu verbindenden Hierarchien ausgehen: Zum einen von der Hierarchie der Besitzklassen, die von den verschiedenen (Rentner-)Klassen über die »Mittelstandsklassen« bis hin zu den besitzlosen Klassen, den »Armen«, reicht; zum anderen von der Hierarchie der Erwerbsklassen, die von den Unternehmern und den mit bevorzugten Fähigkeiten oder bevorzugter Schulung ausgestatteten Angehörigen der freien Berufe über die »Mittelklassen« bis hinunter zu den Arbeitern reicht.

Weber verwendet zusätzlich zu den Begriffen »Besitz-« und »Erwerbsklasse« den Begriff der »sozialen Klasse«, worunter er die Gesamtheit derjenigen Klassenlagen versteht, zwischen denen ein Wechsel persönlich und in der Generationenfolge leicht möglich ist und typischerweise stattzufinden pflegt.[1]. Zu den sozialen Klassen zählt er dann a) die Arbeiterschaft als Ganzes, und zwar je automatisierter der Arbeitsprozeß wird, b) das Kleinbürgertum, offenbar, wie T. Parsons anmerkt, die ökonomisch unabhängigen Elemente, die nicht in großen Organisationen beschäftigt sind (typische Beispiele: der kleine Einzelhändler und der Besitzer eines kleinen Handwerksbetriebs)[2], c) die besitzlose Intelligenz und Fachgeschultheit (Techniker, kommerzielle und andere »Angestellte«, das Beamtentum, das untereinander, je nach Schulungskosten, sehr geschieden ist) und d) die Klassen der Besitzenden und durch Bildung Privilegierten.

Weber zeichnet hier also eine Hierarchie von vier sozialen Klassen, an deren Spitze die soziale Klasse der Besitzenden und durch Bildung Privilegierten steht, gefolgt von der sozialen Klasse der qualifizierten Arbeitskräfte, der besitzlosen Intelligenz, der technischen und kaufmännischen Angestellten und der Beamten. Hierbei handelt es sich offensichtlich um die Schichten, die häufig unter der Bezeichnung »neue Mittelstände« eingeordnet werden.

Siedelt man diese im oberen mittleren Abschnitt der Hierarchie oder Pyramide an, so wäre dem »Kleinbürgertum« oder den »traditionellen Mittelständen« der untere mittlere Abschnitt zuzuweisen. Am unteren Abschnitt oder am Fuße der Pyramide wäre dann die Arbeiterklasse einzuordnen.

---

1) Ebenda, S. 177.
2) T. Parsons, Max Weber, New York 1965, S. 427.

Auf dieser Grundlage kann man die Klassengliederung der lokalen entwickelten bürgerlichen Gesellschaft, die uns ja bei dieser Erörterung ständig vorschwebt, wie folgt beschreiben: Da ist zum einen die »Oberklasse«, da sind zum anderen die Mittelschichten, bestehend aus zwei sozialen Klassen, und da ist schließlich die »Unterklasse«. Darüber streiten mag man sich, ob es gerechtfertigt ist, die »neuen Mittelstände« den »traditionellen Mittelständen«, dem Kleinbürgertum, überzuordnen. Weber scheint dies zu bejahen, meint er doch, daß in der Generationenfolge sowohl für Arbeiter als auch für (selbständige) Kleinbürger der Aufstieg zur sozialen Klasse der Techniker und kaufmännischen Angestellten relativ am leichtesten sei. Indem er das Wort »Aufstieg« in Anführungszeichen setzt, ist er sich möglicherweise nicht ganz sicher, ob hierbei generell von einem Aufstieg die Rede sein kann.

Fraglich ist, ob die soziale Kategorie der Arbeiter angesichts der in ihr vorhandenen sehr unterschiedlichen Klassenlagen als eine einheitliche Klasse angesehen werden kann. Ungeachtet aller sozialen Unterschiede innerhalb dieser Kategorie erscheint aber eine persönliche Mobilität oder eine in der Generationenfolge leicht möglich, so daß es gerechtfertigt ist, hier im Sinne Webers von einer »sozialen Klasse« zu sprechen. Immer schwieriger scheint dagegen, Weber zufolge, der früher von jedem Arbeiter erstrebte Übergang zum »selbstständigen« Kleinbürgertum zu sein. Diese Aussage gilt jedenfalls für die Zeit, in der er dies schrieb, also für den Beginn dieses Jahrhunderts.

Wird nach Weber der von jedem Arbeiter früher erstrebte Übergang zum »selbständigen« Kleinbürgertum immer schwieriger, so ist dagegen der Aufstieg gelernter und angelernter Arbeiter zur sozialen Klasse der Techniker und kaufmännischen Angestellten relativ am leichtesten.

Innerhalb der sozialen Klasse der Besitzenden und durch Bildung Privilegierten kauft Geld, so Weber, zumindest in der Generationenfolge, alles.[1] Das heißt, wer über genug Geld verfügt, kann sich oder seinen Kindern jede Art von Bildung »kaufen«. Oder: wer durch Bildung privilegiert ist, kann sich jede Form von Besitz kaufen, der seinerseits wiederum eine Quelle von Geld ist, mit dem man sich Bildung »kaufen« kann.

Was die technischen und kaufmännischen Angestellten betrifft, so haben diese die Chance, in die Klasse der Besitzenden und durch Bildung Privilegierten aufzusteigen.

---

1) M. Weber, Wirtschaft und Gesellschaft, 1. Halbb., a.a.O., S. 179.

Ungeachtet der Mobilitätschancen und -tendenzen in der städtischen bürgerlichen Gesellschaft, die durch Ständebildung allerdings gehemmt werden, kann man im theoretischen Modell unterstellen, daß es aufgrund der Klassengliederung eine »Dynamik« im Sinne von Klassenspannungen und -konflikten gibt. So läßt sich behaupten, daß es insbesondere unter den unterprivilegierten Klassen die »natürliche« Tendenz gibt, ihre Lage auf Kosten der höheren Klassen, namentlich der »Oberklasse«, zu verbessern. Bei den höheren Klassen, gibt es dagegen die »natürliche Tendenz«, die einmal erworbenen Privilegien zu verteidigen und möglichst zu vermehren. Und beim »selbständigen« Kleinbürgertum kann man die »natürliche« Tendenz unterstellen, daß es versucht das Erreichte in Gestalt von Vermögen und Fertigkeiten sowohl gegenüber den Bestrebungen aus der »Oberklasse« als auch aus der »Unterklasse«, der Arbeiterschaft, zu verteidigen. Ähnliche Tendenzen wird man den technischen und kaufmännischen Angestellten sowie den Beamten, den »neuen Mittelständen«, zuschreiben können. Auch sie werden dazu neigen, ihre Klassenlage gegenüber dem »Großbürgertum« einerseits und der Arbeiterklasse andererseits zu verteidigen und zu verbessern.

Doch ein Modell, wonach das vergesellschaftete Klassenhandeln von »Großbürgertum« und Arbeiterklasse zwangsläufig zu einer Polarisierung der städtischen Gesellschaft in zwei sich feindlich gegenüberstehende soziale Kräfte führt, erscheint allenfalls in Krisenzeiten realistisch. So gibt es z.B. keine unmittelbare Konfrontation zwischen den Kapitaleigentümern in Gestalt von Aktionären und den Arbeitern der Aktiengesellschaften. Die unmittelbaren Interessengegner der Arbeiter sind vielmehr die Vorstände der Aktiengesellschaften als »angestellte« Unternehmer. Die gegensätzlichen Interessen von »Lohnarbeit und Kapital« treten somit in Erscheinung in Gestalt von Konflikten zwischen Lohnarbeitern einerseits und (angestellten) Unternehmern andererseits. Zwischen diesen Parteien entsteht am ehesten vergesellschaftetes Klassenhandeln, und zwar in Gestalt von Auseinandersetzungen zwischen Gewerkschaften einerseits und Arbeitgeberverbänden andererseits.

Die soziale Dynamik im Modell einer entwickelten lokalen bürgerlichen Marktgesellschaft ergibt sich also aus dem Handeln unmittelbarer Interessengegner aus verschiedenen sozialen Klassen. Dabei erscheint es wirklichkeitsnahe, den Interessengegensatz zwischen Unternehmern und Lohnarbeitern in den Mittelpunkt zu rücken.

8.4.2 Allgemeine Wohlfahrt und Verbände

8.4.2.1 Allgemeine Wohlfahrt

Nach Hegel enthält die bürgerliche Gesellschaft folgende drei Momente: 1. »Die Vermittlung des *Bedürfnisses* und die Befriedigung des *Einzelnen* durch seine Arbeit und durch die Arbeit und Befriedigung der Bedürfnisse *aller Übrigen*, − das System der *Bedürfnisse*.«
2. »Die Wirklichkeit des darin enthaltenen Allgemeinen der *Freiheit*, der Schutz des Eigentums durch die *Rechtspflege*.«
3. »Die Vorsorge gegen die in jenen Systemen zurückbleibende Zufälligkeit und die Besorgung des besonderen Interesses als eines *Gemeinsamen* durch die *Polizei* und *Korporation*«.[1]

Hegel ordnet also sowohl die Rechtspflege als auch die »Polizei« und die »Korporation« in die bürgerliche Gesellschaft ein und spricht in diesem Zusammenhang vom »äußeren Staat« oder vom »Not- und Verstandesstaat«. Der »eigentliche« Staat ist für ihn die »Wirklichkeit der sittlichen Idee«, der über den besonderen Interessen der bürgerlichen Gesellschaft stehende, allen gemeinsame »sittliche Geist«. In Analogie dazu soll, wie schon gesagt, die moderne Gemeinde begriffen werden. Demgemäß ordnen wir »Polizei« und »Korporation« der lokalen bürgerlichen Gesellschaft zu. Beide fördern die besonderen, aus dieser hervorgehenden Interessen. Das Geschäft der »eigentlichen« Gemeinde liegt jenseits dieser Interessen und betrifft die Entwicklung des allen Gemeinsamen.

Hegels Polizeibegriff ist freilich nicht, wie der heutzutage geläufige, auf die Gefahrenabwehr beschränkt. Vielmehr bezieht er sich, wie noch in der ersten Hälfte des 19. Jahrhunderts üblich, auf die Förderung der allgemeinen Wohlfahrt. Hegel gibt für sein Verständnis von »Polizei« und »Korporation« folgende Hinweise: So heißt es in seiner Erläuterung zum § 229 seiner Rechtsphilosophie: »... Aber indem ich ganz in die Besonderheit verflochten bin, habe ich ein Recht zu fordern, daß in diesem Zusammenhang auch mein besonderes Wohl gefördert werde. Es soll auf mein Wohl, auf meine Besonderheit Rücksicht genommen werden, und dies geschieht durch Polizei und Korporation«.[2] Bezüglich der Polizei wird diese Erläuterung in dem Zusatz zum § 236 der Rechtsphilosophie fortgesetzt, wo es heißt: »Die polizeiliche Aufsicht und Vorsorge hat den Zweck, das Individuum mit der allgemeinen Möglichkeit zu vermitteln, die zur Erreichung der individuellen Zwecke vorhanden ist. Sie hat

1) G.W.F. Hegel, Grundlinien der Philosophie des Rechts, a.a.O., S. 346.
2) Ebenda, S. 382.

für Straßenbeleuchtung, Brückenbau, Taxation der täglichen Bedürfnisse sowie die Gesundheit Sorge zu tragen ...«.[1] Und im § 249 heißt es dann schließlich: »Die polizeiliche Vorsorge verwirklicht und erhält zunächst das Allgemeine, welches in der Besonderheit der bürgerlichen Gesellschaft enthalten ist, als *eine äußere Ordnung* und *Veranstaltung* zum Schutz und Sicherheit der Massen von besonderen Zwecken und Interessen, als welche in diesem Allgemeinen ihr Bestehen haben, sowie sie als höhere Leitung Vorsorge für die Interessen (§ 246), die über diese Gesellschaft hinausführen, trägt.«[2]

Die Ausführungen Hegels erinnern an den Katalog von Aktivitäten, die die »klassische« politischen Ökonomie, so von A. Smith, dem Staat zuweist. Allerdings begrenzt er diesen Katalog, offensichtlich Gedanken J. St. Mills vorwegnehmend, nicht.

Zunächst beschäftigt er sich mit der Aufgabe der »Polizei«, Gefahren abzuwehren und sieht eine Vielfalt möglicher Aktivitäten, die erweitert werden kann. »Es sind die Sitten, der Geist der übrigen Verfassung, der jedesmalige Zustand, die Gefahr des Augenblicks usf., welche die näheren Bestimmungen geben.«[3] Dies betrifft Gefahren aller Art, und zwar von Natur- bis zu von Menschen geschaffenen Gefahren und Katastrophen.

Ein weiterer wichtiger Sektor staatlicher und damit auch gemeindlicher Aktivität sind die Herstellung von Ordnungen und die Regulierung des Wirtschaftsablaufs. »Die verschiedenen Interessen der Produzenten und Konsumenten können in Kollision miteinander kommen, und wenn sich zwar das richtige Verhältnis *im Ganzen* von selbst herstellt, so bedarf die Ausgleichung auch einer über beiden stehenden, mit Bewußtsein vorgenommenen Regulierung.«[4] Staat und Gemeinde, diese u.a. als dezentrale Staatsverwaltung, treten also, wie aus diesen und anderen Ausführungen Hegels hervorgeht, als Ordnungs- und wirtschaftsregulierende Verbände (M. Weber) den Teilnehmern der Marktwirtschaft gegenüber. Er begreift eben die moderne bürgerliche Gesellschaft nicht als schrankenloses Walten der Freiheit von Gewerbe und Handel, sondern als ein durch allgemeine Vorsorge und Aufsicht geordnetes System wirtschaftlichen Handelns. Gewerbefreiheit, unternehmerische Freiheit müssen garantiert sein; ohne die ordnende und regulierende öffentliche Hand kann jedoch das allen Marktteilnehmern Gemeinsame nicht erreicht werden. Die »unsichtbare Hand«

---

1) Ebenda, S. 385.

2) Ebenda, S. 393.

3) Ebenda, S. 383.

4) Ebenda, S. 384.

(A. Smith) kann ihre Wohltätigkeit erst richtig entfalten, wenn das Wirtschaftshandeln durch die öffentlichen Hände bewußt geordnet und reguliert wird.

Neben der Gefahrenabwehr und der Normierung und Regulierung des Wirtschaftsverkehrs gibt es nach Hegel, wie angedeutet, die Aufgabe der Herstellung einer allgemeinen materiellen Infrastruktur und der Einrichtung und Erhaltung eines Gesundheitswesens. Als weitere Aufgaben treten Bildung und Ausbildung sowie die Fürsorge für jene hinzu, die durch die Gesetze der bürgerlichen Marktgesellschaft in Armut gestürzt wurden. Es kommt nämlich nach Hegel »zum Vorschein, daß bei dem *Übermaße des Reichtums* die bürgerliche Gesellschaft *nicht reich genug* ist, d.h. an dem ihr eigentümlichen Vermögen nicht genug besitzt, dem Übermaße der Armut und der Erzeugung des Pöbels zu steuern«[1], wobei er unter dem »Pöbel«, wie schon gesagt, die Klasse der Besitzlosen, das Proletariat, versteht.

Es ist nun kein Zufall, daß man Hegels Bestimmung staatlicher Tätigkeit mit bezug auf die bürgerliche Marktgesellschaft in den Aufgabenkatalogen der modernen Gemeinden wiederfindet. Er hat eben mit seiner Theorie des modernen Staates realgeschichtliche Entwicklungstendenzen herausgearbeitet und diese auch zugleich gefördert, indem er sie für notwendig und »vernünftig« erklärte.

Wirft man einen Blick auf die Liste der wichtigsten Tätigkeitsbereiche der modernen entwickelten Gemeinden, so findet man die Bereiche »Allgemeine Verwaltungsaufgaben«, »Schule, Bildung, Kultur«, »Soziales, Gesundheit, Freizeit«, »Umweltschutz, Städtehygiene, Landwirtschaft« und »Bau, Wohnen, Verkehr und Wirtschaftsförderung«. Größtenteils handelt es sich hierbei um Aufgabenbereiche, die Hegel der »Polizei« im weiteren Sinne des Wortes zuweist. Geht man hier einigen Parallelen zu seinen Ausführungen nach, so fällt zunächst die »Ordnungsverwaltung« der Gemeinden als Teil der allgemeinen Verwaltungsaufgaben auf, ein Bereich, der sich in Meldewesen, Personenstandswesen, Versicherungsämter, Polizei, Sicherheit und Ordnung, Zivilschutz, Katastrophenschutz, und Rettungsdienst gliedert.

Im wesentlichen handelt es sich hierbei um Aufgaben, die die einzelne Gemeinde, zumal die größere Gemeinde, übernehmen muß, so daß sie hier voll und ganz als mittelbare oder dezentrale Staatsverwaltung betrachtet werden muß. Zur Ordnungsverwaltung gehören, wie gesagt, auch die Versicherungsämter, denen, ebenso wie dem Bundesversicherungsamt, in einem großen Teil

---

1) Ebenda, S. 390.

der Bundesrepublik zwei Aufgabenkreise obliegen: Zum einen die Aufsicht über die Sozialversicherungsträger, zum anderen die Auskunfterteilung sowie die Antragsentgegennahme und die Zuarbeit für die Rentenversicherung.

Diese Aufgabe läßt sich mit dem Gedanken Hegels in Verbindung bringen, daß das Individuum, nachdem die Familie in der Moderne ihre umfassende Wirksamkeit, so z.B. die Versorgung der nicht mehr arbeitsfähigen Familienangehörigen, verloren hat, »*Sohn der bürgerlichen Gesellschaft* geworden, die ebensosehr an ihn, als er Rechte auf sie hat«[1]. In seiner Erläuterung führt er dann aus: »Die bürgerliche Gesellschaft ist vielmehr die ungeheure Macht, die den Menschen an sich reißt, von ihm fordert, daß er für sie arbeite und daß er alles durch sie sei und vermittels ihrer tue. Soll der Mensch so ein Glied der bürgerlichen Gesellschaft sein, so hat er ebenso Rechte und Ansprüche an sie, wie er sie in der Familie hatte. Die bürgerliche Gesellschaft muß ihr Mitglied schützen, seine Rechte verteidigen, so wie der Einzelne den Rechten der bürgerlichen Gesellschaft verpflichtet ist.«[2] Mit der Sozialversicherung, ihren Trägern und Aufsichtsämtern, hat sich die bürgerliche Gesellschaft, die das Individuum, wie Hegel schreibt, aus dem Bande der Familie herausreißt, die Glieder einander entfremdet und sie als selbständige Personen anerkennt, ein System sozialer Sicherung geschaffen, ohne das sie nicht funktionieren könnte. Und dieses System bezieht notwendigerweise eben auch die einzelne, zumal die größere Gemeinde ein.

Was die Polizei als Gefahrenabwehr betrifft, so ist sie in der Bundesrepublik eine Angelegenheit des Staates (Landes). In früheren Zeiten war sie, wie auch die Gerichtsbarkeit und Gesetzgebung, eine Angelegenheit der Städte. Dies hat sich im Verlauf der Geschichte vielfach geändert. Die Kommunalisierung der Polizei wurde nach ihrer Entkommunalisierung immer wieder gefordert, inzwischen ist die Polizei aber anerkannte Staatsaufgabe.

Die Gemeinden sind somit Sitz von Polizeibehörden, die jedoch nicht zu ihren Organen gehören. Dort, wo Polizei oder Sicherheitsbehörden zu den Organen der Gemeinde zählen, wie in Bayern, handeln sie gleichwohl im Auftrag und auf Weisung des Staates.

Nach Art. 35 Abs. 1 des Grundgesetzes leisten sich alle Behörden des Bundes und der Länder gegenseitig Rechts- und Amtshilfe. Von der Amtshilfe ist die Vollzugshilfe zu unterscheiden; ist sie doch eine besondere Art der von der

---

1) Ebenda, S. 386.
2) Ebenda.

Polizei zu leistenden Amtshilfe. Sie besteht, wie es bei Ernst Rasch heißt, »in der Durchführung von Zwangsmaßnahmen für eine sachlich oder örtlich dafür unzuständige oder mangels eigener Vollzugskräfte unfähige Behörde«[1].

Zur Gefahrenabwehr, wenn auch nicht zur Polizei im engeren Sinn des Wortes, gehören Zivil-, Katastrophen-, Brandschutz und Rettungsdienst. Hierbei handelt es sich im wesentlichen um Aufgaben des Staates. Von einer ausschließlich kommunalen Zuständigkeit auf diesen Gebieten kann man nur im Falle des Brandschutzes sprechen: »Wesensmerkmal des Brandschutzes ist seine rechtliche Anbindung an die Kommune als Trägerin.«[2]

Ein weiterer wichtiger, teils staatlicher, teils gemeindlicher Aufgabenbereich ist das Schulwesen. Die bürgerliche Gesellschaft, so Hegel, hat »die Pflicht und das Recht gegen die *Willkür* und die Zufälligkeit *der Eltern*, auf die *Erziehung*, insofern sie sich auf die Fähigkeit, Mitglied der Gesellschaft zu werden, bezieht, vornehmlich wenn sie nicht von den Eltern selbst, sondern von anderen zu vollenden ist, Aufsicht und Einwirkung zu haben ...«[3]. Hegel weist also der bürgerlichen Gesellschaft zugleich die Pflicht und das Recht zu, die aus den Familien kommenden neuen »Mitglieder« zu sozialisieren, d.h. sie mit den Fähigkeiten auszustatten, die erforderlich sind, um Leistungen zu vollbringen und auf diese Weise Einkommen zu erzielen. Dazu bedarf es der Schulen, deren Lehrer sich gegenüber den Familien durchsetzen müssen. Diese müssen nach Hegel nicht unbedingt in staatlicher oder kommunaler Trägerschaft sein, müssen aber unter öffentlicher Aufsicht stehen. Jedenfalls darf der Unterricht nicht in das Belieben der Eltern gestellt werden. Die Leistungen, die von den Kindern und Jugendlichen in den Schulen zu erbringen sind, dürfen nicht nach den partikularen Standards der einzelnen Familien, sondern müssen nach allgemeinen, der bürgerlichen Leistungsgesellschaft gemäßen Standards beurteilt werden. Nur auf diese Weise erwerben sie eben die Kompetenzen, um sich mit Erfolg in diesem System des »universellen Egoismus« (S. Avineri) durchzusetzen.

Für Hegel waren, wie man annehmen kann, die öffentlichen Schulen die »Regelschulen«, und dorthin ist ja auch die Entwicklung gegangen. Die Bezeichnung »öffentliche Schule« bezieht sich auf die Schulen, die vom Land, einer Gemeinde, einem Gemeindeverband oder anderen öffentlich-rechtlichen

---

1) E. Rasch, Polizei, Sicherheit und Ordnung, in: Handbuch der kommunalen Wissenschaft und Praxis, Bd. 4, a.a.O., S. 116.

2) I. Endrick-Lankau, Zivilschutz, Katastrophenschutz, Brandschutz, Rettungsdienst, in: Ebenda, S. 131.

3) G.W.F. Hegel, Grundlinien der Philosophie des Rechts, a.a.O., S. 386–387.

Körperschaften, außer den Kirchen, errichtet und getragen werden. Die Alternative dazu sind »private Schulen«, die z.T. auch als »Schulen in freier Trägerschaft« bezeichnet werden. Einige Bundesländer unterscheiden noch zwischen staatlichen und kommunalen Schulen. Übereinstimmung besteht darüber, daß die öffentlichen Schulen nichtrechtsfähige Anstalten des öffentlichen Rechts sind.[1]

Die Frage, wer »Schulträger« ist, der Staat oder die Gemeinde, läßt sich erst beantworten, wenn man diesen Begriff geklärt hat. Im allgemeinen wird heute, wie Denzer schreibt, in allen Bundesländern, außer in Bayern, unter »Schulträger« derjenige verstanden, der für die Errichtung, Organisation und Verwaltungsführung einer einzelnen Schule rechtlich unmittelbar die Verantwortung trägt und zur Unterhaltung der Schule eigene Leistungen erbringt. Kürzer gesagt: Als Schulträger gilt, wer die sächlichen Kosten der Schule trägt.

In Bayern ist demgegenüber »Schulträger«, wer Dienstherr der Lehrer ist. »Dem sonst üblichen Begriff des Schulträgers entspricht hier die Bezeichnung Aufwandträger ...«.[2] Doch sollen uns solche Unterscheidungen hier nicht weiter interessieren. Feststeht, daß das öffentliche Schulwesen teilweise zu den Aufgaben des Staates, teilweise der Gemeinden gehört.

Soweit der Schulträger (Träger des Schulaufwandes) eine Selbstverwaltungskörperschaft, z.B. eine Gemeinde, ist, ist die Frage nach der Rechtsnatur der Schulträgerschaft hinsichtlich des Ausmaßes der Freiheit von staatlicher Aufsicht von Bedeutung. Die Gesetze fast aller Bundesländer, so Denzer, besagen, daß Schulträgerschaft eine »Selbstverwaltungsangelegenheit« ist, d.h. Teil des eigenen Wirkungskreises.

Welche kommunale Körperschaft als Schulträger in Frage kommt, hängt im allgemeinen von der Schulart (z.B. Grundschule, Hauptschule usw.) ab. Für die Grundschulen sind in allen Bundesländern, außer Hessen, die Gemeinden kraft Gesetzes Schulträger, in Niedersachsen auch die Samtgemeinden und in Rheinland-Pfalz die Verbandsgemeinden. In Bayern soll eine Gemeinde nur dann Schul-(-aufwand)träger einer Volksschule sein, wenn Schulbezirk und Gemeindegebiet übereinstimmen. In Hessen dagegen sind die Landkreise und kreisfreien Städte Träger der Grund- und Hauptschulen. Bei den Realschulen und Gymnasien haben Nordrhein-Westfalen und Baden-Württemberg eine

1) H. Denzer, Schulträgerschaft — Schulentwicklung, in: Handbuch der kommunalen Wissenschaft und Praxis, Bd. 4, a.a.O., S. 151.

2) Ebenda, S. 152.

gleitende Regelung. Dort sind die Gemeinden auch zur Errichtung von Real-schulen und Gymnasien verpflichtet und erst wenn ihnen die erforderliche Finanz- und Verwaltungskraft fehlt, geht die Pflicht zur Errichtung auf den Kreis über. Man sieht jetzt schon: Die Frage nach der Schulträgerschaft hat unterschiedliche Antworten gefunden. In fast allen Fällen sind die Gemeinden verpflichtet, das öffentliche Schulwesen mitzutragen; in einigen Fällen haben sie auch das Recht, auf diesem Gebiet selbst initiativ zu werden.[1]

Die Schulträgerschaft schließt in der Regel ein: a) die organisatorische Errichtung einer Schule, ihre Teilung, Erweiterung und Aufhebung sowie u.U. die Festlegung eines Schulbezirks; b) die Bereitstellung einer Vielfalt von Mitteln, die von einem baureifen Grundstück über ein Schulgebäude sowie Lehrerdienstwohnungen bis hin zu Lernmitteln aller Art reichen. Die Kosten für die Bereitstellung dieser Mittel müssen zumeist die Gemeinden tragen, während der (Glied-)Staat im allgemeinen die Personalkosten für die Lehrer trägt. Zu den weiteren Leistungen, die die Gemeinden oder Gemeindeverbände zu erbringen haben, gehört die Schülerbeförderung.[2]

Die bürgerliche Gesellschaft hat sich also unter der Aufsicht des Staates ein vielgliedriges Schulwesen geschaffen, das überwiegend von öffentlichen, d.h. kommunalen und staatlichen Händen unterhalten wird.

Ein weiterer, sich aus der »Natur« der bürgerlichen Gesellschaft ergebender Aufgabenbereich, dessen sich traditionellerweise die Gemeinden annehmen, ist das Sozialwesen, insbesondere die Sozial- und die Obdachlosenhilfe. In der bürgerlichen Gesellschaft, so Hegel, ist man der Ansicht, daß es niemanden etwas angehe, wovon der Mitmensch lebt. Allerdings, so führt Hegel weiter aus, »ist jedes Individuum einerseits für sich, andererseits aber ist es auch Mitglied im System der bürgerlichen Gesellschaft, und insofern jeder Mensch von ihr das Recht hat, die Subsistenz zu verlangen, muß sie ihn auch gegen sich selbst schützen«[3]. Dies bedeutet, daß sie u.U. gegen denjenigen einschreiten muß, der die Voraussetzungen seiner Subsistenz oder/und seiner Familie zerstört. Hierbei geht es nach Hegel nicht allein um das Verhungern, sondern darum, daß verhindert werden soll, daß »Pöbel« (Hegel) entsteht. Weil, ihm zufolge, die bürgerliche Gesellschaft die Verpflichtung hat, die Individuen zu ernähren, hat sie auch das Recht, sie dazu anzuhalten, für ihre

---

1) Vgl. dazu: Ebenda, S. 153 f.
2) Vgl. dazu: Ebenda, S. 157–158.
3) G.W.F. Hegel, Grundlinien der Philosophie des Rechts, a.a.O., S. 387.

Subsistenz zu sorgen. Der einzelne ist also nach Hegel verpflichtet, für seine (und die seiner Familie) Subsistenz zu sorgen, und die bürgerliche Gesellschaft muß ihm auch dazu die Chance geben; zugleich ist sie berechtigt, ihn dazu anzuhalten, daß er seine Pflichten gegenüber sich selbst und seiner Familie erfüllt.

Nun können neben der Willkür des einzelnen, wie Hegel schreibt, »zufällige, physische und in den äußeren Verhältnissen (§ 200) liegende Umstände Individuen zur *Armut* herunterbringen, einem Zustande, der ihnen die Bedürfnisse der bürgerlichen Gesellschaft läßt und der − indem sie ihnen zugleich die natürlichen Erwerbsmittel (§ 217) entzogen (hat) und das weitere Band der Familie als eines Stammes aufhebt (§ 181) − dagegen sie aller Vorteile der Gesellschaft, Erwerbsfähigkeit von Geschicklichkeiten und Bildung überhaupt, auch der Rechtspflege, Gesundheitssorge, selbst oft des Trostes der Religion usf. mehr oder weniger verlustig macht«[1]. Hegel denkt hier an die unvermeidlichen Wechselfälle der modernen kommerziellen Gesellschaft mit ihren Konjunkturen und Krisen, an den technischen Fortschritt und den darauf beruhenden Strukturwandel, an den Wettbewerb und die Anfälligkeit dieses Wirtschaftssystems im Falle der Veränderung äußerer Daten. Vor Augen hat er gewiß ganze Kategorien der Bevölkerung, die aufgrund exogener Faktoren und systemimmanenter Gesetze in die Armut gestürzt werden, und für die das »soziale Netz« in Gestalt der traditionellen Großfamilie nicht mehr existiert.

Das Subjektive der Armut und überhaupt der Not erfordert, so Hegel, auch eine subjektive Hilfe, d.h. die Hilfe mitleidsvoller und mildtätiger Menschen, Menschen, die die Hilfe für den in Not Geratenen als eine moralische Pflicht ansehen. Diese Hilfe hängt aber »für sich und in ihren Wirkungen von der Zufälligkeit«[2] ab, so daß, ihm zufolge, das Streben der Gesellschaft dahin geht, in der Not und der Armut sowie in der Abhilfe »das Allgemeine herauszufinden und zu veranstalten und jene Hilfe entbehrlicher zu machen«[3]. Mit anderen Worten, die Gesellschaft tendiert dahin, die allgemeinen Gründe der Armut und der Not herauszufinden und auf der Grundlage der gewonnenen Erkenntnisse angemessene Gegenmaßnahmen zu ergreifen. Inzwischen hat die bürgerliche Gesellschaft auf dem Gebiet des Sozialwesens einen weiten Weg zurückgelegt und ist dort angelangt, wovon Hegel ein theoretisch begründetes, geschichtsmächtiges Konzept hatte.

---

1) Ebenda, S. 388.
2) Ebenda, S. 388.
3) Ebenda.

Die inzwischen eingetretene Entwicklung des Sozialwesens drückt sich deutlich im § 1 Abs. 2 Satz 2 des Bundessozialhilfegesetzes (BSHG) aus, nach dem es Aufgabe der Sozialhilfe ist, dem Empfänger der Hilfe die Führung eines Lebens zu ermöglichen, das der Würde des Menschen entspricht. Welche Bedingungen die Führung eines menschenwürdigen Lebens sichern, kann nicht vom physischen Existenzminimum her bestimmt werden. Vielmehr ist dem Hilfsempfänger über das zum Leben Unerläßliche hinaus ein kulturell–sozialer Mindeststandard zu gewährleisten.[1] Der »Interventionspunkt der Sozialhilfe«, so heißt es bei Giese weiter, »wird dann erreicht, wenn der Hilfesuchende so weit in seiner Lebensführung absinkt, daß seine Menschenwürde, gemessen an seiner Umwelt, Schaden nimmt ...«[2]. Ist aber, so fährt er fort, der Schutz der Personenwürde Aufgabe der Sozialhilfe, so sind wirtschaftliche Leistungen für die Sozialhilfe niemals Selbstzweck, sondern immer nur Mittel zur Erfüllung ihrer Aufgabe, die Menschenwürde vor Beeinträchtigungen durch Not zu schützen.

Die Sozialhilfe soll also eingreifen, sobald der Lebensstandard einer Person das »moralische Existenzminimum« (Marx) zu unterschreiten droht, wobei ihr Ziel die Selbsthilfe sein soll, d.h. der Empfänger soll befähigt werden, unabhängig von ihr zu leben. Somit wird das Prinzip der bürgerlichen Gesellschaft gewahrt, wonach jeder seinen Unterhalt durch Arbeit verdienen soll und das Gefühl ihrer Individuen »von ihrer Selbständigkeit und Ehre« (Hegel)[3] respektiert.

Die Sozialhilfe ist nach dem Bundessozialhilfegesetz eine Aufgabe des Staates. Es geht jedoch davon aus, daß der Staat weder organisatorisch noch finanziell diese Hilfe allein leisten kann. Somit treten an seine Seite die Verbände der freien Wohlfahrtspflege.

Örtliche Träger der (öffentlichen) Sozialhilfe sind kommunale Körperschaften, d.h. kreisfreie Städte und Landkreise; die Durchführung der Sozialhilfe ist in allen Bundesländern kommunale Selbstverwaltungsangelegenheit. Daneben gibt es die überörtlichen Träger, die von den Ländern bestimmt werden.[4]

---

1) D. Giese, Sozialhilfe, in: Handbuch der kommunalen Wissenschaft und Praxis, Bd. 4, a.a.O., S. 337.

2) Ebenda, S. 338.

3) G.W.F. Hegel, Grundlinien der Philosophie des Rechts, a.a.O., S. 390.

4) D. Giese, Sozialhilfe, in: Handbuch der kommunalen Wissenschaft und Praxis, Bd. 4, a.a.O., S. 354.

Größere Gemeinden und Gemeindeverbände bearbeiten also in erster Linie *die* sozialen Probleme, die aus der Wirkungsweise der bürgerlichen Marktgesellschaft hervorgehen. In ihrer Tätigkeit muß eine stabilisierende Funktion dieses Wirtschaftssystems gesehen werden. Das in Not geratene Individuum »fällt nicht einfach aus der bürgerlichen Gesellschaft heraus«, sondern bleibt als Konsument ihr Mitglied, mehr noch, es wird ihm die Chance eröffnet, als Anbieter in die Marktwirtschaft reintegriert zu werden, falls Alter und Gesundheit dies zulassen. Damit wird, wie gesagt, seinem Gefühl von »seiner Selbstständigkeit und Ehre« Rechnung getragen.

Eine weitere Kategorie von Armen, die allerdings im allgemeinen weitaus ärmer sind als die soeben gemeinten Sozialhilfeempfänger, sind die Obdachlosen. Gemeinsam ist den Angehörigen dieser Kategorie nach Bernhard Happe, daß »sie sich weitgehend den Normen der sog. Normalgesellschaft entziehen, daß sie nach neuerem Sprachgebrauch als »Randgruppen« eingestuft werden«[1]. In mehr oder weniger großem Umfang ergreifen Gemeinden ihnen gegenüber ordnungsbehördliche und soziale Maßnahmen sowie Hilfen.

Die zahlenmäßig bei weitem größte Gruppe sind, so Happe, die Obdachlosen im engeren Sinne, d.h. Personen ohne ausreichende Unterkunft. Gemäß zur Zeit herrschender Auffassung wird, ihm zufolge, als obdachlos angesehen, wer keine Wohnung hat, dessen Wohnung ohne menschenwürdige Ausstattung ist, wer nicht in der Lage ist, sich und seinen Familienangehörigen eine Wohnung zu beschaffen, wer in einer der öffentlichen Hand gehörenden Unterkunft untergebracht oder wer, schließlich, aufgrund entsprechender gesetzlicher Vorschriften in eine Normalwohnung eingewiesen worden ist. Somit gehören Obdachlose im engeren Sinn des Wortes zur sog. seßhaften Bevölkerung. Davon sind die Nichtseßhaften, Land- und Stadtstreicher und andere zu unterscheiden, bei denen es sich um Personen handelt, die ohne gesicherte wirtschaftliche Lebensgrundlage umherziehen oder die sich zur Vorbereitung auf eine Teilnahme am Leben in der Gemeinschaft oder zur dauernden persönlichen Betreuung in einer Einrichtung für Nichtseßhafte aufhalten.

Obdachlose sind Personen, die sich offensichtlich weiter als die seßhaften und oft nur vorübergehenden Sozialhilfeempfänger von der »Normalität« der bürgerlichen Gesellschaft entfernt haben. Obdachlosigkeit gilt deshalb, so Happe, rechtlich als ein Zustand, der die öffentliche Sicherheit und Ordnung gefährdet. Die örtliche Ordnungsbehörde, d.h. die Gemeinde, hat deshalb diesen Zustand nach der polizeilichen Generalklausel zu beseitigen. War noch bis zum Jahre

---

1) B. Happe, Obdachlosenwesen, in: Ebenda, S. 360.

1974 Obdachlosigkeit grundsätzlich ein Straftatbestand, so gelten seitdem »Odachlosigkeit, Stadtstreicherei und Bettelei« nur noch, wie er weiter ausführt, unter bestimmten Voraussetzungen als Ordnungswidrigkeit.[1]

Dem ordnungsrechtlichen Vorschriftenrahmen gegenüber stehen, mit dem Grundgesetz im Hintergrund, die Bestimmungen des Sozialgesetzbuches (SGB), des Bundessozialhilfegesetzes (BSHG) sowie des Jugendwohlfahrtsgesetzes (JWG). Artikel 1 und 2 des Grundgesetzes enthalten die Grundrechte auf ein menschenwürdiges Dasein und die freie Entfaltung der Persönlichkeit und aus den Artikeln 20 und 28 des Grundgesetzes ergibt sich das Gebot zur Ausgestaltung des Gemeinwesens als Sozialstaat. Neben dem Jugendwohlfahrtsgesetz (JWG) ist es vor allem das Bundessozialhilfegesetz (BSHG), das die Rechtsansprüche der Betroffenen und die Pflichten der Städte und Kreise als örtliche Träger der Sozialhilfe auch im Obdachlosenwesen regelt.[2]

In der Regel ist das Obdachlosenwesen (im weiteren Sinne des Wortes), wie es bei Happe weiter heißt, unter der Federführung der Sozialverwaltung eine kommunale Querschnittsaufgabe der verschiedenen Fachämter, wie Sozial-, Jugend-, Ordnungsamt usw.. Neben und in enger Zusammenarbeit mit den Kommunalbehörden arbeiten auf diesem Feld zahlreiche freie Vereinigungen und Organisationen: Wohlfahrtsverbände, Kirchen, Selbsthilfegruppen usw..[3]

Da es nicht Aufgabe dieser Ausführungen ist, im einzelnen das Sozialwesen in der Bundesrepublik darzustellen, genügen diese Hinweise; sollen sie doch zeigen, daß mit der Entwicklung des modernen Staates hin zum Sozialstaat die Gemeinden mehr denn je für die »öffentliche Fürsorge«, die sich zur »Sozialhilfe« gewandelt hat, »in die Pflicht genommen werden«. Das Netz der sozialen Absicherung in der mit so vielen Risiken behafteten bürgerlich- kapitalistischen Marktwirtschaft ist dichter und umfassender geworden. Weniger als früher drohen dem Individuum aufgrund der Wechselfälle dieser dynamischen Wirtschaft der Sturz in das »gesellschaftliche Nichts«. Die Kehrseite dieser Entwicklung sind jedoch die entsprechend gewachsenen finanziellen Belastungen des Staates und seiner Gemeinden, in deren Händen letztlich die konkrete Durchführung der Sozialhilfe liegt.

Aber auch die moderne, mit der einstigen »Armenpflege« kaum noch vergleichbare Sozialhilfe kann das stets von neuem entstehende Problem der bür-

---

1) Vgl. dazu: Ebenda, S. 361.

2) Vgl. dazu: Ebenda.

3) Vgl. dazu: Ebenda, S. 362.

gerlichen Gesellschaft: die Armut, nicht beseitigen. »Es kommt hierin«, so Hegel, »zum Vorschein, daß bei dem *Übermaße des Reichtums* die bürgerliche Gesellschaft *nicht reich genug* ist, d.h. an dem ihr eigentümlichen Vermögen nicht genug besitzt, dem Übermaße der Armut und der Erzeugung des Pöbels zu steuern.«[1] Außerdem gelingt es ihr nur im begrenzten Maße die Arbeitsfähigen unter den Sozialhilfeempfängern wieder in den Stand zu setzen, sich ihre Subsistenz durch eigene Arbeit zu vermitteln.

Weitere Aufgaben, die die Gemeinden als Glieder des »Not- und Verstandesstaates« (Hegel) zu erfüllen haben, betreffen das Gesundheitswesen. »Gesundheitswesen« ist, wie Eberhard Pfau ausführt, »der umfassende Begriff für die gesamte gesundheitliche Versorgung der Bevölkerung mit allen ihr dienenden Institutionen und Personen in der ambulanten und stationären Versorgung und im öffentlichen Gesundheitsdienst«[2]. Es schließt also sowohl das private wie auch das öffentliche Gesundheitswesen ein. Unter diesem sind, ihm zufolge, die Institutionen zu verstehen, in denen Bund, Länder, Gemeinden und Gemeindeverbände, Körperschaften, Anstalten und Stiftungen des öffentlichen Rechts planmäßig handeln, mit dem Ziel die menschliche Gesundheit zu schützen und zu fördern. Innerhalb des »öffentlichen Gesundheitswesens« gibt es den »öffentlichen Gesundheitsdienst«. Dieser enthält die Einrichtungen des öffentlichen Dienstes, die dazu bestimmt sind, unmittelbar den Gesundheitszustand der Bevölkerung und bestimmter Bevölkerungsteile zu ermitteln und laufend zu überwachen, drohende Gefahren festzustellen und zu beseitigen bzw. auf deren Beseitigung hinzuwirken sowie die Gesundheit der Bevölkerung insgesamt und in besonderen Kategorien zu fördern. Dazu gehören, wie es bei Pfau weiter heißt, 1. das Gesundheitsamt des Kreises oder der kreisfreien Stadt als untere Gesundheitsbehörde, das Kernstück des öffentlichen Gesundheitsdienstes; 2. in den Flächenstaaten mit Mittelinstanz der Regierungspräsident als höhere Gesundheitsbehörde; 3. der für das Gesundheitswesen zuständige Landesminister oder Senator als oberste Gesundheitsbehörde; 4. der Bundesminister für Jugend, Familie und Gesundheit.[3]

Der öffentliche Gesundheitsdienst entstand in Deutschland, Pfau zufolge, als man für die Regelung der gesundheitlichen Angelegenheiten in der Verwaltung Sachverstand und Fachwissen brauchte. Mit einem Blick auf das Mittelalter bemerkt er, daß damals die deutschen Städte die Seuchenbekämpfung, den Kampf gegen die Pest und den Aussatz organisieren und die ärztliche Betreu-

---

1) G.W.F. Hegel, Grundlinien der Philosophie des Rechts, a.a.O., S. 390.

2) E. Pfau, Gesundheitsverwaltung, in: Handbuch der kommunalen Wissenschaft und Praxis, Bd. 4, a.a.O., S. 406.

3) Ebenda, S. 406–407.

ung der Armen sichern mußten.«Deshalb forderte die »Baseler Reform« des Kaisers Sigismund aus dem Jahre 1426 von allen Reichsstädten die Anstellung von Physici — eine Institution des kommunalen ÖGD.«[1]

»Grundgesetz« des öffentlichen Gesundheitsdienstes ist, wie er weiter ausführt, das Gesetz über die Vereinheitlichung des Gesundheitswesens vom 3. 7. 1934 (GVG). In diesem Gesetz und den dazu erlassenen Durchführungsbestimmungen werden die Einrichtungen und die Aufgaben der untersten Ebene des öffentlichen Gesundheitsdienstes, der Gesundheitsämter, geregelt. Damit entstanden, wie er fortfährt, aus der Zusammenfassung der Institutionen des staatlichen Kreisarztes auf der einen Seite und der Kommunalärzte auf der anderen Seite die staatlichen Gesundheitsämter, die zur einheitlichen Durchführung des öffentlichen Gesundheitsdienstes in den Stadt- und Landkreisen in Anlehnung an die untere Verwaltungsbehörde einzurichten waren. Vier große Bereiche wurden dem Gesundheitsamt aufgrund des GVG zugewiesen, nämlich die Wahrnehmung der ärztlichen Aufgaben a) in der Medizinalaufsicht, b) in der allgemeinen Hygiene und bei der Seuchenbekämpfung, c) in der Sozialhygiene und d) im amtlichen Gutachtenwesen.[2]

Dem Gesundheitsamt obliegen gemäß gesetzlicher Regelung ausschließlich ärztliche Aufgaben; kreisangehörige Gemeinden müssen sich jeder eigenen Tätigkeit auf den durch das GVG den Gesundheitsämtern übertragenen Gebieten enthalten.

Inzwischen hat es eine Weiterentwicklung des »Gesundheitsrechts« gegeben, auf die hier nicht weiter eingegangen werden muß. Erwähnt werden soll dagegen noch das kommunale Krankenhauswesen als Teil des öffentlichen Krankenhauswesens.

Kommunale Krankenhäuser wurden, wie Eberhard Laux ausführt, traditionellerweise als unselbständige Regiebetriebe geführt.[3] Dies wurde aus mehreren Gründen als ein unbefriedigender Zustand angesehen, der nach Abhilfe verlange. Nach mehreren Versuchen kam es mit der Bundesgesetzgebung zu einem »Durchbruch« (Laux) in der rechtlichen Regelung, die, wie er meint, der Funktion und Bedeutung des Krankenhauses in der kommunalen Organisation gerecht wird. Die Lösung wird offenbar in einem Krankenhaus als organisato-

1) Ebenda, S. 407.

2) Ebenda.

3) E. Laux, Kommunales Krankenhauswesen, in: Ebenda, S. 428 ff.

risch und wirtschaftlich eigenständiger Betrieb innerhalb der Gemeinde gesehen.

Nach dem Gesetz zur wirtschaftlichen Sicherung der Krankenhäuser und zur Regelung der Krankenhauspflegesätze (KHG) von 1972 sind die Bundesländer zur Aufstellung von Krankenhausbedarfs-, Finanzierungs- und Bauprogrammplänen verpflichtet, um eine für die Bevölkerung gleichmäßige Versorgung unabhängig von der jeweiligen Trägerschaft der Krankenhäuser sicherzustellen. Der Bund hat seinerseits, wie Laux weiter ausführt, einen Teil der hierfür notwendigen Investitionskosten zu übernehmen. Er meint, es sei eine wesentliche Neuerung gegenüber dem alten Recht, daß die Gesamtkosten in Vorhaltungs- und Benutzungskosten unterteilt werden. Die Vorhaltungskosten (= Investitionskosten) werden von der öffentlichen Hand, die Benutzungskosten (= Betriebskosten) dagegen von den Patienten oder deren Kostenträgern getragen. Dabei sollen, so Laux, die Förderung nach dem KHG und die Erlöse aus den Pflegesätzen zusammen die Selbstkosten »eines sparsam wirtschaftenden und leistungsfähigen Krankenhauses decken«[1]. Das KHG verlangt, wie er schreibt, die volle Deckung der Selbstkosten der Krankenhäuser. Dies wird wahrscheinlich in vielen Fällen nicht erreicht. Sonst hätten die kommunalen Gebietskörperschaften 1978 nicht rund 11 Mrd. DM für Krankenhäuser aufwenden müssen. Dies waren etwa 10 % der gesamten kommunalen Personal- und Sachaufgaben.[2]

Ein weiteres, dem Gesundheitswesen nahestehendes Gebiet der allgemeinen Wohlfahrt, für das der Staat und »in letzter Instanz« die Gemeinden zuständig sind, sind »Wasserwirtschaft, Abwasser- und Abfallbeseitigung«.

Wasser ist für Mensch, Tier und Pflanze eine lebenswichtige Hilfsquelle, die weder vermehrbar ist, noch durch andere Stoffe ersetzt werden kann. Es bestimmt, wie Manfred Czychowski in seinem Beitrag fortfährt,[3] die Lebens- und Wirtschaftsverhältnisse der Menschheit, und die Ansprüche an seine Menge und Güte steigen stetig. Dem steht ein von Natur aus begrenztes Wasserangebot gegenüber. Gewässerverschmutzung durch Industrie, Landwirtschaft sowie die Konzentration von Bevölkerung in großen Städten schränken den verfügbaren Wasservorrat noch zusätzlich ein. Kurz, Wasser muß der Bewirtschaftung unterliegen und dafür zu sorgen, ist die Aufgabe der öffentlichen Hand, d.h. des Bundes, der Länder und der Gemeinden. Auch hier zeigt sich

---

1) Ebenda, S. 424.

2) Ebenda, S. 422.

3) M. Czychowski, Wasserrecht, Wasserwirtschaft, Abwasserbeseitigung, in: Ebenda, S. 468 f.

besonders deutlich, daß ohne die Tätigkeiten der öffentlichen Hände eine bürgerliche Marktwirtschaft nicht funktionieren kann.

Die Wasserwirtschaft als ein in seiner Bedeutung wohl kaum zu überschätzender Sektor staatlicher und gemeindlicher Aktivität unterliegt, wie alle Sektoren staatlichen und gemeindlichen Handelns, der Verrechtlichung. Das aus diesem Prozeß resultierenden Wasserrecht muß, wie Czychowski schreibt, die notwendigen rechtlichen Voraussetzungen, Planungsmöglichkeiten und Verfahren zur Ordnung des Wasserhaushalts einschließen. Dafür steht dem Bund eine Rahmenkompetenz nach dem Grundgesetz zu, wovon er im Wasserhaushaltsgesetz Gebrauch gemacht hat.[1] Die Länder füllten diesen Rahmen in den Jahren 1959 bis 1962 aus und regelten zugleich Fragen, die der Bund mit seiner Gesetzgebung nicht beantwortet hatte. Das Wasserrecht kann daher, wie er fortfährt, nur aus dem Zusammenwirken des Wasserhaushaltsgesetzes und des jeweiligen Landeswassergesetzes verstanden werden. Mit der Vierten Novelle des Wasserhaushaltsgesetzes (WHG) unterzog der Bund dann das Wasserrecht weitreichenden Änderungen, denen die Länder folgten, wobei sich in steigendem Maße Bundes- und Landeswasserrecht an Normen des internationalen und supranationalen Wasserrechts orientieren müssen.

Zur Bewirtschaftung der Gewässer: »Die Gewässer sind so zu bewirtschaften, daß sie dem Wohl der Allgemeinheit und im Einklang mit ihm auch dem Nutzen einzelner dienen und daß jede vermeidbare Beeinträchtigung unterbleibt« (§ 1 a Abs. 1 WHG), sind in erster Linie die Wasserbehörden verpflichtet, insbesondere diejenigen, die für die Erteilung von Erlaubnissen und Bewilligungen zuständig sind, nach Maßgabe des Landesrechts auch die Gemeinden und Kreise.[2] Die Bestimmung richtet sich des weiteren an alle anderen Wasserwirtschaft betreibenden und das Wasserrecht vollziehenden Stellen der öffentliche Hand, so z.B. Bau-, Gesundheits-, Abfallbehörden, und deshalb ebenfalls an Kreise und Gemeinden.

Um die für die Entwicklung der Lebens- und Wirtschaftsverhältnisse erforderlichen wasserwirtschaftlichen Voraussetzungen zu sichern, sollen für Flußgebiete oder Wirtschaftsräume Rahmenpläne laut Wasserhaushaltsgesetz (§ 36 Abs. 1) aufgestellt und in die Gemeindeplanung einbezogen werden.[3] Welche Behörden im Planungsfall betroffen sind, ergibt sich aus der Verwaltungsorganisation und seinen besonderen Umständen. Gemeinden und Kreise sind jeden-

---

1) Ebenda, S. 469 f.
2) Ebenda, S. 470.
3) Ebenda, S. 471.

falls regelmäßig in ihren Aufgabenbereichen Wasserversorgung, Abwasser- und Abfallbeseitigung, Verkehrs- und Bauplanung, Bauordnung berührt; sie werden »zwangsläufig« am Zustandekommen der wasserwirtschaftlichen Rahmenpläne beteiligt.

Neben der Wasserbewirtschaftung sind Staat und Gemeinden zwangsläufig auch an der Abwasserbeseitigung beteiligt. Von zentraler Bedeutung sind hierbei offenbar die »Abwasserbeseitigungspläne«, wobei das Verfahren zu ihrer Aufstellung sich nach Landesrecht bestimmt. Abwasserbeseitigungspläne legen, wie Czychowski ausführt, neben den Standorten für bedeutsame Anlagen zur Behandlung von Abwasser, ihrem Einzugsbereich und den Grundzügen für die Abwasserbehandlung insbesondere die Träger der Abwasserbeseitigung fest, und das sind in erster Linie die Gemeinden.[1] In Nordrhein-Westfalen arbeiten, wie es weiter heißt, die Gemeinden die Pläne im Benehmen mit den unteren Wasserbehörden, mit den zur Abwasserbeseitigung Verpflichteten sowie den Unternehmern der Wassergewinnung für die öffentliche Wasserversorgung aus. Es gibt auch Gemeinden, die alle diese Eigenschaften in sich vereinen.

Eine zur Abwasserbeseitigung verpflichtete Gemeinde darf nur Vorhaben durchführen, die mit dem Abwasserbeseitigungsplan im Einklang stehen. Sie muß, wie er fortfährt, das Abwasser sammeln, den Abwasserbehandlungsanlagen zuführen, reinigen, Bau und Betrieb der Anlagen dieser Pflicht gemäß gestalten und, falls erforderlich, die Anlagen vergrößern, umbauen oder ihre Betriebsweise ändern. Sie muß vom Anschluß- und Benutzungszwang Gebrauch machen; Befreiungen darf sie nicht erteilen. Ist eine Gemeinde zur Abwasserbeseitigung nicht verpflichtet, so muß sie nach Maßgabe der Landeswassergesetze das Abwasser dem Träger der Maßnahme, z.B. einem Abwasserverband, überlassen.

Mit diesem Hinweis zur Wasserbewirtschaftung und Abwasserbeseitigung soll der Blick des Lesers auf eine zentrale Infrastrukturaufgabe des Staates und insbesondere der Gemeinden gelenkt werden. Es ist kaum denkbar, daß eine bürgerliche Marktgesellschaft ohne den Beitrag von Staat und Gemeinden zur Wasserbewirtschaftung und Abwasserbeseitigung funktionieren könnte. Diese nehmen offensichtlich eine Aufgabe im Rahmen der allgemeinen Wohlfahrt wahr, die allein von privaten Händen nicht erfüllt werden könnte. Daß Staat und Gemeinden hier tätig werden, erscheint also als eine Notwendigkeit. Dies gilt offensichtlich auch für die Aufgabe der Abfallbeseitigung. Weder wäre ein

---

1) Ebenda, S. 473.

rationales und kontinuierliches Wirtschaften von Betrieben und privaten Haushalten ohne ausreichende Wasserversorgung und Abwasserbeseitigung noch ohne Abfallbeseitigung möglich. Auch hierzu nur ein kurzer Hinweis:

Dem Beitrag Ulrich Dooses ist zu entnehmen, daß sich im vergangenen Jahrhundert praktisch nur Privatunternehmen um die Beseitigung der festen Abfälle aus dem Wohnbereich des Menschen kümmerten.[1] Seit der Jahrhundertwende sei die gesamte Abfallbeseitigung mehr und mehr in die Hand der Städte und Gemeinden übergegangen. Nunmehr hätte sich auch der Gesetzgeber der Abfallbeseitigung angenommen und regelte dann nach und nach in den verschiedensten Gesetzen Einzelfragen aus diesem Bereich. Gleichwohl habe es noch lange gedauert bis es zu einer einheitlichen Regelung dieser Frage, zumindest im Ansatz, gekommen sei. Dies geschah dann offenbar, jedenfalls in einem ersten Schritt, mit dem Bundesgesetz über die Beseitigung von Abfällen (Abfallbeseitigungsgesetz) vom 7. 6. 1972, den dazu ergangenen Rechtsverordnungen und den zu seiner Ausführung erlassenen Abfallgesetzen der Länder.

Das Bundesgesetz bestimmt, wie Doose weiter ausführt, daß die nach Landesrecht zuständigen Körperschaften des öffentlichen Rechts verpflichtet sind, grundsätzlich alle in ihrem Gebiet angefallenen Abfälle selbst oder durch Dritte zu beseitigen.[2] Was die Besitzer von Abfällen betrifft, so sind sie lediglich verpflichtet, ihre Abfälle den beseitigungspflichtigen Körperschaften zu überlassen. Aufgabenträger im Fall der Abfallbeseitigung sind nach den zur Ausführung des Abfallbeseitigungsgesetzes des Bundes erlassenen Landesabfallgesetzen grundsätzlich die kommunalen Gebietskörperschaften, wobei, wie Doose schreibt, das Schwergewicht der Abfallbeseitigung bei den Kreisen und kreisfreien Städten liegt.[3]

Die betreffenden Gemeinden fungieren auch in diesem Fall deutlich als dezentrale Staatsverwaltung; müssen sie doch die Aufgabe der Abfallbeseitigung wahrnehmen, und können sie doch nur das »Wie« durch eigene Satzung selbst bestimmen (weisungsfreie Pflichtaufgabe).

Mit den Bereichen Bau- und Verkehrswesen sowie Wirtschaftsförderung verweisen wir auf ein weiteres großes Feld gemeindlicher Wohlfahrtstätigkeit. Was das Bauwesen betrifft, so ist es ein weiteres, besonders wichtiges Gebiet, auf dem Staat und Gemeinde im Sinne der allgemeinen Wohlfahrt normsetzend

---

1) U. Doose, Abfallbeseitigung, in: Ebenda, S. 490 f.

2) Ebenda, S. 492.

3) Ebenda, S. 494.

und kontrollierend (Bauordnung und Bauaufsicht) tätig sind. Das Bauordnungsrecht fällt in die Gesetzgebungskompetenz der Länder. Materielles Bauordnungsrecht entsteht aber auch durch örtliche Bauvorschriften, zu deren Erlaß die Gemeinden durch die Landesbauordnungen ermächtigt werden.[1]

Das Bauordnungsrecht regelt, wie Krebsbach ausführt, die Anforderungen, die im Interesse der öffentlichen Sicherheit und Ordnung von der Gemeinschaft an die Errichtung, Änderung, Benutzung, Unterhaltung und den Abbruch von einzelnen baulichen Anlagen gestellt werden müssen. Dem Geltungsbereich dieses Rechts entsprechend, stellen die Landesbauordnungen insbesondere Anforderungen an Baugrundstücke und bauliche Anlagen.

»Bauherren« und die im Rahmen ihres Wirkungskreises am Bau sonst noch Beteiligten sind für die Einhaltung der baurechtlich relevanten Vorschriften verantwortlich. Auf eine Überwachung des Bauens im Hinblick darauf, ob die Vorschriften eingehalten werden, kann jedoch nicht verzichtet werden. Diese Aufgabe obliegt den Bauaufsichtsbehörden.

Die in der Zuständigkeit der Bauaufsichtsbehörden liegenden Aufgaben sind, wie es bei ihm weiter heißt, auf die drei Ebenen des staatlichen Aufbaus in den Ländern verteilt.[2] Oberste Bauaufsichtsbehörde ist der für die Bauaufsicht jeweils zuständige Landesminister, obere Bauaufsichtsbehörden sind, soweit vorhanden, die höheren Verwaltungsbehörden, z.B. Regierungs–, Verwaltungsbezirke. Die unteren Bauaufsichtsbehörden, schließlich, sind die unteren staatlichen Verwaltungsbehörden – kreisfreie Städte, Kreise. Die Gemeinden, jedenfalls die kreisfreien Städte, wirken somit im Bereich der Bauaufsicht als Anstalten des Staates (Landes) mit.

Bei allen Bauvorhaben überwachen die Bauaufsichtsbehörden, wie er fortfährt, die Einhaltung der öffentlich–rechtlichen Bestimmungen.[3] Ausgangspunkt ist dabei zwar der Grundsatz der Baufreiheit, der jedoch durch die einschlägigen Artikel des Grundgesetzes (Art. 2, Abs. 1 und Art. 14 Abs. 1 und 2) eingeschränkt sind. Die Baugenehmigung ist folglich zu erteilen, sofern materielle Bedenken nicht bestehen; sie kann nur versagt werden, wenn materielle Vorschriften nicht eingehalten worden sind. Die Handlungsfreiheit privater »Bauherren« ist somit eingeschränkt. Andererseits ermöglichen diese Einschränkungen ein reibungsloses funktionieren der Bauindustrie und der Baumärkte.

---

1) Vgl. dazu: Ulrich Krebsbach, Bauwesen, in: Ebenda, S. 549.

2) Ebenda, S. 554.

3) Ebenda, S. 555.

Gemeinden kontrollieren nicht nur die Bauvorhaben privater »Bauherren«, sondern treten auch selbst als »Bauherren«, so etwa ihre Hochbauämter, in Vertretung anderer kommunaler Ämter, auf. Die Bauämter, die je nach Größe der Gemeinde und Gemeindeordnung, unter der Verantwortung eines Beigeordneten stehen, sind für die ordnungsgemäße und rechtmäßige Abwicklung der Bauaufgaben verantwortlich. Für die gesamten Hochbauaufgaben in den größeren Gemeinden sind in der Regel die Hochbauämter zuständig. Was die Wahrnehmung von Tiefbauaufgaben betrifft, so werden sie, wie Hans-Erhard Haverkampf und Wilfried Borchers ausführen, ab einer bestimmten Größe der Gemeinde in einer Mehrzahl von Ämtern, so z.B. vom Straßen-, Brücken-, Stadtbahnbauamt, Stadtentwässerungs- und Hafenamt, wahrgenommen.[1]

Eine zentrale Aufgabe, die die bürgerliche Marktwirtschaft Staat und Gemeinden stellt, ist, wie gesagt, die Bereitstellung und Erhaltung einer geeigneten Infrastruktur. Ein wesentlicher Teil dieser Aufgabe wird unter der Leitung der gemeindlichen Bauverwaltung, eben der Bauämter, erledigt. Im einzelnen geht es dabei um die Planung von Bauvorhaben sowie die Überwachung oder begleitende Betreuung der Durchführung. Jedenfalls soll vermieden werden, daß Bauämter zu reinen Vergabestellen von Aufträgen für Architekten werden; sollen doch auch ihre Mitarbeiter durch ständigen Kontakt zur Praxis auf dem neuesten Stand der Bautechnik bleiben.[2]

Zum Katalog der Hochbauaufgaben gehören Altenheime und -wohnungen, Krankenhäuser, Bauen für Freizeitgestaltung sowie Kunst und Kultur. Neben dem Bereich des Hochbaus gibt es, wie erwähnt, jenen des Tiefbaus: Straßen- und Brückenbau. Die gesetzlichen Grundlagen für den Straßenbau sind, wie Haverkampf und Borchers schreiben, in den Straßengesetzen des Bundes (Bundesfernstraßengesetz) und in den Länderstraßengesetzen enthalten. Diese legen den Umfang der Straßenbaulast und ihre Träger fest.[3] Ferner sind in den Gesetzen Festlegungen über die baurechtlichen Genehmigungen der Bauwerke getroffen.

Nach diesen Gesetzen haben z.B. Gemeinden mit mehr als 80.000 Einwohnern bei Bundesfernstraßen und bei mehr als 30.000 Einwohnern bei Landesstraßen die Baulast zu tragen. Was die Baulast der Gemeindestraßen betrifft, so liegt sie grundsätzlich bei den Gemeinden, ebenso wie die der Gehwege in den Ortsdurchfahrten der klassifizierten Straßen. Soweit die Gemeinden Baulastträ-

1) H.-E. Haverkampf u. W. Borchers, Hochbau, Tiefbau, in: Ebenda, S. 564.

2) Ebenda, S. 565.

3) Ebenda, S. 569.

ger der Straßen sind, haben sie auch die Aufgabe, die Straßenanlagen verkehrssicher herzustellen und zu betreiben. Dabei bedarf es keiner besonderen behördlichen Genehmigung, Erlaubnis und Abnahme, außer durch die Straßenbaubehörde.[1] Durch diese gesetzliche Regelung, so die Autoren, ist festgelegt, daß die Gemeinde sowohl Bauherr als auch Bauaufsichtsbehörde in einer Person ist und somit für die gemeindlichen Aufgaben der Straßenbaulast die alleinige Verantwortung für die Sicherheit der Bauwerke bei der Straßenbaubehörde der Gemeinde liegt. Der Umfang der Straßenbaulast, so heißt es weiter, bezieht sich auf den Bau und die Unterhaltung. Der Träger der Baulast ist dabei verpflichtet, die Straßen in einem dem regelmäßigen Verkehrsbedürfnis genügenden Zustand zu unterhalten. Die Abwicklung des Verkehrs auf den Straßen und die damit zusammenhängenden Fragen der Verkehrsregelung sind jedoch nicht in die Zuständigkeit des Straßenbaulastträgers gegeben, sondern liegen in jener der Straßenverkehrsbehörde, und zwar entsprechend dem Straßenverkehrsgesetz und der dazu erlassenen Straßenverkehrsordnung. Der Straßenbaulastträger ist allerdings verpflichtet, Anordnungen der Verkehrsbehörde zur Verkehrsregelung, insbesondere was Markierung und Beschilderung betrifft, nachzukommen und die dazu erforderlichen finanziellen Aufwendungen zu tragen.

Neben dem Straßenbau gibt es noch, wie angedeutet, eine Reihe weiterer wichtiger Tiefbauaufgaben, so die Stadtentwässerung, den Klärwerksbau, die Grundstücksentwässerung, den Straßenbau usw. In jedem Fall obliegen der einzelnen Gemeinde, nachdem in den Selbstverwaltungsgremien einmal der Beschluß gefaßt worden ist, ein bestimmtes Bauvorhaben durchzuführen, die Planung, die Ausschreibung und Vergabe, die Bauüberwachung, die Abnahme/Gewährleistung und schließlich die Rechnungslegung/Abrechnung. Auf weitere Einzelheiten braucht auch hier nicht eingegangen zu werden; soll doch nur ein weiteres Mal ins Bewußtsein gerufen werden, was die einzelne, zumal die größere Gemeinde im Rahmen der allgemeinen Wohlfahrt für die bürgerliche Gesellschaft leistet.

Ein dem Bauwesen benachbartes Gebiet ist das Vermessungs- und Katasterwesen. Eine planvolle, rationale und reibungslose Nutzung von Grund und Boden wäre ohne Landvermessung und Führung von Grundbüchern nicht möglich. Auch hier sind Staat und Gemeinde aus den Notwendigkeiten der bürgerlichen Marktgesellschaft heraus eine wichtige Aufgabe zugewachsen.

---

1) Ebenda.

Die Organisation des Vermessungs- und Katasterwesens variiert von einem Bundesland zum anderen. Was z.B. Nordrhein-Westfalen betrifft, so sind die Katasterämter seit 1948 in die Verwaltungen der Kreise und kreisfreien Städte eingegliedert. Die Integration dieses Tätigkeitsbereiches in die kommunale Ebene hat ihn, wie Helmut Wirtz schreibt, nachhaltig positiv beeinflußt, so daß auch andere Bundesländer diese Lösung prüfen.[1]

Der Ursprung des kommunalen Vermessungswesens liegt, wie er weiter ausführt, im preußischen Fluchtliniengesetz vom 2. 7. 1875, mit dem die kommunale Planung eingeleitet worden ist. Danach wurden den kommunalen Vermessungsdienststellen immer neue Aufgaben übertragen. Mit der Kommunalisierung der Katasterämter in Nordrhein-Westfalen war eine Verschmelzung der Landes- und Katastervermessung und des kommunales Vermessungswesens zu einer Einheit verbunden.[2]

Die Aufgaben des Vermessungs- und Katasterwesens sind in Nordrhein-Westfalen, dem sein Beitrag vor allem gilt, im Gesetz über die Landvermessung und das Liegenschaftskataster (Vermessungs- und Katastergesetz — VermKatG NW) vom Jahre 1972 geregelt, wobei zu bemerken ist, daß, worauf er hinweist, in der Bundesrepublik Deutschland das Vermessungs- und Katasterwesen Angelegenheit der Länder ist und Landesvermessung und Liegenschaftskataster weder zur ausschließlichen noch zur konkurrierenden Gesetzgebung des Bundes gehören.

Im § 5 Abs. 2 des VermKatG NW werden die Anforderungen an die Landesvermessung festgelegt: »Die Landesvermessung ist insbesondere auf die Bedürfnisse der Verwaltung, des Rechtsverkehrs, der Wirtschaft, des Verkehrs, der Landesplanung, der Bauleitplanung und Bodenordnung, der Verteidigung und Forschung abzustellen und ständig dem Fortschritt der geodätischen Wissenschaft und Technik anzupassen. Die notwendige Einheitlichkeit der Vermessungs- und Landeskartenwerke innerhalb der Bundesrepublik Deutschland ist zu wahren.«[3]

Die Aufgaben des öffentlichen Vermessungs- und Katasterwesens wurden, wie Wirtz fortfährt, in Nordrhein-Westfalen als Pflichtaufgaben zur Erfüllung nach Weisung den Kreisen und kreisfreien Städten übertragen, was s.E. nicht ohne Grund geschah. Die Gemeinden benutzen nämlich das Liegenschaftskataster für

---

1) H. Wirtz, Vermessungs- und Katasterwesen, in: Ebenda, S. 584.

2) Ebenda, S. 585.

3) Ebenda, S. 587.

viele Aufgaben der Planung, der Wirtschaft und der Statistik. Dies wurde im besonderen Maße notwendig beim Wiederaufbau der im zweiten Weltkrieg zerstörten Städte und aufgrund der starken Ausweitung der städtischen Siedlungsflächen. Zur Wahrung der Landeseinheitlichkeit des Katasters wurde 1948 nur den Kreisen und kreisfreien Städten die Führung des Liegenschaftskatasters, nicht aber den kreisangehörigen Gemeinden übertragen.

Diese wenigen Hinweise mögen genügen, um eine weitere zentrale Aufgabe von Staat und Gemeinde herauszustellen. Auch mit ihr vollziehen beide eine für die bürgerliche Gesellschaft unentbehrliche Tätigkeit.

Zum Schluß dieses Abschnitts noch ein Blick auf die »kommunale Wirtschaftsförderung«. Es versteht sich, daß hiermit der Katalog von Aufgaben, die die Gemeinden für die jeweilige lokale bürgerliche Gesellschaft zu erfüllen haben, keineswegs vollständig ist.

Kommunale Wirtschaftsförderung ist, wie Wolfgang-Hans Müller ausführt, keine öffentliche Aufgabe, die erst in den letzten Jahren in den Vordergrund des politischen Interesses gerückt ist.[1] Versteht man unter »kommunaler Wirtschaftspolitik« denjenigen Teil der Gemeindeaufgaben, der eine Begünstigung der ortsansässigen Wirtschaft durch Verbesserung ihrer Standortbedingungen sowie eine Förderung von Neuansiedlungen zur Stärkung der örtlichen Wirtschaftsstruktur mittels geeigneter Organisations-, Planungs- und Lenkungsmaßnahmen zum Gegenstand hat, so hat es diese Art kommunaler Wirtschaftsförderung, ihm zufolge, seit jeher gegeben.

Berührungspunkte zwischen örtlicher Wirtschaft und örtlicher Verwaltung zeigten sich, wie er fortfährt, zum ersten Mal besonders auffallend im 19. Jahrhundert; bedurfte doch in jener Zeit der wirtschaftliche Wandel in erhöhtem Maße öffentlicher, administrativer Hilfen. Die gemeindliche Wirtschaftsförderung arbeitete damals noch vor allem mit Mitteln der Realförderung, die, bereits bekannt seit dem Mittelalter, jedoch auf die besonderen Bedürfnisse der industriellen Unternehmen zugeschnitten wurden. Das praktische, noch unsystematische Vorgehen verstand sich aber noch nicht als die Erfüllung einer eigenständigen kommunalen Aufgabe.

Ein grundlegender Wandel vollzog sich dann aber, Müller zufolge, während der Weltwirtschaftskrise; glaubten doch viele Gemeinden in jener Zeit, sie könnten die haushaltswirtschaftlichen Folgen von Betriebsstillegungen durch

---

1) W.-H. Müller, Wirtschaftsförderung, in: Ebenda, S. 625.

öffentliche Subventionen für die örtliche Wirtschaft abwenden, wobei sie sich, wie er weiter ausführt, nicht selten in außerordentlich problematische Geldgeschäfte verstrickten. Derartige Fehlschläge veranlaßten dann Staat und Gesetzgeber, den Gemeinden haushaltswirtschaftliche Fesseln beim praktischen Vollzug wirtschaftsfördernder Maßnahmen anzulegen.[1]

Nach dem zweiten Weltkrieg traten Zielsetzungen zur kommunalen Wirtschaftsförderung zunächst angesichts dringlicher erscheinender Aufgaben zurück, um erst mit fortschreitender Stabilisierung der wirtschaftlichen Entwicklung in Gestalt struktur- und regionalpolitischer Überlegungen wieder hervorzutreten. Seit Ende der 60er Jahre konkretisiert sich kommunale Wirtschaftsförderung, so Müller, zumindest in zwei Formen, und zwar zum einen als eigenständige kommunale Wirtschaftsförderung und zum anderen als kommunale Ergänzung der Förderungspläne von Bund und Ländern, die sich im allgemeinen in der maßvollen Werbung für die Ansiedlung von Gewerbebetrieben, in der Erschließung geeigneter Grundstücke und, sofern erforderlich, in einer entsprechenden Grundstücksvorratswirtschaft erschöpft.[2] Bis Anfang der 70er Jahre verstand sich kommunale Wirtschaftsförderung zuerst als »Marketingaufgabe«, die, wie er weiter ausführt, bei einzelnen Gemeinden sogar ein besonderes Marketing-Verhalten bewirkte. Da es auch den ansiedlungswilligen Unternehmen darum ging, ihre Zielsetzungen mit möglichst geringen Kosten und möglichst starker Internalisierung externer Ersparnisse zu erreichen, bildeten sich in den Beziehungen zwischen der Wirtschaft und der öffentlichen Verwaltung spezifische, z.T. »verwaltungsuntypische Verhaltens- und Verhandlungsformen« (Müller) heraus.

Empirisch belegen läßt sich, ihm zufolge, daß die in jener Zeit gebräuchlichsten Förderungsarten der kommunalen Wirtschaftspolitik durch die subventionierte Bereitstellung von Baugelände, Gebühren- und Beitragsstundung sowie die besondere Steuervereinbarung gekennzeichnet werden konnten. Es liegt nahe, daß solche Maßnahmen, wie er andeutet, verfassungsrechtliche Bedenken hervorrufen. Jedenfalls fragten die Gemeinden im allgemeinen aus fiskalischen Gründen weitaus mehr Betriebe nach als verlagerungswillige und ansiedlungsbereite Unternehmen zur Verfügung standen.[3]

Mit Beginn der 70er Jahre erweiterte sich dann die kommunale Wirtschaftsförderung zu einer, wie er meint, »äußerst komplexen Aufgabe«, weil verän-

---

1) Ebenda, S. 626.
2) Ebenda, S. 627.
3) Ebenda, S. 628.

derte Rahmenbedingungen auf Binnen- und Außenmärkten viele Wirtschaftszweige zu teilweise schwerwiegenden Arbeitskräftefreisetzungen zwangen, die Anpassungsvorgänge nicht selten von einer nachhaltig gewandelten Situation auf dem Energie- und Rohstoffmarkt überlagert wurden, weil die bisher kontinuierlich wachsende Binnennachfrage nach Investitions- und Konsumgütern sich im Laufe der 70er Jahre zunehmend verstetigte und weil, schließlich, der Bedarf an Arbeitsplätzen durch den Eintritt geburtenstarker Jahrgänge ins Erwerbsleben, ungeachtet insgesamt rückläufiger Bevölkerung, ständig anstieg.

In den Mittelpunkt kommunalpolitischen Interesses rückten deshalb wirtschaftspolitische Fragestellungen und damit auch erneut als selbständiger Aufgabenbereich die kommunale Wirtschaftsförderung. Dieser Aufgabenbereich kann, je nach Größe der Gemeinde, sehr umfangreich sein. Folgende »Kernfunktionen« (Müller) lassen sich herausarbeiten: a) allgemeine Beratung von Unternehmen über die Standortsituation, das Flächen- und Finanzhilfeangebot der Gemeinden, b) Vermittlung städtischer Gewerbegrundstücke, c) Beschaffung von speziellen Daten und Planunsunterlagen für an- und umsiedlungswillige Unternehmen und d) Erarbeitung von Stellungnahmen zu einzelnen Maßnahmen, die für die Wirtschaftsförderung bedeutsam sind.[1]

Erkennbar wird, daß die Gemeinden, in Verbindung mit dem Staat, nicht nur für die allgemeinen Entwicklungsbedingungen der lokalen bürgerlichen Gesellschaft sorgen, sondern darüber hinaus noch spezifische und gezielte Beiträge zur Gestaltung der lokalen Wirtschaftsstruktur leisten.

8.4.2.2 Verbände

Eine weitere zentrale Sphäre der lokalen bürgerlichen Gesellschaft ist, lehnt man sich weiterhin an Hegelsche Gedanken an, das Korporationswesen. Korporationen, auch Genossenschaften, setzt Hegel nicht mit den Zünften der mittelalterlichen Städte gleich. Überhaupt denkt er hierbei nicht an die alte ständische Gesellschaft. Gleichwohl liegt ihr Ursprung in der »ständischen Gesellschaftsepoche« (v. Stein). Mit dem Verschwinden derselben entwickelten sie sich immer mehr zu modernen Berufsverbänden oder -vereinen. In diesem Sinne begriff er sie offensichtlich. So heißt es denn auch bei ihm: »Das Arbeitswesen der bürgerlichen Gesellschaft zerfällt nach der Natur seiner Besonderheit in verschiedene Zweige. In dem solches an sich Gleiche der Besonderheit als *Gemeinsames* in der *Genossenschaft* zur Existenz kommt, faßt und betätigt der auf sein Besonderes gerichtete, *selbstsüchtige* Zweck zugleich sich

---

1) Ebenda, S. 638.

als allgemeinen, und das Mitglied der bürgerlichen Gesellschaft ist, nach seiner *besonderen Geschicklichkeit*, Mitglied der Korporation, deren allgemeiner Zweck damit ganz *konkret ist* und keinen weiteren Umfang hat, als der im Gewerbe, dem eigentümlichen Geschäfte und Interesse, liegt.«[1]

»Genossen« sind nach L. v. Stein diejenigen »im weitesten Sinn, die einen gleichen Lebensberuf haben; im eigentlichen Sinn dagegen erst diejenigen, welche vermöge dieses gemeinsamen Berufes das Gefühl der Zusammengehörigkeit besitzen; im strengsten Sinne dann wieder unter diesen diejenigen, welche sich in diesem Gefühle für irgend einen, mit diesem Berufe zusammenhängenden Zweck auch wirklich *vereinigen*. Eine solche Vereinigung heißt dann *Genossenschaft*«[2]. Im engeren Sinn des Wortes bilden eine Genossenschaft nach v. Stein nur diejenigen, die an einem und demselben Ort einen bestimmten Lebensberuf vertreten. In diesen beiden Momenten liegt nach ihm das Wesen der Geschichte und der Gestalt der Genossenschaft zu seiner Zeit. Die Genossenschaft entsteht erst, wie er ausführt, mit dem Auftreten bestimmter Lebensberufe und ist »mächtig durch das Bewußtsein, die Vertretung dieser Berufe innerhalb einer bestimmten örtlichen Gränze zu haben; das Bewußtsein erzeugt das Gefühl einer zugleich sittlichen und wirthschaftlichen Verantwortlichkeit; und daraus geht dann die Organisation der Genossenschaften als der ständischen Form der Vereine hervor, welche die Aufgabe der Verwaltung für ihren besondern Beruf übernimmt, daher alle Organe der Verwaltung in sich selbst erzeugt, und als selbstthätiger Organismus alsdann von der Regierung anerkannt wird«[3]. So entstehen z.B. die geistlichen und gelehrten Körperschaften sowie die Zünfte und Innungen.

Die neue Zeit, die die Grenzen der Berufe verwischt, hat, so v. Stein, alles aufgehoben, was früher die Genossenschaft bedeutete, außer gewisse althergebrachte Formen und die Unterstützung hilfsbedürftiger Genossen.[4] Das Zunftwesen z.B. wandelte sich demnach um in das moderne berufliche Vereinswesen, d.h. in nunmehr moderne Innungen, Handwerkskammern und die Spitzenverbände des Handwerks. Nach v. Stein entspricht die Umwandlung der »Idee der freien Verwaltung und daher dem Leben der staatsbürgerlichen Gesellschaft«[5]. Das Vereinswesen, so fährt er fort, kann kein anderes System

---

1) G.W.F. Hegel, Grundlinien der Philosophie des Rechts, a.a.O. S. 394.

2) L. v. Stein, Teil 1 Abt. 3: Vereinswesen, 2. Aufl., Aalen 1975, S. 102.

3) Ebenda, S. 103.

4) Ebenda, S. 103.

5) Ebenda, S. 105.

haben, als das System jener Aufgaben und Funktionen des Staates selbst. Für ihn besteht kein Zweifel, daß dieses System der Vereine das Staatsleben selbst ist.[1]

Aus den Korporationen entwickelten sich also, wie Hegel es sah, und v. Stein es vierzig Jahre später noch deutlicher sehen konnte, berufsständische Selbstverwaltungskörperschaften, Handwerkskammern, Innungen, Apotheker-, Ärzte-, Rechtsanwaltkammern, deren Ziel es ist, die gemeinsamen beruflichen Interessen der Mitglieder sowie ihre berufliche Fortbildung zu fördern und die Erfüllung der Berufspflichten der Mitglieder zu überwachen.[2] Öffentlichen Zwecken dienend, haben sie die Rechtsform der Körperschaft des öffentlichen Rechts. »Selbstverwaltung« heißt verwaltungsrechtlich »die selbständige, fachweisungsfreie Wahrnehmung überlassener oder zugewiesener öffentlicher Angelegenheiten durch unterstaatliche Rechtssubjekte«[3]. Als Körperschaften sind sie Verwaltungsträger, die, mitgliedschaftlich organisiert, unabhängig vom Wechsel der Mitglieder bestehen und ihre Angelegenheiten unter Mitwirkung ihrer Mitglieder verwalten.[4]

Wo immer das moderne Vereinswesen auftritt, verbindet es sich nach v. Stein mit der Funktion der Regierung. Dabei stellt sich die Frage, welchen Teil der Regierung es übernimmt.[5] Für v. Stein ist es die Berücksichtigung der Individualität und ihre Einbeziehung »in den Dienst der Gemeinschaft« (Ders.). Der einzelne Verein erscheint daher nicht mehr als ein freier Organismus der vollziehenden Gewalt überhaupt, sondern, so v. Stein, als derjenige Organismus, der die Tätigkeit der Individualität in das tätige Leben des Staates aufnimmt. Daraus folgt, daß das Vereinswesen, wie er fortfährt, im Staatsleben nur da auftreten und wirken kann, wo überhaupt die Individualität eine Bedeutung hat, während es dort keinen Platz finden kann, wo es sich um eine rein formale, sich stets gleichbleibende Tätigkeit des Staates handelt.[6]

Die Berufsverbände stellen also, wie schon an anderer Stelle ausgeführt, eine Vermittlung zwischen dem einzelnen Berufsträger und seinen besonderen Interessen einerseits und der Gemeinde bzw. dem Staat andererseits dar. Die besonderen Interessen, die sie vertreten, stehen als allgemeine Interessen den

---

1) Ebenda.
2) Vgl. dazu: N. Achterberg, Allgemeines Verwaltungsrecht, a.a.O., S. 66.
3) Ebenda, S. 60.
4) Vgl. dazu: Ebenda.
5) L. v. Stein, Die Verwaltungslehre, Teil 1 Abt. 3: Vereinswesen, a.a.O., S. 107.
6) Ebenda, S. 108.

»selbstsüchtigen Zwecken« des einzelnen Teilnehmers am Arbeitswesen der bürgerlichen Gesellschaft gegenüber.

Berufsständische Verbände als Nachfahren der Korporationen, z.B. des Handwerks, unterscheiden sich (zumindest graduell) von den wirtschaftlichen (z.B. Industrie- und Handelskammern, »freie« Interessenverbände der Industrie) und gesellschaftlichen (z.B. Gewerkschaften) Vereinen der »staatsbürgerlichen Gesellschaft« (v. Stein); neigen sie doch stärker zur Einschränkung des Zugangs, haben umfassendere Zielsetzungen, und sind doch die Beziehungen zwischen den Mitgliedern enger.

So heißt es bei Hegel: »Die Korporation hat nach dieser Bestimmung unter der Aufsicht der öffentlichen Macht das Recht, ihre eigenen innerhalb ihrer eingeschlossenen Interessen zu besorgen, Mitglieder nach der objektiven Eigenschaft ihrer Geschicklichkeit und Rechtschaffenheit in einer durch den allgemeinen Zusammenhang sich bestimmenden Anzahl anzunehmen und für die ihr Angehörigen die Sorge gegen die besonderen Zufälligkeiten sowie für die Bildung zur Fähigkeit, ihr zugeteilt zu werden, zu tragen — überhaupt für sie als *zweite* Familie einzutreten ...«.[1]

Berufsverbände in diesem Sinn sind auch dadurch charakterisiert, daß sie eine spezifische »Standesethik« pflegen; der einzelne hat seine »Standesehre«, indem er Mitglied eines Berufsverbandes ist und sich dessen Pflichten, die sich insbesondere auf das Handeln gegenüber den Abnehmern der angebotenen Leistungen beziehen, unterwirft. Ohne Mitglied eines Berufsverbandes zu sein, ist der einzelne, so Hegel, ohne Standesehre. Er bleibt eben nur auf die »selbstsüchtige Seite« seines Gewerbes reduziert, seine Subsistenz und sein Genuß sind nichts »Stehendes«.

Die historische Entwicklung seit der Zeit als Hegel seine Theorie vom modernen Staat entwarf hat, wie angedeutet, neben die sich hin zu modernen Berufsverbänden entwickelnden alten Korporationen die wirtschaftlichen (Industrie-, Handels- und Bankverbände, Industrie- und Handelskammern usw.) und gesellschaftlichen (z.B. Gewerkschaften) Vereine gestellt. Kurz, es sind die modernen Interessenverbände und die Selbstverwaltungsorgane der privaten Wirtschaft entstanden. Auch sie stellen, neben den Berufs(ständischen) Verbänden, ebenfalls Vermittlungsinstanzen zwischen den einzelnen Trägern von Interessen (Unternehmen) einerseits und Gemeinde/Staat andererseits dar.

---

1) G.W.F. Hegel, Grundlinien der Philosophie des Rechts, a.a.O., S. 394.

Wie sehr immer sich Berufsverbände von den anderen Verbänden der bürgerlichen Gesellschaft abgrenzen mögen, sie sind ebenso wie diese, Produkt der sich spontan entwickelnden gesellschaftlichen Arbeitsteilung. Die verschiedenen sich herausbildenden Wirtschafts- und Berufszweige schließen jeweils besondere Interessen ein. Diese sind, wie schon gesagt, im Verhältnis zu den individuellen Interessen des einzelnen Wirtschaftssubjektes gemeinsame Interessen. Indem sich das einzelne Wirtschaftssubjekt, der Handwerker, Händler oder Fabrikant, dem gemeinsamen Interesse seines besonderen Gewerbezweiges unterwirft, ermöglicht es eine Vermittlung zwischen seinen individuellen Interessen und dem Allgemeininteresse, wie es z.B. von der Gemeinde zu vertreten ist.

Das, was im einzelnen das besondere Interesse eines Wirtschafts- oder Berufszweiges, z.B. innerhalb einer Gemeinde, ausmacht, ergibt sich allerdings nicht von selbst. Vielmehr handelt es sich um das Ergebnis kollektiver Erkenntnisprozesse, die eben vom Berufs- oder Interessenverband oder dem zuständigen Selbstverwaltungsorgan der privaten Wirtschaft zu leisten sind. Das einzelne Wirtschaftssubjekt kennt seine unmittelbaren Interessen, weiß, was ihm unmittelbar Nutzen bringt, die allgemeinen Interessen seines Berufs- oder Wirtschaftszweigs bleiben ihm jedoch verborgen und müssen ihm deshalb erst vermittelt werden.

Das Verbändewesen innerhalb der bürgerlichen Gesellschaft hat sich zwar überwiegend spontan herausgebildet, verändert sich auch laufend infolge der Dynamik der Marktwirtschaft, steht Staat und Gemeinde gegenüber, unterliegt aber gleichwohl, wie gesagt, staatlichem Handeln und steht damit innerhalb des Staates; schafft dieser doch den für das Vereinswesen erforderlichen rechtlichen Rahmen, mehr noch, ermöglicht er doch Selbstverwaltungsorgane der »Wirtschaft« öffentlichen Rechts, wie z.B. im Fall der Industrie- und Handels- sowie der Handwerkskammern.

Somit erweist sich auch hier, daß der Staat, wie Hegel sagt, gegenüber der bürgerlichen Gesellschaft das »Erste« ist. Diese ist eben nicht, und das betrifft auch die lokale, der Gemeinde gegenüberstehende Marktgesellschaft, eine bloße Ansammlung atomisierter und »selbstsüchtiger« Wirtschaftssubjekte, die von Zeit zu Zeit in Kontakt miteinander zum Zweck des Austausches und der Einkommensmaximierung treten, sondern eine umfassende Ordnung, die auf weitaus mehr als dem Eigentums- und Vertragsrecht sowie den dadurch ermöglichten ökonomischen Kräften und Prozessen beruht.

Berufsverbände, Interessenverbände, Selbstverwaltungsorgane der Wirtschaft öffentlichen Rechts treten also mit ihren jeweils besonderen Interessen der einzelnen Gemeinde gegenüber und versuchen legitimerweise die administrativen und politischen Entscheidungen derselben zu beeinflussen. Dies bezieht sich vor allem auf das Handeln der Gemeinde, das die »allgemeine Wohlfahrt« betrifft, d.h. zum üblichen Aufgabenkatalog der Gemeinde gehört. Mit anderen Worten, die Ansprüche der einzelnen Träger von Interessen richten sich vor allem an die »Not- und Verstandesgemeinde«, d.h. an jenen Ausschnitt kommunalen Handelns, der den allgemeinen Voraussetzungen moderner Wirtschaftsentwicklung zugewandt ist. Es steht ja, wie ausgeführt wurde, nicht im Belieben der einzelnen Gemeinde, ob sie bestimmte Infrastrukturleistungen bereitstellt oder nicht; sie muß eben, bei Strafe des Niedergangs oder gar staatlicher Intervention den Notwendigkeiten der lokalen bürgerlichen Gesellschaft Rechnung tragen.

Freilich weiß die einzelne Gemeinde nicht in jedem Fall, was sie zu tun hat. Auch muß sie angesichts begrenzter Mittel Prioritäten setzen. Hier setzen Beratung und Empfehlung der Verbände an, und zwar auf der Grundlage ihrer besonderen Interessen. Die Verbände verfügen eben über den erforderlichen Sachverstand bezüglich der allgemeinen Voraussetzungen nutzbringenden privaten Wirtschaftshandelns in dem Wirtschaftszweig, für den sie zuständig sind. Sie bringen eben, wie v. Stein ausführt, das »Moment der Individualität« zur Geltung.

8.5 Politische Parteien

Die Verbände stellen, wie schon an anderer Stelle gesagt, nur die erste »Stufe« der Vermittlung zwischen den Interessen des einzelnen Teilnehmers am »Arbeitswesen« der bürgerlichen Gesellschaft und der Gemeinde bzw. des Staates dar. Die weitere, und zwar notwendige »Stufe« der Vermittlung sind die politischen Parteien.[1] Auf der Ebene der Gemeinden, ebenso wie auf jener des (Glied)Staates, herrscht das Repräsentativprinzip, das von politischen Parteien in die Tat umgesetzt wird. Ein zentrales Merkmal des modernen Staates also, die Parteiendemokratie, ist auch auf der Ebene der Gemeinden angesiedelt und bestimmt somit durchgängig die ganze Verfassungswirklichkeit.

Haben, M. Weber zufolge, die Klassen in der Wirtschaftsordnung, die »Stände« in der sozialen Ordnung, in der Sphäre der Verteilung der »Ehre«, ihre eigentliche Heimat und beeinflussen einander gegenseitig sowie die Rechtsordnung, die sie wiederum beeinflußt, so sind »Parteien« vor allem in der Sphäre

---

1) Vgl. dazu: M. Weber, Staatssoziologie, a.a.O. S. 51.

der »Macht« zu Hause.[1] Ihr Handeln ist, wie Weber fortfährt, auf soziale Macht, und das heißt für ihn: Einfluß auf ein Gemeinschaftshandeln, gleichgültig welchen Inhalts, ausgerichtet. Demnach kann es Parteien, wie es bei ihm weiter heißt, grundsätzlich in einem geselligen Klub ebensogut geben wie in einem Staat, oder, wie sich hier hinzufügen läßt, in einer Gemeinde.

Das parteimäßige Gemeinschaftshandeln enthält, wie Weber fortfährt, im Gegensatz zu dem von Klassen und Ständen, bei denen dies nicht notwendig der Fall ist, stets eine Vergesellschaftung; ist es doch stets auf ein planvoll erstrebtes Ziel, »sei es ein »sachliches«: die Durchsetzung eines Programms um ideeller oder materieller Zwecke willen, sei es ein »persönliches«: Pfründen, Macht und, als Folge davon, Ehre für ihre Führer und Anhänger oder, und zwar gewöhnlich, auf dies alles zugleich gerichtet«[2]. Parteien, so schreibt Weber weiter, sind daher auch nur innerhalb von Gemeinschaften möglich, die ihrerseits irgendwie vergesellschaftet sind, d.h. irgendwelche rationale Ordnung und einen Apparat von Personen besitzen, die sich zu deren Durchführung bereithalten. »Denn eben diesen Apparat zu beeinflussen und womöglich aus Parteianhängern zusammenzusetzen ist Ziel der Parteien.«[3] Hierbei ließe sich unschwer an unseren Gegenstand, die Gemeinde, denken.

Parteien, für L. v. Stein »politische Vereine«[4], können nach Weber durch »Klassenlage« oder »ständische Lage« bedingte Interessen vertreten und dementsprechend ihre Anhänger rekrutieren, aber sie brauchen weder reine »Klassen«- noch reine »ständische« Parteien zu sein und sind es zumeist nur zum Teil, oft auch gar nicht. Sie können, wie Weber fortfährt, der nicht nur an moderne politische Parteien denkt, flüchtige oder dauerhafte Gebilde darstellen, ihre Mittel zur Erlangung der Macht können von nackter Gewalt jeder Art bis zum Werben um Wahlstimmen, sei es mit groben, sei es mit feinen Mitteln: Geld, sozialem Einfluß, Macht der Rede, Suggestion und plumper Übertölpelung, reichen. Ein weiteres Mittel wäre eine grobe oder eher kunstvolle Taktik der Obstruktion innerhalb parlamentarischer Körperschaften. Beispiel hierfür wäre ein Gemeinderat.

Gibt es in einer Gemeinde bloß *ein* großes Industrieunternehmen, so kann dieses ohne Umwege über die Parteien seine Interessen unmittelbar gegenüber

---

1) M. Weber, Wirtschaft und Gesellschaft, 2. Halbb., a.a.O., S. 639.
2) Ebenda.
3) Ebenda.
4) L. V. Stein, Die Verwaltungslehre, Teil 1 Abt. 3: Vereinswesen, a.a.O., S. 106.

ihren Organen vertreten. Die Leitung der Gemeinde muß ihnen entsprechen, gleichgültig welche Partei sie stellt. Gibt es dagegen eine diversifizierte Wirtschaftsstruktur, so müssen die Interessen einzelner Wirtschaftssubjekte sowie von Wirtschafts- und Berufsverbänden durch das Spiel der Parteiendemokratie erst vermittelt werden. Das heißt zwischen die organisierten Interessen bestimmter Wirtschafts- und Berufszweige und die allgemeinen Interessen der Gemeinde schieben sich die speziellen Interessen der politischen Parteien.

Diesen geht es, ihrer Definition gemäß, in erster Linie um Macht. Nur wenn sie ausreichend Macht haben, können sie auch partikulare Wirtschaftsinteressen erfolgreich durchsetzen. Deshalb sind sie gezwungen, Kompromisse zwischen unterschiedlichen Interessenrichtungen zu schließen, zumal wenn sie darauf angewiesen sind, als »Volkspartei« aufzutreten. Mit anderen Worten, sie müssen zwischen verschiedenen Interessen vermitteln, um auf diese Weise auf eine ausreichend große Zustimmung innerhalb der Bevölkerung, konkretisiert in Wählerstimmen, zu stoßen. Doch es gibt auch Eigeninteressen der Parteien. Ihnen geht es nicht bloß um Macht zur Durchsetzung von Interessen außerhalb ihrer stehender Gruppen und Verbände, und damit um Positionen in Leitungsorganen, z.B. von Gemeinden, sondern auch um einträgliche Posten für ihre Führer und Mitglieder. Sonst könnten sie nicht fortwirken; fehlte ihnen doch der erforderliche Apparat zur kontinuierlichen politischen Tätigkeit. Darüber hinaus können Parteien freilich auch »ideelle Ziele« haben, denen Interessenverbände Rechnung tragen müssen, wobei auch »ideelle Ziele« von Parteien oft nur mit Erfolg angestrebt werden können, wenn sie mit »materiellen Interessen« ein Bündnis eingehen.

Politische Parteien sind, wie Alfred de Grazia schreibt, überall fest in »lokale Regierungen« eingefügt.[1] Er hat dabei vor allem die USA im Auge, weiß aber, daß dies auch für die modernen Staaten Westeuropas gilt. Auf der Ebene des Nationalstaates kümmern sie sich um nationale, auf der Ebene der Gemeinde müssen sie sich jedoch um lokale Streitfragen kümmern, wobei im allgemeinen kaum Beziehungen zwischen beide Kategorien von Streitfragen bestehen.

»Lokale politische Maschinen«, seien sie ländlich oder städtisch, investieren, wie er fortfährt, privat viel in das Spiel der lokalen Politik. Obwohl Lokalpolitiker eine Vielzahl von Handlungsmotiven haben, nicht anders als andere Menschen, haben sie nichtsdestoweniger ein lang andauerndes Motiv bei der Teilnahme an öffentlichen Angelegenheiten, und zwar das, Posten für jene zu

---

1) A. de Grazia, Political Organization, New York, 1962, S. 223.

bekommen, die von ihnen abhängig sind, für ihre Verwandten und Freunde.[1] In praktisch jeder »lokalen Regierung«, gleichgültig wie »sauber« sie ist, übersteige dieses Motiv bis zu einem gewissen Grad den Wunsch, die Leistungsfähigkeit der Regierungsfunktionen zu maximieren. In großen Städten und volkreichen Landkreisen ende dieses Motiv, und dies gilt gewiß nicht nur für die USA, in einer wahrhaften Armee von Patronage-Ernennungen. Nicht unerwartet variiere die Effizienz einer lokalen Regierung im umgekehrten Verhältnis zur Ausdehnung derartiger Praktiken. Häufig seien die lokalen Gehaltslisten mit den Namen von »Angestellten« gepflastert, die sich selten zum Dienst in den Posten melden, die ihnen zugewiesen worden sind. Sie verrichten eine »andere« politische Arbeit oder arbeiten überhaupt nicht.

Die Posten, die durch praktizierende Politiker besetzt werden, sind jedoch nach de Grazia nicht bloß »Parteibuch«- oder »Druckposten«. Zunächst müsse davon ausgegangen werden, daß viele Angestellte für ihre Stellen kompetent sind. Ferner müsse beachtet werden, daß »Parteibuchangestellte« (»-beamte«) sehr oft in einem größerem Maße mit der »öffentlichen Meinung« als »Karriereangestellte« (»-beamte«) Kontakt haben. Schließlich setze die Tätigkeit der meisten amerikanischen lokalen Regierungen ein beträchtliches Ausmaß an Aktivität von der Seite der Wähler voraus. Das Patronage-System ermutige die politische Aktivität unter einem Teil der Bevölkerung. Und so sehr dem Zufall anheimgegeben und ineffizient das Patronage-System in den meisten Gemeinden in Amerika und im Ausland sein mag, so ermögliche es doch nichtsdestoweniger die Verbreitung von Regierungserfahrungen unter mehr Menschen als unter einem Karriere-System in der Verwaltung. Solche Gedanken finden sich bekanntlich bereits bei J. St. Mill.

Politische Parteien innerhalb von demokratischen Rechtsstaaten können, das folgt aus ihrem Begriff, nur mit Hilfe von Wählerstimmen und unter den Bedingungen der Parteienkonkurrenz Regierungsfunktionen auf der Ebene des Nationalstaates, seiner Gliedstaaten oder ihren Gemeinden übernehmen. Sie benötigen also die manifeste Zustimmung der Wahlbürger. Parteien operieren hier gleichsam wie Anbieter von Waren auf einem Markt. Wie Unternehmen konkurrieren sie mit anderen und benötigen die Zustimmung zu ihrem Angebot, allerdings nicht in Gestalt von Geldzahlungen, sondern eben Wählerstimmen. Nur wenn eine Partei genügend Wählerstimmen erhält, kann sie, sei es allein, sei es mit anderen Parteien in einer Koalition, die Leitung, z.B. einer Gemeinde, übernehmen und damit ihre Mitglieder mit attraktiven Posten versorgen. Das institutionell vorgegebene Ziel aller politischen Parteien ist folg-

---

1) Ebenda, S. 224.

lich, in Analogie zu den kapitalistischen Unternehmern, die Maximierung von wirksamer Zustimmung.

Andererseits können sie ihre Wählerstimmen nur maximieren, wenn sie sich, wie schon gesagt, der Interessen eines bestimmten Wählerpotentials annehmen. Da die Interessen in der bürgerlichen Gesellschaft sehr vielfältig sind, und zumeist die hinter einem besonderen Interesse stehende Wählerschaft, z.B. Ärzte, nicht ausreicht, um mit ihrer Hilfe in die politische Leitung einer Gemeinde zu gelangen, müssen die Parteien zwischen verschiedenen, schon durch Verbände vermittelten Interessen, Kompromisse herstellen. Sie müssen also, wollen sie nach Macht streben, und das gehört zu ihrem Wesen, zwischen unterschiedlichen Interessen vermitteln, womit sie nach der Tätigkeit der Verbände den zweiten Vermittlungsschritt hin zum Allgemeininteresse, das von der Gemeinde zu vertreten ist, tun. Ist dann eine politische Partei einmal zur »regierenden« Partei in einer Gemeinde geworden, dann muß sie den dritten Vermittlungsschritt tun, und zwar zwischen ihrem Wahlprogramm und dem Allgemeininteressse Übereinstimmung herstellen. Dies geschieht zuallererst dadurch, daß sich die aus ihren Reihen hervorgehenden Leiter der Gemeinde in ihrem Handeln an der Verfassungs– und Rechtsordnung orientieren. Ist eine Partei, die die Übernahme der Leitung einer Gemeinde anstrebt, auf die Unterstützung anderer Parteien angewiesen, so muß sie, neben den schon geschlossenen Kompromissen im Vorfeld der »Regierungsverantwortung«, weitere Kompromisse schließen. Auch muß sie ständig danach trachten, ihr Wählerpotential zugleich zu stabilisieren und auszudehnen, wie z.B. ein Automobilunternehmen, das zugleich traditionelle Kunden erhalten und neue hinzugewinnen muß. Sie muß also immer neue Konzessionen machen, um damit einem immer größere Ausschnitt aus der Interessenvielfalt der lokalen bürgerlichen Gesellschaft erfassen. Vollendet ist die Vermittlung zwischen dem einzelnen und seiner Gemeinde erst, wenn die vielfältigen besonderen Interessen als Antriebskraft der weiteren Entwicklung der Gemeinde als ein sittliches Verhältnis wirken. Hierzu bedarf es der Einsichten, die über die Interessen von Verbänden und Parteien hinausgehen und oft nur durch die Wissenschaft vermittelt werden können.

8.6 Die öffentliche Meinung

Innerhalb der im Gemeinderat vertretenen Parteien sind die verschiedenen großen Zweige der Gesellschaft, z.B. der Handel, die Industrie, das Handwerk, Arbeitnehmer der verschiedenen Wirtschaftszweige, Staatsdiener usw., vertreten. Es ist legitim, wenn jeder Zweig der lokalen Gesellschaft seine Interessen im Gemeinderat zu vertreten sucht. Wenn die Gemeinderäte, so kann man einen Satz Hegels abwandeln, der sich auf die Legislative bezieht, als Repräsentanten betrachtet werden, so hat dies einen organisch vernünftigen Sinn nur dann, wenn sie nicht als Repräsentanten von Einzelnen oder einer Menge, sondern als Repräsentanten einer der wesentlichen Sphären der lokalen Gesellschaft, Repräsentanten ihrer großen Interessen, betrachtet werden. Das Repräsentieren, so Hegel, hat damit auch nicht mehr die Bedeutung, daß einer an der Stelle des anderen steht, sondern daß das Interesse selbst in seinem Repräsentanten wirklich gegenwärtig ist.[1]

Folgt man Hegel, so hat die Institution von Ständen, und es ist wohl zulässig hinzuzufügen, von Parteien, nicht die Bestimmung oder Funktion, daß durch sie die Angelegenheiten der Gemeinde, er denkt freilich an den Staat, an sich auf die beste Weise beraten und beschlossen werden. Ihre unterscheidende Bestimmung liegt vielmehr darin, daß in ihrem Mitwissen, Mitberaten und Mitbeschließen über die allen gemeinsamen Angelegenheiten im Hinblick auf die an der Leitung der Gemeinde nicht teilhabenden Glieder der bürgerlichen Gesellschaft »das Moment der *formellen* Freiheit sein Recht erlange«[2]. Da die Gemeinderatssitzungen öffentlich sind, kann sich das allen gemeinsame Wissen bezüglich der öffentlichen Angelegenheiten ausbreiten. Dadurch kann, mit Hegel, die öffentliche Meinung erst zu wahrhaften Gedanken und zur Einsicht in den Zustand und den Begriff der Gemeinde und deren Angelegenheiten kommen und damit erst zu einer »Fähigkeit, darüber vernünftiger zu urteilen« (v. ihm hervorgeh.)[3]; ferner lernt sie auch die Geschäfte, die Talente, Tugenden und Geschicklichkeiten der Gemeindebehörden und Beamten kennen und achten. Wie die Talente der Gemeindebehörden und -bediensteten, so übernehmen wir weiterhin Hegelsche Gedanken und wenden sie auf die öffentliche Meinung in der Gemeinde an, an einer solchen Öffentlichkeit eine mächtige Gelegenheit der Entwicklung und, wie er sich ausdrückt, einen Schauplatz hoher Ehre erhalten, so ist sie auch das Heilmittel gegen den Eigendünkel der Einzelnen und der Menge — sie ist ein Bildungsmittel für diese, und zwar nach ihm »eines der größten«[4].

In der Regel herrscht die Vorstellung — übernimmt man weiterhin Hegelsche Gedanken —, daß alle schon wissen, was für die Gemeinde gut ist und daß es im Gemeinderat zur Sprache komme. Aber in der Tat findet gerade, wie es bei ihm mit Bezug auf die Ständeversammlung heißt, das Gegenteil statt; denn erst hier entwickeln sich Tugenden, Talente und Geschicklichkeiten, die als Vorbild

---

1) G.W.F. Hegel, Grundlinien der Philosophie des Rechts, a.a.O., S. 480.
2) Ebenda, S. 482.
3) Ebenda.
4) Ebenda.

zu dienen haben. Solche Versammlungen sind freilich beschwerlich für die Vertreter des Gemeindevorstandes (bei Hegel Minister), die »selbst mit Witz und Beredsamkeit angetan sein müssen, um den Angriffen zu begegnen, die hier gegen sie gerichtet werden«[1]. Gleichwohl ist die Öffentlichkeit das größte Bildungsmittel für die Gemeindeinteressen (Hegel meint die Staatsinteressen) überhaupt. In einer Gemeinde, wo es diese Öffentlichkeit gibt, zeigt sich eine ganz andere Lebendigkeit mit Bezug auf die Gemeinde als dort, wo es keine Gemeindevertretung gibt oder ihre Sitzungen nicht öffentlich sind.

Erst durch das Bekanntwerden jedes ihrer Schritte hängen die Gremien der Gemeinde mit der weiteren öffentlichen Meinung zusammen; es zeigt sich nach Hegel, »daß es ein anderes ist, was sich jemand zu Hause bei seiner Frau oder seinen Freunden einbildet, und wieder ein anderes, was in einer großen Versammlung geschieht, wo eine Gescheitheit die andere auffrißt«[2].

Die formelle, subjektive Freiheit, daß die Einzelnen als solche ihr eigenes Urteilen, Meinen und Raten über die allgemeinen Angelegenheiten haben und äußern, hat, wie er fortfährt, in dem »Zusammen«, das öffentliche Meinung heißt, ihre Erscheinung. In ihr ist das an und für sich Allgemeine, das Substantielle und Wahre, wie er sich ausdrückt, mit seinem Gegenteil, dem für sich Eigentümlichen und Besonderen des Meinens der Vielen verknüpft – das Wesentliche ist hier ebenso unmittelbar wie das Unwesentliche.[3]

Die öffentliche Meinung ist, wie Hegel in einem Zusatz zum angeführten § 316 seiner Rechtsphilosophie ergänzt, die unorganische Weise, wie sich das, was ein Volk will und meint, zu erkennen gibt. Was sich wirklich im Staate geltend macht, wir übertragen diesen Satz wieder auf die Gemeinde, muß sich auf »organische Weise betätigen, und dies ist in der Verfassung der Fall«. Zu allen Zeiten war, wie er fortfährt, die öffentliche Meinung eine große Macht und ist es besonders in unserer, d.h. der modernen Zeit, in der das Prinzip der subjektiven Freiheit diese Wichtigkeit und Bedeutung hat. Was jetzt gelten soll, gelte nicht mehr durch Gewalt, wenig durch Gewohnheit und Sitte, wohl aber durch Einsicht und Gründe.[4] Die öffentliche Meinung enthält daher, so heißt

---

1) Ebenda, Zusatz zu § 315.

2) Ebenda.

3) Ebenda, S. 483 (§ 316).

4) »Das Prinzip der Subjektivität (...) wurde (...) erst im liberalen Rechtsstaat des ausgehenden 19. Jahrhunderts verwirklicht. Im Gegensatz zum konfessionell gebundenen Fürstenstaate wird das Postulat der Meinungs- und Glaubensfreiheit zum grundgesetzlich gewährleisteten Prinzip jeder privaten und öffentlichen Meinungsbildung.« F. Lenz, Werden und Wesen der öffentlichen Meinung, Aalen 1981, Seite 45.

es im folgenden Paragraphen, in sich die ewigen substantiellen Prinzipien der Gerechtigkeit, den wahrhaften Inhalt und das Resultat der ganzen Verfassung, Gesetzgebung und des allgemeinen Zustandes überhaupt in Form des gesunden Menschenverstandes, »als der durch alle in Gestalt von Vorurteilen hindurchgehenden sittlichen Grundlage, sowie die wahrhaften Bedürfnisse und richtigen Tendenzen der Wirklichkeit«[1].

Die öffentliche Meinung in der Gemeinde ist eine Mischung von »Wahrheit und Irrtum«. Auf der einen Seite enthält sie in der Form der Vorstellung, was verfassungsgemäß und rechtens ist, darüber hinaus, wie gesagt, worin die wahrhaften Bedürfnisse und die richtigen Tendenzen der Wirklichkeit bestehen. Insofern ist sie nicht etwas Beliebiges, sondern beruht auf einer festen Grundlage. Die vorgegebenen Institutionen, die die Menschen zutiefst prägen, aus ihnen überhaupt das machen, wozu sie bestimmt sind, nämlich politische/soziale Wesen zu sein, sind zwangsläufig auch der Boden für die öffentliche Meinung. Andererseits enthält sie auch viel Eigentümliches, bloße (subjektive) Meinungen, die eben nicht das »Innere« adäquat ausdrücken oder die wahrhaften Bedürfnisse und Tendenzen wiedergeben.

Das Prinzip der modernen Welt, so Hegel, fordert, daß sich dem einzelnen das als berechtigt zeigt, was er anerkennen soll. Hinzukommt, daß jeder noch mitgesprochen und geraten haben will. Hat er, wie Hegel fortfährt, seine Schuldigkeit getan, d.h. sein Wort dazu gesagt, so läßt er sich nach dieser Befriedigung seiner Subjektivität vieles gefallen.

Eine lebendige Gemeinde, so kann man also Hegels Gedanken entnehmen, schließt eine öffentliche Meinung ein, wobei Ausgangspunkt derselben die Auseinandersetzungen in den öffentlichen Sitzungen des Gemeinderates sind. Dort kommen die wesentlichen Probleme des Gemeinwesens zur Sprache. Staats- und Gemeindeverfassung sowie die sonstige Rechtsordnung bilden die Grundlage für die öffentliche Meinung und treten in ihr mittelbar in Erscheinung — als »gesunder Menschenverstand«. Die Art und Weise, wie bestimmte Streitfragen beurteilt werden, hängt vom »Substantiellen«, d.h. von den zugrundeliegenden normativen Ordnungen ab. Doch neben der Wahrheit, die sich in Gestalt von Vorstellungen — nicht von wissenschaftlichen Begriffen — in der öffentlichen Meinung zeigt, gibt es in ihr den Irrtum. Beide sind miteinander verwoben.

---

1) Ebenda, S. 483–484.

Die Bürger einer Gemeinde, und dies macht eine lebendige Gemeinde aus, wollen nicht, daß über sie entschieden wird, mögen auch die Entscheidungen in der Sache richtig sein, sondern wollen mitsprechen und mitberaten, kurz, sie wollen in ihrer Subjektivität befriedigt werden. Eben das macht die formelle Freiheit auch auf der Ebene der Gemeinde aus, daß die Bürger sich ihr eigenes Urteil und ihre eigenen Meinungen bilden und diese auch äußern.

Und diese Urteile und Meinungen sind denn auch bis zu einem gewissen Grade maßgeblich für ihr Handeln. Allerdings gibt es keine unmittelbare Beziehung zwischen dem Urteil und der Meinung, die sich einzelne Bürger als Teilnehmer am öffentlichen Meinungsbildungsprozeß bilden, und den Beschlüssen im Gemeinderat; muß doch der einzelne Bürger seine Meinungen in den politisch relevanten Versammlungen bis hin zur Gemeinderatssitzung vortragen und dort mit den Meinungen anderer konkurrieren. Dies führt dazu, daß persönliche Eigentümlichkeiten abgelegt oder »abgeschliffen« werden und das Allgemeine oder »Vernünftige« hervortreten kann.

Nach Hegel verdient die öffentliche Meinung aus den genannten Gründen ebenso geachtet wie verachtet zu werden. Verachtet zu werden verdient sie, wie er sich ausdrückt, nach ihrem konkreten Bewußtsein und seiner Äußerung. Mit Bezug auf die Gemeinde würde diese »Verachtung« die Meinung der einzelnen Bürger treffen, wie sie sich tagtäglich spontan, gefühlsgeladen, kurz, wenig reflektiert, zu den verschiedenen Streitfragen in der Gemeinde kundgibt. Diese Meinungen sind flüchtig, sie ändern sich ständig und unterliegen Gerüchten und der Suggestion durch Meinungsführer und Demagogen. Kurz, hier handelt es sich um ein Phänomen, das jedem nur zu gut bekannt ist. Es geht um den »gesunden Menschenverstand« im schlechten Sinn des Wortes. Geachtet werden muß die öffentliche Meinung dagegen wegen ihrer wesentlichen Grundlage, die mehr oder weniger getrübt im konkreten Bewußtsein des einzelnen erscheint. Sie besteht eben, wie gesagt wurde, in den normativen Ordnungen oder den Ideen, wie sie in den Vorstellungen und dem Wissen, z.B. der Gemeindebürger, enthalten sind. Der einzelne ist ja auf vielfältige Weise in das Gemeindewesen hineinsozialisiert worden und nur weil das so ist, kann er als handelndes Subjekt in diesem auftreten, sich dort angemessen bewegen und aktiv werden.

Da die öffentliche Meinung als flüchtiges Phänomen, die sich dem einzelnen aufdrängt, und die er auch selbst mit produziert und reproduziert, Hegel zufolge, weder in sich selbst den Maßstab der Unterscheidung noch die Fähigkeit besitzt, die substantielle Seite zum bestimmten Wissen in sich herauszuheben, »so ist die Unabhängigkeit von ihr die erste formelle Bedingung zu etwas

Großem und Vernünftigen (in der Wirklichkeit wie in der Wissenschaft)«[1]. Auf die Leitung der Gemeinde bezogen heißt dies, daß der Gemeindevorsteher, Bürgermeister oder Gemeindedirektor sich von der öffentlichen Meinung bei der Lösung bestimmter Probleme unabhängig machen muß. Eine »populistische« Gemeindepolitik würde laufend zu Fehlentscheidungen führen. Die Bürger, die heute ein neues öffentliches Schwimmbad haben wollen, denken nicht daran, daß damit z.B. der Plan, ein Museum einzurichten, den sie auch gutheißen und der in ihren Augen sogar Priorität genießt, nicht realisiert werden kann. Oder, sie treten für den Bau neuer Straßen ein, denken aber nicht daran, daß sie damit etwas wollen, was im Gegensatz zu ihrem Bedürfnis nach Ruhe steht. Kurz, sie wollen etwas und wägen dabei nicht die Folgekosten und die entgehenden Alternativen ab; ganz abgesehen davon, daß sie häufig etwas haben wollen, was sie vernünftigerweise nicht wollen können, weil es gegen Gemeinde- und Rechtsordnung verstößt.

In der öffentlichen Meinung ist Falsches und Wahres zugleich enthalten. Nach Hegel ist es die Sache des großen Mannes, das Wahre in ihr zu finden. »Wer, was seine Zeit will und ausspricht, ihr sagt und vollbringt, ist der große Mann der Zeit. Er tut, was das Innere und Wesen der Zeit ist, verwirklicht sie, …«[2]. Hegel denkt hierbei vor allem an Staatsmänner, man kann diesen Gedanken aber auch ohne weiteres auf, zumal Großgemeinden übertragen. Auch dort sind Persönlichkeiten im Gemeindevorstand, aber auch in der Gemeindevertretung erforderlich, die das Wahre in der öffentlichen Meinung erkennen, dies aussprechen und vollbringen können. Mit den Namen solcher Persönlichkeiten ist die Geschichte jeder Stadt verbunden.

Zur subjektiven oder formellen Freiheit gehört auch die Pressefreiheit. In der Presse einer Gemeinde, den Lokalzeitungen, drückt sich auf eine vielfältige Art und Weise die öffentliche Meinung aus. Keineswegs wird man aber sagen dürfen, daß die Lokalpresse Spiegelbild der öffentlichen Meinung in einer Gemeinde ist; drückt sie doch nur auf eine vermittelte und reduzierte Weise das aus, was öffentlich gedacht wird. Zunächst ist davon auszugehen, daß die Lokalzeitungen nicht nur Teile oder Aspekte der öffentlichen Meinung in der Gemeinde wiedergeben, also sich nur passiv und kontemplativ verhalten, sondern auch die öffentliche Meinung nachdrücklich mitgestalten wollen. Hinter den einzelnen Lokalzeitungen stehen bestimmte ökonomische und/oder politische Interessen, die nach einer spezifischen Darstellung von Streitfragen und

---

1) Ebenda, S. 485–486.
2) Ebenda, Zusatz zum o. zit. § 318.

ihren Lösungen verlangen. Überdies hat jede Zeitung ihre besondere Leserschaft, die bestimmte Informationen und Stellungnahmen, kurz, eine aktive Gestaltung der öffentlichen Meinung in einer von ihr gewünschten Richtung erwartet. So erwarten z.B. Haus– und Grundstückseigentümer, daß »ihre« Zeitung sie über alle Willensbildungsprozesse in der Gemeinde bezüglich ihrer Interessensphäre informiert und darüber hinaus zugunsten ihrer Interessen parteiergreift, sich zumindest ihnen gegenüber nicht »feindlich« verhält. Gewünscht werden Ideologien, die ihren Interessen und Anliegen dienen oder ein Wissen, wie man im Rahmen der vorgegebenen Gesetze erfolgreich grundeigentümerspezifische Interessen durchsetzen kann. Zugleich wird von den Lokalzeitungen erwartet, daß sie mit ihren Beiträgen das Handeln der Gemeindevertretung und des Gemeindevorstandes in eine bestimmte Richtung lenken.

Es liegt nahe, die öffentliche und veröffentlichte Meinung als eine vermittelnde Sphäre zwischen der lokalen bürgerlichen Gesellschaft einerseits und der Gemeinde andererseits zu betrachten. Der Grund, auf dem eine öffentliche Meinung entsteht, ist ja zum einen die bürgerliche Gesellschaft mit ihren Interessen, Ständen, Klassen und Verbänden, zum anderen das politische Gemeinwesen. Jede Privatperson hat bestimmte Interessen mit Bezug auf seine Gemeinde. Als politischer Bürger will er, daß seine Interessen, vermittelt durch Verbände und Parteien, in den Steuerungsinstanzen der Gemeinde zur Geltung kommen. Zugleich will er vernünftigerweise, daß dabei das Allgemeininteresse gewahrt wird, weil nur so auf die Dauer die wohlverstandenen eigenen Interessen gut aufgehoben sind. Von einer Gemeinde, die zur Beute einiger Interessengruppen geworden ist, kann niemand erwarten, daß sie seine besonderen, legitimen Interessen, desorganisiert, wie sie ist, dauerhaft berücksichtigt.

Die öffentliche Meinung bildet sich zwar aus dem heraus, was einzelne denken und äußern. Sie äußern sich aber immer schon als Vertreter bestimmter Zweige der gesellschaftlichen Arbeitsteilung, mithin bestimmter Interessen. Doch diese Urteile und Äußerungen sind noch zu stark mit den Besonderheiten der einzelnen Person und ihrer Lebensverhältnisse verknüpft, um wirksam zu werden. Hier bedarf es, wie gesagt, der Vermittlung durch den Stand oder die Klasse, zu dem/der man gehört, vor allem durch den Verband und die politische Partei. Nunmehr handelt es sich nicht mehr um eine individuelle, sondern eine kollektive Meinung, die auf das allen Gemeinsame einer gesellschaftlichen Gruppierung ausgerichtet ist. Der weitere Prozeß der Meinungsbildung findet dann, wie gesagt, in den Sitzungen des Gemeinderates statt, wo jede Meinungsäußerung einer Fraktion mit jenen anderer Fraktionen konkurrieren muß und noch dazu mit der Auffassung der Gemeindeleitung konfrontiert wird.

In diesen Prozeß der Bildung der öffentlichen Meinung, der schließlich auch zur Herausbildung eines politischen Willens in der Gemeinde führt, greift nun, wie gesagt, die Presse ein. Diese schwebt nicht über der lokalen bürgerlichen Gesellschaft, sondern ist, wie angedeutet, ein Glied von ihr. Zunächst unterscheidet sich ein Zeitungsbetrieb nämlich nicht von einem sonstigen Gewerbebetrieb. Er stellt ein bestimmtes Produkt her, muß dieses auf dem lokalen (und u.U. regionalen) Markt verkaufen und dabei mit anderen Unternehmen, die das gleiche Erzeugnis herstellen, konkurrieren. Dabei muß er ein Interesse an einem möglichst hohen Gewinn haben, was sich im allgemeinen nur bei einem entsprechend hohen Absatz realisieren läßt. Je größer jedoch der Leserkreis ist, um so mehr muß er auf Unterschiede in den Meinungen Rücksicht nehmen, muß versuchen, Ausschnitte der öffentlichen Meinung zusammenzuführen und auch gestalten. Die einzelne Zeitung ist damit nicht nur eine Vermittlungsagentur von einem mehr oder weniger weiten Meinungsspektrum, sondern auch Mitproduzent der öffentlichen Meinung.

8.7 Das Handeln der Gemeindevertretung

Politische Parteien, die auf der Ebene der Gemeinde operieren, haben das institutionell vorgegebene Ziel, Mandate in der Gemeindevertretung oder im Gemeinderat zu erobern und darüber hinaus den Gemeindevorstand bzw. die Position des Gemeindevorstehers, Bürgermeisters oder Stadtdirektors, zu übernehmen. Sie müssen die »politische Macht« in der Gemeinde eben einfach wollen, sonst sind sie in Wahrheit keine politischen Parteien.

Folgt man Schmidt-Jortzig, so lassen sich die »Wahrnehmungszuständigkeiten« des Rates in die vier Bereiche: Willensbildungskompetenz, Überwachungskompetenz, Informationskompetenz und Dienstaufsichtskompetenz gliedern.[1] Entsprechend der grundlegenden Zentralität der Bürgerschaft für das gesamte Gemeindegeschehen steht, wie er ausführt, an der Spitze die allgemeine Willensbestimmungs bzw. Entscheidungskompetenz des Gemeinderates. Er befindet, wie schon an anderer Stelle gesagt wurde, über alle Angelegenheiten, die nicht vom Gesetz ausdrücklich anderen Organen zugewiesen sind. Durchweg trifft er, wie es bei Schmidt-Jortzig weiter heißt, alle wichtigen normativen Einzelfallentscheidungen in der Gemeinde und des weiteren darf er, was nur »logisch« ist, zuvor eigeninitiativ auf andere Organe oder Funktionswalter übertragene Angelegenheiten, falls dies für das Gemeinwohl förderlich ist, im

---

1) E. Schmidt-Jortzig, Kommunalrecht, a.a.O., S. 80–82.

Einzelfall oder auch im allgemeinen wieder an sich ziehen. Ferner entspricht es der Führungsaufgabe des Gemeinderates, daß er allgemeine Grundsätze für die Verwaltung aufstellen kann.[1]

Aus der Willensbildungs- und Entscheidungskompetenz des Rates ergibt sich, daß diejenige Partei, die die Mehrheit der Mandate in der Gemeindevertretung hat, im Prinzip die Gemeinde führt. Sie kann Entscheidungen zugunsten ihrer Wähler fördern, und, je nach Gemeindeordnung, Leitungspositionen in der Gemeinde besetzen. Demnach kann der Eindruck entstehen, daß die jeweilige Mehrheitspartei mit einer gewissen Willkür handeln kann. So etwas wird sich auch in einigen Gemeinden nachweisen lassen, es dürfte jedoch nicht charakteristisch für das Handeln von Mehrheitsparteien im Gemeinderat sein.

Zunächst, ist, wie schon erwähnt, der Handlungsspielraum der Gemeinden allein deshalb eingeengt, weil sie die Aufgabe haben, für die allgemeine Wohlfahrt der lokalen bürgerlichen Gesellschaft einzutreten. Würden sie z.B. die materielle Infrastruktur grob vernachlässigen, so würden sie der einheimischen Wirtschaft schaden, Abwanderung begünstigen und damit ihre Existenzgrundlage gefährden, ganz abgesehen davon, daß sie u.U. von übergeordneten Aufsichtsbehörden zur Verantwortung gezogen werden können. Ferner muß sich das Handeln der Mehrheitspartei, wie schon mehrmals angedeutet, an Verfassung und Recht orientieren. Allein damit ist gewährleistet, daß die Vermittlung zwischen partikularen Interessen, die die Mehrheitspartei vertritt, und dem Allgemeininteresse stattfindet. Schließlich sind die Gemeinden bekanntlich auch dezentrale Staatsverwaltung, damit Weisungen unterworfen und bekommen Aufgaben vom Staat »zudiktiert«, so daß der Handlungsspielraum einer Mehrheitspartei weiter eingeengt wird.

Die generelle Willensbildungs- und Lenkungsfunktion der Gemeindevertretung wird durch seine Zuständigkeit ergänzt, die gesamte Gemeindeverwaltung, einschließlich ihrer leitenden Organe, zu überwachen. Dies darf der Rat allerdings, wie Schmidt-Jortzig weiter ausführt, nicht durch eigene Eingriffe in Verfahren und Bestand der Verwaltungsbehörde realisieren, vielmehr muß er über die Position des Gemeindevorstehers, des Hauptverwaltungsbeamten, vorgehen.[2]

Der Überwachungskompetenz dürften allerdings enge reale Grenzen gezogen sein, und zwar insbesondere für die Minderheitsparteien. Zum einen ist, zumal

1) Ebenda, S. 80-81.
2) Ebenda.

in größeren Gemeinden innerhalb der Verwaltung, vollends in den leitenden Organen, ein gegenüber dem »normalen« Ratsmitglied kaum überbrückbarer Wissensvorsprung gegeben. Zum anderen besetzt die Mehrheitspartei (-koalition) die höchste Position in der Verwaltung und dazu noch, kraft Gemeindeordnung oder auf »informellem Weg«, weitere leitende Positionen, vom Beigeordneten bis zu den Amtsleitern und noch weiter darunter.

Auch die Kompetenz des Rates, sich über alle Verwaltungsangelegenheiten der Gemeinde umfassend zu informieren, dürfte, zumal für die Angehörigen der »nicht-regierenden« Parteien und Gruppen, auf erhebliche »strukturelle Hindernisse« stoßen. Die Gemeindebürokratie hat einen »natürlichen« Widerwillen, sich von »Außenstehenden« in die Karten schauen zu lassen und dies erst Recht, wenn sie von »Parteibuchbeamten« der etablierten Mehrheitspartei durchsetzt ist.

Der Gemeinderat hat, wie erwähnt, auch die Dienstaufsichtskompetenz. Bis auf den Hauptverwaltungsbeamten in Baden-Württemberg und in Bayern, der unmittelbar vom Volke gewählt wird, bestellt, wie Schmidt-Jortzig weiter ausführt, überall der Rat die maßgeblichen Funktionsträger der Gemeinde, und zwar nicht nur die Wahlbeamten, sondern auch die Laufbahnbeamten — zumindest des höheren Dienstes — und die entsprechenden Angestellten. Von Land zu Land in unterschiedlicher Weise ist die Gemeindevertretung außerdem entweder oberste Dienstbehörde für alle Beamten und Angestellten der Gemeinde, einschließlich des Hauptverwaltungsbeamten (Niedersachsen), Dienstvorgesetzte für den Hauptverwaltungsbeamten, z.B. Nordrhein-Westfalen, oder sie ist wenigstens an den Entscheidungen im Grundverhältnis der leitenden Verwaltungsbeamten bzw. aller Gemeindebediensteten letztentscheidend beteiligt.[1]

Es zeigt sich also, daß die Gemeindevertretung zumindest formell der Ort ist, wo die wichtigsten Personalentscheidungen fallen oder ihre Bestätigung finden. Dies bedeutet, daß zumindest die Mehrheitspartei oder (-koalition) in der Lage ist, massiv auf diese Entscheidungen Einfluß zunehmen. Der Gemeinderat ist offensichtlich das »Einfallstor« für Ämterpatronage und »Parteibuchwirtschaft«. Die wichtigen Personalentscheidungen fallen zwar außerhalb dieses Gremiums, in Parteizirkeln, sie müssen jedoch in letzter Instanz im Gemeinderat gefällt und bestätigt werden.

---

1) Ebenda, S. 82.

Eine »Parteipolitisierung«, zumal im Falle der Besetzung der »lukrativeren« Positionen, wird die Regel sein; nur dort, wo es einschlägige Vorschriften in der Gemeindeordnung gibt, werden von den Bewerbern, in Beachtung dieser Normen, neben der Zugehörigkeit zu einer bestimmten politischen Partei oder Richtung, einschlägige berufliche Kompetenzen im außerpolitischen Bereich verlangt, z.B. die Befähigung zum Richteramt.

Den politischen Parteien steht es, wie schon aus dem oben Ausgeführten hervorgeht, keineswegs frei, auf welche Art und Weise sie ihre Arbeit im Gemeinderat gestalten, wie sie die Beschlüsse, die schließlich das Gemeindeleben bestimmen, fassen. Da gibt es zunächst die einschlägigen Vorschriften in den Gemeindeordnungen: über die erste Einberufung, den Zusammentritt nach Bedarf und auf Verlangen (Einberufungsquorum), Tagesordnung, Verhandlungsöffentlichkeit, Einrichtung der Sitzungsordnung und Protokollierung. Da gibt es ferner, im Einklang mit den betreffenden Vorschriften in der Gemeindeordnung, die Geschäftsordnungen der jeweiligen Gemeinde; besitzt doch die einzelne Gemeinde die »Geschäftsordnungsautonomie«.[1]

Für die Form, in welcher Entscheidungen des Rates zu treffen sind, enthalten die Gemeindeordnungen zwingende Vorschriften. Nur wenn diese eingehalten werden, sind sie rechtmäßig. Willkür in der Art und Weise, wie Beschlüsse zustandekommen, ist somit ausgeschlossen. Freilich muß auch, wie gesagt, der Inhalt des jeweiligen Beschlusses mit der Rechtsordnung übereinstimmen, d.h. mit dem allen Gemeinsamen. Dadurch wird verhindert, daß Beschlüsse fallen, die einzelnen Personen oder Gruppen in der Gemeinde private Vorteile, z.B. Zuweisung von Grundstücken, verschaffen, die nicht mit dem Gemeinwohl im Einklang stehen. Es wird also formal ausgeschlossen, daß die Vermittlung zwischen den partikularen Interessen einzelner Privatpersonen und dem Allgemeininteresse umgangen wird.

Jede Gemeindevertretung gliedert sich bzw. kann sich in Fraktionen gliedern. Es wirken also an der Arbeit im Gemeinderat nicht bloß politische Parteien (u.U. »Rathausparteien«) mit, sondern organisierte Einheiten der Parteien, bestehend aus den Mitgliedern von Parteien, die im Gemeinderat ein Mandat erobert haben. Das Fraktionswesen im Gemeinderat ist, wie Schmidt–Jortzig hervorhebt, ein wesentliches Element der Arbeitsökonomie der Gemeindevertretung, ohne das sie praktisch nicht auskommen kann. Durch kollektive Vorbereitung der Willensbildung in Gruppen politisch Gleichgesinnter straffen, wie

---

1) Vgl. dazu: Ebenda, S. 82.

er fortfährt, die Fraktionen die Arbeit im Plenum und erleichtern den technischen Ablauf. Außerdem kommt ihnen, wie er schreibt, eine wichtige Rolle für die Förderung von Informiertheit, Sachverstand und politischem Gesamtüberblick im Gemeinderat zu, so daß die vielbeklagte Abhängigkeit des Gemeinderates von der Zuarbeit der Verwaltung und der Informationsvorsprung derselben in Grenzen gehalten werden können.[1] Somit läßt sich sagen, daß nicht nur innerhalb der politischen Parteien ein Vermittlungsprozeß zwischen partikularen Interessen, sondern auch innerhalb der Fraktionen stattfindet, die schließlich den letzten Schritt in diesem Prozeß vollziehen müssen. Oft genügt nicht eine Fraktion, um eine bestimmte Entscheidung, die z.B. von irgendeinem Verband gewollt wird, herbeizuführen; es müssen sich hierzu zwei oder mehrere Fraktionen zusammenschließen bzw. sie müssen in einen »bargaining Prozeß« eintreten, so daß der Vermittlungsvorgang zwischen den einzelnen Privatpersonen und der Gemeinde weitere Schritte einschließt.

Für das arbeitsmäßige Verfahren im Gemeinderat sind neben den Fraktionen die Ausschüsse von Bedeutung. Ihrer Aufgabenstellung nach unterscheidet man nach Schmidt–Jortzig beratende bzw. vorbereitende, beschließende bzw. verwaltende und sog. »verwaltungsüberwachende« Ausschüsse. Was die zuerstgenannten betrifft, so ist, ihm zufolge, die Möglichkeit ihrer Bildung im Grunde Strukturprinzip jeder beschließenden Kollegialkörperschaft. Anders verhalte es sich dagegen bei den beschließenden Ausschüssen. Hier sei wegen der eintretenden Zuständigkeitsverschiebung eine besondere Gesetzesregelung erforderlich.[2]

Die Durchsetzung von Interessen einer Privatperson gegenüber ihrer Gemeinde schließt also normalerweise einen weiten und zeitraubenden Weg ein. Dieser wird freilich verkürzt, wenn jene gegenüber ihrer Gemeinde genügend Macht mobilisieren kann. Auch dann wird sich der Weg verkürzen, wenn es um Interessen geht, mit denen sich eine, die Gemeinde durchweg beherrschende politische Partei zu ihrem eigenen Vorteil identifiziert.

Mit den politischen Parteien sind Stände, Klassen und Verbände im Gemeinderat vertreten. Jede Partei hat nicht nur eine bestimmte soziale Klientel, sondern setzt sich auch aus Vertretern der verschiedenen sozialen Kräfte, wie sie der lokalen bürgerlichen Gesellschaft eigen sind, zusammen. So sitzt z.B. im Gemeinderat der Handwerksmeister und Vertreter einer bestimmten Handwerksin-

---

1) Ebenda, S. 83.
2) Ebenda, S. 87.

nung neben dem Arbeitnehmer aus der Industrie, der zugleich Mitglied einer Gewerkschaft ist. Beide mögen in ein und derselben oder in verschiedenen Parteien und Rathausfraktionen sein. Und mit der Beteiligung von Verbandsvertretern am Willensbildungsprozeß in der Gemeindevertretung und ihren Ausschüssen ist auch für bestimmte Streitfragen der erforderliche Sachverstand gegeben. Dafür, daß partikulare Interessen, noch dazu mit viel Sachverstand ausgestattet, irgendwie auf das Allgemeininteresse zurückgeführt werden, müssen, zumal die höheren Verwaltungsbeamten sorgen; sind sie doch für das Interesse des Allgemeinen verantwortlich. Die Verwaltung der Gemeinde kann jedoch nur dann als Gegengewicht gegen die partikularen Interessen, wie sie von den Parteien vorgetragen, tätig werden, wenn sie nicht allzusehr von den Parteien abhängig (gemacht worden) ist.

8.8 Das Handeln des Gemeindevorstehers

Indem man sich mit dem Gemeindevorstand auseinandersetzt, bewegt man sich, wie schon gesagt, im Bereich der vollziehenden Organe der Gemeinde. Je nach Gemeindeverfassung (–ordnung) wird der Gemeindevorstand durch den Bürgermeister, den Gemeindedirektor (Oberstadtdirektor) oder durch ein kollegiales Organ, z.B. Magistrat, dargestellt.

Der Gemeindevorstand ist, bei aller gebotenen Vorsicht, in Analogie zur exekutiven Gewalt, d.h. zur Regierung des Staates, zu sehen und von der Gemeindeverwaltung abzugrenzen. Jener ist, folgt man L. v. Stein, im Bereich der Vollziehung des »Willens«, diese ist im Bereich der »Tat« einzuordnen. Was Gemeindevorstand und Gemeindevertretung betrifft, so gibt es zwar hier eine deutliche Abgrenzung, gleichwohl kann man hierbei nicht, wie im Falle des Staates, von einem »Zweikammersystem« sprechen.

Der »Wille zur Tat« wird vor allem vom Vorsitzenden des Gemeindevorstandes, d.h. in der Regel vom Gemeindevorsteher, sei es der Bürgermeister, sei es der Gemeindedirektor, getragen.

In den Händen des Gemeindevorstehers liegt weitgehend die Leitung der Gemeinde, zumindest im Sinne der Erledigung der »Angelegenheiten der laufenden Verwaltung«[1]. Unbestritten handelt es sich bei diesem Amt um eine politische Position; wird doch ihr Inhaber nicht einfach bestellt oder ernannt,

---

1) Ebenda, S. 99.

sondern, sei es von den Bürgern direkt, sei es von der Gemeindevertretung, gewählt.

Zugleich ist das Amt, dargestellt durch den »Bürgermeister« oder den »Gemeindedirektor«, Spitzenposition der Gemeindebürokratie, so daß sein Inhaber, wie schon an anderer Stelle gesagt, »Hauptverwaltungsbeamter« der Gemeinde ist.

Das Amt des Gemeindevorstehers erscheint also »widersprüchlich«: Einerseits handelt es sich um ein politisches, andererseits um ein Verwaltungsamt. Somit muß auch sein Inhaber einerseits (Partei)Politiker, andererseits Verwalter sein. Je nach Gemeindeordnung und den informellen Erwartungen am Ort, muß er mehr das eine oder mehr das andere sein. Dieser im Amt enthaltene Widerspruch muß in einzelnen Fällen zu Konflikten führen. Denn als Politiker muß der Gemeindevorsteher bestimmte (partei-) politische Interessen beachten und fördern, als Leiter der Verwaltung muß er dagegen das Allgemeine, noch dazu Interessen des Staates, vertreten.

Am deutlichsten unter den bundesdeutschen Gemeindeordnungen ist der politische Charakter des Amtes des Gemeindevorstehers in der »Süddeutschen Ratsverfassung« herausgestellt worden. Hier gilt offensichtlich noch der Satz L. v. Steins: »Bekanntlich ist der Bürgermeister bis auf unsere Zeit die anerkannt gewaltigste Macht der Gemeinde; ja er erscheint oft als die Gemeinde selbst«.[1]

Der Gemeindevorsteher, dessen Position in dieser Verfassung mit der des Bürgermeisters zusammenfällt, wird von den Bürgern gewählt, leitet den Gemeinderat und ist zugleich Leiter der Verwaltung. Hans-Georg Wehling präzisiert die Funktionen des Gemeindevorstehers und Bürgermeisters der Süddeutschen Ratsverfassung: Der Bürgermeister ist stimmberechtigter Vorsitzender des Gemeinderates und aller seiner Ausschüsse, Leiter einer monokratisch strukturierten Verwaltung und Vertreter der Gemeinde mit uneingeschränkter Vertretungsvollmacht.[2] Im Geltungsbereich der »Norddeutschen Ratsverfassung« dagegen sind diese Funktionen aufgeteilt, und zwar zwischen dem (Ober-) Bürgermeister als Vorsitzenden des Rates (ohne Ausschußvorsitz, aber mit bestimmten Vertretungsfunktionen) und dem (Ober-)Stadtdirektor (bzw. Gemeindedirektor) als Chef der Verwaltung. Dementsprechend spricht man

---

1) L. v. Stein, Die Verwaltungslehre, Teil 1 Abt. 2: Selbstverwaltung, a.a.O., S. 319.

2) H.-G. Wehling, Die Süddeutsche Ratsverfassung in Baden- Württemberg und Bayern, in: Handbuch der kommunalen Wissenschaft und Praxis, Bd. 2, Kommunalverfassung, 2. Aufl., Berlin 1982, S. 231.

hier, wie es bei Wehling weiter heißt, von »Zweiköpfigkeit« im Verhältnis zwischen Gemeindevertretung und Gemeindeverwaltung, dagegen von »Einköpfigkeit« im Bereich der Süddeutschen Ratsverfassung.

Nach dieser Verfassung kann nur eine Person Gemeindevorsteher werden, die die Zustimmung der Mehrheit oder doch der relativen Mehrheit der Gemeindebürger, in Gestalt von Stimmen, nach Abschluß eines Wahlkampfes bekommt. Diese bekommt sie nicht in erster Linie deshalb, weil sie Mitglied einer bestimmten Partei ist, sondern weil ihr bisheriges Handeln/Auftreten, ihr »Image«, auf eine ausreichend große Zustimmung stößt. Sie bedarf also neben der Zustimmung innerhalb ihrer (»Rathaus«-) Partei, die sie als Kandidaten nominiert, vor allem der Zustimmung der Mehrheit der Bürger. Und diese ist entscheidend. Denkbar ist, daß eine Person innerhalb einer Gemeinde so populär ist, daß sie auch ohne Mithilfe einer Partei Gemeindevorsteher werden kann. Sogar läßt sich vorstellen, und dafür wird es gewiß empirische Belege geben, daß sich eine Partei einen populären, noch parteilosen Kandidaten für das Amt des Gemeindevorstehers sucht, um mit seiner Hilfe in die Leitung der betreffenden Gemeinde zu gelangen.

Die Person, die das Amt des Bürgermeisters im Rahmen der Süddeutschen Ratsverfassung anstrebt, muß also entschieden politisch orientiert handeln. Dabei kann es ihr weniger darum gehen, eine bestimmte Partei in die Leitung einer Gemeinde zu befördern, als sich selbst dorthin. Die Partei, soweit eine Zugehörigkeit gegeben ist, ist für sie vor allem Mittel zum Zweck.

Diejenige Person, die die Übernahme der Leitung einer Gemeinde des infragestehenden Verfassungstyps anstrebt, muß also durch und durch »homo politicus« sein, d.h. wie selbstverständlich nach Einfluß, Ansehen, Macht und Herrschaft streben, nach alledem, was, M. Weber zufolge, zum Beruf des Politikers gehört.

Zumal in Großgemeinden wird der Gemeindevorsteher gewöhnlich aus dem Spiel der Parteiendemokratie hervorgehen. Die moderne Partei als »Wahlkampfmaschine« erscheint als materielle Bedingung zur Eroberung der Leitungsposition einer Gemeinde. Sie wird jedoch nur dann für eine diese Position anstrebende Person tätig, wenn sie diese für »geeignet« im Sinne ihrer Interessen hält. Mit anderen Worten, die Partei funktioniert auch als Ausleseapparat. »Geeignete« und »bewährte« Mitglieder müssen erst ausgewählt werden, um sie danach unter Einsatz der »Wahlkampfmaschine« zu erfolgversprechenden Kandidaten für das Bürgermeisteramt zu machen. Das Handeln einer Partei ist definitionsgemäß politisch orientiert, und sie hat folglich nur ein Interesse,

Kandidaten für die Leitungsfunktion der betreffenden Gemeinde zu fördern, wenn sie dadurch Macht innerhalb dieses politischen Verbandes gewinnt. Dieses Streben nach Macht ist, wie gesagt, ihr alleiniger Daseinsgrund. Parteien und die von ihnen für eine Leitungsfunktion innerhalb einer Gemeinde oder eines anderen politischen Verbandes ausgelesenen Personen haben somit ein »natürliches« Interesse aneinander. Die Partei »investiert« in ihren Kandidaten, und dieser »investiert« dafür in seine Partei.

Doch die Interessen zwischen dem einmal gewählten Bürgermeister und seiner Partei sind keineswegs identisch. Das Eigeninteresse des Bürgermeisters besteht darin, die einmal gewonnene Mehrheit der Wählerstimmen zu erhalten, mehr noch, auszubauen. Dies ist nur möglich, wenn er sich für Anliegen einsetzt, die eine breite Wählerschicht betreffen. Dabei kann es sich um solche handeln, die nicht dem Interesse seiner Partei und ihrer Stammwählerschaft entsprechen. Damit würde er sich zu einem »Bürgermeister des Volkes«, der nicht mehr mit seiner Partei identifiziert wird, machen. Seiner Partei gegenüber gewinnt er auf diese Weise eine Überlegenheit, weil diese gleichwohl auf ihn angewiesen ist. Mit anderen Worten, er gewinnt Macht über seine Partei, die ihn ursprünglich ausgewählt und mit Hilfe ihrer »Wahlkampfmaschine« aufgebaut hat.

Eine solche Konstellation ist im Falle der Wahl eines Gemeindevorstehers durch den Gemeinderat nicht denkbar. Zwar kann der Gemeindedirektor, etwa im Falle der Gemeindeordnung NordrheinWestfalens, kraft seiner fachlichen Kompetenz (Befähigung zum höheren Richteramt, Verwaltungsfachmann) und Kontrollrechte dem Gemeinderat gegenüber, der ihn in das Amt gewählt hat, eine starke Stellung gegenüber seiner Partei haben, doch fehlt ihm etwas Entscheidendes: die unmittelbare Zustimmung des »Wählervolkes«. Er kann deshalb von »seiner« Partei aus dem Amt gedrängt oder entfernt werden. Da er als »Verwaltungsmann« sich gegenüber den Wählern nicht wie der »Vollblutpolitiker« profilieren kann, er nicht, wie dieser, dauernd mit der »öffentlichen Meinung« in Fühlung steht, sie folglich nicht in dem Maße wie dieser beeinflussen kann, muß seine Partei, die ihn als Gemeindevorsteher eliminieren will, nicht mit einer breiten Mißbilligung der Wähler rechnen.

Kandidaten für das Bürgermeisteramt müssen also im Fall der unmittelbaren Wahl durch das »Volk« über das erforderliche Charisma verfügen, sonst werden sie nicht gewählt. Dies sollte mit der entsprechenden fachlichen Qualifikation einhergehen, weil nur so schließlich die Gemeinde sachgerecht und im Interesse aller Bürger geleitet werden kann. Jedoch kann nicht ausgeschlossen werden, daß die fachliche Eignung weit hinter den charismatischen Fähigkeiten zurückbleibt, schlimmer noch, daß die Gemeinde in die Hände eines »Gemein-

226

dedemagogen« (Gneist) fällt. Dies ist um so mehr möglich, wenn die Wähler bei der Beurteilung von Gemeindepolitikern die fachlich-administrative gegenüber der politisch- demagogischen Kompetenz geringschätzen. Dies ist jedoch nur in einer Gemeinde, die sich in einer Krise befindet, denkbar, d.h. einer Gemeinde, in der das Rechts- und Verfassungsbewußtsein im Prozeß der Auflösung ist.

Es erscheint sinnvoll, hierbei einen Blick auf empirische Befunde zu werfen: So stellte Richard Grauhan einen Vergleich an zwischen Gemeinden, in denen der Bürgermeister unmittelbar durch die Gemeindebürger gewählt, und solchen, in denen dieser durch den Gemeinderat gewählt wird. Er kommt in seiner Studie, die sich auf Baden-Württemberg und Bayern bezieht, zum Ergebnis: »Die Sorge, daß die direkte Wahl in den Großstädten »demagogische Naturen« zum Zuge kommen lasse, hat sich nicht bestätigt (...). Andererseits hat sich auch nicht die Vermutung bestätigt, daß die Auswahl hier wie dort am Ende ›auf dasselbe hinausläuft‹«[1]. Geht man von diesem Ergebnis aus, so kann man folgern, daß die Bürger in den Großstädten an der Spitze der Selbstverwaltung keinen in ihren Augen reinen Parteipolitiker haben wollen, sei es, daß sie in der Leitung der Gemeinde in erster Linie eine Verwaltungsaufgabe sehen, die von Fachleuten wahrgenommen werden müsse, sei es, daß sie in der Gemeinde keinen Streit (Parteipolitik = Streit und Feindschaft) haben wollen. Möglicherweise gilt: Die Gemeindebürger wollen eine effektive Verwaltung und eine »integrierte« Gemeinde haben; der Bürgermeister soll die Interessen aller Bürger in seinem Handeln im Auge haben, mehr noch, dem »Gemeinwohl« überhaupt dienen. Trifft dies zu, so müssen die Parteien diesem Anliegen Rechnung tragen und die entsprechenden Persönlichkeiten als Kandidaten für das Bürgermeisteramt auswählen.

Vergleicht man die Gemeinden in Baden-Württemberg und Bayern, die eine Volkswahl des Bürgermeisters vorsehen, mit jenen, in denen der Bürgermeister durch den Gemeinderat gewählt wird, so ergibt sich nach Grauhan, daß in beiden Fällen die Juristen überwiegen. Dies scheint die Vermutung zu bestätigen, daß ganz allgemein erwartet wird, daß die Selbstverwaltung durch einen Verwaltungsfachmann geleitet werden soll, und offensichtlich zählt man Juristen nach wie vor zur »Verwaltungselite«. Die Gemeindebürger haben demnach im ganzen angemessene Vorstellungen von der modernen Gemeinde, wenn auch, wie oben ausgeführt, keinen »wissenschaftlichen Begriff«.

---

1)   Zitiert bei Wehling, ebenda, S. 237.

Grauhan stellt ferner fest — seine Befunde beziehen sich auf Großstädte — daß die Gewählten entweder Mitglieder der CDU oder der SPD sind. Nur in Ausnahmefällen gehören sie der F.D.P. oder den Freien Wählern an oder sind parteilos. Daraus ergibt sich, daß, zumindest in den Großstädten, die Parteiendemokratie vorherrscht und daß somit die politische Partei, insbesondere die »Volks«- (»Massen«–)partei der Weg ist, der zum Bürgermeisteramt hinführt oder der Ausleseapparat für Personen ist, die dieses Amt anstreben. Jedenfalls ist es offensichtlich die Partei, die, ehrgeizigen Politikern auch im eigenen Interesse Karrierechancen einräumend oder parteiunabhängigen Personen als Vehikel zur kommunalen Spitzenposition dienend und sich dabei einen Nettovorteil versprechend, das Amt des Gemeindevorstehers besetzt.

Eine vorausgegangene Tätigkeit in der Kommunalpolitik wird offenbar, was aufgrund des schon Gesagten nicht überrascht, von den Kandidaten gefordert, doch zeigen sich bereits in diesem Fall Unterschiede. So wird bei der »Volkswahl« Tätigkeit in der Verwaltung, bei der Ratswahl dagegen Tätigkeit im Gemeinderat — als Ende einer lokalpolitischen Karriere — verlangt. Ferner wird bei der »Volkswahl« eine demonstrative Distanz zur eigenen Partei erwartet, im Fall der Wahl durch den Gemeinderat dagegen ein ausgeprägtes parteipolitisches Profil.[1] Daraus läßt sich folgern, daß, im Fall der Wahl des Bürgermeisters durch den Gemeinderat, die Partei eine stärkere, im Fall der Wahl des Bürgermeisters durch das »Volk«, die Partei dagegen eine schwächere Stellung gegenüber dem Kandidaten und schließlichen Amtsinhaber hat.

Die Reichweite der Aussagen aufgrund dieser empirischen Studie ist allerdings begrenzt; schließt sie doch nur, wie gesagt, Großstädte ein. Vergleichende Untersuchungen von Gemeinden aller Größenklassen fehlen. Die folgenden, auf Einzelbeobachtungen beruhenden Aussagen beziehen sich nur auf hauptberufliche Bürgermeister:
»1. Verwaltungserfahrung gilt offenbar als Funktionserfordernis — unabhängig von der Gemeindegröße. Mit der Größe der Gemeinde wächst lediglich die formale Qualifikationsanforderung (vom Verwaltungsinspektor bis zum Dr. jur.).
2. Je größer die Gemeinde, desto wahrscheinlicher ist der Bürgermeister ein Parteimann (und umgekehrt). Die Ursache dürfte im Erfordernis organisatorischer und finanzieller Unterstützung durch Parteiapparate liegen, das mit der Ortsgröße zunimmt ....
3. Prinzipiell gilt das Erfordernis parteipolitischer Unabhängigkeit. Wo Parteilosigkeit nicht möglich ist (vgl. Punkt 2), wird wenigstens Distanz zur eigenen Partei erwartet ....

---

1) Ebenda.

4. Nicht eindeutig geklärt ist die Frage der Ortsansässigkeit. Je kleiner die Gemeinde, desto eher soll offenbar der hauptamtliche Bürgermeister von auswärts kommen, um unabhängig über den dörflichen Gruppierungen, Familienclans usf. stehen zu können. Die regional »richtige« Herkunft scheint jedoch wichtig zu sein ...«[1]

Empirische Befunde und Einzelbeobachtungen lassen, zumindest mit Bezug auf Baden-Württemberg und Bayern, darauf schließen, daß die Befürchtungen Gneists bezüglich der Parteipolitik in der Gemeinde nicht ganz gerechtfertigt waren. Vielleicht liegt das mit daran, daß seine Gedanken und Befürchtungen geschichtsmächtig wurden, somit die Idee der modernen deutschen Gemeinde mitprägten und deshalb unerwünschte Folgen der Parteiendemokratie verhinderten oder zumindest eingrenzten (»eine sich selbst zerstörende Prophetie«?).

Das strukturbedingte Eigeninteresse des durch das »Volk« unmittelbar gewählten Bürgermeisters besteht, wie schon gesagt, darin, bei der Mehrheit der Gemeindebürger auf Zustimmung und Anerkennung zu stoßen. Mit der wachsenden Popularität wächst auch, wie ausgeführt, seine Macht gegenüber seiner Partei sowie dem Gemeinderat. Damit wächst seine Chance, ihm genehme und nahestehende Personen in »strategisch« interessante Positionen zu befördern, vor allem aber Beschlüsse durchzusetzen, die geeignet sind, seine Macht, sein Ansehen und u.U. seine materiellen Gratifikationen zu erhöhen. Was wird nun vom Leiter einer Gemeinde erwartet, worin besteht seine Rolle? Wendet man, wie es hier geschieht, das von Hegel formulierte Grundprinzip des modernen Staates auf die moderne Gemeinde an, so sieht er sich der Erwartung oder Verpflichtung gegenüber, partikulare Interessen, die aus der lokalen bürgerlichen Gesellschaft hervorgehen, zumal, wenn sie bereits durch Verbände und Parteien vermittelt sind, zu fördern und sie dabei zugleich auf das allen gemeinsame Interesse zurückzuführen. Auf eine kurze Formel gebracht, besteht seine zentrale Verpflichtung darin, die Vielfalt partikularer Interessen der lokalen bürgerlichen Gesellschaft mit dem Allgemeininteresse sowie den übergeordneten Interessen des Staates in Übereinstimmung zu bringen. Braucht z.B. ein Unternehmen der lokalen bürgerlichen Gesellschaft eine weitere Zufahrtsstraße, so ist es legitim, wenn es dieses Anliegen gegenüber seiner Gemeinde zur Geltung bringt. Die Gemeinde ist gehalten, sich mit diesem Interesse zu beschäftigen, ist aber nicht befugt, eine »Privatstraße« zu bauen. Dies wäre, wie an anderer Stelle gesagt, eine Begünstigung. Die Gemeinde unter der Leitung ihres Vorstehers hat nun zu prüfen, inwieweit dieses Begehren auch mit dem Interesse der Gemeinde in Übereinstimmung gebracht werden kann.

---

1) Ebenda, S. 237-238.

Mit anderen Worten, eine Realisierung dieses Anliegens muß vor der Bürgerschaft überzeugend legitimiert werden. Erst recht muß der Gemeindevorsteher dafür Sorge tragen, daß im Fall des Baus dieser Straße nicht gegen Verfassung und Recht verstoßen wird; denn damit würde von vorneherein das verletzt, woran jeder vernünftigerweise interessiert sein muß, nämlich die Verfassungs- und Rechtsordnung. Nun kann der Bau dieser Straße in Kollision mit Interessen des Staates treten, weil z.B. dadurch das staatliche Anliegen des Naturschutzes u.U. verletzt wird. Dies auferlegt der Gemeinde und ihrem Bürgermeister dafür zu sorgen, daß beim Bau dieser Straße jenem übergeordneten staatlichen Anliegen genügend Rechnung getragen wird.

Je mehr es einem Bürgermeister gelingt, seiner zentralen Verpflichtung gerecht zu werden, um so angesehener ist er, vollends, wenn er seine Leistungen nachhaltig in das Bewußtsein der Bürgerschaft dringen läßt. Der einzelne Bürger sieht dann seine besonderen Interessen, die aus der Art seiner Beteiligung an der lokalen bürgerlichen Gesellschaft erwachsen, in der Gemeinde, bei ihrem Bürgermeister, gut aufgehoben.

Neben der Förderung immer neuer Interessen aus dem Bereich der lokalen bürgerlichen Gesellschaft, dem Kern gemeindlichen Lebens, hat der einzelne Bürgermeister die Pflicht, die Gemeindebürokratie beim routinemäßigen Vollzug ihrer einmal definierten Aufgaben im Rahmen der dafür geschaffenen Einrichtungen zu leiten und zu überwachen. Das Verwaltungshandeln beruht auf den entsprechenden Ordnungen (z.B. Verwaltungsrecht), und der Gemeindevorsteher trägt dafür die Verantwortung, daß jeder Akt der Verwaltung auf Recht und Gesetz beruht. Diese Verantwortung kann er nur wahrnehmen, wenn er dazu die erforderliche Kompetenz, d.h. Fachgeschultheit und Verwaltungserfahrung, besitzt. Ist das nicht der Fall, dann wird sich sein politischer Wille nicht in die Tat umsetzen und damit alsbald die erforderliche Zustimmung der Bürger zu seiner Amtsführung ausbleiben.

Doch offensichtlich darf der Bürgermeister nicht nur »reagieren« und verwalten, er muß auch, gleichsam wie ein Regierungschef, zugunsten der Entwicklung der Gemeinde initiativ und innovativ sein. Das heißt, er darf sich nicht darauf beschränken, bloß Beschlüsse des Gemeinderates auszuführen, er muß vielmehr selbst neue Konzepte entwickeln und dann die zu ihrer Realisierung erforderliche Zustimmung des Gemeinderates herbeiführen. Gerade dies wird von ihm, den ja das »Volk« gewählt hat, verlangt, darin besteht ein wichtiger Ausschnitt seiner Rolle.

Der Gemeindevorsteher nach der Süddeutschen Ratsverfassung erscheint somit in vieler Hinsicht als der Träger oder die Personifikation des Willens der

Gemeinde. Er entscheidet über Ordnungen des Verwaltungshandelns, darüber, welche Aufgaben die Gemeinde übernehmen und welche Prioritäten sie in der Aufgabenbestimmung setzen soll. Diese »Machtposition« macht willkürliches Handeln möglich. Es handelt sich dabei aber nur um eine »abstrakte Möglichkeit«; unterliegt doch sein Handeln der Rechtsordnung, der Kontrolle der Aufsichtsbehörden, vor allem aber seiner inneren Kontrolle, und wird er doch in Gemeinde und Staat als Verfassungs- und Rechtsordnungen hineinsozialisiert, so daß er das, wozu er kraft dieser Ordnungen verpflichtet ist, auch weiß und will.

IV   Zur philosophischen Gemeindelehre

Mit der philosophischen Gemeindelehre vollendet sich, wie oben gesagt, das Erkennen der Gemeinde oder, wie Hegel sich ausdrücken würde, der Prozeß der Selbstvermittlung der Idee der Gemeinde. Sie definiert sich, wie ausgeführt, als eine »immanente und konsequente Pflichtenlehre« und »kann (...) nichts anderes sein als die Entwicklung *der Verhältnisse*, die durch die Idee der Freiheit notwendig, und daher *wirklich* in ihrem ganzen Umfange, im Staat«[1] und, wie hier hinzuzufügen wäre, in seinen Gemeinden sind.

Der moderne Staat und die moderne Gemeinde wären demnach als Formen der Verwirklichung der Freiheitsidee anzusehen, was bedeutet, daß beide Institutionen in ihrer Verflechtung und Gegensätzlichkeit nicht bloß da sind, sondern notwendiger- und vernünftigerweise da sind. »Freiheit« gehört nach Hegel zum eigentlichen Wesen des Menschen. Diese Aussage bezieht sich freilich nicht auf den einzelnen empirischen Menschen. Dieser mag durchaus nicht das Verlangen haben, frei zu sein, sei es von natürlichen Trieben, sei es von menschlicher Willkür. Sie bezieht sich auf die Menschheit schlechthin und ihre Geschichte. Diese ist für ihn »Fortschritt im Bewußtsein der Freiheit« – ein Fortschritt, den wir in seiner Notwendigkeit zu erkennen haben«[2]. Die Weltgeschichte ist, Hegel zufolge, die Darstellung des Geistes, wie er sich das Wissen dessen, was er an sich ist, erarbeitet. An sich, d.h. seiner Bestimmung nach, ist der Geist frei, »bei sich selbst«, von nichts anderem, von keinem Äußeren abhängig, eine autonome Sphäre, die sich nicht auf andere Seinsschichten reduzieren läßt. Doch er weiß es nicht von Anfang an und muß daher erst durch seine Tätigkeit zur Beurteilung seiner eigenen Natur kommen. Diese vollzieht sich durch nichts anderes als durch die von vornehereum vergesellschafteten, auf den Geist hin angelegten Menschen. Auf diesen hin angelegt sind sowohl die einzelnen Menschen (»subjektive Geister«), die in einen vorgegebenen »objektiven Geist«, »Volksgeist«, schließlich »Weltgeist«, hineinsozialisiert werden und ihn durch ihr Tun und Handeln kontinuierlich reproduzieren, als auch menschliche Kollektive, Völker, und die menschliche Gattung überhaupt, die die »Volksgeister« bzw. den »Weltgeist« hervorbringen. Im

---

1)   G.W.F. Hegel, Grundlinien der Philosophie des Rechts, a.a.O., S. 297.
2)   G.W.F. Hegel, Vorlesungen über die Philosophie der Geschichte, Frankfurt 1970, S. 32.

Hegelschen Sinne genauer ausgedrückt, bringen sich die »Volksgeister« als Individuen mittels der betreffenden Völker und der »Weltgeist« mittels der menschlichen Gattung selbst hervor.

Der Mensch im Hegelschen Verständnis ist Geist oder er ist erst Mensch, indem er Geist ist. Mit anderen Worten, der Geist ist sein Wesen, und nur deshalb ist er an sich frei. Wenn die Menschen folglich Gestalten des Geistes, wie z.B. Staatsverfassungen, hervorbringen, bringen sie sich selbst als Menschen, nämlich als freie Wesen hervor. Sie tun das in dem Maße, indem sie das Wissen dessen, was sie an sich sind, erarbeiten. Die Orientalen, so Hegel, wissen es noch nicht, daß der Geist oder der Mensch als solcher an sich frei ist, und weil sie es nicht wissen, sind sie nicht frei. Lediglich wissen sie, daß *Einer* frei ist, aber solche Freiheit ist nach Hegel nur Willkür, Wildheit, Dumpfheit der Leidenschaft oder auch Milde. Dieser Eine ist deshalb nur ein Despot, nicht ein freier Mann. In den Griechen, so heißt es bei Hegel weiter, ist erst das Bewußtsein der Freiheit aufgegangen, und deshalb sind sie frei gewesen, aber sie wußten, wie auch die Römer, nur, daß einige frei, nicht jedoch, daß der Mensch schlechthin frei ist. Erst die germanischen Nationen sind mit dem Christentum zum Bewußtsein gekommen, daß der Mensch als Mensch frei ist und die Freiheit des Geistes seine eigenste Natur ausmacht. Allerdings habe mit der Annahme der christlichen Religion nicht unmittelbar die Sklaverei aufgehört, »noch weniger ist damit sogleich in den Staaten die Freiheit herrschend, sind die Regierungen und Verfassungen auf eine vernünftige Weise organisiert oder gar auf das Prinzip der Freiheit gegründet worden«[1].

Mit dem Fortschritt im Bewußtsein der Freiheit wird auf jeder Stufe der Geschichte, die nach Hegel nur Geschichte der Freiheit, weil Geschichte des Geistes ist, eine neue Wirklichkeit in Gestalt eines Staates oder erneuerten Staates möglich. Das »Substantielle« der jeweils neuen Wirklichkeit ist die fortentwickelte Idee der Freiheit als Einheit von neuem Wissen und neuer Gesinnung einerseits und neuer Verfassungsordnung, u.U. gestützt durch neues Verfassungsrecht, andererseits, kurz, die neue Staatsverfassung als Einheit des Subjektiven und Objektiven. Geschichte wäre, so gesehen, nichts anderes als der Entfaltungsprozeß der Idee der Freiheit, dessen Stufen in den Staaten verwirklicht sind, die, ihm zufolge, »die vollständige Realisierung des Geistes im Dasein« darstellen.

---

1) G.W.F. Hegel, Vorlesungen über die Philosophie der Geschichte, Frankfurt 1970, S. 31–32.

Die Idee der Freiheit als »Endzweck der Geschichte« verwirklichen die Menschen durch ihr Handeln oder unbewußtes Tun, z.T. bloß getrieben von Interessen und Leidenschaften (»List der Vernunft«), indem sie sittliche Ordnungen, Daseinsformen der Freiheit, schaffen. Diese Ordnungen, einmal errichtet, werden dann, wie schon mehrmals gesagt, durch das Handeln der Individuen, die sie in sich aufgenommen, sie verinnerlicht haben, reproduziert. Der einzelne, jeweils in eine ihm vorgegebene sittliche Ordnung als eine »Realisierungsstufe der Freiheit«, hineingeboren und –erzogen, mag sich in ihr »bei sich« fühlen oder sie als »fremd« und unterdrückend empfinden. Jedenfalls als »Ordnung der Freiheit« kann er sie nicht unmittelbar begreifen. Dazu bedarf es der Philosophie des Geistes, schließlich der Geschichtsphilosophie, wie Hegel sie versteht. Trotz dieser Vermittlung können viele mit ihr unzufrieden bleiben, sie als überholt, nicht mehr als zeitgemäß, kurz, sie als Zwang empfinden und dann an einer neuen geistigen Strömung teilnehmen, die auf eine Fortentwicklung der Idee der Freiheit ausgerichtet ist. Die existierende (Verfassungs-) Ordnung ist eben »unwirklich«, »unwahr« geworden; sie entspricht nicht mehr den Bedürfnissen und Vorstellungen der Menschen.

Der Mensch ist, wie gesagt, frei, insofern er ein geistiges, insbesondere sittliches Wesen ist. Gewiß ist er auch ein natürliches Wesen. Aber als solches ist er nicht frei. »An sich und für sich« ist der einzelne Mensch frei, insofern sich sein Handeln an der sittlichen Ordnung orientiert, und er diese auch will, womit er dann vollkommen »bei sich« ist. Freiheit ist somit eine Möglichkeit des Menschen, die mit dem Dasein einer sittlichen Ordnung und der ihr entsprechenden Gesinnung wirklich wird. Mehr noch, Freiheit ist, wie gesagt, das Wesen des Menschen, das, was er seiner Bestimmung nach ist. Sie macht den Menschen zum Menschen, sie konstituiert seinen »Begriff«.

Die Entfaltung von Freiheitsideen läßt sich gewiß empirisch, etwa im Rahmen einer »positiv(istischen)en« (Gemeinde-) Verfassungsgeschichte, verfolgen und erklären. Die Tätigkeit des philosophischen Erkennens besteht, wie schon aus dem oben Ausgeführten hervorgeht, eben darin, über die Grenzen der positiven Wissenschaft mittels kontrollierter Spekulation hinauszugehen, zu den »letzten« Prinzipien vorzustoßen, um darauf eine umfassende philosophische Theorie zu gründen. Im vorliegenden Fall zielt das philosophische Erkennen auf das Wesen des Menschen ab, das es in höchst möglicher Klarheit zur Sprache bringen will; es entsteht damit eine Theorie, die ausspricht, was in der menschlichen Geschichte »mit Notwendigkeit« geschieht und was der einzelne zu tun hat, stellt er sich nur auf den Standpunkt der so gewonnenen Erkenntnis.

Die Idee der Freiheit verwirklicht sich, wie ausgeführt, vor allem in Staatsverfassungen, und wir fügen hinzu: in Gemeinde- (Städte-) verfassungen, sowie im Verhältnis zwischen diesen und jenen. Anders gesagt: die Idee der Freiheit konkretisiert sich in der Verfassungswirklichkeit als einer Totalität, die sowohl den National- (Bundes-)staat, die Gliedstaaten (Länder) als auch die Gemeinden einschließt. Freilich denken wir hierbei schon an das moderne, bürgerlich-demokratische Zeitalter, in der Hegel die vorläufig höchste Entwicklungsstufe der Idee der Freiheit sieht.

Dieses Zeitalter kennzeichnet sich in seiner »Reifephase« durch die Gleichzeitigkeit von demokratischem Rechtsstaat und sich selbstverwaltenden Gemeinden. Der »freie Staat der freien Bürger« geht mit Notwendigkeit einher mit der »freien Gemeinde der freien Bürger«. Die Idee der Freiheit hat sich also nicht bloß mit der Gewaltenteilung des Staates, der Etablierung einer privaten Sphäre von Familie und bürgerlicher Gesellschaft, sondern auch mit den Ideen der gemeindlichen Selbstverwaltung (»selfgovernment«) und der repräsentativen Demokratie in der Gemeinde durchgesetzt. So ist sie wirklich in den einzelnen Gemeindeverfassungen, in der Gliederung des Gemeindelebens in eine öffentliche und eine private Sphäre, wie Familie, Nachbarschaft und lokale bürgerliche Gesellschaft, in der Weise wie zwischen den Interessen der einzelnen Privatperson und der Gemeinde vermittelt wird, in der Finanzverfassung und den Formen der kommunalen Wirtschaft, kurz, in allen Zweigen und Verästelungen des Gemeindelebens. Sie konkretisiert sich in der Vielfalt der normativen Ordnungen und der sozialen Verhältnisse, die diese hervorbringen oder ermöglichen, kurz, in der Wirklichkeit der einzelnen Gemeinde als einer Totalität oder im Gemeindewesen als einer übergreifenden Ganzheit. Dazu gehört auch die Konkurrenz zwischen den politischen Parteien um die Leitung einer Gemeinde und einträgliche Ämter für Mitglieder, die sich im innerparteilichen Wettbewerb durchgesetzt haben. Die gesamte Wirklichkeit der einzelnen Gemeinde, einschließlich ihrer Beziehungen zum Staat, wie das Gemeindewesen überhaupt, werden also durch die Idee der Freiheit konstituiert und gestaltet. Lediglich jene Strukturen und Handlungen, die gegen die Gemeinde- und Staatsverfassung gerichtet sind, sind nicht der »Wirklichkeit der Freiheit« zuzurechnen.

Wie bereits mehrmals ausgeführt, verwirklicht sich die Idee der Freiheit nicht nur in der einzelnen Gemeinde als Verfassungsordnung, sondern auch im Wissen und Wollen derer, die ihr unterworfen sind. Der einzelne Bürger einer Gemeinde ist somit »frei«, insofern er ein Wissen von den normativen Ordnungen, die zusammen die Gemeinde ausmachen, hat und sie auch will. Dies ist seine »subjektive Freiheit«; die einzelne Gemeinde als Inbegriff von Ordnungen dagegen, denen er als eine Objektivität gegenübersteht, ist seine »objektive Freiheit«. Ein Verstoß gegen die Gemeindeverfassung wäre somit eine Verletzung der »objektiven Freiheit« und damit ein willkürlicher Akt. Er richtet sich aber auch gegen das, was der »Normverletzer« selbst empfindet; fühlt er doch, daß Willkür in der Gemeinde, auf deren »ordnungsgemäßes Funktionieren« er tagtäglich angewiesen ist, seine Freiheit beeinträchtigen würde.

Die Idee der Freiheit kann also in allen gegenwärtigen Formen ihrer Verwirklichung aufgespürt, und die einzelne Gemeinde oder das Gemeindewesen schlechthin als eine Gestalt der Freiheit begriffen werden, die in ihren verschiedenen Bereichen durch eine Reihe mit einander verknüpfter, »relativer«, durch die Geschichte vermittelter Ideen, so die Idee der Selbstverwaltung oder der Repräsentation, »zusammengesetzt« ist. Diese Tätigkeit des Erkennens läuft auf eine philosophisch-spekulative Wissenschaft von der modernen, d.h. der historisch gewordenen Gemeindewirklichkeit hinaus, von der Art, wie man sie in der Hegelschen Rechts- und Staatsphilosophie vorfindet. Die Idee der Freiheit kann aber auch in ihrem historischen Entfaltungsprozeß, und zwar mit bezug auf die Geschichte des Gemeindewesens verfolgt werden, eine Tätigkeit, die auf eine philosophisch-spekulative Geschichtstheorie, von der Art hinausläuft, wie sie mit der Hegelschen Philosophie der Geschichte gegeben ist.

Die Geschichte der Gemeinde, insbesondere der Stadtgemeinde, bietet sich als Ergänzung der Hegelschen Geschichtsphilosophie, die auf die Geschichte des Staatswesens abzielt, an. Es gilt dann, unter Verwendung historischer Darstellungen zu Gemeinde- (Städte-) verfassungen, die Geschichte des Gemeindewesens als einen Entfaltungsprozeß der Idee der Freiheit zu erklären.

Allem Anschein nach ist die Gemeinde, aus der Familie bzw. dem Familienverband und auch der Nachbarschaft hervorgegangen.[1] Ebenso wie diese wäre nach Hegel die Gemeinde eine sittliche Form menschlichen Zusammenlebens und damit eine der ersten Stufen im Entfaltungsprozeß der Idee der Freiheit oder des »lebendigen Guten«. Die einzelne Gemeinde ist eben mehr als bloß eine menschliche Horde, die sich an einem bestimmten Ort angesiedelt hat, sie ist »genossenschaftliche Verfassung« (G. Schmoller)[2]. Indem man die Gemeinde in diesem Sinne begreift, liegt es nahe, sie in eine Reihe, zumal mit dem modernen Staat zu stellen; vollends läßt sich die Stadtgemeinde als Vor-

---

1) Vgl. dazu: R. König, Die Gemeinde im Blickfeld der Soziologie, in: Handbuch der kommunalen Wissenschaft und Praxis, hrsg. v. Hans Peters, 1. Bd., Kommunalverfassung, Berlin 1956, S. 24 f.

2) G. Schmoller, Grundriß der Allgemeinen Volkswirtschaftslehre, 1. Teil, a.a.O., S. 294.

läuferin des Staates, mit dem nach Hegel die eigentliche Geschichte beginnt, auffassen.[1]

Bei den Stadtstaaten im antiken Griechenland bilden offensichtlich Stadtgemeinde und Staat noch eine Einheit. Ähnlich verhält es sich bei einigen Städten in Deutschland und Westeuropa des ausgehenden Mittelalters und der beginnenden Neuzeit. Allerdings gibt es erhebliche Unterschiede zwischen jenen und diesen. Abgesehen davon, daß nach Max Weber die griechische polis eine aristokratische Gesellschaft von Kriegern oder Seefahrern und ein Konsumentenzentrum gewesen war, die mittelalterliche Stadt dagegen ein Produktionszentrum mit Handwerkern, die Bürger waren, insofern sie einer Zunft angehörten (über die sie Anteil an der Herrschaft in der Stadt hatten)[2], muß berücksichtigt werden, daß zwischen dem griechischen Stadtstaat und der mittelalterlichen Stadt das römische Zeitalter liegt. Dies läßt sich dadurch charakterisieren, daß über den Stadtstaaten des römischen Reiches in den ersten beiden Jahrhunderten nach Beginn der Zeitrechnung eine starke, die Städte überwachende und dirigierende Zentralregierung steht, in deren Hand die Staatsangelegenheiten (auswärtige Beziehungen, Heerwesen, Staatsfinanzen) liegen. Mit anderen Worten, den Städten, so sehr ihre Selbstverwaltung fast unbeschränkt und sie staatsähnlich gewesen sein mochten, war ein Herrschaftsverband, ein Staat, übergeordnet. Im Gegensatz zu den modernen Staaten vollzogen sich im römischen Reich Überwachung und Steuerung, folgt man Michael Rostowzew, bloß »von oben nach unten«.[3]

Folgt man v. Below, so hat das mittelalterliche Gemeinwesen zweifelsfrei Staatscharakter gehabt[4], so daß hier in mancher Hinsicht eine Fortsetzung römischer Traditionen vorzuliegen scheint. Umstritten ist allerdings, ob man in den Stadtgemeinden des Mittelalters und danach lediglich eine Fortsetzung der »altfreien Landgemeinde« zu sehen hat.

In den Stadtgemeinden des Mittelalters sieht Hegel nun, wie in der Kirche, eine Reaktion gegen die »Gewalttätigkeit des Feudalwesens (...), als erste in

---

1) Dazu G. von Below bezügl. des Mittelalters: »Die Städte sind es in erster Linie gewesen, die den Territorien ein Vorbild für die Schaffung eines modernen Staats geliefert haben.« ders., Territorium und Stadt, Osnabrück 1965, S. 187.

2) M. Austin/ P. Vidal-Naquet, Gesellschaft und Wirtschaft im alten Griechenland, München 1972, S. 5.

3) Vgl. dazu: M. Rostowzew, Gesellschaft und Wirtschaft im römischen Kaiserreich, Neudr. d. Ausgabe Leipzig 1931, Aalen 1985, S. 116 f.

4) G. v. Below, Territorium und Stadt, a.a.O., S. 162.

sich rechtliche Macht«[1]. Indem die ersten Ansätze eines neuen Staates in Westeuropa nach Zerfall des römischen Reiches, Hegel zufolge, durch den Feudalismus, d.h. die Privatisierung von Staatsfunktionen[2], sowie Gesetzlosigkeit (Willkür) unterminiert wurden, bildeten sich also, als Reaktion darauf, Städte als staatsähnliche Gebilde. Und das, was offensichtlich einen Ort zur Stadt machte, war, so Karl von Hegel, das Recht, und nicht etwa, wie andere meinen, der Markt oder die äußere Befestigung.[3] Mit Verfassung und Stadtrecht als konstituierende Momente der Städte bedeuteten diese für einen Teil ihrer Bewohner und viele, die in ihnen Schutz suchten, Freiheit von der Hörigkeit. Die Städtegründungen im 12. Jahrhundert, so K. v. Hegel, »sind als das wichtigste Ereignis der deutschen Städtegeschichte im Mittelalter anzusehen, mit dem die neue Epoche des Aufgangs bürgerlicher Freiheit begann«[4].

Indem sich Städte (Stadtgemeinden), G.W.F. Hegel zufolge, als Reaktion auf Rechtlosigkeit und Willkür herausbildeten, mußte es zu einem Gegensatz zwischen ihnen und dem Staat kommen; läuft doch ihre Entwicklung letztlich auf eine Emanzipation vom Staat hinaus, wobei es sich allerdings, wie gesagt, nur noch um einen schwachen Staat, nicht in der Lage, der allgemeinen Willkür, d.h. der Unfreiheit, Einhalt zu gebieten, handelte.[5] Es kommt zu einem Nebeneinander zwischen Städten und Staat, und die städtische politische Autonomie erreicht, wie v. Below schreibt, in den letzten Jahrhunderten des Mittelalters ihr höchstes Maß.[6] Auch mit ihm läßt sich die Aussage formulie-

---

1) G.W.F. Hegel, Vorlesungen über die Philosophie der Geschichte, a.a.O., S. 461.

2) »Als characteristisches Merkmal tritt vor allem die Tendenz hervor, jede amtliche Befugniss in ein selbständiges Recht zu verwandeln, theils durch Erblichmachung der öffentlichen Aemter, theils durch Ausscheidung gewisser Grundbesitzungen aus der Competenz der öffentlichen Beamten und Verbindung der darauf bezüglichen amtlichen Befugnisse mit dem Grundbesitz selbst. Damit ist die Auflösung aller öffentlichen Ordnung bereits vollzogen. Ein Land, in welchem die Militärgewalt, die Justizhoheit, die Polizei nicht von der Obrigkeit unmittelbar oder nicht in dem ganzen Umfang geübt wird, sondern einzelnen Familien oder Grundbesitzern für einen engeren Kreis dauernd übertragen ist, hat kein Staatswesen, sondern ist ein Conglomerat, das sich consolidieren oder zerfallen muss. Unvermeidlich ist damit eine Lähmung aller öffentlichen Functionen verbunden.« P. Roth, Feudalität und Untertanverband, Neudr. d. Ausgabe Weimar 1863, Aalen 1966, S. 27.

3) Vgl. dazu K. v. Hegel, Die Entstehung des deutschen Städtewesens, Aalen 1964, S. 34 und S. 133 ff.

4) Ebenda, S. 37.

5) »Ein französischer Schriftsteller nennt daher den Feudalstaat einen Körper, bei dem das Recht des Aufstandes gegen das Haupt als ein eifersüchtig bewachtes Privilegium der Glieder erscheint, und Montesquieu characterisiert ihn als die Anarchie mit einer Hinneigung zur Ordnung.« P. Roth, Feudalität und Untertanverband, a.a.O., S. 28.

6) Territorium und Stadt, a.a.O., S. 192.

ren, daß die Städte große Verdienste um die Beseitigung der Unfreiheit haben.[1]
Innerhalb der Städte findet eine Verfassungsentwicklung statt. Standen sie zunächst nur unter der Leitung eines Herrn, z.B. eines Bischofs, so bildete sich
später aus der Bürgerschaft heraus ein Stadtrat. Dieser versuchte, sich nach
und nach von der Vormundschaft des Stadtherrn und seiner Ministerialen zu
befreien.[2] »So befreite sich zum Beispiel Köln von seinem Bischof, Mainz
jedoch nicht.«[3] Der Stadtrat stellte, wie Schmoller ausführt, die Einheit der
verschiedenen Genossenschaften und Gruppen, der freien und unfreien Elemente in der Stadt her. »Er nahm dem Stadtherrn und seinen Beamten die
Thätigkeit für Markt und Münze, für gewerbliche Hebung, für Handelseinrich-
tungen aus der Hand und reinigte die städtische Verwaltung von den fiskalischen, fürstlichen und sonstigen Nebenzwecken und Mißbräuchen, welche die
selbständige wirtschaftliche Blüte der Stadt hinderten. Der Rat wußte über die
Stadt hinaus durch Meilenrecht, Straßenzwang, Verbot des Landhandwerkes,
durch Abmachungen mit den umliegenden Grundherren und Dörfern über
Marktbesuch die Stadt zum wirtschaftlichen Zentrum eines Gebietes zu
machen. Diese wirtschaftliche Politik macht ihn trotz aller Kämpfe zwischen
Patriciat und Zünften, Groß- und Kleinbürgern zum unbedingten Herrn in der
Stadt, zum Repräsentanten der Bürgerschaft und des Stadtgebietes, giebt der
Stadt gegen König und Fürsten die durch Kämpfe aller Art, durch Friedens-
schlüsse und teuere Privilegien erstrittene »Autonomie«.[4] Diese Ausführungen
lassen sich noch durch jene K. v. Hegels bekräftigen, wonach der Rat das
Fundament der Freiheit der Bürgerschaften der Städte gewesen sei. Und' alle
weitere Entwicklung in der Verfassungsgeschichte der Städte bewege sich, wie
um zwei Richtpunkte, um den Besitz der Herrschaftsrechte, ob sie der Rat
ganz oder teilweise an sich brachte, und um den Anteil der Bürgerklassen am
Rate, ob er patrizisch blieb oder teilweise oder ganz zünftig wurde.[5] Die
Entwicklung der Stadtverfassungen als Stufen in der Verwirklichung der Idee
der Freiheit wurde vorangetrieben durch Klassen- und Standesgegensätze.
Bisher noch nicht an der politischen Macht beteiligte Gruppen drängten nach
einer Beteiligung; gewiß gab es gegensätzliche ökonomische Interessen. So
traten, wie Hegel schreibt, die zu freien Republiken gewordenen Städte in ein
eigentümliches Verhältnis zum Adel, der sich mit den Korporationen der Städte
vereinigte und selbst, wie z.B. in Bern, eine Zunft ausmachte. Er maßte sich
dann bald in den Korporationen der Städte eine besondere Gewalt an und

---

1) Ebenda, S. 211.

2) G. Schmoller, Grundriß der allgemeinen Volkswirtschaftslehre, a.a.O.

3) G.W.F. Hegel, Vorlesungen über die Geschichte der Philosophie, a.a.O., S. 461.

4) G. Schmoller, Grundriß...a.a.O.

5) K. v. Hegel, Die Entstehung des deutschen Städtewesens, a.a.O., S. 192.

gelangte zur Herrschaft. Gegen diese lehnten sich die Bürger auf und erkämpften für sich die Regierung. Die reichen Bürger schlossen nun den Adel aus. Die Geschichte der Städte, so faßt Hegel zusammen, war eine beständige Abwechslung von Verfassungen, je nachdem dieser Teil der Bürgerschaft oder jener, diese oder jene Partei die Oberhand bekam.[1] Hier fand die Idee der Freiheit als Stadtverfassung ihre handgreiflichen Mittel, um sich in Gestalt von Verfassungsänderungen weiter zu entfalten.[2] Allerdings stellte die »Städtefreiheit« auch, wie man v. Schmollers Ausführungen entnehmen kann, an einem gewissen Punkt ihrer Entfaltung eine Schranke für die weitere Entwicklung vieler deutscher Städte, so z.B. Kölns, dar, indem sie ein Übermaß an »Stadtegoismus« ermöglichte.[3]

Die Zeit, als die Gemeinde in Gestalt der Stadtgemeinde »alles und der Staat nichts war« (H. Preuß), wurde abgelöst vom absoluten Fürstenstaat, in dem die (Stadt-)Gemeinde »nichts und der Staat alles war«. Mit ihm trat das »Prinzip des absoluten Staates seinen Siegeslauf über das europäische Festland«[4] an. Hinter der Form der absoluten Monarchie, wenn auch noch, wie Preuß fortfährt, von ihr verhüllt und der Zeit meist noch unbewußt, stand die ihr innewohnende Idee der nationalen Gesamtheit, also der Keimgedanke des modernen Staates. »Hier war die nationale Monarchie eine wahrhaft politische Organisation, in der die Einheit des Staatsvolkes feste Gestalt gewann.«[5] Dies gilt allerdings nicht für Deutschland. In ihm fand das Prinzip des absoluten Staates keinen anderen Ansatzpunkt, so Preuß, als das Territorium und Landesfürstentum, das seiner Natur nach zunächst eine erweiterte Grundherrschaft blieb, ein in seinem Kern eigentlich unpolitisches Gebilde.

Die Stärkung des Staates und seine Entwicklung hin zum modernen, die nationale Gesamtheit umfassenden Staat mußte für Hegel, für den der Staat die »vollständige Realisierung des Geistes im Dasein« ist, ein Fortschritt in der Entfaltung der Idee der Freiheit sein, wenn auch diese Entwicklung für das Städtewesen ein Verlust an Macht und Unabhängigkeit und die Zerstörung

---

1) G.W.F. Hegel, Vorlesungen über die Philosophie der Geschichte, a.a.O., S. 463 f.

2) »Es ist schlechthin unlogisch, wenn man die Frage nach dem Ursprung der Stadtverfassung dahin beantwortet: sie sei aus der Entwickelung von Handel und Gewerbe entstanden. Daraus ist wohl das Städtewesen entstanden. Aber die Stadtverfassung kann nur wiederum aus einer Verfassung entstehen; ...«. G. v. Below, Ursprung der deutschen Stadtverfassung, Nachdr. d. Ausg. v. 1892, Köln 1968, S. 13.

3) G. v. Schmoller, Deutsches Städtewesen in älterer Zeit, Neudr. d. Ausg. Bonn 1922, Aalen 1964, S. 148 f.

4) H. Preuß, Entwicklung des deutschen Städtewesens, a.a.O., S. 124.

5) Ebenda.

ihres genossenschaftlichen Wesens bedeutete. »Wo immer eine aus absolutisti-schem Geiste geborene Rechtsordnung sich mit sozialen Gemeinwesen auseinanderzusetzen hat, kann sie das in ihrer Weise nur tun, indem sie deren genossenschaftliches Wesen zerstört, den ihnen innewohnenden Gemeinwillen verleugnet, und sie in willenlose Anstalten verwandelt, denen ihr Tun und Lassen von oben und außen vorgeschrieben wird. Denn Gemeinwesen, die durch einen immanenten Gemeinwillen zusammengefügt sind, existieren für diese Anschauung überhaupt nicht.«[1]

Der Fortschritt in der Entwicklung des Staates wurde also, vollends in Deutschland, wo der »Sieg des monarchischen Souveränitätsprinzips in Gestalt des Landesfürstentums auftrat« (Preuß), mit dem Niedergang des Städtewesens, also mit einem offensichtlichen Rückschritt erkauft. Gleichwohl würde Hegel hierin eine Notwendigkeit sehen.[2] So hätte sich z.B. angesichts der stadtwirtschaftlichen Autarkie, eine Volkswirtschaft, d.h. u.a. Industriezweige, die für überlokale Märkte produzieren, nicht herausbilden können. Die dazu erforderliche einheitliche Wirtschaftspolitik, z.B. Außenhandelspolitik (»Merkantilismus«), wäre nicht möglich gewesen. Die moderne bürgerliche (Markt-)Gesellschaft hätte sich, noch dazu bei Fortbestehen der Zünfte und sonstiger, dem alten Städtewesen eigenen Hemmnisse, nicht entwickeln können; ebensowenig hätten sich die der bürgerlichen Gesellschaft eigenen Freiheitsrechte entfalten können, wobei allerdings nicht zu übersehen ist, daß der merkantilistische Staat der Entwicklung der Volkswirtschaft vielerlei Hemmnisse in den Weg legte und noch dazu Handel und Verkehr durch Kriege und Münzverschlechterung zerrüttete. Gleichwohl verdankte man dem »eudämonistischen Wohlfahrtsstaat (...) des aufgeklärten Despotismus«[3], wie er sich schließlich im Preußen Friedrichs des Großen verkörperte, eine Rationalisierung staatlichen Handels unter Einsatz der Wissenschaft (Merkantilsystem, Kameralismus, Physiokratie).

Zusammenfassend läßt sich mit Hegel feststellen, daß der sich entwickelnde moderne Staat weitaus stärker als die noch so komplexe Stadtgemeinde eine Realisierung des Geistes in Gestalt normativer Ordnungen darstellte und weitaus mehr als diese eine Entwicklung von Wirtschaft und Technik, Wissenschaft

---

1) Ebenda, S. 189.

2) Dazu P. Roth: »Die Selbstregierung besteht nicht darinn, dass der Theil des Ganzen nach allen Seiten hin sich selbst regiert, und nur durch ein formales möglichst lockeres Band mit den anderen Theilen zusammengehalten wird, sie setzt vielmehr eine oberste Gewalt voraus, der man Gehorsam leistet, und die in den Hauptsachen selbständig ist. (...) Nur unter dieser Voraussetzung ist der Trieb zur Selbstregierung etwas löbliches, der Pflege und Erhaltung würdiges, ohne dieselbe ist er ein Laster, das nicht schnell und gründlich genug ausgerottet werden kann.« ders., Feudalität und Untertanverband, a.a.O. S. 15.

3) H. Preuß, Entwicklung des deutschen Städtewesens, a.a.O., S. 193.

und Kunst ermöglichte. Doch zunächst herrschte in ihm nur einer, nämlich der Monarch (»L'Etat c'est moi«); er war noch nicht der »Staat freier Bürger«, mit anderen Worten, noch nicht der bürgerlich–demokratische Staat, der erst mit den bürgerlich–demokratischen Revolutionen des 18. und 19. Jahrhunderts, vor allem der Französischen Revolution, zum Durchbruch kommen sollte. Gleichwohl war der absolute Staat nach Hegel kein System, in dem »Willkür gegen Willkür steht« (Hegel), wie im Feudalsystem; »denn die Obergewalt der Monarchie ist wesentlich eine Staatsgewalt und hat in sich den substantiellen rechtlichen Zweck«[1]. Gab es nach Hegel in der Feudalherrschaft nur Herren und Knechte, so gab es in der Monarchie nur einen Herrn und keine Knechte; war doch durch sie die Knechtschaft gebrochen worden, mit dem Ergebnis, daß Recht und Gesetz galt und somit aus ihr die »reelle Freiheit« (Hegel) hervorging. Der monarchische Staat war also nach Hegel schon ein Rechtsstaat, wenngleich er, ihm zufolge, noch den Charakter des Feudalismus an sich trug. Hier folgt ihm offensichtlich v. Below, der vom 16. Jahrhundert an den modernen Staat, charakterisiert durch einen »Geist des Rechnens, der Voraussicht und der Überwachung« (ders.), datiert.[2] Gegenüber den Verfassungen des Mittelalters erhebe sich seit dessen Ausgang ein ganz anderes staatliches Gebilde, nämlich eines, das vor allem die Neigung zeige, zunächst die staatlichen Rechte strenger zu wahren, ferner auch verlorene Rechte zurückzugewinnen und die vorhandenen in zunehmendem Maß auszudehnen, von wo aus sich mit Notwendigkeit das weitere Bestreben ergäbe, die Staatsverfassung einheitlicher zu gestalten.[3]

Gleichwohl wurde der Geist des absolutistischen Systems, nachdem er sich in großen Teilen Europas durchgesetzt hatte, alsbald vom Bürgertum als »Geist der Unfreiheit und des Mißtrauens« (Preuß) empfunden. Dies betraf nicht zuletzt den Verlust der Selbstverwaltung der Gemeinden und Städte, die sich offensichtlich »äußerlich« und »innerlich« in einem desolaten Zustand befanden. »Die herrschende Standesdifferenzierung zwischen Bürgertum und Adel, die eximierte Stellung des Beamtentums verhinderte eine wahrhafte geistige Solidarität der bürgerlichen Gesellschaft. Längst waren die Zeiten dahin, da im Gewerbsleben hervorragende Bürger zugleich Zierden des Humanismus gewesen waren; auch die geistige Bildung war ständisch und berufsmäßig isoliert. Welch ärmlichen, niederziehenden und beklemmenden Eindruck erweckt das gesellschaftliche Milieu, von dem sich die glänzenden Gestalten des klassischen Zeitalters unserer Literatur und Philosophie abheben; sie stehen mit dem politi-

---

1) G.W.F. Hegel, Vorlesungen über die Philosophie der Geschichte, a.a.O., S. 478.

2) G. v. Below, Territorium und Stadt, a.a.O., S. 193.

3) Ebenda, S. 164.

schen und sozialen Leben ihrer bürgerlichen Umgebung nicht in organischem Zusammenhang, sondern in schneidendem Kontrast ...«[1]

Das fortgeschrittene Freiheitsbewußtsein, inzwischen erweitert und vertieft durch Reformation (Glaubensfreiheit, Gewissensfreiheit)[2] und Aufklärung,[3] mußte schließlich zur Überwindung des absoluten Staates, zur Schaffung des bürgerlich–demokratischen Rechtsstaates und zur Wiedergeburt der städtischen Selbstverwaltung führen. Diese Wiedergeburt konnte jedoch nicht die Wiederherstellung der einstigen Unabhängigkeit der Städte bedeuten. Sie mußten sich vielmehr in den modernen demokratischen Rechtsstaat einfügen. Mit der Städtereform sollten die Bürger einer Stadtgemeinde nunmehr in die Lage versetzt werden, ihre besonderen, lokalspezifischen Interessen durch die »Selbstregierung« zur Geltung zu bringen. Neben die Idee der Gewaltenteilung als Gliederungsprinzip des modernen Staates und die Idee der Repräsentation der Staatsbürger in Parlament und Regierung trat also die Idee der Selbstverwaltung. Die »subjektive« und die »objektive Freiheit« des Staatsbürgers wurde erweitert durch die Freiheit des Gemeindebürgers, mit anderen Worten, die Staatsverfassung wurde ergänzt durch die einzelne Gemeindeverfassung, die in jener ihre Grundlage bekam. Und die Idee der Repräsentation, wie sie auf der Ebene des Staates verwirklicht wurde, wurde auch auf die Gemeinden als Verfassungen übertragen. Die reformierten Gemeinden waren im erneuerten Staat zwar Mittel zur Erfüllung von öffentlichen Aufgaben − das verband sie mit dem »absolutistischen Zeitalter«; zugleich wurde jedoch anerkannt, daß sie einen Zweck in sich selbst tragen und damit nicht in der Erfüllung von Staatsaufgaben aufgehen − das verband sie mit der Blütezeit des Städtewesens vor der Durchsetzung des absolut(istisch)en Staates. Für wen jedoch auch immer die einzelne Stadtgemeinde tätig wurde, für sich selbst oder für den Staat, in jedem Fall blieb die Idee der »freien Selbstverwaltung« gewahrt. Darauf lief die Geschichte der Stadtgemeinde, schließlich des Gemeindewesens überhaupt, im 19. und 20. Jahrhundert hinaus.

Doch mit der Wiedergeburt der städtischen Selbstverwaltung und der schließlichen Ausdehnung dieser Idee auf alle Gemeinden sowie der Durchsetzung des

---

1) H. Preuß, Entwicklung des deutschen Städtewesen, a.a.O., S. 193 f.

2) »... aber wenn die Verfassung und die Gesetze auf wahrhaft ewiges Recht gebaut werden sollen, dann ist Sicherheit allein in der protestantischen Religion, in deren Prinzip auch die subjektive Freiheit der Vernünftigkeit zur Ausbildung kommt.« G.W.F. Hegel, Vorlesungen über die Philosophie der Geschichte, a.a.O., S. 517.

3) »Das absolute Kriterium gegen alle Autorität des religiösen Glaubens, der positiven Gesetze des Rechts, insbesondere des Staatsrechts war nun, daß der Inhalt vom Geiste selbst in freier Gegenwart eingesehen werde.« Ebenda, S. 523.

Prinzips der Repräsentation war die Idee der Freiheit noch nicht voll entfaltet; blieben doch von der politischen Teilnahme noch ganze Kategorien der Bevölkerung, so die Frauen, ferner Arbeiter und Nicht-Besitzende, das »Proletariat«, ausgeschlossen oder wurden zumindest politisch benachteiligt. Es bedurfte also noch zumindest eines weiteren Schrittes hin zur demokratischen Gemeinde, nämlich der Einführung des allgemeinen Wahlrechts. Allerdings verlief die Entwicklung hin zur demokratischen Einwohnergemeinde, deren Autonomie nicht mehr auf ihrem Gegensatz zum Staat beruhte, sondern, als primäre Erscheinungsform politischer Gemeinschaft, auf der Wesensähnlichkeit mit ihm, nicht geradlinig. Die weitere Entwicklung des Industriekapitalismus und auch noch zusätzliche Bedingungen waren erforderlich, um die »freie Gemeinde des freien Bürgers« ins Dasein treten zu lassen und damit den Entfaltungsprozeß der Idee der Freiheit vorläufig zum Abschluß zu bringen.

Literaturverzeichnis

Achterberg, Norbert, Allgemeines Verwaltungsrecht, Heidelberg 1988.

Austin Michel/Vidal-Naquet, Pierre, Gesellschaft und Wirtschaft im alten Griechenland, München 1972.

Avineri, Shlomo, Hegels Theorie des modernen Staates, Frankfurt 1976.

Bähr, Otto, Der Rechtsstaat, Aalen 1969.

Becker, Erich, Entwicklung der deutschen Gemeinden und Gemeindeverbände im Hinblick auf die Gegenwart, in: Handbuch der kommunalen Wissenschaft und Praxis, Bd. 1, hrsg. v. Hans Peters, Berlin 1956.

Below, Georg v., Territorium und Stadt, Osnabrück 1965.

ders., Ursprung der deutschen Stadtverfassung, Köln 1968.

Bendix, Reinhard, Max Weber – Das Werk, München 1960.

Berolzheimer, Fritz, System der Rechts- und Wirtschaftsphilosophie, Bd. 3, Aalen 1963.

Czychowski, Manfred, Wasserrecht, Wasserwirtschaft, Abwasserbeseitigung, in: Handbuch der kommunalen Wissenschaft und Praxis, Bd. 4, 2. Aufl., hrsg. v. Günter Püttner, Berlin 1983.

Daheim, Hansjürgen/Schöber, Peter/Schönbauer, Günter, Forschungsbericht, Bielefeld 1991.

Davies, Keith, Local Government Law, London 1983.

Denzer, Heinrich, Schulträgerschaft – Schulentwicklung, in: Handbuch der kommunalen Wissenschaft und Praxis, Bd. 4, 2. Aufl., hrsg. v. Günter Püttner, Berlin 1983.

Dilthey, Wilhelm, Einleitung in die Geisteswissenschaften, 8. Aufl., Stuttgart 1959.

Doose, Ulrich, Abfallbeseitigung, in: Handbuch der kommunalen Wissenschaft und Praxis, Bd. 4, 2. Aufl., hrsg. v. Günter Püttner, Berlin 1983.

Eucken, Walter, Die Grundlagen der Nationalökonomie, 3. Aufl., Jena 1943.

Geiger, Theodor, Arbeiten zur Soziologie, Neuwied, 1962.

Giese, Dieter, Sozialhilfe, in: Handbuch der kommunalen Wissenschaft und Praxis, Bd. 4, 2. Aufl., hrsg. v. Günter Püttner, Berlin 1983.

Gneist, Rudolf, Verwaltung, Justiz, Rechtsweg, Neudr. d. Ausgabe Berlin 1869, Osnabrück 1978.

Grazia, Alfred de, Political Organization, New York 1962.

Gurvitch, Georges, L'idee du droit social, Aalen 1972.

Happe, Bernhard, Obdachlosenwesen, in: Handbuch der kommunalen Wissenschaft und Praxis, Bd. 4, 2. Aufl., v. Günter Püttner, Berlin 1983.

Hartmann, Nicolai, Hegel, Berlin 1929.

Hasbach, Wilhelm, Die moderne Demokratie, Aalen 1974.

Haverkampf, Hans-Erhard/Borchers Wilfried, Hochbau, Tiefbau, in: Handbuch der kommunalen Wissenschaft und Praxis, Bd. 4, 2. Aufl., hrsg. v. Günter Püttner, Berlin 1983.

Hegel, Georg Wilhelm Friedrich, Grundlinien der Philosophie des Rechts, Frankfurt/M 1970.

ders., Die Philosophie des Rechts, Die Mitschriften von Wannenmann und Homeyer, hrsg. v. Karl-Heinz Ilting, Stuttgart 1983.

ders., Vorlesungen über die Philosophie der Geschichte, Frankfurt 1970.

Hegel, Karl v., Die Entstehung des deutschen Städtewesens, Aalen 1964.

Hofmann, Wolfgang, Die Entwicklung der kommunalen Selbstverwaltung von 1848 bis 1918, in: Handbuch der kommunalen Wissenschaft und Praxis, Bd. 1., 2. Aufl, hrsg. v. Günter Püttner, Berlin 1981.

Justi, Johann Heinrich Gottlob v., Staatswirtschaft, Teil II, Neudr. d. 2. Aufl. Leipzig 1758, Aalen 1963.

Kießling, Bernd, Kritik der Giddensschen Sozialtheorie, Frankfurt a. M., 1988.

König, Rene, Die Gemeinde im Blickfeld der Soziologie, in: Handbuch der kommunalen Wissenschaft und Praxis, hrsg. v. Hans Peters, Bd. 1, Berlin 1956.

Krebsbach, Ulrich, Bauwesen, in: Handbuch der kommunalen Wissenschaft und Praxis, Bd. 4., 2. Aufl, hrsg. v. Günter Püttner, Berlin 1983.

Lankau, Ingo-Endrich, Zivilschutz, Katastrophenschutz, Brandschutz, Rettungsdienst, in: Handbuch der kommunalen Wissenschaft und Praxis, Bd. 4, 2. Aufl., hrsg. v. Günter Püttner, Berlin 1983.

Laux, Eberhard, Kommunales Krankenhauswesen, in: Handbuch für kommunale Wissenschaft und Praxis, Bd. 4., 2. Aufl., hrsg. v. Günter Püttner, Berlin 1983.

Lenz, Friedrich, Werden und Wesen der öffentlichen Meinung, Aalen 1981.

Maurer, Georg Ludwig v., Einleitung zur Geschichte der Mark-, Hof-, Dorf- und Stadtverfassung, Aalen 1966.

ders., Geschichte der Dorfverfassung in Deutschland, Aalen 1961.

Mill, John Stuart, Betrachtungen über Repräsentativregierung, in: Gesammelte Werke Bd 8, Neudr. d. Ausgabe Leipzig 1873, Aalen 1968.

Mombaur, Peter Michael, Gemeindeordnung Nordrhein-Westfalen, 31. Aufl., Köln 1988.

Müller, Wolfgang-Hans, Wirtschaftsförderung, in: Handbuch der kommunalen Wissenschaft und Praxis, Bd. 4, 2. Aufl., hrsg. v. Günter Püttner, Berlin 1983.

Parsons, Talcott, An Outline of the Social System, in: Theories of Society, hrsg. v. Parsons u.a., New York 1965.

ders., Max Weber, New York 1965.

Pfau, Eberhard, Gesundheitsverwaltung, in: Handbuch für kommunale Wissenschaft und Praxis, Bd. 4, 2. Aufl., hrsg. v. G. Püttner, Berlin 1983.

Politik und kommunale Selbstverwaltung, Stellungnahme des Sachverständigenrates zur Neubestimmung der kommunalen Selbstverwaltung beim Institut für Kommunalwissenschaften der Konrad-Adenauer-Stiftung, Köln 1984.

Preuß, Hugo, Gemeinde, Staat, Reich als Gebietskörperschaften, Aalen 1964.

ders., Entwicklung des deutschen Städtewesens, Aalen 1965.

Püttner, Günter, Zum Verhältnis von Demokratie und Selbstverwaltung, in: Handbuch der kommunalen Wissenschaft und Praxis, Bd. 2, 2. Aufl., hrsg. v. Günter Püttner, Berlin 1982.

Rasch, Ernst, Polizei, Sicherheit und Ordnung, in: Handbuch der kommunalen Wissenschaft und Praxis, Bd. 4., hrsg. v. G. Püttner, 2. Aufl., Berlin 1983.

Rosenzweig, Franz, Hegel und der Staat, Aalen 1982.

Rostowzew, Michael, Gesellschaft und Wirtschaft im römischen Kaiserreich, Aalen 1985.

Roth, Paul, Feudalität und Untertanverband, Aalen 1966.

Schmidt-Bleibtreu, Bruno/Franz Klein, Kommentar zum Grundgesetz, 6. Aufl., Neuwied 1983.

Schmidt-Jortzig, Edzard, Kommunalrecht, Stuttgart 1982.

Schmitt, Carl, Verfassungslehre, 6. Aufl. Berlin 1983.

ders., Der Begriff des Politischen, Berlin 1979.

Schmoller, Gustav, Grundriß der Allgemeinen Volkswirtschaftslehre, 1. Teil, 4.-6. Aufl., Leipzig 19O1.

ders., Deutsches Städtewesen in älterer Zeit, Aalen 1964.

Schneider, Erich, Einführung in die Wirtschaftstheorie, Bd. II, Tübingen 1958.

Schneider, Michael, Kleine Geschichte der Gewerkschaften, Bonn 1989.

Smelser, Neil J., Theorie des kollektiven Verhaltens, hrsg. v. Walter R. Heinz, Wolfgang Kaupen, Peter Schöber, Köln 1972.

Stein, Lorenz v., Die Verwaltungslehre, Teil 1 Abt. 1: Verfassungsmäß. Verwaltungsrecht, 2. Aufl., Aalen 1975.

ders., Die Verwaltungslehre, Teil 1 Abt. 2: Selbstverwaltung (Die vollziehende Gewalt, 2. Teil, Die Selbstverwaltung und ihr Rechtssystem), 2. Aufl., Aalen 1975.

ders., Die Verwaltungslehre, Teil 1 Abt. 3: Vereinswesen, 2. Aufl., Aalen 1975.

Tautscher Anton, Geschichte der deutschen Finanzwissenschaft, in: Handbuch der Finanzwissenschaft, Bd.1, hrsg. v. Wilhelm Gerloff u. Fritz Neumark, 2. Aufl., Tübingen 1952.

Tönnies, Ferdinand, Estates and Classes, in: Class, Status and Power, hrsg. v. Reinhard Bendix u. Seymour Martin Lipset, Glencoe 1953.

Unruh, Georg-Christoph, Ursprung und Entwicklung der kommunalen Selbstverwaltung im frühkonstitutionellen Zeitalter, in: Handbuch der kommunalen Wissenschaft und Praxis, Bd. 1, 2. Aufl., hrsg. v. Günter Püttner, Berlin 1981.

Weber, Max, Staatssoziologie, 2. Aufl., hrsg. v. Johannes Winckelmann, Berlin 1966.

ders., Wirtschaft und Gesellschaft, 1. Halbb., in: Grundriss der Sozialökonomik, III. Abt., 2. Aufl., Tübingen 1925.

ders., Wirtschaft und Gesellschaft, 2. Halbb., ebda.

ders., Politik als Beruf, in: Erläuterungen zu Max Weber, Staatssoziologie, 2. Aufl., hrsg. v. Johannes Winckelmann, Berlin 1966.

Wehling, Hans-Georg, Die Süddeutsche Ratsverfassung in Baden-Württemberg und Bayern, in: Handbuch der kommunalen Wissenschaft und Praxis, Bd. 2., 2. Aufl., hrsg. v. Günter Püttner, Berlin 1982.

Wirtz, Helmut, Vermessungs- und Katasterwesen, in: Handbuch der kommunalen Wissenschaft und Praxis, Bd. 4, 2. Aufl., hrsg. v. Günter Püttner, Berlin 1983.

Gemeindeordnungen und Kreisordnungen

Schmidt-Eichstaedt / Stade / Borchmann (Bearb.)
Die Gemeindeordnungen und die Kreisordnungen in der Bundesrepublik Deutschland
mit Einführung, Bibliographie, Register und
ergänzenden Rechtsvorschriften
Loseblattausgabe. GW – 16. Lfg.
Stand: September 1990
910 Seiten. DM 118,–
ISBN 3-17- 011393-3
Schriften des Deutschen Instituts für Urbanistik
Band 47

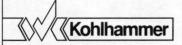

Verlag   Postfach 80 04 30
W. Kohlhammer 7000 Stuttgart 80

309-691 206/92 MFG